# 土地法制科学

LAND LEGAL SYSTEM SCIENCE

第3卷

主　　编 耿 卓
执行主编 王洪平

法律出版社

# “中国土地法制与乡村振兴战略会议联盟”简介

“中国土地法制与乡村振兴战略会议联盟”(以下简称“联盟”)是在陈小君、房绍坤、高圣平、高富平、王洪平等教授倡议下,由中国人民大学不动产法研究中心、吉林大学财产法研究中心、广东外语外贸大学土地法制研究院、华东政法大学财产法研究院、烟台大学中国土地政策法律实施评估研究中心共同发起成立的以研究土地法制、乡村振兴战略法治保障为主题的松散型智库性虚体机构。“联盟”致力于扩大中国土地法律制度研究在立法和司法、依法行政、城乡融合、乡村社会治理、农民境遇改变和农业有序发展等方面的学术影响,致力于服务党和国家的决策,切实助推乡村振兴战略全面落实。

为弘扬学术、扩大影响,经“联盟”议事会(发起成员单位)研究决定,“联盟”学术论坛由“联盟”成员单位轮流承办,每年春季和秋季各举行一次;广东外语外贸大学发起并连续主办两届的“全国土地法制与社会发展博士生论坛”于2018年起由“联盟”主办、“联盟”成员单位轮流承办,每年秋季举行;广东外语外贸大学土地法制研究院主办的《土地法制科学》于2018年起由“联盟”主办、“联盟”成员单位轮流承办,每年出版两卷。

“联盟”的“两坛一书”须遵守宪法、法律、法规和国家政策,不得危害国家安全、统一和民族团结,不得违背社会公德。“联盟”坚持开放原则,将适时接纳相关符合设立宗旨和条件的高校或研究机构加入。

# 目　录

## 理论纵横



## 城乡中国

## 田野采风·“珠三角农村土地法律问题研究”



## 外国法译评



## 评论综述

# Contents

## Fundamental Theory



## Urban-rural China

## Social Empircal Research · Legal Issues of Rural Land in Pearl River Delta



## Review and Translation of Foreign Law



## Review & Summary

# 理论纵横

# 土地管理法修改的新时代需求*

房绍坤　宋天骐**

| 摘　要 |

现行土地管理法制所依托的时代背景已经发生重大变化，土地管理法修改应当重点适应新时代需求。新时代对土地管理法制提出了新的要求，即贯彻“新理念”，回应“新要求”，体现“新作为”。“新理念”应当回归土地的财产属性，赋予土地发展权益，明确法律的人文情怀。“新要求”应当回应承包地“三权分置”的制度设计，适应“三块地”改革的时代内涵。“新作为”应当增加规定新制度，补充规定遗漏问题，修正现有错误规定。

| 关键词 |

土地管理法　新时代　新理念　新要求　新作为

| 目　次 |



自改革开放以来，我国土地法律制度经过多轮改革，成效显著；特别是农村土地改革的成功，使我国农业经济发展取得了令人瞩目的成绩。然而，历史发展到新时代，依循改革开放初期的时代背景和土地国情而确立和形成的土地法律制度已经不能适应新时代的需要。关涉农村承包地的“三权分置”政策已经由修订后的

---

* 基金项目：国家哲学社会科学基金重大项目“新时代中国特色土地管理法律制度完善研究”（18ZDA151）。

** 房绍坤，吉林大学法学院教授，教育部“长江学者奖励计划”特聘教授（2017 年），博士生导师；宋天骐，吉林大学法学院民商法博士研究生。

《农村土地承包法》落实而成为新的土地制度,这是对新时代农村承包地问题的理性回应和应时之变。相对而言,土地征收、集体建设用地入市、宅基地制度改革、耕地保护以及建设用地使用权续期等关涉集体利益和农民利益的重要问题仍未得到法律的有效回应。作为土地管理领域的一般性法律,《土地管理法》应当紧跟新时代发展的步伐,积极回应新时代提出的新问题。在新时代,土地管理法修改应当做到"三新",即贯彻"新理念",回应"新要求",体现"新作为"。

## 一、土地管理法修改要贯彻"新理念"

土地管理法虽然称为"管理法",但其并不是单纯的管理规范。在我国目前还没有土地法典的情况下,土地管理法应充当土地法典的角色,突破单纯的管理理念,使土地管理法成为调整土地关系的基本法,既包括公法内容,也包括私法内容。但无论是公法内容还是私法内容,都应体现以下新理念:

### (一)土地财产的理念

在计划经济时代,土地并非真正意义上的财产,土地价值也就难以得到充分发挥。在市场经济时代,土地是最为重要的财产,在经济发展中发挥着举足轻重的市场要素配置功能。然而,从土地管理法的现行规定来看,土地作为财产的理念并没有真正树立起来,这主要体现在对土地使用权的流转还存在许多限制条件。根据土地用途划分,土地使用权包括承包地使用权、建设用地使用权、宅基地使用权和未利用地使用权。自农村承包地"三权分置"政策的正式提出到《农村土地承包法》的修订实施,承包地使用权的用益属性得到充分体现。具体而言,承包地使用权包括土地承包经营权和土地经营权,而土地经营权的流转实质上承认了土地使用权的财产属性,土地使用权作为财产的理念也得以回归。

相较而言,建设用地和宅基地比承包地更具财产价值,无论是工商业开发还是住宅开发,二者所能推动的经济建设和扩大的市场规模都更有代表性。建设用地使用权,尤其是集体建设用地使用权,在处分权能的实现上受限于土地流转的禁止性规定而限制重重。就集体经营性建设用地使用权而言,《土地管理法》(修正案草案)虽未禁止其入市,但在入市条件、入市范围、入市管理等方面仍未实现城乡建设用地的一体化。换言之,集体建设用地的财产属性并未得到充分尊重,这与土地财产理念未能确立不无关系。就宅基地制度改革而言,《土地管理法》(修正案草案)没能对宅基地的财产属性予以充分认可,没有回应宅基地"三权分置"政策,对宅基地有偿退出的规定相对模糊,不利于城乡户籍的自然流动与城乡二元体制的解构。易言之,宅基地仍然属于村集体成员的保障性利益,带有相对浓厚的身份色彩,宅基地制度改革没有突破既有理念的樊篱,没有回应农村现实,没有为城乡二元体制的解构作出应有的贡献。

众所周知，我国的土地公有制形态决定了土地所有权不能流转，为适应经济发展、适当发挥土地的财产属性，立法上以土地使用权的制度构建来实现土地所有权的部分财产价值。但土地所有权不能流转不应影响土地使用权的流转，尤其是集体土地使用权的流转不应受到太多限制，集体经营性建设用地入市应与国有建设用地统一标准相协调，将集体存量用地和增量用地统一纳入入市范围，统一规划城乡建设用地，以实现真正的"同地同权"；宅基地使用权作为用益物权，其"用益"属性基本没有体现，《土地管理法》(修正案草案)所涉及的宅基地制度改革更多的是管理性规定，而非权利性规定，这不利于宅基地财产属性的还原和实现。这些限制，都表明现行法在土地财产理念方面还存在一定的差距。因此，《土地管理法》的修改应当首先从土地财产理念作出突破，以真正体现市场经济的本质需求，还原土地作为财产的本来面目。具体而言，重点突出对"三块地"改革的财产理念，土地征收制度应明确征收客体的财产属性，集体经营性建设用地入市应明确入市客体的财产属性，宅基地制度改革应明确可流转的宅基地的财产属性。

(二)土地发展的理念

土地是经济发展的基础；没有土地，一切都无从谈起。随着经济和科技的发展，土地利用呈现多元化、立体化、综合化的发展态势。在此发展过程中，土地相关利益方的需求也呈现多元化趋势。利益主体和利益需求的多元化导致实践中纠纷的多发性和复杂性，单一的利益格局显然无法满足多元化的发展趋势。众所周知，我国实行严格的土地用途管制制度，这一方面为保护耕地、严守耕作红线提供了有力的支持；另一方面也限制了相关主体的积极性和土地作为生产要素的市场活力。这在集体土地上表现得尤为突出，现有土地制度没有赋予农民集体适当的用途自主权，其直接后果就是农民集体无法分享土地用途变更带来的财产性收益。

如果从土地发展权的角度来看，现行土地征收制度实际上是国家垄断建设用地开发市场而在一定程度上剥削农民集体的土地发展利益，现行的农用地转用审批制度也控制着建设用地的市场规模。质言之，现行土地制度下的农民集体并不享有土地发展权，也就无法分享土地发展增益。进入新时代，我国正着力破除城乡二元结构、推进城乡融合发展，为此，《土地管理法》(修正案草案)提出缩小征地范围和集体经营性建设用地入市的改革方案，企图实现还权赋能，让农民集体和农民个人分享土地发展增益。然而，实际情况并不尽如人意，《土地管理法》(修正案草案)(第二次征求意见稿)曾在第63条明确规定"土地增值收益调节金"，但《土地管理法》(修正案草案)却删除了"土地增值收益调节金"。应当说，土地增值调节金是平衡国家和集体利益的有效工具，也是现行体制下能够且容易实现的制度设计,但《土地管理法》修正的立法态度转变却令人遗憾。这无疑是重回忽视农民集体和农民个人的财产利益之立场,以致土地发展理念的确立困难重重。

土地发展理念的确立是土地发展权制度设计的前提,而土地发展权的制度安排是土地发展理念的有效体现。以立法理念指导制度构建,应当成为立法活动的应然逻辑。缺乏立法理念的指导,尤其缺乏反映新时代需求的立法理念的指导,相应的制度构建就缺乏了新时代的低层土壤和新理念的顶层规划。土地发展的理念作为新时代土地制度的"新理念",能够高屋建瓴地指导新时代土地制度的构建,能够实现城乡一体融合发展的国家战略,能够有效破除城乡二元结构带来的负效应,也能够为乡村振兴战略的实现添砖加瓦。

(三)人文关怀的理念

任何法律制度设置的最终目的都是满足人的需要,因此,法律必须要贯彻人文关怀的理念,土地管理法亦应如此。这次《土地管理法》修正的重点在于"三块地"改革,人文关怀也应重点体现于"三块地"改革。土地管理法兼具公、私法特征,但《土地管理法》文本中的"管理"二字实际上奠定了该法的基本理念,即管理性规范。现行《土地管理法》确立的土地用途管制制度也切实贯彻了管理的理念,但严格管理并不一定要限制自由,在既定规范框架内还权赋能、简政放权可以释放土地的市场要素活力,而还权赋能和简政放权又可以体现人文关怀。

从《土地管理法》(修正案草案)的规定来看,其在一定程度上体现了人文关怀的理念。例如,土地征收制度中的缩小征地范围旨在最小限度内干涉被征收人的现实生活,规范征收程序旨在最大限度内减少违法征收行为、增加被征收人的征收参与度,完善合理、规范、多元的保障机制旨在最大限度内提高被征收人的补偿标准、减少因征收而导致的生活水平变化;集体经营性建设用地入市中的入市条件设计旨在最小限度内减轻制度变更带来的负效应、最大限度内缓和改革带来的利益冲击,入市后的管理措施旨在维护土地管理秩序、减少对土地利用总体规划的冲击;宅基地制度改革中的宅基地权益保障旨在维持宅基地的社会保障功能、为农民提供最基本的居住保障,审批权限下放旨在强化行政主体的事权责任、为农民提供方便,自愿有偿退出机制旨在一定程度上还原宅基地使用权的收益权能、为农民提供更多的财产利益。此外,对永久基本农田的严格保护也从粮食安全、基本生活保障的角度体现了人文关怀的理念。

人文关怀的理念还应当体现在对弱势群体的保护上,"三块地"改革中的弱势群体主要是农民,尤其是被征地的农民。征收本就是被征收人的特别牺牲,在被征收人是弱势群体的前提下,这种特别牺牲尤其巨大,因此,应当最大限度减少征收范围、减少被征收人的特别牺牲,同时赋予被征收人充分的参与权、表达权和救济权,给付被征收人“公平、合理”的征收补偿。

## 二、土地管理法修改要回应“新要求”

当然,土地制度改革的重点是农村土地问题,主要涉及承包地“三权分置”、土地征收、集体经营性建设用地入市、宅基地管理等。从《土地管理法》的修改来看,其重要内容包括三个方面:土地征收、集体经营性建设用入市、宅基地管理。承包地“三权分置”问题已经由《农村土地承包法》加以确认,明确了土地经营权的法律地位。但即便如此,作为土地管理方面的基本法,《土地管理法》也应当就承包地“三权分置”问题进行原则性规定。

### (一)承包地的“三权分置”

关于承包地“三权分置”问题,《土地管理法》(修正案草案)根本没有涉及,其第 14 条第 1 款规定:“农民集体所有的土地由本集体经济组织的成员承包经营,从事种植业、林业、畜牧业、渔业生产。耕地的承包期为三十年。草地的承包期为三十年至五十年。林地的承包期为三十年至七十年。耕地承包期届满后再延长三十年,草地、林地承包期届满后依法相应延长。……农民的土地承包经营权受法律保护。”第 2 款规定:“国有土地可以由单位或个人承包经营,从事种植业、林业、畜牧业、渔业生产。农民集体所有的土地,可以由本集体经济组织以外的单位或者个人从事种植业、林业、畜牧业、渔业生产。……”该条规定存在以下几个问题:一是没有体现承包地“三权分置”的精神,家庭承包和其他方式承包中都缺乏土地经营权的规定;二是关于承包期限的规定,与《农村土地承包法》的规定完全一致,属于立法重复,《土地管理法》没有必要重复;三是国有土地的承包问题,《农村土地承包法》将可发包的“国有土地”限定为“国家所有依法由农民集体使用的耕地、林地、草地”,而非一般的国有土地。对此,《土地管理法》应当明确国有土地承包经营的范围。

### (二)土地征收制度

土地征收制度涉及征收主体与被征收人之间的复杂利益关系、征收客体财产价值的庞大性、征收程序诸环节的烦琐性以及征收补偿的价值性等诸多问题,在实践中也产生许多利益冲突,其中尤为突出的是征收补偿问题。就被征收人而言,被征收的土地承载的情感价值往往难以估量,因此通过金钱补偿或实物补偿的方式补偿被征收人的损失也就难以完全实现,难以实现的完全补偿与必须开展的征收之间就形成了集体利益与国家利益的冲突。这种冲突既具有现实性,也具有不可避免性。为了减少土地征收带来的利益冲突、避免不适当的土地征收,《土地管理法》(修正案草案)严格限制了征收范围,并规定“确需”征收集体土地的才“可以”实施征收,这就是在回应土地征收范围的“新要求”。

新时代对土地征收制度提出的新要求还包括规范土地征收程序和完善对被征地农民的合理、规范、多元的补偿机制。规范征收程序应当明确被征收人的参与机制,确立征收过程全阶段(包括征收决定作出、征收决定实施和征收补偿落实等)的公示监督机制,形成私权对公权监督的良性机制。对被征地农民的合理、规范、多元的补偿机制的完善应当明确补偿标准、补偿款分配原则、补偿款到位时间、补偿不到位的救济机制等问题,赋予被征地农民表达权和异议权,尊重被征地农民的个人意愿,减少对被征地农民的不当干预。

(三)集体建设用地入市

在缩小征地范围上,集体建设用地入市应当有所作为。实际上,集体建设用地入市扩大了规划用于建设用地的总体范围,减少了土地征收的需求。然而,关于集体建设用地入市,《土地管理法》(修正案草案)第63条、第64条仍有以下两个问题值得讨论:一是入市范围仅限于"县级土地利用总体规划、乡(镇)土地利用总体规划确定为工业、商业等经营性用途,并经依法登记的集体建设用地",也就是将集体建设用地入市的范围限定为已有的经营性用地,对于之外的土地还是只能征收,这无助于实现缩小征地范围的目的。就法理而言,只要是土地规划可以用于非农建设的集体土地,都应当允许入市。二是集体建设入市的途径包括出让、出租等方式;同时,通过出让、出租取得的集体建设用地使用权可以转让、互换、出资、赠与或抵押,但法律、法规另有规定或合同另有约定的除外。这样的规定将导致集体建设用地使用权的性质不清。国有建设用地使用权属于用益物权,其取得的方式是出让、划拨,并不包括出租。同时,其转让、互换、出资、赠与或抵押也不存在合同约定禁止的情形。然而,集体建设用地使用权不仅可以出租方式取得,而且再流转须受合同的限制,这样的集体建设用地使用权究竟是物权还是债权?

其实,集体建设用地隐性市场由来已久,原国土资源部早在1999年便对集体建设用地入市进行试点。随着我国经济发展和建设用地需求的增多,农村土地价值也越来越高,再任由隐性市场来调整集体建设用地显然问题重重。2000年以来,中共中央和国务院多次出台政策文件,都直接或间接为集体建设用地入市提供了相应的依据。[1] 2014年12月中共中央和国务院出台的《关于农村土地征收、集体经营性建设用地入市、宅基地制度改革试点工作的意见》、2015年2月全国人大常委会通过的《全国人民代表大会常务委员会关于授权国务院在北京市大兴区等三十三个试点县(市、区)行政区域暂时调整实施有关法律规定的决定》都明确

〔1〕 笔者以"集体建设用地""入市"为关键词,在北大法宝共检索到62条信息,可见集体建设用地入市早有实践,也已受到中央的高度重视,《土地管理法》修改明确规定集体建设用地入市是顺势而为、顺时而为。

规定了集体建设用地入市的条件和入市管理措施。这都充分说明,实践对集体建设用地入市提出了“新要求”,这些“新要求”包括集体建设用地与国有建设用地的“同地、同权、同价”,也包括统一城乡建设用地规划、管理。集体建设用地入市的制度设计可由民法典物权编和土地管理法共同承担,民法典物权编规定原则性内容,而土地管理法规定具体规则内容,因此,《土地管理法》(修正案草案)需要细化集体建设用地入市的相关规则,允许增量集体建设用地入市,并回应统一的城乡建设用地市场构建的实践需求。

(四)宅基地“三权分置”

宅基地是农民安身立命的基础,无论是安居农村的农民,还是进城务工的农民,只要宅基地存在,就为其提供了最基本的保障。新时代要求明确和树立土地财产的理念,宅基地的财产价值无疑需要彰显。实践中,无论是农家乐形式的宅基地商用,还是宅基地住房的转让、出租等流转,都事实上发挥了迥异于宅基地保障性功能实现的市场价值。这也是一种宅基地市场价值实现的隐性市场,需要法律予以规范。宅基地作为一项重要的资源财产,应当具有收益价值,宅基地使用权也应当还原收益权能。然而,关于宅基地“三权分置”,《土地管理法》(修正案草案)根本没有涉及,其仅用1条共7款予以规定,而且很多内容都是源于政策规定,没有体现出宅基地使用权作为用益物权的内容。这样的规定,既没有回应宅基地制度改革的现实需求,也不能规范事实上的宅基地隐性市场,规范意义不大。《土地管理法》的立法宗旨和功能定位都不允许其忽略如此重要的实践要求,同时,民法典物权编草案将宅基地使用权的取得、行使、转让都指引向《土地管理法》。在这种情况下,如果《土地管理法》不对宅基地使用权作出详细的规定,等于是立法推诿。

## 三、土地管理法修改要体现“新作为”

新时代为《土地管理法》修改提出了“新要求”,在修法中贯彻“新理念”的同时,也应当体现“新作为”。“新作为”是在“新理念”的指导下对“新要求”的回应,具体可包括以下三个方面,即对新制度加以规定、对遗漏问题有所补充、对错误规定有所修正。

(一)对新制度加以规定

无论是国家自上而下的试点实践,还是农村自下而上的自主实践,实际上都对《土地管理法》提出了“新要求”,而回应这些“新要求”必然体现为“新作为”。关于土地征收制度,应明确征收的公益目的要件,排除商业征收的可能性;规范征收程序,增加听证、协议价购、司法审查等内容,赋予被征收人更多的自主权和表达权;[2]完善征收补偿机制,确立"公平、合理"的征收补偿标准,并强化征收补偿款落实不到位的责任,切实保障征收补偿的实现。关于集体建设用地入市制度,应当扩大入市的集体建设用地范围,将增量集体建设用地纳入入市范围;推进统一的城乡建设用地市场构建,明确集体建设用地与国有建设用地"同等入市,同权同价";[3]明确集体经营性建设用地入市的管理措施,规范入市流转主体和入市用途,明确出让主体和受让主体,赋予本集体成员同等条件下的优先受让权。[4]关于宅基地制度,应当落实宅基地"三权分置"的政策内容,将政策内容转化为法律规则;还原宅基地的财产属性,[5]恢复宅基地使用权的收益权能,规范宅基地使用的隐性市场,将隐性市场置于法律的阳光之下;探索宅基地退出和收回制度,规范宅基地自愿有偿退出的条件,避免以单一户籍标准或其他单一性标准制约宅基地自愿有偿退出,进一步区分宅基地退出和收回的事由,并对收回事由进行细分(单方收回和协议收回),[6]规范宅基地使用行为。同时,进一步探索宅基地有偿使用的可能性,[7]并借以调整宅基地乱占、一户多宅等乱象。

(二)对遗漏问题有所补充

"新作为"不仅需要新制度,还需要填补现存的漏洞。就遗漏问题而言,主要涉及建设用地使用权的期限问题。对此问题,物权法、土地管理法均无规定,仅有《城镇国有土地使用权出让和转让暂行条例》对建设用地使用权期限及期间届满的效力作了规定。建设用地使用权的期限问题属于基本民事制度,应当由法律加以规定。"民法典物权编(草案)"第152条对于建设用地使用权期限及续期作了如下规定:"住宅建设用地使用权期间届满的,自动续期。续期费用的缴纳或者减免,依法法律、行政法规的规定办理。非住宅建设用地使用权期间届满后的续期,依照法律规定办理。该土地上的房屋及其他不动产的归属,有约定的,按照约定;没有约定或者约定不明确的,依照法律、行政法规的规定办理。"该条规定将建设用地使用权期间届满时的续期及法律后果交由其他法律、行政法规加以规定。

---

[2] 参见房绍坤:《土地征收制度的立法完善——以〈土地管理法修正案草案〉为分析对象》,载《法学杂志》2019年第4期。

[3] 参见高圣平:《论集体建设用地使用权的法律构造》,载《法学杂志》2019年第4期。

[4] 参见房绍坤:《农村集体经营性建设用地入市的几个法律问题》,载《烟台大学学报》(哲学社会科学版)2015年第3期。

[5] 参见高海:《宅基地使用权继承:案例解析与立法构造》,载《东方法学》2018年第5期。

[6] 参见耿卓:《宅基地使用权收回事由类型化及立法回应》,载《法律科学》2019年第1期。

[7] 参见高圣平:《宅基地制度改革政策的演进与走向》,载《中国人民法大学学报》2019年第1期。

作为土地管理领域的一般性法律,《土地管理法》应当承担此责,不仅要明确住宅建设用地使用权的"自动续期"的含义,也须明确非住宅建设用地使用权的续期规则及法律后果。但可惜的是,《土地管理法》(修正案草案)并未对此作出规定,显然毫无作为。

(三)对错误规定有所修正

三十多年前,我国的法制建设尚处于萌芽之中,理论研究、立法准备都相对稚嫩,基于当时的立法水平而制定的《土地管理法》难免存在错误,如条文用语不规范、条文内容有错误等。新时代下,中国特色社会主义法律制度已经基本形成,土地法律制度的理论研究也呈现繁荣景象,[8]土地管理试点实践也为土地法律制度的完善提供了有益经验,在此背景下进行的《土地管理法》修改当然不能容许错误规定继续存在,应当予以修正。

总体来说,错误规定主要包括条文用语不规范和条文内容有错误两个方面。例如,现行《土地管理法》仍然使用"联营"的用语,而"联营"用语已经为《民法总则》所弃用,《土地管理法》(修正案草案)应当予以纠正。再如,现行《土地管理法》混淆了"收回土地"和"收回土地使用权"两个概念,该法第58条[9]所规定的出让土地届期收回和划拨土地的报废收回、停用收回实际上都指向土地,而非土地使用权,因为届期、报废和停用的土地使用权业已消灭,并不存在收回"土地使用权"的问题,只能是"收回土地"。因此,本条中的"收回国有土地使用权"应修改为"收回国有土地"。

(责任编辑:王洪平)

---

〔8〕 在中国知网以"土地"为关键词可以检索到4万余条信息,且自2007年以来,年均发表文章总数基本在2000篇以上,可见土地法制研究现状之繁荣。

〔9〕 《土地管理法》第58条规定:"有下列情形之一的,由有关人民政府土地行政主管部门报经原批准用地的人民政府或者有批准权的人民政府批准,可以收回国有土地使用权:(一)为公共利益需要使用土地的;(二)为实施城市规划进行旧城区改建,需要调整使用土地的;(三)土地出让等有偿使用合同约定的使用期限届满,土地使用者未申请续期或者申请续期未获批准的;(四)因单位撤销、迁移等原因,停止使用原划拨的国有土地的;(五)公路、铁路、机场、矿场等经核准报废的。依照前款第(一)项、第(二)项的规定收回国有土地使用权的,对土地使用权人应当给予适当补偿。"

# 土地发展权的法理与土地增值收益分配*

郑振源**

| **摘　要** |

学界和实务界对土地发展权含义、由来、法律属性、价格和收益分配等的认识存在误区，运用事实分析、逻辑推理法等研究方法可以发现：土地发展权应正名为开发权；中国的建设用地使用权即是中国特色的开发权；开发权/建设用地使用权是从所有权中分离出来的用益物权，属于土地所有权人，不是国家的治权；土地增值是区位地租的增值，即是开发收益，亦即开发权/建设用地使用权的价格；按照市场经济的分配规则，在土地交易中开发收益应全部归开发权人，政府不应在建设用地使用权交易环节截留建设用地使用权的开发收益；国家可以采取措施对开发权进行干预，但造成的开发收益损失应给与补偿。为此，应在土地制度改革中纠正对建设用地使用权设置、行使、干预中的诸多失误。

| **关键词** |

土地法　土地发展权　开发权　建设用地使用权　土地增值收益

| **目　次** |



---

* 基金项目：国家哲学社会科学基金重大项目“新时代中国特色土地管理法律制度完善研究”（18ZDA151）。

** 郑振源，江苏无锡人，中国老年科技工作者协会国土资源分会土地与环境专业委员会主任，原国家土地管理局规划司副司长、上海财经大学高等研究院特聘教授，主要研究方向为土地制度、土地利用规划、土地资源。E-mail：zhengzybj@163.com。

土地发展权的设置和施行，事关集体土地财产权、土地市场建设、土地增值分配，土地制度改革，已是当今土地制度改革和政策研究中一个热门话题，有关论文著作汗牛充栋，然而，在理论界、决策界还是众说纷纭，没有达成共识。归纳起来，有四个问题需要深入讨论研究，现分论于下。

## 一、发展权是什么

"发展权"是英美法系"development rights"的译名。"development rights"始见于1943年英国工党政府欧斯沃特委员会报告（Uthwatt Committee Report）的开发权计划（The development rights scheme）和1947年《城乡规划法》。英语的"development"有"发展"和"开发"两个含义。英国伦敦大学教授N. Lichfield等在其《规划中的土地政策》一书中解释说："development"在此是指"通过砖、灰浆的建筑，在任何土地上营造人工定着物。"[1]"development rights"就是在土地上营造建筑物的权利；正确的译法应译为"开发权"。"development rights"日文译作"发展权"。20世纪90年代有学者从日本引进了"发展权"的译名，并沿用至今。这样译法与人权范畴、人的"发展权"相混淆，为了避免概念混淆，有些学者在"发展权"之前添加"土地"二字，变成"土地发展权"，并转译为"land development rights"。这是画蛇添足的译法。有的学者从"发展"二字望文生义，把"土地发展权"定义为"对土地在利用上进行再开发的权利，即在空间上向纵深方向发展、在使用时变更土地用途之权"；[2]或定义为"将土地变更为不同用途使用和对土地原有集约度提高的权利"。[3] 如此，则耕地改园种果或挖塘养鱼，变更为收益更高的用途，或退耕还林还草，变更为生态功能更强的用途，或在耕地上增施肥料、提高复种，提高集约利用水平，都成了行使开发权。这就歪曲了"development rights"的本义。

因此，下文将"土地发展权"正名为"开发权"。在谈到发展权的地方，都不再使用"发展权"一词，而代之以"开发权"。开发权的客体就是土地，各种类型土地都可以设置开发权，无须再细分为农地开发权、未利用地开发权或者建设用地的开发权。

权能相当于英美法系"开发权"的土地产权，在大陆法系称作"地上权"

---

〔1〕 N. Lichfield, H. Darin-Drabkin, Land Policy in Planing, London, George Allen & Unwin, 1980, pp. 64-66.

〔2〕 参见胡兰玲：《土地发展权论》，载《河北法学》2002年第2期；臧俊梅：《中国农地发展权的创设及其在农地保护中的运用研究》，科学出版社2011年版，第12页；陈柏峰：《土地发展权的理论基础与制度前景》，载《法学研究》2013年第4期。

〔3〕 王群、王万茂：《土地发展权与土地利用规划》，载《国土经济》2005年第10期。

(Superficies),1907年《瑞士民法典》中则直接地称为“建筑权”(Erbbaurecht)。所不同者,大陆法系的地上权是他物权,表述为“在他人土地上建造建筑物、构筑物及其附属设施并取得收益的权利”(法国、日本地上权的权能,除建造建筑物外,还包括种植竹木的权利)。而英美法系的开发权就是在土地上设置的一项权利,没有自物权、他物权之分。

中国1929年的《中华民国民法》、1930年的《中华民国土地法》中已有地上权的设置。解放前,上海等地许多住房就是开发商购买了农民土地的地上权建造起来的。中华人民共和国成立后,实行计划经济,取消土地市场,自无设置地上权的必要。改革开放后,在国有经济之外出现了多种经济成分企业。为满足其土地需求,进行土地使用制度改革,允许它使用国有土地进行建设,并收取出让金或租金。其实质就是在国有土地上设置地上权,批租或出租给多种经济成分企业使用。不过,新中国实行土地公有制,恢复基于土地私有制的“地上权”名称不恰当。笼统地称作“土地使用权”也不确切,因为“地上权”中还包含定限的收益、处分权能。在起草《物权法》时,梁慧星课题组编写的《物权法草案建议稿》称作“基地使用权”。[4] 2007年《物权法》正式定名为“建设用地使用权”。[5] 建设用地使用权就是中国特色的开发权、地上权。

## 二、开发权/地上权/建设用地使用权的权源和设置

有的学者说:马克思首先提出土地所有权二元主体的观点。[6] 土地有两个所有权主体:一个国家权利主体,另一个民事权利主体,同时并存于同一土地上;农地发展权(开发权)是属于国家的一项新的、独立的主权性财产权——地权,它的权源是国家主权。为保护耕地、防止单位或个人任意变更农地为非农建设用地,国家直接行使主权性财产权,按照规划和计划确定土地使用性质(土地用途)。有的学者认为:政府规划权的确立等于一次性拿走了所有土地所有者的开发权;开发权既非国有,也非私有,而是一种社会相关利益方共享的权利,由国家来分配。[7] 然而,这些观点都不合事实,需要辩证。

---

[4] 参见梁慧星主编:《中国物权法草案建议稿——条文、说明、理由与参考立法例》,社会科学文献出版社2000年版,第446页。

[5] 参见孙宪忠主编:《中国物权法:原理释义和立法解读》,经济管理出版社2008年版,第356页;王利明:《物权法研究》(下卷),中国人民大学出版社2007年版,第96~97页。

[6] 参见沈守愚:《论设立农地发展权的理论基础和重要意义》,载《中国土地科学》1998年第1期。

[7] 参见华生:《城市化转型与土地陷阱》,东方出版社2013年版,第170~172页。

（一）中国没有双重所有权，开发权是私权，而非公权

之所以认为，中国没有双重所有权，开发权是私权，而非公权，主要是基于以下理由。首先，马克思并没有主张过土地所有权有二元主体。马克思说，在资本主义生产方式下，封建社会的土地所有权摆脱了夹杂其中的人身统治权和其他政治权力，成为纯粹经济形式的土地所有权。[8] 其次，双重所有权是英国土地产权制度的特征。英国在1066年诺曼底征服之后，英王成为全国土地的唯一所有人，而以保有权（tenure）的形式将土地分配给贵族乃至最终使用土地的佃农。所以英国法学家梅因说："封建时代概念的主要特点，是它承认一个双重所有权，即封建地主的高级所有权以及同时存在的佃农的低级财产权或地权。"[9] 现在英国土地法还留有封建时代的特征，土地仍属于英王所有，其他人只有保有权（free-hold 或 lease-hold）。

中国"普天之下，莫非王土"的封建时代早已过去。现今中国的土地所有权是大陆法系主张的纯粹经济意义的所有权。1986年《民法通则》、2007年《物权法》都明确规定：同一宗土地上不存在双重所有权主体。土地所有权可以按所有制分类为国家所有权、集体所有权和个人所有权，但是没有国家与集体或国家与个人的双重所有权。所以开发权/地上权/建设用地使用权都不是属于国家的主权性财产权，它们是在所有权基础上设定的（按英美法系的概念）或是从所有权中分离（独立）出来的（按大陆法系的概念）一种财产权——用益物权，是一种民事权利（私权），而非国家治权（公权）。

（二）开发权/地上权/建设用地使用权的由来和权源

在大陆法系国家，土地作什么用途，作农用，还是作建筑使用，即土地利用的决策权是土地所有人的权利，是其所有权中处分权能的体现。进入20世纪，随着工业化、城市化的发展，建设用地的需求日增，但是，有的土地所有人拥有土地却不想开发或没有能力开发建设；有的人有能力开发建设，但没有土地或没有能力购买土地所有权。为解决这所有和利用的矛盾，地上权这种产权形式便应运而生。1896年《德国民法典》就有地上权的设置，1916年更有更详细规定的《地上权条例》。

地上权是指土地所有者仍保有对土地的最终处分权，而把占有权、定限的使用、收益、处分权能从所有权中分离出来，作为一种独立的产权，提供给需要建设用地的他人使用，使土地得以充分利用，提高其经济效用。所以说，它是从所有权中分离（独立）出来的一种用益物权，它的权源是土地所有权。开发权/地上权/建设

---

〔8〕 参见马克思：《资本论》（第三卷），人民出版社1975年版，第696~697页。

〔9〕 齐江：《关于土地双重所有权理论的历史渊源》，载《中国土地科学》1998年第2期。

用地使用权都不能脱离所有权而存在,而是土地所有人为更好地利用土地,而使非所有权人行使其部分所有权权能的一种产权形式。

英国自1909年起就实施城市规划。对土地用途的规划控制(planning control)往往影响土地业主的利益,使一方受益,另一方受损。在利益赔偿法律不完善的情况下,规划控制只能迁就土地开发的现状,而不能实现土地资源优化配置。"二战"后为实施城市重建的国家规划,1946年工党政府的欧斯沃特委员会报告认为:规划控制并没有减少城市开发价值(development value)的总量,只是作了重新分配,使开发价值从低度开发区转移到高度开发区;但开发价值是浮动的,不能准确预测某个地点在某个时间点的潜在开发价值量,往往导致高估价值而过度补偿。因此设计了一个开发权计划,设置3亿英镑的土地基金按1948年价格收购了7~10年内可能开发建设的私人保有地的开发权,并在1947年《城乡规划法》中宣布开发权属于国家所有;在城市重建区内,开发商需要交纳开发费,取得建筑许可证才能开发。[10] 开发权国有化,土地业主没有买卖土地的意愿,也就冻结了土地市场。这个制度执行了6年。1951年保守党政府上台,1953年修改《城乡规划法》,废除了开发权国有化的政策。

美国1922年颁布《州分区实施示范法》对土地利用实行分区控制(zoning control)。分区控制也往往损害部分业主的开发利益。为补偿受损业主的开发利益,1961年G.L.劳埃德首先提出开发权转让的思路。1968年纽约市颁布《地标保护法》,其后新泽西州颁布《州开发权流转法》,实行开发权转让制度(TDR)。由需要获得分区制规定的开发密度之外的开发商向保护区的土地所有人购买开发权。因为开发权的供需不对等,受保护、需要转让开发权的面积大,而购买开发权的面积小,为保护农地和开敞空间,1974年又实行购买开发权制度(PDR),由政府出资购买保护地所有人的开发权。[11]

英、美两国的实例都说明开发权存在于所有权的权利束之中,是从所有权(或保有权)中分离出来的;其权源是所有权。国家可以凭借其统治权(或称治安权police power)制定法律,用规划、分区等手段干预私有土地开发权的行使,或将它转让给他人,或收归国有,并给予补偿。开发权还是属于土地所有人的私权。不是国家的主权性财产权,也不是社会利益相关者共享的财产权或全面开发权。由于

---

〔10〕 See N. Lichfield, H. Darin-Drabkin, Land Policy in Planing, London, George Allen & Unwin, 1980, pp. 132-136.

〔11〕 See Jan Jarman, etc., Land Use Tools: Transfer of Development rights (TDR) and Purchase of Development Rights (PDR). UrbDP598, 2007, Accessed http://courses.washington.edu/udp501/501%20papers/TDRpdrLUtools.pdf.

开发权、地上权、建设用地使用权的权源是所有权(英国是保有权),而不是国家主权、治权,所以,我国《物权法》第40条明确规定:"所有权人有权在自己的不动产……上设立用益物权……"国家有权在国有土地上设定建设用地使用权;集体土地所有权人当然也有权在集体土地上设定建设用地使用权,更不存在由国家来分配开发权的问题。

(三)中国建设用地使用权的设定

产权的设定有意定(当事人出于对潜在利益的共同认知、合意约定的)和法定(由法律规定的)两种方式。产权的初始创设一般都是意定的,但意定的产权,作为一种规则要得到全社会公认、全国一致普遍履行,则必须由法律作出强行性规定。由此确立了物权法定的原则。因此世界各国都有设定和行使开发权/地上权/建设用地使用权的法律。

中国在改革开放之前,实行国家工业化和城市土地国有化,一切建设都是国家建设。国家建设使用国有土地,自无设定开发权/地上权的必要。改革开放后,出现了私人企业、外资企业等多种经济成分。1987年深圳市公开拍卖三宗国有土地,供非国有企业使用,就是在国有土地上意定地设定了建设用地使用权,拍卖给企业使用。这在当时是违法的,违反1982年《宪法》第10条不得买卖、出租土地的规定。但是设定建设用地使用权的巨大效益迅速推动全国人大于1988年修改《宪法》,把"不得……出租……土地"改为"土地使用权可以依照法律的规定转让"。2007年《物权法》更明确规定在国有土地上可以设定建设用地使用权。这才使意定的建设用地使用权成为法定的产权。

1980~1984年在集体土地上推行家庭联产承包责任制,释放了农村剩余劳动力,使乡镇企业异军突起。起初是集体土地所有人行使所有权,使用自己的土地兴办集体所有的乡镇企业,土地自有自用,没有设定建设用地使用权的必要。到1988年因产权不明晰,经营不善,大多数集体乡镇企业改制为个体、合作制、股份合作制企业,甚至引进"三资"企业。这些企业与集体土地所有人的土地关系随即变为集体土地所有人出租、出让土地给企业使用,也就是意定地设置了建设用地使用权,供农民集体以外的他人使用。在乡镇企业突起的同时,许多农村剩余劳动力进城打工。但是政府没有为他们准备住房,而是城郊农民抓住商机,建了大量廉租房、廉价房,出租、出售给农民工、外来人口居住。这实质上也是农民集体或村民意定地设定建设用地使用权,供非村民使用。

到1998年,政府出于严格保护耕地、严格控制建设用地的考量,为了要垄断建设用地的供给,实行土地资源计划配置,借鉴英国1947年开发权国有化的经验,以

“发展权属于国家为法理基础”[12]修改《土地管理法》,制定了一套土地用途管制制度,在第63条规定:“农民集体所有的土地的使用权不得出让、转让或者出租用于非农建设。”这就是政府运用立法权,取消了集体土地所有权人设定建设用地使用权的权利。所以,《物权法》第135条建设用地使用权的客体只是国家所有的土地。集体土地上建造的租赁房、商品房就因为它只有村镇政府承认的、意定的建设用地使用权,没有法定的建设用地使用权,而被称作“小产权房”,处于被取缔的地位。

取消集体土地建设用地使用权的制度实施了20年。起初,为建立政府垄断的建设用地市场的市场秩序起了积极作用,但作为长期的制度安排,其弊端也日益显现:一是造成集体土地与国有土地产权制度的不平等,使集体土地不能自主平等地参与工业化、城市化建设,分享工业化、城市化利益,严重损害农民权益,固化城乡二元结构和城乡居民收入差距。二是集体土地没有建设用地使用权,按原农业用途产值的倍数征收集体土地,造成约半数失地农民生活贫困化。农民不接受低价征地,便暴力强征强拆,以致命案频发,官民矛盾激化,使征地拆迁演变成重大社会问题,付出了巨大社会成本。而今要实现城乡一体化、融合发展,要建立城乡统一的建设用地市场,就必须平等保护物权,将集体土地上意定的建设用地使用权合法化,赋予集体土地法定的建设用地使用权。

## 三、开发收益和开发权/地上权/建设用地使用权的价格

### (一)土地增值/开发收益的来源

开发权/地上权/建设用地使用权的价格(价格)几何?有人说:土地价值是由其用途决定的;土地增值是因土地用途转用(实际转用或规划转用)所致;开发权的价格是原用途——农用地价格与建设用地价格间的差价。[13] 这种观点不符合马克思的地租理论。

按马克思地租理论:地价是地租的资本化,地价增值是地租的增值;地租包括绝对地租、级差地租Ⅰ和Ⅱ;级差地租Ⅰ又包括因区位和肥力差异而形成的区位地租和肥力地租。农地转用为建设用地,投入了土地资本(土地前期开发和房屋建造的费用)。这些资本与土地结合增加了剩余价值的产出,在土地租约到期或出售时,部分剩余价值会转化为级差地租Ⅱ。但这部分地租,随着房屋折旧和衰败是

[12] 甘藏春:《以制度创新推动社会经济发展——重温土地管理法的全面修订》,载《中国国土资源报》2011年9月29日;甘藏春主编:《社会转型与土地管理制度改革》,人民出版社、中国发展出版社2014年版,第17页。

[13] 参见李元:《中国城市化进程中的征地制度改革》,载《中国土地》2005年第12期。

要贬值的,不会不断增值。地价的增值不是由于土地用途的转用,而是区位地租的增值。

这个道理可以用图1、图2来说明:

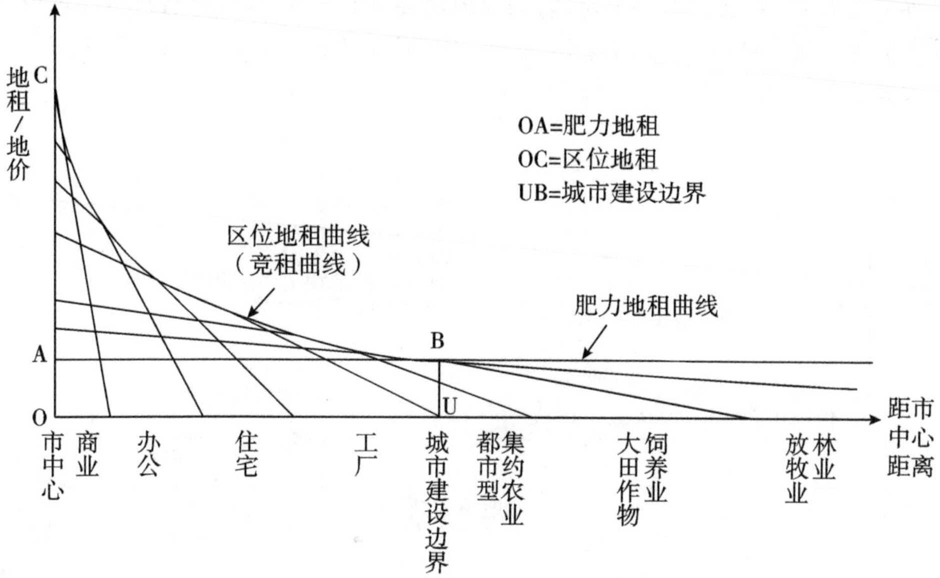


**图1 区位地租与土地利用格局**

按阿朗索-杜能的区位理论:一个单中心城市的土地,因交通运输成本离城市(市场)中心越远而越高,区位地租离城市(市场)中心越远而越低,图1用一条下凹的曲线CB表示区位地租(亦称竞租曲线)。肥力地租同离市中心距离远近无关。假设肥力匀质,以一条水平线AB表示肥力地租。土地作建筑使用,看重的是区位。在竞争性的土地市场上,剩余价值产出率高、付租能力强的土地用途竞得区位地租高的地段。于是形成同心圆式的土地利用格局:市中心的地段区位地租最高,成为金融商业用地;向外(离市中心距离渐远)依次作为办公—住宅—工业—都市型集约农业—大田作物、饲养业—放牧业、林业用地。区位地租与肥力地租相等的BU线左边是区位适宜、土地宜用作建设开发的城市建设用地(市地);右边则是区位差,区位地租低于肥力地租,区位不宜建设开发而让位于农业利用的农地。中间的分界线BU可视为城市建设边界。所以,在土地资源市场配置制度下,是区位和区位地租/地价决定土地用途,而不是土地用途决定地租/地价。

随着城市人口增加、第二、第三产业发展,城市建设用地需求增加,又因城市基础设施建设改善、区位条件改善、交通运输成本下降,于是区位地租上涨,区位地租

曲线从 $R_1$ 上升至 $R_2$,并使城市建设边界从 $U_1$ 右移至 $U_2$(见图2)。区位地租/地价上涨,原来的城市用地便要再开发,比农业用途付租能力强的金融商业用地、办公、住宅、工业用地扩大并依次向外扩展。因区位条件改善,在新、旧两条城市建设边界 $U_1$、$U_2$ 之间(所谓城乡结合部)的农地便会逐渐开发为城市建设用地,即发生城市的郊区化。这时 $U_1$、$U_2$ 区间的地价,因区位地租提高到CD一线,就不再是原来农地的价格,而是该区位的"最高最佳用途价"。

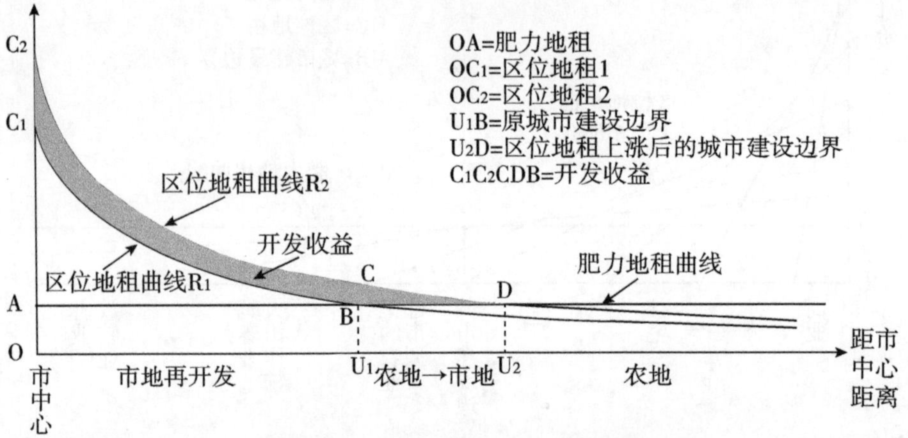


**图2 区位地租上涨引起土地利用格局变化**

在 $R_1$、$R_2$ 两条区位地租曲线之间(图2中的 $C_1C_2DB$ 灰色部分)区位地租/地价的增值,19世纪英国经济学家约翰·穆勒称为土地的"自然增值",[14]周诚教授称为"外力增值",[15]西方资源经济学称为"开发收益"(development gains),在我国就是"出让金收益"或"土地增值收益",也就是开发权/地上权/建设用地使用权的租金或价格。

(二)政府规划对开发收益的影响

政府规划会改变各类用地的需求,从而影响土地价格。政府将一个地段规划为金融街、中央商务区,该地段的地价就上涨;规划为不准开发的生态保护区、农业保护区或历史遗迹保护区,地价就下跌。政府将城市发展边界规划在市场形成的城市建设边界(图2的U2线)之外,如美国俄勒冈州划定的城市发展边界比城市

〔14〕 参见[英]约翰·穆勒:《政治经济学原理及其在社会哲学上的若干应用》(下卷),朱泱译,商务印书馆1991年版,第390~394页。

〔15〕 参见周诚:《再论我国农地征收的合理补偿》,载《中国经济时报》2005年10月17日。

扩展的实际需要大 15%~25%,[16]不影响城市建设用地的市场供给,地价不会上涨;如果划在市场形成的城市建设边界之内,就会因城市建设用地供不应求,土地稀缺性增强,使地价上涨。这个地价上涨是绝对地租的增值(见图 3)。

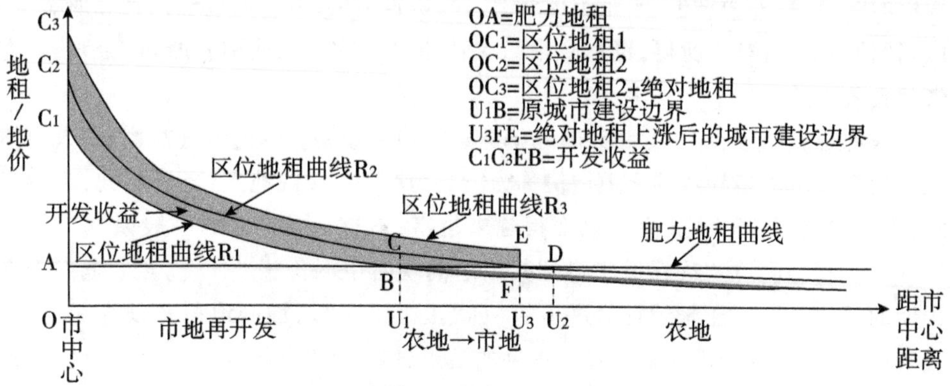


**图 3 城市发展边界对地价的影响**

(三)开发收益/土地增值来源的辩论

有一种观点认为:"公共服务是城市土地价值的唯一来源。城市不动产的价值,说到底,就是其所处区位公共服务的投影。"[17]或者说:建设用地地价高"这种土地增值是由于政府代表社会的投入所致"。[18] 这种观点把剩余价值的增值与地租的增值混淆了。城市公共服务和基础设施建设使其辐射所及范围内的土地因区位条件改善,节约了交通运输成本,获得外部经济效益,提高了剩余价值产出。这个剩余价值的增值确实是来自公共服务和基础设施建设的外部经济效益。土地本身不会生产剩余价值,必须同资本、劳动力相结合,才有剩余价值产出,但是使用土地必须拥有土地所有权、使用权。投入土地,实质上是投入了土地所有权、使用权。由于土地所有权、使用权的垄断(产权的排他性),剩余价值的一部分才转化为地租/地价,为土地所有权人、使用权人所得。所以马克思说:"地租是土地所有权在经济上借以实现即增值价值的形式",[19]而不是公共服务设施投资的经济体现。地租/地价中并不含有公共服务、基础设施建设投入的资本和利息利润。

---

〔16〕 参见林肯土地政策研究所:《土地规划管理——美国俄勒冈州土地利用规划的经验教训》,国土资源部信息中心译,中国大地出版社 2003 年版,第 30~32 页。

〔17〕 赵燕箐:《土地财政:历史、逻辑与抉择》,载 http://www.aisixiang.com/data/79235.html,2019 年 4 月 5 日最后访问。

〔18〕 李元:《中国城市化进程中的征地制度改革》,载《中国土地》2005 年第 12 期。

〔19〕 马克思:《资本论》(第三卷),人民出版社 1975 年版,第 714 页。

## 四、开发收益的分配

开发收益,即土地增值收益如何分配?一种流行的观点认为:土地增值是社会投资的结果,是外力增值,不是土地所有人投资投劳的结果,所以应归社会所有,不应当归原农地所有者所得,也不应当归农转非之后的土地使用者所得,否则,皆有失社会公正。[20]

这种观点渊源于19世纪英国经济学家约翰·穆勒。他把因资本增加、人口增长和生产技术进步导致的土地增值称为"自然增值",又说地主"不干活儿,不冒风险,不节省,就是睡大觉,也可以变得越来越富,不合社会正义的一般原则",于是设计了一套制度:在"确保地主得到其土地的现时市场价格"中"包含了全部未来预期的现值"后,对土地因社会进步的"自然原因"而"增加的地租课以特别税"而收归国家。[21] 孙中山接受约翰·穆勒的观点,制定了"自报地价,照价征税,照价收买,涨价归公"的政策,作为平均地权第一阶段的政策。[22]

有的学者认为:"中国农地征收中按原用途进行补偿的办法实际上就是遵循了'涨价归公'的不成文的政策原则",但是这个办法完全否定了原土地所有者的开发权益,流于"片面""极端",进而提出"全面开发权论",认为"不仅被征地农民拥有开发权,整个社会,包括其他农民也享有此项权利,所以开发收益应私公兼顾,私公共享"。[23]

这些观点也不符合马克思的分配理论。马克思认为:分配方式(指初次分配)不能决定于"公平正义"之类法的概念,而是决定于生产方式;[24] 在商品生产方式中,作为生产要素投入劳动、资本、地产,其分配形式就是工资、利息和利润、地租,其交换方式是等价交换。[25] 在商品经济的生产方式下,投入地产,获得地租,符合商品生产的分配规则,没有什么公平正义的问题。马克思说:"地租的占有是土地所有权借以实现的经济形式。"[26] 地租是所有权、使用权的经济体现,不是劳动的经济体现。从这个意义上讲,大凡地租都是不劳而获的收入。若说地租

---

〔20〕 参见周诚:《农地征用中的公正补偿》,载《中国土地》2004年第1~2期。

〔21〕 参见[英]约翰·穆勒:《政治经济学原理及其在社会哲学上的若干应用》(下卷),朱泱译,商务印书馆1991年版,第390~394页。

〔22〕 参见朱章宝:《土地法理论与诠解》,商务印书馆1936年版,第32~34页。

〔23〕 周诚:《农地征收宜秉持"全面开发权"论》,载《中国经济时报》2006年2月13日。

〔24〕 参见《马克思恩格斯选集》(第三卷),人民出版社1995年版,第302页。

〔25〕 参见《马克思恩格斯文集》(第七卷),人民出版社2009年版,第714页。

〔26〕 《马克思恩格斯选集》(第三卷),人民出版社1995年版,第12~13页。

是不劳而获的收入,不合公平正义,就要收归社会所有,除非将土地全盘国有化。所以,恩格斯批评主张"这种增值是未经土地所有者干预而形成的,所以不应归它所有,而应该归社会所有"的普鲁东主义者说:"他却没有察觉到他这样说,实际上就是要求废除地产。"[27]

中国实行多种经济成分并存的市场经济体制,存在两种形式的土地公有制,并没有实行土地全盘国有化,也不存在全面开发权。在这种经济体制下,政府投入国有土地的建设用地使用权,其开发收益(出让金收益)归国家;农民集体投入集体土地的建设用使用权,则其开发收益(地租的增值)自应归各个农村集体经济组织。市场经济的分配规则就是如此,不存在不公平或片面的问题,也不存在集体土地的增值或开发收益要在政府、土地所有者、开发者、使用者和其他主体间分配的问题。所以,在初次分配中就要"国家……分享土地增值收益"的提法是错误的;在集体建设用地使用权流转环节中,地方政府征收土地增值收益调节金,截留集体建设用地的地租/地价也是错误的。因为这种做法不符合马克思的分配理论。

许多人反对马克思主张的土地增值(实际是地租增值或开发收益)分配方式,说把土地增值收益全部归于被征地农民会带来更大的不公平和混乱。[28] 有人看到有的被征地农民在征地拆迁中一夜暴富,成了百万元户、千万元户,有的拿补偿款去赌钱,买宝马车,因而反对把土地增值全部归于被征地农民。对此,要作具体分析,要看被征收的土地房屋是否是被征收人的合法财产,征地补偿是否遵循了等价交换原则。若不是,则应追查其财产来源和公平确定补偿标准。若是,则被征收户本来就是拥有千万元不动产的富翁,何来一夜暴富?有什么不公平,又有什么可抱怨的呢?至于拿到补偿款去赌钱、买宝马车,那是因为农民没有投资渠道.他们熟悉的投资渠道是盖房、租房、卖房,而这条渠道又被政府取缔"小产权房"的政策封杀了。这才发生赌钱、买宝马车等问题。解决办法是引导被征地农民合理储蓄或投资,而不是拿走他们应得的土地增值收益。有人反对把土地增值收益全部归于被征地农民,说这样会在城郊出现一个土地食利者阶层。[29] 这种说法更没有道理。现在我国实行社会主义市场经济,分配制度已由单一的"按劳分配"改为"按劳分配为主体、多种分配方式并存"。投入土地,收取地租,按贡献分配,就是社会主义市场经济的分配规则,为何将取得开发收益的集体农民污名为"食利者"。还有人反对把土地增值收益全部归于被征地农民的理由是:这样一来,政府

---

〔27〕《马克思恩格斯选集》(第三卷),人民出版社 1995 年版,第 146 页。

〔28〕参见李元:《中国城市化进程中的征地制度改革》,载《中国土地》2005 年第 12 期。

〔29〕参见贺雪峰:《农村建设用地价值的来源》,载《古今农业》2013 年第 1 期。

就没有城市建设、基础设施建设的资金了,会延缓城市建设、经济发展。市场不会自动提供基础设施等公共用地,需要政府组织投资建设。既然这些基础设施、公共设施是为公众服务的,则其资金理应从以税收为基础的公共财政收入中列支,由社会公众共同负担;不应克扣农民集体应得的开发收益,让被征地农民为全民享受的基础设施建设作出特别牺牲。

总之,按马克思的经济理论,在市场经济条件下,建设用地使用权入市交易,就应该按建设用地使用权的价格或租金平等交易。国有土地的增值收益归国家,集体土地的增值收益归农民集体,没有集体土地的增值收益也要在全民间分配的道理。若是土地增值收益过高,扩大了贫富差距,可以在二次分配中用税收来调节,而不能打破市场经济初次分配的规则;打破了,也就不称其为市场经济了。

(责任编辑:耿卓)

# 土地承包权之制度问题深层剖析与权利性质界定*

丁关良　才　正**

**摘　要**

农地“三权分置”政策中“土地承包权”的理论问题需深入研究和反思，新《农村土地承包法》中“土地承包权”内涵更加需要厘清。本文研究涉及中央“三权分置”政策之“土地承包权”的产生缘由、政策制度内涵和模糊性剖析、政策及法律诸多问题考问、权利性质学界观点梳理和辨析；理论反思后之土地承包权客观概念、法律性质界定、特征以及确立成员土地承包权制度之重大意义阐述。研究结论：正本清源反思后之土地承包权其法律性质应该属于民事权利能力，成员土地承包权是农户依法取得家庭承包的土地承包经营权的前提基础，确立成员土地承包权制度为农村二轮承包期间土地承包关系保持稳定奠定基础，更确保三轮延包时起点公平，以期为农户平等获得新的有期限的土地承包经营权创造良好条件。

**关键词**

农地“三权分置”　土地承包权　政策模糊性　权利性质

**目　次**



---

* 基金项目：教育部人文社会科学重点研究基地重大项目“深化农村产权制度改革推进城乡居民基本权益平等化研究”[17JJD790018；浙江大学文科教师教学科研发展专项项目“农村土地“三权分置”有关法律问题研究”(丁关良主持)的阶段性成果]。

** 丁关良，浙江省义乌市人，浙江大学公共管理学院、浙江大学中国农村发展研究院，教授，研究方向为农村产权、土地法以及农村法治；才正，黑龙江省哈尔滨市人，博士生，浙江大学公共管理学院，研究方向为农业企业、农业推广与农村土地。

## 一、引言

经济学界早于中央"三权分置"政策确立之前就普遍认为,"在农村土地家庭承包基础上,通过土地承包经营权流转,农村集体土地(农地)产权结构被分解为三种权利:一是(土地)所有权;二是(土地)承包权;三是(土地)经营权(使用权)。即所谓的农村集体土地'三权分离'论"。[1] 2013年年底召开的中央农村工作会议指出:"要不断探索农村土地集体所有制的有效实现形式,落实集体所有权、稳定农户承包权、放活土地经营权",于是,2014年1月中共中央、国务院《关于全面深化农村改革加快推进农业现代化的若干意见》(中发〔2014〕1号)明确指出:"在落实农村土地集体所有权的基础上,稳定农户承包权、放活土地经营权,允许承包土地的经营权向金融机构抵押融资",这是国家层面最早较全面提到"三权分置"的政策;2014年11月20日中共中央办公厅、国务院办公厅印发《关于引导农村土地经营权有序流转发展农业适度规模经营的意见》的通知(以下简称《土地经营权流转意见》)更明确指出:"坚持农村土地集体所有,实现所有权、承包权、经营权三权分置,引导土地经营权有序流转",该政策首次以中央文件形式正式提出"三权分置"这一名称完善之政策表述;而2016年10月30日中共中央办公厅、国务院办公厅《关于完善农村土地所有权承包权经营权分置办法的意见》(以下简称《"三权分置"政策意见》)更是中央涉及"三权分置"政策中最完善的"三权分置"内容和运行机制体现。

中央"三权分置"政策中"将土地承包经营权分为承包权和经营权"使土地承包权、土地经营权并行更是"三权分置"改革之亮点所在和农地产权创新之关键内容,因此,稳定农户土地承包权和放活土地经营权必将事关农地流转与农民土地权益之保障制度巨大变动,更是事关农村土地制度改革未来方向,同时该政策之土地承包权、土地经营权等新型权利只有上升为法律之民事权利才真正具有生命力,其

〔1〕 丁关良:《土地承包经营权流转法律制度研究》,中国人民大学出版社2011年版,第275页。

导致重构式的“变法”引起社会各界的高度重视。[2] 2017年7月24日形成的《中华人民共和国农村土地承包法修正案》(草案)(以下简称《一审草案》)于2017年10月31日提请十二届全国人大常委会第三十次会议审议。《一审草案》第6条第1款“以家庭承包方式取得的土地承包经营权在流转中分为土地承包权和土地经营权”等之规定也得以明证,该《一审草案》以“三权分置”政策中“将土地承包经营权分为承包权和经营权”创新改革为主要修法,其出现“土地承包权”词语共7次(分布中第一章“总则”第6条、第18条,其中第6条出现2次;第二章“家庭承包”第23条、第26条、第40条和第四节标题中)。该《一审草案》于2017年11月8日在“中国人大网”上公布和公开征求意见,“一出台就受到来自不同方面的法学者的花式批评,其立法制度对此从理念思维到具体规则构建显然面临诸多难以回应的严峻挑战”;[3]“也造成《承包法修正草案》中一些新‘法律规范’内容遇到无现行法理依据可遵循之困惑,同时《承包法修正草案》存在众多新‘法律规范’不能自圆其说之处,也出现更复杂而难以解决的新问题”;[4]同时,“在常委会审议和征求意见中,不少意见提出,草案规定的法律概念比较模糊,权利之间的内涵和相互关系不明确”。[5] 2018年10月22日提请十三届全国人大常委会第六次会议审议《中华人民共和国农村土地承包法》(修正案草案二次审议稿)(以下简称《二审草案》)作了调整和变化,并于2018年11月2日在“中国人大网”上公布和公开征求意见。该《二审草案》中“土地承包权”词语只出现2次(第一章“总则”第9条;第二章“家庭承包”第44条)。2018年12月23日《中华人民共和国农村土地承包法》(修正案草案三次审议稿)(以下简称《三审草案》)提请十三届全国人大常委会第七次会议审议,该《三审草案》审议前“土地承包权”词语也只出现2次,其审议后将第44条“承包方向他人流转土地经营权,不影响其依法享有的土地承包权,承包方与发包方的承包关系不变”修改为“承包方流转土地经营权的,其与发包方的承包关系不变”。于是2018年12月29日通过《全国人民代表大会常务委员会关于修改〈中华人民共和国农村土地承包法〉的决定》中土地承包权仅在第9条中规定,即“承包方承包土地后,享有土地承包经营权,可以自己经营,也可

---

〔2〕 2016年度中国十大学术热点之一,即“热点4.农村土地‘三权分置’法律制度建构”。参见《2016年度中国十大学术热点发布》,载《光明日报》2017年1月13日,第1版。

〔3〕 陈小君:《“三权分置”与中国农地法制变革》,载《甘肃政法学院学报》2018年第1期。

〔4〕 房绍坤主编:《承包地“三权分置”的法律表达与实效考察》,中国人民大学出版社2018年版,第224~225页。

〔5〕 杜涛主编:《中华人民共和国农村土地承包法解读》,中国法制出版社2019年版,第58页;黄薇主编:《中华人民共和国农村土地承包法释义》,法律出版社2019年版,第42页。

以保留土地承包权,流转其承包地的土地经营权,由他人经营"。中国人大网2019年1月7日刊出新的《中华人民共和国农村土地承包法》也只有在第9条中出现一次"土地承包权"。这次修法中对"土地承包权"之立法上的变化充分说明它不仅是热点或重点,而且可能更多是难点或争议点。

中共十八届四中全会通过的《中共中央关于全面推进依法治国若干重大问题的决定》明确指出:"做到重大改革于法有据"和"法律是治国之重器,良法是善治之前提"。为此,本文对"三权分置"政策之"土地承包权"的产生缘由、政策制度内涵和模糊性剖析、政策与法律定位诸多问题考问、权利性质学界观点梳理剖析等方面进行深入探讨;同时在正本清源反思基础上对土地承包权概念、法律权利性质界定和特征以及确立成员土地承包权制度重大意义等问题进行研究,显然具有极强现实意义和理论价值。

## 二、农地"三权分置"政策中土地承包权的产生缘由分析

《"三权分置"政策意见》明确指出:"改革开放之初,在农村实行家庭联产承包责任制,将土地所有权和承包经营权分设",家庭承包使该"一权"(土地所有权)变为"两权"(土地所有权和土地承包经营权),被学界称为农村集体土地产权的第一次分离。可见,农地"三权分置"政策中土地承包权只能通过农村集体土地产权的第二次分离,即农村承包地初次流转而产生(见后分析)。

### (一)农地"三权分置"政策背景下农地流转之前提条件

在中央"三权分置"政策背景下农村承包地流转(仅指初次流转,下同)存在之前提条件,主要有三个:

1. 土地承包经营权是权利束,且它由土地承包权和土地经营权构成。如有学者认为"土地承包经营权是承包权和经营权的混合体",[6]又有学者认为土地承包经营权自身包括两个不同的权利内容,即承包权和经营权。[7] 在农地上出现"两权分离"时土地承包经营权是民事权利中的用益物权;而在"三权分置"实施初次流转阶段土地承包经营权变成为权利束,这时符合产权是由若干具体权利构成的权利束这一西方产权经济学之命题,这里"产权"不是现实中的主观权利,而是由若干具体权利构成的权利束,如英国学者阿贝尔先生认为,"产权包括所有权、

---

〔6〕 叶兴庆:《从"两权分离"到"三权分离"——我国农地产权制度的过去与未来》,载《中国党政干部论坛》2014年第6期。

〔7〕 参见房绍坤:《物权法用益物权编》,中国人民大学出版社2007年版,第40~44页;张平华、李云波、张洪波:《土地承包经营权》,中国法制出版社2007年版,第44~56页。

使用权、管理权、分享剩余收益或承担负债的权利、对资本的权利、安全的权利、转让权、重新获得的权利及其他权利”;〔8〕又如库特认为“产权是一组权利,它包括占有、使用、改变、馈赠、转让或阻止他人侵犯其财产的权利”。〔9〕

2. 土地承包经营权可以被分解为土地承包权和土地经营权。例如“从逻辑上讲,承包经营包含承包和经营两个先后相继的行为,承包经营权自然可以分解为承包权和经营权两个权利”;〔10〕又如“把农民土地承包经营权分为承包权和经营权,实现承包权和经营权分置并行”;〔11〕再如经济学界的主流观点认为“土地承包经营权被分解为土地承包权和土地经营权”。〔12〕

3. 农地流转其转移的是土地经营权。例如《土地经营权流转意见》明确指出:“实现所有权、承包权、经营权三权分置,引导土地经营权有序流转”;又如国务院《关于开展农村承包土地的经营权和农民住房财产权抵押贷款试点的指导意见》(国发〔2015〕45 号)指出:“所有权、承包权、经营权三权分置和经营权流转。”

(二)农地“三权分置”政策中土地承包权的产生界定

经济学界通说认为,依据上述在“三权分置”政策背景下农村承包地流转之前提条件,农村承包地初次流转后使“一权”的土地承包经营权变为土地承包权和土地经营权“两权”,即其流转结果为:一方面农户“保留”土地承包权,另一方面流进方(经营主体)取得土地经营权。《“三权分置”政策意见》也明确指出:“顺应农民保留土地承包权、流转土地经营权的意愿,将土地承包经营权分为承包权和经营权”。可见,农地“三权分置”政策中“土地承包权”,是产生于农村承包地初次流转后,它符合“三权分置”改革的政策意蕴。

## 三、农地“三权分置”政策中土地承包权制度内涵和模糊性剖析

(一)农地“三权分置”政策中土地承包权制度内涵梳理

以《“三权分置”政策意见》为主的“三权分置”政策作为基础,并结合学界主要观点,将农地“三权分置”中土地承包权政策制度内涵梳理如下:(1)稳定农户承包权其目标之一使“土地承包关系保持稳定并长久不变”;(2)土地承包权其“权利主

---

〔8〕 刘伟、李风圣:《产权通论》,北京出版社 1998 年版,第 10~11 页。

〔9〕 [美]R. 库特:《法与经济学》,三联书店、上海人民出版社 1991 年版,第 152 页。

〔10〕 吴兴国:《承包权与经营权分离框架下债权性流转经营权人权益保护研究》,载《江淮论坛》2014 年第 5 期。

〔11〕 高云才:《“三权分离”,农村土地制度改革重大创新——农业部部长韩长赋解读〈关于引导农村土地经营权有序流转发展农业适度规模经营的意见〉》,载《农村 · 农业 · 农民》2014 年第 1A 期。

〔12〕 丁文:《论土地承包权与土地承包经营权的分离》,载《中国法学》2015 年第 3 期。

体”只能是农户;(3)土地承包权的“权能”包括占有、使用和收益等权能;(4)土地承包权最大价值是流转之收益功能;(5)土地承包权人享有征收补偿获取权;(6)土地承包权人享有土地承包权有偿退出权;(7)土地承包权可实施转让;(8)土地承包权人有权以承包土地经营权实施抵押;(9)土地承包权可继承;(10)土地承包权人主要义务是不应妨碍经营主体行使合法权利;(11)严格保护土地承包权可为农民进城落户解决后顾之忧。

(二)农地“三权分置”政策中土地承包权制度模糊性之剖析

《“三权分置”政策意见》指出:“鼓励在理论上深入研究农民集体和承包农户在承包土地上、承包农户和经营主体在土地流转中的权利边界及相互权利关系等问题。”我们认为,农地“三权分置”政策中土地承包权制度存在众多模糊性,主要表现在:

1. 土地承包权产生或存在模糊性。根据《“三权分置”政策意见》“将土地承包经营权分为承包权和经营权”分析,土地承包权应产生于农村承包地初次流转后,使原“一权”的土地承包经营权变为土地承包权和土地经营权这新“两权”,从而导致土地承包权产生。而《“三权分置”政策意见》在“严格保护农户承包权”中指出:“任何组织和个人都不能取代农民家庭的土地承包地位,都不能非法剥夺和限制农户的土地承包权”,同时,《“三权分置”政策意见》在“逐步完善‘三权’关系”中也指出:“农村土地集体所有权是土地承包权的前提,农户享有承包经营权是集体所有的具体实现形式”;《深化农村改革综合性实施方案》(中办发〔2015〕49号)明确指出:“稳定农户承包权,就是要依法公正地将集体土地的承包经营权落实到本集体组织的每个农户”,上述众多重要政策中的农户的土地承包权或农户承包权,实指农户拥有承包本农民集体或成员集体之农村社区集体组织发包的农村土地的资格,即该土地承包权在农村土地家庭承包前已经存在。

2. 土地承包权属于民事权利还是属于民事权利能力其性质存在模糊性。从“三权分置”系列政策中多次提到“坚持农村土地集体所有,实现所有权、承包权、经营权三权分置”看,土地承包权应该属于民事权利,否则土地承包权无法与土地所有权、土地经营权这两项主观权利并行称为“三权分置”;而《深化农村改革综合性实施方案》关于“稳定农户承包权,就是要依法公正地将集体土地的承包经营权落实到本集体组织的每个农户”和中共中央、国务院《关于稳步推进农村集体产权制度改革的意见》要求“落实农民的土地承包权”看,土地承包权应该属于民事权利能力,是取得家庭承包的土地承包经营权的前提或资格条件。

3. 土地承包权的“权能”范围存在模糊性。上述土地承包权的“权能”包括占有、使用和收益等。农地初次流转中实施“抵押”,抵押期间不发生承包地占有改定,此时"土地承包权人"仍是土地承包经营权人,因为抵押期间还没有产生作为独立权利的土地承包权和土地经营权;除此之外,其他方式实施农地初次流转后,流转承包地已经由土地经营权人占有、使用,而土地承包权人通常不占有、使用流转承包地,这里土地承包权怎能尚有占有、使用这两项权能呢?同时,《"三权分置"政策意见》所指出的"在完善'三权分置'办法过程中,要充分维护承包农户使用、流转、抵押、退出承包地等各项权能",该政策中使用、处分(指退出承包地)这两项权能应该是承包农户作为土地承包经营权人享有的,而不是作为土地承包权人享有的,如已存在土地承包权情形下,承包地已由土地经营权人占有,而不是由土地承包权人占有,显然,土地承包权人无法实施使用、单独实施退出承包地之行为。

4. 土地承包权有偿退出抑或承包地有偿退出存在模糊性。《"三权分置"政策意见》在"严格保护农户承包权"中指出:土地承包权人"有权依法依规就承包土地经营权设定抵押、自愿有偿退出承包地"。《"三权分置"政策意见》在"完善'三权分置'法律法规"中又指出:"积极开展土地承包权有偿退出……试点。"《"三权分置"政策意见》前后提法不一,前面提到承包地有偿退出,该情形使土地承包权消灭,其提法规范,且符合法理;而后面提到土地承包权有偿退出,即导致发包方取得土地承包权,一方面造成农用地上农民集体拥有土地所有权和土地承包权这两项权利不符合法理,另一方面这一情形下要使土地承包权消灭也无可依据之法理。显然,该提法不合理、不规范。

5. "不得违法调整农户承包地"存在承包地未流转抑或已流转之模糊性。《"三权分置"政策意见》在"严格保护农户承包权"中指出:"不得违法调整农户承包地。"如在承包地未流转前,保护的是农户土地承包经营权,这是最重要的、该承包地面积更多、也是更使农户土地承包经营权真正符合用益物权具有物权之绝对性的本质特性。又如在承包地已流转后,"不得违法调整农户承包地",在"三权分置"政策背景下具有双重功能:一方面是"严格保护农户承包权",另一方面是真正达到"赋予经营主体更有保障的土地经营权",同时,这一调整带来更复杂或更难调整的客观现实,如何平衡承包方农户和经营主体的利益成为现实问题。

## 四、农地"三权分置"中土地承包权制度之诸多问题考问

这里分别对农地"三权分置"政策和新《农村土地承包法》中的问题进行分析:

### (一)农地"三权分置"政策中土地承包权制度的诸多问题考问

《土地经营权流转意见》指出:"鼓励承包农户依法采取转包、出租、互换、转让及入股等方式流转承包地"和"按照全国统一安排,稳步推进土地经营权抵押、担

保试点”。《“三权分置”政策意见》也明确指出:承包农户“有权通过转让、互换、出租(转包)、入股或其他方式流转承包地并获得收益……有权依法依规就承包土地经营权设定抵押”和“经营主体再流转土地经营权或依法依规设定抵押”。可见,在农地“三权分置”政策下,农村承包地流转的通常方式包括转让、互换、转包、出租、入股、抵押等六种。本文遵循政策之权利只有上升为法律之权利才真正具有生命力这一考量规则,且农地政策在上升为法律制度之前必须接受法学理论的检视,特别涉及中国亿万农民切身利益的“三权分置”理论更应该是如此,同时,依据大陆法系范式及法律逻辑并结合立法体例再深入分析、研究和思考,发现涉及和针对农地“三权分置”改革和政策中与土地承包权相关的诸多问题需要考问,主要有:

1. 农地权利确权登记颁证问题。土地承包经营权确权登记颁证意义重大,确实权颁铁证,在流转、征收、占用、退出等环节中土地承包经营权价值能更充分体现,同时,使土地承包经营权用益物权性质更加明确并巩固,但在农地“三权分置”政策背景下该措施价值大大削弱:一方面已经实施农地流转的承包地因已不存在土地承包经营权,按农地“三权分置”政策“将土地承包经营权分为承包权和经营权”之逻辑分析,“土地集体所有权与土地承包权、土地经营权是承包地处于流转状态的一组权利,是三权分置”,〔13〕该流转地如何进行确权登记,是确土地承包权,还是确土地经营权,理论和政策依据何在?另一方面目前进行土地承包经营权确权登记颁证费力费时更费钱,确权登记颁证的承包地因流转导致土地承包经营权消灭是否太可惜了,如2013年中央1号文件提出“用5年时间基本完成农村土地承包经营权确权登记颁证工作”,目前一亩农地确权登记颁证费用少则35元,多的超过80元,如平均按50元计算,仅2016年年底20.24亿亩耕地这一项确权登记颁证,费用超过1千亿元。

2. 债权性流转之原土地承包经营权能否回归问题。农地“三权分置”中出租、转包等债权性的流转后,依据农地“三权分置”政策“将土地承包经营权分为承包权和经营权”而导致土地承包经营权消灭,按现行法理分析,出租、转包流转到期后,通常土地经营权应消灭,问题是原“土地承包经营权”能恢复吗?如土地经营权不消灭能返回给土地承包权人与土地承包权恢复为土地承包经营权其理论依据何在?如果土地经营权已经消灭或不能返回给土地承包权人,土地承包权人只拥有土地承包权怎么实施第二次、第三次等流转?这将成为现实无法回答的问题。

---

〔13〕 全国人大农业与农村委员会副主任委员刘振伟于2017年10月31日在第十二届全国人民代表大会常务委员会第三十次会议上《关于〈中华人民共和国农村土地承包法修正案(草案)〉的说明》。

3. 承包农户法律地位问题。为什么农地“三权分置”政策中流转发生前或承包农户以土地经营权抵押时，可使原土地承包经营权人变为现土地承包权人？值得反思的是农户原是用益物权人成为可能已非用益物权人或非物权人的土地承包权人，其仍会采用或实施诸如产生债权法律关系的流转方式吗？农户从拥有强物权保护效力的用益物权能自愿或任意变为弱保护效力的债权吗？

4. 入股后土地承包权价值问题。如采取入股方式流转，股东因拥有股权而取得红利之收益是常态；农地“三权分置”政策中土地承包权有收益之重要价值功能，能否以土地承包权人因拥有土地承包权而取得红利之收益呢？答案肯定是否定的。

5. 一次性“买断”之“转让”中土地承包权价值问题。农地“三权分置”政策包括该“转让”，若“转让”之转让方土地承包权人一次性收取转让收益，造成“保留”土地承包权无实际价值。采取转让方式流转，正常的转让属于一次性“买断”，权钱两清，如国有建设用地使用权转让，受让人取得国有建设用地使用权，并向转让人一次性支付转让费，转让人一次性收取转让费，并丧失国有建设用地使用权；同样正常农村土地采取转让方式流转，也是受让人向转让人一次性支付转让费，因此，在这种情形下，转让人“保留”土地承包权无任何收益之价值功能。

6. 若“转让”之转让方收取转让年收益或分期分批收取转让收益，会造成农民权利很难或无法保障。如“转让”不属于一次性取得转让收益，即不是一次性“买断”，要使转让方“保留”土地承包权有价值，按每年收取转让年收益或分期分批收取转让收益，势必产生以下三个问题：一是按“三权分置”政策目标，受让方如企业法人破产，转让方农户未取得的剩余转让收益如何保障？二是无身份性的土地经营权可按市场规则运行，受让方取得土地经营权后实施“再转让”，第一受让方可能已无土地经营权，而由第二受让方取得，第一转让方农户未取得的剩余转让收益向谁收取？三是受让方用土地经营权抵押，实现抵押权后，转让方农户未取得的剩余转让收益如何保障？可见，“转让”如不属于一次性取得转让收益，势必会凸显农民权利保障问题。

7. “互换”之土地承包权价值问题。在农地“三权分置”政策下“互换”后土地承包权已无收益权能或只存在互换差价收益。甲农户 A 地与乙农户 B 地互换有四种情形，第一种等质等量的承包地互换，“互换”完成后享有土地承包权的任何一方已不可能从经营承包地、享有土地经营权的对方取得任何收益，即享有 A 地土地承包权的甲农户不能从享有 A 地土地经营权的乙农户手中取得收益，同样，享有 B 地土地承包权的乙农户也不能从享有 B 地土地经营权的甲农户手中取得收益，第二种等量不等质的承包地互换，第三种等质不等量的承包地互换和第四种不等质不等量的承包地互换，因互换时通常一次性结清互换差价，同样，“互换”

完成后享有土地承包权的任何一方也已不可能从享有土地经营权的对方取得任何收益。非常态下如互换(上述第二种、第三种、第四种互换)后还存在差价,而互换时不是一次性结清互换差价,也只有享有土地承包权的一方在今后可取得收益,这也不是土地承包权的全部收益,而应是差价收益;而另一方虽然也享有土地承包权,但永远无法取得土地承包权的任何收益,只存在支付差价的义务。互换情形下何谓土地承包权都存在“收益权能”?

8. 土地承包权有偿退出很难实施或无法开展。《“三权分置”政策意见》指出:“积极开展土地承包权有偿退出……试点”。在农地“三权分置”构架下流转后土地承包权归农户和土地经营权归经营者,如甲农户于2017年1月1日将20亩A地“出租”给经营者期限12年,刚好是剩余承包期限,即2028年12月31日到期,租金共12万元,承租方取得土地经营权,出租方第1年已收取租金1万元,该甲农户随后将土地承包权有偿退还给本集体经济组织,在政策鼓励土地承包权有偿退出背景下,发包方要付给甲农户超过、等于或接近11万元的剩余租金,发包方虽然收回了甲农户土地承包权,但无法收回承包地更无法为了规模经营连片整理土地出租取得更高租金、获得更多收益,因为承包地已经由土地经营权人占有、使用,发包方只能向土地经营权人每年收取租金1万元,共收11年总剩余租金11万元,发包方显然不会自担风险从事此等无明显收益的劳民伤财之举。

9. 本集体经济组织内其他农户受让土地承包权无实质性意义且也是劳民伤财。《“三权分置”政策意见》指出:“承包农户转让土地承包权的,应在本集体经济组织内进行,并经农民集体同意。”如甲农户于2017年1月1日将10亩A地“出租”给经营者,期限12年,刚好是剩余承包期限,即2028年12月31日到期,租金共6万元,承租方取得土地经营权,出租方第1年和第2年共收取租金1万元。该甲农户随后将土地承包权转让给本集体经济组织内乙农户,乙农户要付给甲农户5万元或接近5万元的剩余租金,该承包地由土地经营权人经营,乙农户虽然取得了土地承包权,但无法经营承包地,乙农户只能向经营者每年收取租金0.5万元,共收10年总剩余租金5万元,同样,乙农户亦不会自担风险从事此等无明显收益的劳民伤财之举。

10. 在农地“三权分置”政策下“互换”等物权性流转后承包地被征收的征地款分配冲突凸显。这里以互换为例分析,甲农户A地与乙农户B地实施“互换”,互换后,在A地上,甲农户享有土地承包权和乙农户享有土地经营权,A地被征收其征地款除归土地所有权人以外应由甲农户和乙农户共同参与分配,因任何财产之权利被依法剥夺都应该得到合理补偿。实践中,这给征地款分配带来复杂化,一方面要界定土地承包权与土地经营权哪个价值大,然后要协商决定土地承包权与土地经营权按什么合理比例补偿；另一方面如已经认可上述分析之土地承包权无收益价值或差价收益，又如何进行补偿分配，甚至很难付之操作，显然会发生利益冲突。

（二）农地“三权分置”法律化之《农村土地承包法》中土地承包权制度的诸多问题考问

此次《农村土地承包法》修改有许多重大亮点和变化，如“贯彻中央关于农村土地‘三权分置’政策精神，本次修法以落实‘三权分置’制度作为主要任务，‘三权分置’入法。”“《农村土地承包法》将土地承包经营权互换、转让列入第二章第四节‘土地承包经营权的保护和互换、转让’，并在该条款标题上专门体现，充分表明农村土地承包经营权互换、转让不产生将‘土地承包经营权分为承包权和经营权’的情形，符合互换、转让属于物权变动的特性和法理。”“承包方（农户）和‘土地经营权人’都可用土地经营权向金融机构融资担保（可能包括抵押和质押）是这次修法重大亮点所在。”〔14〕全新确立农村家庭承包地“三权分置”法律制度是一种改革创新的尝试，难免存在不足和问题，这里主要以土地承包权为主进行如下分析：

1. 土地经营权之原始生成路径不同引起学界对法律化之“三权分置”内涵的种种差异解释。“三权分置”法律化后其土地经营权原始生成无法定明示而导致学界形成种种差异认知观点，主要包括：(1)“土地所有权、土地承包权、土地经营权”的“三权分置”。〔15〕 (2)“土地所有权、土地承包经营权、土地经营权”的“三权分置”。因土地经营权产生提法不同而主要形成以下三种不同表述：第一，从土地承包经营权中派生出土地经营权；〔16〕第二，土地承包经营权分置出土地经营权；〔17〕第三，土地承包经营权上设立土地经营权。〔18〕 (3)存

〔14〕 丁关良：《新修改的〈农村土地承包法〉特点、变化与配套制度思考》，载《农村经营管理》2019 年第 1 期。

〔15〕 如农户“可以保留土地承包权，将承包地的土地经营权流转给他人，由他人取得土地经营权并经营承包地，形成集体土地所有权、农户承包权、经营者经营权的‘三权分置’”，参见何宝玉主编：《中华人民共和国农村土地承包法释义》，中国民主法制出版社 2019 年版，第 29 页。

〔16〕 如“在‘三权分置’之下，从土地承包经营权派生出土地经营权”，参见高圣平、王天雁、吴昭军：《〈中华人民共和国农村土地承包法〉条文理解与适用》，人民法院出版社 2019 年版，第 45 页。

〔17〕 如“以家庭承包方式取得的土地承包经营权在流转中分置出土地经营权，流转应当是土地承包经营权与土地经营权分置的法律事实”，参见高海：《“三权”分置的法构造——以 2019 年〈农村土地承包法〉为分析对象》，载《南京农业大学学报》（社会科学版）2019 年第 1 期。

〔18〕 如“承包农户基于土地承包经营权可以为自己或他人设定土地经营权”，参见房绍坤、林广会：《土地经营权的权利属性探析——兼评新修订〈农村土地承包法〉的相关规定》，载《中州学刊》2019 年第 3 期。

在“土地所有权、土地承包经营权、土地经营权”[19]与“土地所有权、土地承包权、土地经营权”[20]的两种“三权分置”并存认知。(4)中央政策“三权分置”入法之权利产生具有模糊性。如新《农村土地承包法》“因为作为用益物权的土地承包经营权出租后并不影响土地承包经营权的性质与内容,故不存在保留‘土地承包权’的问题”。[21] 可见,法律上没有明确土地经营权是如何生成,而造成学界和立法者上述之种种观点,这也是该法之明显不足或缺失所在。

2. 依据中央政策“法律化”[22]之“两权分离”和“三权分置”下承包方农户的法律地位问题研究。“土地集体所有权与承包经营权是承包地处于未流转状态的一组权利,是‘两权’分离。土地集体所有权与土地承包权、土地经营权是承包地处于流转状态的一组权利,是三权分置。”[23]同时,《农村土地承包法》第9条明确规定:“保留土地承包权”。这种法律化“三权分置”认知下,承包方农户其主体的法律地位分析如下:(1)承包方身份问题,呈现四种不同身份情形:第一,存在拥有土地承包经营权的承包方(以下简称承包方Ⅰ、土地承包经营权人);第二,只拥有土地承包权的承包方(以下简称承包方Ⅱ、土地承包权人);第三,土地经营权流转合同当事人中的承包方(以下简称承包方Ⅲ,他与“受让方”之间存在土地经营权流转合同);第四,特殊情形下既拥有土地经营权也拥有土地承包权的承包方(以下简称承包方Ⅳ,但这一情形下若土地经营权流转给受让方时,承包方Ⅳ可转换为承包方Ⅱ)。(2)农户身份问题,相应也呈现四种不同身份情形:第一,存在拥有土地承包经营权的农户(以下简称农户Ⅰ,同于承包方Ⅰ、土地承包经营权人);

---

[19] 如“土地经营权是从土地承包经营权中派生出来的新的权利”,参见杜涛主编:《中华人民共和国农村土地承包法解读》,中国法制出版社2019年版,第60页;黄薇主编:《中华人民共和国农村土地承包法释义》,法律出版社2019年版,第44页。

[20] 如“承包方作为仍享有土地承包权的主体”“承包方在经营权流转之后作为承包权主体仍享有相应的土地权益”“《农村土地承包法》第47条第1款承包方可以用承包地的土地经营权向金融机构融资担保”“此种情况下,由于承包方并未将承包地的土地经营权向外流转,承包方的土地承包权与土地经营权没有分离,因此,作为担保物的土地经营权实际上还未现实存在”,参见杜涛主编:《中华人民共和国农村土地承包法解读》,中国法制出版社2019年版,第268页、第273页;黄薇主编:《中华人民共和国农村土地承包法释义》,法律出版社2019年版,第197页、第200页。

[21] 陈小君:《土地改革之“三权分置”入法及其实现障碍的解除:评〈农村土地承包法修正案〉》,载《学术月刊》2019年第1期。

[22] 2017年10月31日在第十二届全国人民代表大会常务委员会第三十次会议上全国人大农业与农村委员会副主任委员刘振伟“关于《中华人民共和国农村土地承包法修正案》(草案)的说明”中指出:“土地集体所有权与承包经营权是承包地处于未流转状态的一组权利,是两权分离。土地集体所有权与土地承包权、土地经营权是承包地处于流转状态的一组权利,是三权分置。”

[23] 全国人大常委会委员、农业与农村委员会副主任委员刘振伟:《巩固和完善农村基本经营制度——刘振伟谈农村土地承包法修改》,载《农村经营管理》2019年第1期。

第二,只拥有土地承包权的农户(以下简称农户Ⅱ,同于承包方Ⅱ,土地承包权人);第三,与"受让方"之间存在土地经营权流转合同的农户(以下简称农户Ⅲ,同于承包方Ⅲ);第四,特殊情形下既拥有土地经营权也拥有土地承包权的农户(以下简称农户Ⅳ,同于承包方Ⅳ;但这一情形下若土地经营权流转给受让方时,农户Ⅳ可转换为农户Ⅱ,同于承包方Ⅱ)。

上述情形值得我们进一步分析,反映出需要关注的以下几个方面内容:(1)法律上的承包方(或农户)在不同法律关系中应该身份不同,存在承包方Ⅰ即农户Ⅰ,承包方Ⅱ即农户Ⅱ,承包方Ⅲ即农户Ⅲ,承包方Ⅳ即农户Ⅳ;其享有权利亦不同,承包方Ⅰ或农户Ⅰ拥有土地承包经营权,承包方Ⅱ或农户Ⅱ拥有土地承包权,承包方Ⅲ或农户Ⅲ可能只拥有债权,承包方Ⅳ或农户Ⅳ既拥有土地经营权、又拥有土地承包权,而《农村土地承包法》在法律规范上没有进行区分或区别,统一使用承包方的法律地位产生混淆,导致权利义务难以界定而出现混乱;(2)各种不同身份的承包方(或农户)处于不同法律关系,如发包方与承包方Ⅰ(农户Ⅰ,土地承包经营权人)之间处于土地承包经营权法律关系,又如承包方Ⅱ(农户Ⅱ)与相对人之间处于土地承包权法律关系,再如承包方Ⅲ(农户Ⅲ)与受让方(土地经营权人)之间处于土地经营权流转合同法律关系,还如承包方Ⅳ(农户Ⅳ)与待定相对人之间处于法律关系;(3)"受让方"(通常为土地经营权人)只与承包方Ⅲ(农户Ⅲ)发生土地经营权流转合同关系,造成土地承包权人(承包方Ⅱ或农户Ⅱ)与土地经营权人(受让方)不存在任何法律关系或不存在任何利益关系,势必产生土地承包权是空权利、伪权利、假权利等现象。

3. 土地承包权成为"若现若隐"之权利瑕疵问题凸显。该土地承包权存在问题主要表现在:(1)没有对土地承包权实行平等之法律保护。《"三权分置"政策意见》指出:"在依法保护集体所有权和农户承包权的前提下,平等保护经营主体依流转合同取得的土地经营权,保障其有稳定的经营预期",该政策强调土地经营权应该与土地所有权和土地承包权受到平等保护,似乎土地承包权受到平等保护不是问题。而我们这里是分析研究土地承包权保护问题,新《农村土地承包法》只在第9条中提到"土地承包权",一方面该法第一章"总则"中只对"土地所有权""土地承包经营权""土地经营权"进行了宣示性权利保护,而没有对"土地承包权"进行宣示性权利保护;另一方面第四章"争议的解决和法律责任"中也只有对"土地承包经营权"和"土地经营权"以及发包方的权益实施强有力的法律保护,而没有明确对"土地承包权"实施任何形式的法律保护。该法造成"土地承包权"之法律保护真空,不符合"三权分置"改革之目标。(2)保留土地承包权中"保留"用语不严谨和不规范。《农村土地承包法》第9条承包方流转其承包地的土地经营权后,出现“保留”土地承包权这一法律规范内容。“保留”虽然存在多种解释,但法律解释应该是唯一的,即规范解释是原应该存在同一权利,一方面若是土地承包经营权上设立土地经营权,则理所当然“保留”的是土地承包经营权,而不是保留土地承包权;另一方面若按2017年10月31日提请审议的《一审草案》第6条第1款“以家庭承包方式取得的土地承包经营权在流转中分为土地承包权和土地经营权”之条文设计看,在“一权分为两权”下作为原权的土地承包经营权消灭而新权土地承包权和土地经营权产生,因土地承包经营权已经消灭,不存在“保留”之原权问题,这里应该是创设取得和享有土地承包权,而不是所谓的“保留土地承包权”。(3)土地承包权之法律关系的构成要素无法清晰界定。土地承包权若作为一种土地上的权利,应该存在土地承包权之法律关系,而通常法律关系由主体、内容、客体之三要素构成,目前土地承包权之法律关系的主体一方是土地承包权人(农户Ⅱ或承包方Ⅱ),另一方是谁无从知悉;土地承包权之法律关系的内容即权利和义务分别是什么无法界定;土地承包权之法律关系的客体是什么亦难以找寻或根本不存在。可见,上述现象导致土地承包权无法真正落地。(4)土地承包权原始生成已经成为一个谜。如土地承包权是“承包方将土地承包经营权当中的土地经营权‘流转’出去以后剩余的权利”;〔24〕又如“承包方流转土地经营权后依然享有的土地承包经营权的简称或代称即为新法第9条中的土地承包权”;〔25〕再如上面提到的土地承包经营权可以被分割为土地承包权和土地经营权等。(5)土地承包权之权利法律属性无法界定。如“土地承包权自然承继土地承包经营权的用益物权性质”;〔26〕又如“‘土地承包权’仅在第九条出现了一次,如果说第5条是对‘土地承包权’的规定,‘土地承包权’便是一种成员权”;〔27〕再如“‘土地承包权’成为一种身份权”;〔28〕还如“导致土地承包权是财产权还是承包资格不明”。〔29〕(6)土地承包权成为空权利、伪权利、假权利等现象。一方面,根据上述“一权分为两权”的观点,土地承包权和土地经营权同时产生,显然,土地经营权不是土地承

---

〔24〕 李军波:《〈农村土地承包法〉修正的十个方面及其法理分析》,载《人民法治》2019年第4期。

〔25〕 高海:《“三权”分置的法构造——以2019年〈农村土地承包法〉为分析对象》,载《南京农业大学学报》(社会科学版)2019年第1期。

〔26〕 高海:《“三权”分置的法构造——以2019年〈农村土地承包法〉为分析对象》,载《南京农业大学学报》(社会科学版)2019年第1期。

〔27〕 程子扬:《论农地“三权分置”的立法回应——以2019年〈农村土地承包法〉为中心》,载《华中师范大学研究生学报》2019年第1期。

〔28〕 肖立梅:《论“三权分置”下农村承包地上的权利体系配置》,载《法学杂志》2019年第4期。

〔29〕 陈小君:《土地改革之“三权分置”入法及其实现障碍的解除:评〈农村土地承包法修正案〉》,载《学术月刊》2019年第1期。

包权上设立的负担权利；若土地承包权和土地经营权是两个独立权利、且土地经营权不是建立在土地承包权上的权利，将导致土地承包权人与土地经营权法律关系没有任何联系，同时，造成土地承包权人利益的取得不能建立在土地经营权人支付流转费基础上，势必引起土地承包权人的利益落空。另一方面，在入股流转方式下，土地承包权人与入股组织的公司或农民专业合作社不存在任何关系，也无法理和现实依据能取得红利等。再一方面，在土地经营权抵押情形下，实现抵押权后，出现土地承包权人拥有的土地承包权成为空权利、伪权利、假权利等现象。(7)土地承包权无实质内涵且只回应政策用语使然。如"按照新法第二章第四节的规定，承包方流转土地经营权后，剩余的权利在绝大多数情况下依然被称为土地承包经营权，而非土地承包权；新法中唯一一处土地承包权的规定，其目的主要在于落实承包地'三权'分置政策用语中'保留土地承包权'的要求"；[30] 又如"如果将'流转'界定为土地经营权在土地承包经营权上的设定行为，那么土地承包权其实就是承载了土地经营权的土地承包经营权的别称而已，立法者之所以进行权利称谓上的改变恐怕主要是为了与'三权分置'政策当中的权利名称相统一，以示立法对政策积极回应的态度"；[31] 再如"本条专门规定，承包方流转土地经营权后仍保留土地承包权。这么规定，也是为了落实党中央提出的农村土地承包关系长期稳定并长久不变的政策"。[32]

## 五、农地"三权分置"中土地承包权的性质学界观点梳理和思考

### (一)农地"三权分置"中土地承包权的性质观点梳理

《农村土地承包法》中土地承包权性质不明是由于无法律明确界定这一客观现实。对土地承包权的认知和性质之学界历来观点梳理有：

1. 土地承包权不是民事权利，如"土地承包权只是集体经济组织成员权在土地分配上的一种特定化，不是一种独立的权利类型"；[33]

2. 土地承包权属于身份权，如"中国政法大学教授王卫国表示，以承包权为身份权，经营权为财产权"；[34]

---

〔30〕 高海：《"三权"分置的法构造——以2019年〈农村土地承包法〉为分析对象》，载《南京农业大学学报》(社会科学版)2019年第1期。

〔31〕 李军波：《〈农村土地承包法〉修正的十个方面及其法理分析》，载《人民法治》2019年第4期。

〔32〕 杜涛主编：《中华人民共和国农村土地承包法解读》，中国法制出版社2019年版，第60页；黄薇主编：《中华人民共和国农村土地承包法释义》，法律出版社2019年版，第44页。

〔33〕 朱广新：《土地承包权与经营权分离的政策意蕴与法制完善》，载《法学》2015年第11期。

〔34〕 汪苏：《大修土地承包法》，载《财新周刊》2015年第24期。

3. 土地承包权是一项身份性财产权,如"将土地承包权界定为具有身份属性的财产权,有利于在'三权分置'改革中,以土地承包权继续肩负原先土地承包经营权的身份属性和社会保障功能,从而使土地经营权的财产权利属性得以纯化,为农地流转开辟新的领域";[35]

4. 土地承包权属于成员权,如"承包权属于成员权,只有集体经济组织成员才有资格拥有,具有明显的社区封闭性和不可交易性";[36]

5. 土地承包权是一种具有财产性的成员权,如"在遵循'三权分置'改革的政策意蕴和法律逻辑的前提下,在现行法框架内,'三权分置'中的土地承包权应是一种独立的权利类型;作为一种'分置'的权利,土地承包权既不应被解读为受经营权限制的土地承包经营权,也不宜被当作整个集体经济组织成员权;其应然定位,应是一种具有财产性的成员权";[37]

6. 土地承包权为物权,如"归属状态的承包权与利用状态的经营权分置,均属独立的、内生的物权状态,分别具有不同的物权特性",[38]又如"稳定承包权就是承认和保护农民土地承包权的物权性",[39]再如"根据当前的法律制度安排,农民集体土地所有权和农户承包权是物权,而土地经营权是债权";[40]

7. 土地承包权为用益物权,如"增加承包权与经营权为新的物权种类,其性质为用益物权";[41]

8. 土地承包权为用益权,如"如果我们将承包权理解为用益权,而将经营权理解为用益权的行使,那么经营权的流转实际上是'用益物权行使权'的流转";[42]

9. 土地承包权仍为土地承包经营权,如"分离后的承包权,严格意义上仍是土

---

〔35〕 马俊驹、丁晓强:《农村集体土地所有权的分解与保留——论农地"三权分置"的法律构造》,载《法律科学》(西北政法大学学报)2017年第3期。

〔36〕 叶兴庆:《从"两权分离"到"三权分离"——我国农地产权制度的过去与未来》,载《中国党政干部论坛》2014年第6期。

〔37〕 丁文:《论"三权分置"中的土地承包权》,载《法商研究》2017年第3期。

〔38〕 康纪田、师军惠:《论土地承包经营权分置的产权结构关系》,载《辽宁师范大学学报》(社会科学版)2015年第5期。

〔39〕 潘小英:《"三权分置"后的农民权益保护》,载《中共郑州市委党校学报》2015年第2期。

〔40〕 陶钟太朗、杨遂全:《农村土地经营权认知与物权塑造——从既有法制到未来立法》,载《南京农业大学学报》(社会科学版)2015年第2期。

〔41〕 张力、郑志峰:《推进农村土地承包权与经营权再分离的法制构造研究》,载《农业经济问题》2015年第1期。

〔42〕 刘征峰:《农地"三权分置"改革的私法逻辑》,载《西北农林科技大学学报》(社会科学版)2015年第5期。

地承包经营权，只是因部分权能让渡于经营权而具有新的权利内容”，[43]又如“‘三权分置’中的承包权实际就是指两权分离中的土地承包经营权”；[44]

10. 土地承包权为有负担的土地承包经营权，如“农户承包权是有负担的土地承包经营权，其权利行使体现在农村土地的承包资格及土地承包的实现、退出等方面，核心是维护农户的承包土地法定主体地位及财产性收益权，以实现现有土地承包关系保持稳定并长久不变”；[45]

11. 土地承包权类似于准所有权，如“农村集体土地承包权从其承包经营权中分离出来后，成为一种类似于‘农村集体土地准所有权’”；[46]

12. 土地承包权为土地承包经营权的代称，如“承包权则为其行使受到经营权限制的土地承包经营权的代称”；[47]

13. 土地承包权二元性：成员权抑或物权，“农民（农户）的承包权根据土地经营权设权主体的差别，而具有二元属性，既可以是成员权，也可以是物权”；[48]

14. 有的权威专家在不同场合对土地承包权作不同定性，有时说是物权，有时说是成员权。[49]

此外，有的学者认为土地承包权其权利性质不清或无法界定等。

（二）农地“三权分置”中土地承包权的性质问题思考

依照通说，民事权利是指民事主体享受特定利益之法律上之力。通常民事权利可以分为财产权（物权、债权）、社员权、知识产权、人格权、亲属权等。我们对农地“三权分置”中土地承包权的性质思考如下：

1. 土地承包权如属于“民事权利”，则它肯定不属于知识产权、人格权、亲属权。

---

[43] 潘俊：《农村土地“三权分置”：权利内容与风险防范》，载《中州学刊》2014年第11期。

[44] 管洪彦、孔祥智：《农村土地“三权分置”的政策内涵与表达思路》，载《江汉论坛》2017年第4期。

[45] 肖卫东、梁春梅：《农村土地“三权分置”的内涵、基本要义及权利关系》，载《中国农村经济》2016年第11期。

[46] 杨继瑞、薛晓：《农地“三权分离”：经济上实现形式的思考及对策》，载《农村经济》2015年第10期。

[47] 蔡立东、姜楠：《承包权与经营权分置的法构造》，载《法学研究》2015年第3期。

[48] 陶钟太朗、杨环：《论“三权分置”的制度实现：权属定位及路径依赖》，载《南京农业大学学报》（社会科学版）2017年第3期。

[49] 陈锡文在2013年12月5日接受人民日报记者采访时，将承包权界定为物权。参见冯华、陈仁泽：《农村土地制度改革，底线不能突破——专访中央农村工作领导小组副组长、办公室主任陈锡文》，载《人民日报》2013年12月5日，第2版；而在2014年1月22日国务院新闻办公室举行“全面深化农村改革加快推进农业现代化”新闻发布会中，陈锡文则将承包权界定为成员权。参见陈锡文《推进土地改革涉及三方面法律法规调整》，载 http://news.ifeng.com/mainland/detail_2014_01/22/33243281_0.shtml，2017年7月28日最后访问。

2.依据《物权法》第2条第3款“本法所称物权,是指权利人依法对特定的物享有直接支配和排他的权利,包括所有权、用益物权和担保物权”之规定来看,显然,土地承包权不属于所有权或担保物权,上面有学者认为的土地承包权类似于准所有权本身也颇值商榷,因法律上无准所有权之物权权利的种类,继而不符合《物权法》第5条“物权的种类和内容,由法律规定”之要求。

3.依据《物权法》第三编“用益物权”之用益物权主要包括土地承包经营权、建设用地使用权、宅基地使用权、地役权、海域使用权、探矿权、采矿权、取水权和使用水域、滩涂从事养殖、捕捞的权利等来看,显然,土地承包权也不属于物权法明定的用益物权类型。

4.土地承包权也不属于社员权。民法中的社团的社员基于其成员的地位与社团发生一定的法律关系,在这个关系中,社员对社团享有的各种权利的总体,称为社员权。社员权只与社员资格联系而与社员个人的人身无关,所以不能以之为人身权或身份权。社员权中最重要的一种是营利社团法人(公司)里的社员权,即股东权。股东权中非经济性质的权利有会议参加权、决议权、选举权与被选举权、股东会决议撤销诉权、股东会决议无效诉权、董事会决议无效或撤销的诉权、股东会召集请求权等;经济性质的权利有股息分配请求权、剩余财产分配请求权、新股认购权、股份收购请求权等。而农地“三权分置”政策中土地承包权应该只属于经济性质的权利,显然,它无法归属于社员权之范畴。

5.农地“三权分置”中土地承包权也不属于成员权。农民集体成员之成员权是指农民集体成员基于其成员身份,针对农民集体财产和农民集体事务管理等方面的事项所享有取得各种权利的资格。依据现行不同法律之规定,农民集体的成员拥有成员权所可依法取得的权利或成员权的内容,包括:(1)拥有承包(指家庭承包)集体农用土地的资格,其结果可以依法取得土地承包经营权;(2)拥有申请宅基地的资格其结果可以依法取得宅基地使用权或拥有其他解决居住的资格,依法享有居住权利;(3)拥有农村集体资产股份合作制改革中享有股份的资格,依法取得村股份(经济)合作社股权;(4)拥有集体土地被征收后征地补偿款分配的资格,依法取得货币财产收益;(5)拥有本农民集体其他经济利益分配的资格,依法取得货币财产收益;(6)农村集体经济组织、村民委员会或者其负责人作出的决定等侵害农民集体成员合法权益的,受侵害的农民集体成员可以行使诉权,而享有请求人民法院予以撤销的权利;(7)农民集体成员(包括农户,农户成员权由一个或若干个成员组成农户家庭后依法律规定而形成的成员权)与他人发生除侵权纠纷外其他纠纷,拥有诉权,而享有向调解组织、仲裁组织和人民法院请求处理纠纷的权利;(8)拥有参与集体事务管理的资格,依法享有知情权、出席会议、选举权、决策权和监督权等共益权；(9)拥有法律规定的其他资格，而依法享有其他权利。可见，因依照法理无法成为民事权利，农民集体成员之成员权应该属于权利能力之范畴，显然，农地“三权分置”政策中土地承包权也不属于成员权。

我们认为，通常应在物权债权之二元财产权体系中确定我国农村土地的权利结构。可见，如土地承包权属于民事权利的话，应该在物权债权之二元财产权体系中确定该权性质；又如土地承包权不属于民事权利的话，就无法与土地所有权、土地经营权一起形成“三权分置”，目前在农村土地承包法律制度中是否存在不是民事权利的土地承包权；再如存在不是民事权利的土地承包权，就要从其他法律性质而非民事权利性质分析它（见后分析）。

## 六、正本清源——应界定为民事权利能力性质的土地承包权

### （一）依法理分析农村承包地流转无法形成“土地承包权”

农村家庭承包地流转无法形成农地“三权分置”政策下之“土地承包权”，其学界有四种主要观点：

1. 土地承包经营权无法被分解为“土地承包权”和“土地经营权”。如“土地承包经营权是一个完整的民事权利，无法‘分解为（土地）承包权和（土地）经营权或（土地）使用权’”；〔50〕又如“土地承包经营权是单一的独立的用益物权形态，不是承包权和经营权两者相加，并不存在所谓保留承包权、流转经营权之分离现象”；〔51〕再如“‘三权分置’并非土地承包经营权肢解为两种权利，而是从土地承包经营权中派生出土地经营权”。〔52〕

2. 物权性流转不会发生“土地承包权”和“土地经营权”分离。如“以互换、转让方式流转土地承包经营权不会发生‘承包权’和‘经营权’分离”。〔53〕“在传统债的方式的流转中，如出租、转包、代耕等方式，受让方取得的权利并未法定为物权，而只能认为是一种债权，但恰在此时，才发生原土地承包经营权人的‘承包权’

〔50〕丁关良、阮韦波：《农村集体土地产权“三权分离”论驳析——以土地承包经营权流转中“保留（土地）承包权、转移土地经营权（土地使用权）”观点为例》，载《山东农业大学学报》（社会科学版）2009年第4期。

〔51〕温世扬：《农地流转：困境与出路》，载《法商研究》2014年第2期。

〔52〕高圣平：《“三权”还是“四权”：“两权分离”和“三权分置”并存之下的农地产权利结构》，载《法制日报》2018年12月26日，第7版。

〔53〕李国强：《论农地流转中“三权分置”的法律关系》，载《法律科学》（西北政法大学学报）2015年第6期。

和新的权利人的‘经营权’的分离”。[54] 又如“从土地承包权与土地经营权分离的角度看,转让与互换仅涉及权利的归属,根本不发生土地承包权与土地经营权分离的效果;唯有转包、出租、入股等三种流转方式产生土地承包经营权与土地经营权的分离问题”。[55]

3.成为占有、使用权能受到“土地经营权”限制的土地承包经营权。如“将土地承包经营权分离为土地承包权Ⅱ和土地经营权,也许符合经济逻辑、产权逻辑,但是否符合法律逻辑,不无疑问。”“依现行法,土地承包经营权可以转包、出租、互换、转让等。其中,转包、出租为债权性流转,流出方依然享有土地承包经营权,流入方享有债权性的土地利用权;互换、转让为物权性流转,流转的对象为土地承包经营权,权利主体发生变更。”“看来,在法律逻辑上,要将土地承包经营权分离为土地承包权Ⅱ和土地经营权,既不具可能性,也没有必要。但是,这并不排除人们为了特定目的,在前述土地承包经营权的流转方式之外,创造一种新的流转方式,以使流入方获得一种物权性的‘土地经营权’。而这,或许才是‘三权分置’所欲追求的法律效果。”“当农户在土地承包经营权上设立土地经营权,将土地交给他人利用时,其占有、使用权能受到土地经营权限制的土地承包经营权,称为‘土地承包权Ⅲ’”。[56] “在现有法律制度框架下,土地承包经营权转让、互换,流转的是土地承包经营权,不发生土地经营权问题。转包、出租、入股,则产生债权性质的土地经营权”。[57]

4.土地承包经营权中不能分离出“土地承包权”。如“按照权能分离理论,土地承包经营权中分离出土地经营权,作为母权的土地承包经营权不会发生改变,不能变性为土地承包权,仍然为土地承包经营权。农村土地所有权中分离出土地承包经营权,土地所有权的性质没有发生变化。因此,土地承包权概念的表述,也不符合权能分离理论”。[58] 又如“‘三权分置’的模式,核心是在农民的土地承包经营权之上建立另外一个‘经营权’,该权利将以农耕地作为客体,在农民集体的土地所有权、农民家庭或者个人的土地承包经营权之外,形成针对农村耕作地的第三个权利”“所谓三权,就是农村耕作地之上的所有权、土地承包经营权、经营权这三种

〔54〕 陶钟太朗、杨遂全:《农村土地经营权认知与物权塑造——从既有法制到未来立法》,载《南京农业大学学报》(社会科学版)2015年第2期。

〔55〕 朱广新:《土地承包权与经营权分离的政策意蕴与法制完善》,载《法学》2015年第11期。

〔56〕 朱继胜:《论“三权分置”下的土地承包权》,载《河北法学》2016年第3期。

〔57〕 朱继胜:《“三权分置”下土地经营权的物权塑造》,载《北方法学》2017年第2期。

〔58〕 申惠文:《法学视角中的农村土地三权分离改革》,载《中国土地科学》2015年第3期。

权利”。[59] 再如“法律意义上的承包权应被包含于集体土地所有权主体制度中,无法从土地承包经营权中分离出来”和“承包权是农村集体经济组织成员承包土地的资格,是该集体经济组织成员初始取得承包地的资格,有此资格则有权在本集体经济组织发包土地时承包土地”。[60]

5. 土地承包经营权上只能设定土地经营权这一权利负担其名称不变。“农户承包权与土地经营权的设立并非将土地承包经营权肢解为两种权利,而是土地承包经营权中派生出土地经营权”;[61]“土地承包经营权是浑然一体的权利,其权能本身是不可分离的,且其名称并不因派生出土地经营权而发生改变”和“土地承包经营权同样亦不因其派生出土地经营权而改变其名称和性质。土地承包经营权的再分离不应在法律上表达为土地承包权和土地经营权的分置,而应体现为在土地承包经营权上设定土地经营权这一权利负担”。[62]

(二)依实践和法律分析土地承包权应形成于农村土地承包前

土地承包权自20世纪70年代末农村实行家庭联产承包责任制以来,既已客观存在,特别是1982年1月1日,中共中央批转了《全国农村工作会议纪要》(中发〔1982〕1号)指出,包括包产到户、包干到户的“双包制”在内的各种生产责任制,“都是社会主义集体经济的生产责任制。不论采取什么形式,只要群众不要求改变,就不要变动”,从而真正确立了农民人人享有土地承包权。到1993年7月2日《农业法》颁布,使“承包权”上升为法律范畴,该原《农业法》第13条第3款规定:“承包期满,承包人对原承包的土地、山岭、草原、荒地、滩涂、水面享有优先承包权。”

根据2018年12月29日修改通过的《农村土地承包法》第5条(该条文自该法2003年3月1日生效以来一直没变)第1款“农村集体经济组织成员有权依法承包由本集体经济组织发包的农村土地”、第5条第2款“任何组织和个人不得剥夺和非法限制农村集体经济组织成员承包土地的权利”之规定,可知该条第1款是法律对“土地承包权”(学界认知)进行了立法确认,而该条第2款是法律对“土地承包权”确立了保护条款。同时,该法第6条“农村土地承包,妇女与男子享有平等的权利。承包中应当保护妇女的合法权益,任何组织和个人不得剥夺、侵害妇女应当享有的土地承包经营权”之规定,可知该条是法律对妇女“土地承包权”(学界认

〔59〕 孙宪忠:《推进农地三权分置经营模式的立法研究》,载《中国社会科学》2016年第7期。
〔60〕 高飞:《农村土地“三权分置”的法理阐释与制度意蕴》,载《法学研究》2016年第3期。
〔61〕 蔡立东、姜楠:《农地三权分置的法实现》,载《中国社会科学》2017年第5期。
〔62〕 高圣平:《论农村土地权利结构的重构》,载《法学》2018年第2期。

知)进行了立法确认。同时,对《农村土地承包法》第9条中"保留土地承包权"可以解释为承包方流转承包地后,该承包方的农户中的人员仍是发包方内农民集体成员,其承包农村土地的资格(成员仍拥有土地承包权)仍然存在,即该承包方的农户仍然拥有或"保留土地承包权",该理解之内涵与上述《农村土地承包法》第5条、第6条法律规范内容相吻合。可见,依据《农村土地承包法》上述之条款规定并结合实践分析,土地承包权应该形成于农村土地承包之前,如因土地承包权的存在,本农民集体成员依法享有土地承包权,农户才能参与本农民集体的农村土地家庭承包从而原始取得土地承包经营权。

(三)土地承包权的概念和法律性质

依据现行《农村土地承包法》之规定分析,土地承包权是指家庭承包的本成员(农民)集体成员依法享有和其他方式承包的法人、其他组织、自然人有权依法享有或依法授权享有承包该成员集体之农村社区集体组织发包的农村土地的资格。[63]

由于我国农村土地承包采用家庭承包和其他方式承包两种承包方式,法律对不同承包方式之承包主体有不同要求,《农村土地承包法》第二章"家庭承包"第16条第1款规定:"家庭承包的承包方是本集体经济组织的农户。"第三章"其他方式的承包"第51条规定:"以其他方式承包农村土地,在同等条件下,本集体经济组织成员有权优先承包。"第52条第1款规定:"发包方将农村土地发包给本集体经济组织以外的单位或者个人承包,应当事先经本集体经济组织成员的村民会议三分之二以上成员或者三分之二以上村民代表的同意,并报乡(镇)人民政府批准。"可见,土地承包权,包括家庭承包中的土地承包权和其他方式承包中的土地

〔63〕 这里"成员(农民)集体"是指享有集体土地所有权的成员集体(或农民集体)。《"三权分置"政策意见》明确指出:"农民集体是土地集体所有权的权利主体。"《物权法》第59条第1款规定:"农民集体所有的不动产和动产,属于本集体成员集体所有"。该法第60条规定:"对于集体所有的土地和森林、山岭、草原、荒地、滩涂等,依照下列规定行使所有权:(一)属于村农民集体所有的,由村集体经济组织或者村民委员会代表集体行使所有权;(二)分别属于村内两个以上农民集体所有的,由村内各该集体经济组织或者村民小组代表集体行使所有权;(三)属于乡镇农民集体所有的,由乡镇集体经济组织代表集体行使所有权。"可见,集体土地所有权主体,包括乡镇农民集体、村农民集体、组农民集体。同时,中共中央、国务院《关于稳步推进农村集体产权制度改革的意见》指出:"属于村农民集体所有的,由村集体经济组织代表集体行使所有权,未成立集体经济组织的由村民委员会代表集体行使所有权;分别属于村内两个以上农民集体所有的,由村内各该集体经济组织代表集体行使所有权,未成立集体经济组织的由村民小组代表集体行使所有权;属于乡镇农民集体所有的,由乡镇集体经济组织代表集体行使所有权。"这里"农村社区集体组织"(包括村集体组织和组集体组织),是指农村集体经济组织(包括村集体经济组织、组集体经济组织)、村民委员会、村民小组。

承包权。即家庭承包中的土地承包权,是指家庭承包的本成员集体成员依法享有承包由本成员集体之农村社区集体组织发包农村土地的资格;其他方式承包中的土地承包权,是指在其他方式承包中,本成员集体成员依法享有和除本成员集体成员外的法人、其他组织、自然人依法授权享有承包由本成员集体之农村社区集体组织发包农村土地的资格。这里值得一提的是:(1)根据《农村土地承包法》第52条第1款规定分析,本成员集体成员以外的法人、其他组织、自然人的土地承包权只能依法授权才能取得。(2)家庭承包中的土地承包权,存在成员(农民)土地承包权和农户土地承包权之两种情形,根据《农村土地承包法》第5条第1款规定分析,成员土地承包权,是指本成员集体的成员有权依法享有承包由本成员集体之农村社区集体组织发包农村土地的一种资格。成员土地承包权是在家庭承包中农户取得土地承包经营权的基础,只有本成员集体的成员,才能有资格以农户为承包主体参与家庭承包,依法原始取得家庭承包的土地承包经营权;否则,不属于本成员集体成员的其他任何人,无法原始取得家庭承包的土地承包经营权。同时,农户土地承包权,实际上是由一个成员土地承包权或数个成员土地承包权之总和构成,其中由数个成员(农民)土地承包权之总和构成的农户土地承包权其性质应属于数个成员土地承包权的按份共有,即家庭承包属“人人有份,按户承包”,如农户(由四个承包人的成员组成,承包时人均3亩,共享有12亩耕地的土地承包经营权)依法发生派生分户,即A农户分为A农户(由三个承包人的成员组成)和B农户(由一个承包人的成员组成),则引起土地承包经营权变更(一个土地承包经营权变为两个土地承包经营权),使分户后的A农户享有9亩耕地的土地承包经营权和B农户享有3亩耕地的土地承包经营权。

按民法之理论分析,土地承包权是取得土地承包经营权的前提基础。如被赋予成员土地承包权主体资格的本成员集体成员以户为单位参加农村土地家庭承包活动,才能使该农户真正原始取得民事权利的用益物权性质土地承包经营权;如被赋予成员土地承包权主体资格的本成员集体成员放弃行使土地承包权而不以户为单位参加农村土地家庭承包活动,则不能原始取得民事权利的用益物权性质的土地承包经营权。可见,土地承包权其性质属于民事权利能力。“(土地)承包权其性质为民事权利能力(法律上的客观权利);而不是民事权利(现实中的主观权利),如土地所有权、土地承包经营权等。”[64]

---

〔64〕 丁关良、阮韦波:《农村集体土地产权“三权分离”论驳析——以土地承包经营权流转中“保留(土地)承包权、转移土地经营权(土地使用权)”观点为例》,载《山东农业大学学报》(社会科学版)2009年第4期。

（四）家庭承包之成员土地承包权的法律特征

根据民法理论和《农村土地承包法》规定分析，家庭承包之成员土地承包权具有以下法律特征：[65]

1.家庭承包中的成员（农民）土地承包权具有身份性。成员（农民）土地承包权是一种以身份为基础的权利能力，即成员（农民）土地承包权的享有基础是本成员（农民）集体成员资格；成员资格丧失，成员（农民）土地承包权随即消灭。

2.家庭承包中的成员（农民）土地承包权其主体只能是本成员（农民）集体成员。《农村土地承包法》第5条第1款规定："农村集体经济组织成员有权依法承包由本集体经济组织发包的农村土地。"

3.家庭承包中的成员（农民）土地承包权是构成农户土地承包权的基石。没有成员（农民）土地承包权，就不存在农户土地承包权。

4.家庭承包中的成员（农民）土地承包权其主体法律地位平等。本成员（农民）集体成员，无论男女老少，都平均享有承包本集体组织发包农村土地的资格。

5.家庭承包中的成员（农民）土地承包权不得被剥夺和非法限制。《农村土地承包法》第5条第2款规定："任何组织和个人不得剥夺和非法限制农村集体经济组织成员承包土地的权利。"

6.家庭承包中的成员（农民）土地承包权其存在具有人身依附性，且不能流转、抛弃或放弃。成员（农民）土地承包权均与本成员（农民）集体成员的人身不可分离，不能流转、抛弃或放弃。本成员（农民）集体成员自愿流转、抛弃或放弃土地承包权的，亦不能产生法律效力。

7.家庭承包中的成员（农民）土地承包权是一种期待权。土地承包权是法律上的客观权利（民事权利能力），仅具有可能性，即在农村土地发包前，只有可能性，而不具有现实性，可谓是一种期待权。

8.家庭承包中的成员（农民）土地承包权因"国家实行农村土地承包经营制度"（《农村土地承包法》第3条第1款）而长期存在。如甲农户依法将全部承包地上的物权性质的土地承包经营权转让给乙农户，则甲农户丧失土地承包经营权，虽在该承包期内无权向发包方要求再以家庭承包方式承包农村土地，但甲农户的每一个成员仍享有成员（农民）土地承包权，即在新一轮承包中还可以通过家庭承包方式承包农村土地，并取得新的土地承包经营权；而农户土地承包经营权虽具有较长期限，但土地承包经营权可因一定法律事实（如承包地被依法征收等）而消灭。

---

〔65〕参见丁关良：《农民的土地承包权与农户的土地承包经营权辨析》，载《宁波职业技术学院学报》2004年第5期。

(五)确立成员土地承包权制度意义重大

确立家庭承包之成员土地承包权制度意义,主要体现在:

1. 为确保农村现有土地承包关系在二轮承包期间保持稳定奠定基础。

2. 为依法实施家庭承包之农地流转各种方式创造条件以及为界定提供依据。如转让、互换、转包只能发生在发包方内本成员集体成员构成的农户之间,而出租的承租人只能是发包方的本成员集体成员以外的组织和自然人。

3. 为新增本成员集体成员取得家庭承包地提供界定依据。

4. 为依法调整家庭承包地提供扎实依据。

5. 为家庭承包地被依法征收之补偿合理分配奠定基础。

6. 为"长久不变"法律制度有力实施创造良好环境。

7. 更为确保三轮承包起点公平。中共中央、国务院《关于坚持农业农村优先发展做好"三农"工作的若干意见》(中发〔2019〕1号)指出:"研究出台配套政策,指导各地明确第二轮土地承包到期后延包的具体办法,确保政策衔接平稳过渡。"以期为第三轮家庭承包地发包中平等获得一个新的有期限的土地承包经营权创造良好条件,实现并满足广大农民对三轮真正承包的预期。

8. 界定家庭承包中农户土地承包权为一种以身份为基础的权利能力,一方面可为解决土地承包经营权由土地承包权和土地经营权构成之权利束这一理论误区,回归"土地承包经营权不是权利束,而是一项具体民事权利;土地承包经营权不是由'权利'构成,而是由权能构成;土地承包经营权无法分解为'土地承包权'和'土地经营权'"〔66〕的认知;另一方面可解决土地承包经营权具有身份性和财产性之双重属性这又一理论误区,回归到《物权法》对土地承包经营权的合理设计,促使其恢复作为用益物权的纯粹财产权之本质,〔67〕且"土地承包经营权性质具有唯一性,仅具有纯财产属性,且属于法定的用益物权之物权性质,不具有身份属性",〔68〕"取得土地承包经营权需具有特定的身份不等于基于该特定身份取得的土地承包经营权必然具有身份属性",〔69〕"家庭承包时,由农民集体成员构成的

〔66〕 丁关良:《农地流转法律制度"完善"与"变法"孰强孰弱研究》,载《农业经济与管理》2019年第1期。

〔67〕 参见高飞:《土地承包权与土地经营权分设的法律反思及立法回应——兼评〈农村土地承包法修正案(草案)〉》,载《法商研究》2018年第3期。

〔68〕 丁关良:《农地流转法律制度"完善"与"变法"孰强孰弱研究》,载《农业经济与管理》2019年第1期。

〔69〕 高飞:《寻找迷失的土地承包经营权制度——以农地"三权分置"政策的法律表达为线索》,载《当代法学》2018年第6期。

农户取得土地承包经营权具有身份性;但农户取得土地承包经营权后,土地承包经营权这一财产性权利就不一定有身份性了……农民集体成员的身份性应该体现在成员权(属于权利能力范畴)中,而不可能体现在土地承包经营权这一权利中"[70]的认知。

9. 界定家庭承包中农户土地承包权为法律上的权利能力,可为中央"三权分置"政策之法律化后界定家庭承包地上财产权制度奠定良好基础。我们认为家庭承包地处在承包阶段为土地所有权和土地承包经营权之"两权分离",处在流转阶段存在"两权分离"和"三权分置"并存,一方面转让、互换、入股、抵押等物权性流转结果为家庭承包地上仍为两权,土地所有权和土地承包经营权(用益物权);而另一方面出租、转包、代耕等债权性流转结果为家庭承包地上为三权,即土地所有权(自物权)、土地承包经营权(用益物权)、农地租赁权等若干种权利(债权)。这一思路符合现行法理。

10. 为成员集体成员资格的界定和变动规则之法制化打下良好基础。

## 七、研究结论

本研究认为,农村家庭承包地流转无法依据法律逻辑使"一权"的土地承包经营权变为土地承包权和土地经营权这新"两权"。

正本清源,依实践和法律分析土地承包权应形成于农村土地承包前,土地承包权是取得土地承包经营权的前提基础,因此,土地承包权其性质属于民事权利能力。在家庭承包中,成员土地承包权是构成农户土地承包权的基石。本研究认为,特别是确立成员土地承包权制度意义重大,为农村现有土地承包关系在二轮承包期间保持稳定奠定基础;为依法实施家庭承包之农地流转各种方式创造条件;为"长久不变"政策有力实施创造良好环境;更为解决理论误区更好实施农地流转拓展视野。

[70] 丁关良:《土地承包经营权上设定土地经营权的若干问题思考和质疑》,载《天津商业大学学报》2019年第3期。

# 论农村集体经济组织成员权利的行使

戴　威[*]

|摘　要|

农村集体经济组织成员权实现的方式有两种：一种方式是按照权利行使规则，以自身行为践行权利内容；另一种方式是当权利遭受侵害时，通过权利救济制度，使遭受破坏的利益恢复到圆满状态，或使阻碍权利行使的事由得以消除，以实现权利内容。就农村集体经济组织成员权而言，自益性权利在规则上多着眼于如何实际获得权利并保持权利效力，共益性权利的行使场所则为成员大会，成员通过成员大会行使权利既是成员意思的表达方式，也是农村集体经济组织意志的形成过程，故对成员大会职权范围的规定可以反映出成员参与集体事务的深度和成员权利内容的广度。成员大会作为集体组织的最高意思机关，其职权理应与关乎成员利益的重大事项相联系，但现实中成员代表大会职权被其他机构代为行使的情形较普遍，因而有必要通过立法的形式明确规范农村各类社会组织的职权。

|关键词|

成员权　权利实现　成员大会　行使规则

|目　次|



---

* 戴威，广东外语外贸大学土地法制研究院研究员，法学博士，律师。

在农村集体经济组织中,权利赋予的过程即权利法定化的过程,对成员权利类型化的研究可以为立法者选择法定权利类别提供智力支撑和理论依据,但立法所赋予的权利能否为成员所实际享有并行使,无疑属于权利实现的范畴。就成员权而言,农村集体经济组织是否依法落实其成员权利,对权利的实效有着重要影响,因此,本文拟对农村集体经济组织成员权利的行使予以探讨,以便使其产生一定的法律效果,从而制约农村集体经济组织的随性与懈怠,同时在权利因外力导致出现不圆满状态时,能够借助法律赋予的保障权能使其恢复到圆满状态,以便保持权利实现的效力。

## 一、成员权实现概述

从课题组[1]的调研数据来看,农民主观意愿上认为应该享有的成员权利和实际享有的成员权利状况之间存在一定的差距,而成员权利的实际享有状况既受制于一定的客观因素,又与权利实现的相关机制密切有关。成员权的行使和实现,是使"纸上的权利"转化为现实利益的重要一环,无论是法律制度还是集体章程,其所规定的各项成员权利能否实际为成员享有,均须通过完善的权利实现机制使其转化为成员现实利益。

### (一)成员权实现机制的构建

任何权利都包含着权利主体对权利内容中利益的期盼。赋权属于对利益的静态分配,对于实证研究者来说,权利中所包含的利益能否为权利主体实际享有,更具现实意义。"在实证意义上,权利研究的重心不在于主体应该享有的权利是否法定化,而在于法定的权利是否得到了权威的有效保障并为主体所拥有。"[2]主体是否有能力或渠道去实际拥有法定权利之利益,是规范层面的应然权利是否转化为实然意义权利的关键。成员无法享有法定权利之利益,既可能是因为缺乏权利行使规则而无从向集体实施能够产生法律效果的行为,也可能是因为其他外力侵害或妨碍而无从实现。因此,疏通制度渠道,将阻碍权利实现的主观因素降至最低,最大限度为成员实现权利创造条件,当是实现机制建立的意义所在。

事实上,成员权的本质即是赋予某种资格,对这种身份和资格的支配是成员权的核心内容,而基于这一身份所衍生出的各类具体权利系第二层次的内容,是实现

[1] 本文所称的课题组即陈小君教授主持的国家社科基金重大招标项目"农村集体经济有效实现法律制度研究"课题组,调研数据及结论以对全国12省、72村、452个农户的调研情况为基础,并通过给定选项、农户选择的问卷方式了解农民真实意愿。

[2] 田钒平:《权利实现问题概论》,载《边疆经济与文化》2008年第5期。

成员利益的方式。当成员利益实现时，如当其已实际享有承包经营权、宅基地使用权等土地财产权利时，这已经是成员权利行使的结果，而不再是对成员权的享有本身。因此，当成员行使承包地分配请求权或宅基地分配请求权并得以实现时，这两项分配请求权就转化为具体的实体财产权，其成员权利的请求权形态亦即转化为支配权形态。但是，集体成员是否可实际承包集体土地，并非因赋权而当然享有，赋权仅仅完成了赋予成员享有权利的可能性。从“纸上的权利”变为“行动中的权利”，由静态的权利分配到动态的权利运行，需要行使权利并使之产生一定的法律效果。如果出现阻却该法律效果发生的事由，则成员得依据救济机制予以排除，从而真正完成对权利蕴含之利益的享有。

（二）成员权实现的路径

1. 权利的行使

权利行使制度，主要在于建立一种行使规程，使成员在欲行使权利时，能够有操作指引和对行使效果的预知，并且排除一些制度性障碍，使之能够顺畅无涉。成员按照法定程式行使权利会产生法律规定的效果，如果这一效果指向集体经济组织，则其必须按照法律规定履行相应的义务或作出一定的行为，集体经济组织怠于履行上述行为，或行为内容不能达到成员主体预期效果时，成员能够依法寻求救济途径，并由司法裁判程序作为最后保障，以此实现成员权利设计之初衷。

权利行使制度的建立，目的并非要促使成员积极参与到集体行动中，成员权利本质上仍是私权利，除部分怠于行使的权利将受到集体经济组织对其权利内容的限制外，其余权利是否行使仍交由主体自治决定。制度框架构建的目的在于成员欲行使权利时，能够有完善的程序和路径，以保障其所期望的法律效果。行使制度本身不能提供一种促进、鼓励成员积极参与集体行动的激励，对成员的激励最终来源于成员感受到权利行使与其利益的相关性。

2. 权利的救济

权利的救济系当权利遭受外力侵害出现缺损或因其他事由阻却权利实现时，通过救济制度使之恢复初始状态或消除行使之障碍，从而使权利主体能够享有实际利益和实现权利。与权利的行使不同，权利的救济属于权利的保障性机制，通过这一机制完成权利实现之路，是权利实现的补正方式。权利的行使主要依靠成员自身行为，是权利实现的常态，而权利的救济在多数情况下需要借助于外在力量，是非常态下对权利之实现的追求。

农村集体经济组织成员受自身经济状况、文化素质、地域条件等限制，往往处于社会的最底层，加之农村集体经济组织的私法属性尚未完全恢复，各种阻碍成员行使权利，甚至侵害成员权利的外力诸多，故对其权利侵害予以及时、有效的救济不单是一个法律问题,同时也是影响稳定的社会问题,因而需要格外重视。

## 二、成员权的行使规则和方式

成员享有的各类权利,包括实体性权利和程序性权利,这些权利的具体实现,既需要一定的行使规则与配套制度,也需要具备相应的客观条件,而且在不同情形下,对权利行使的要求亦有所不同。对于已设定的既有权利,成员行使权利在于如何使其中的利益被实际享有;对于继续性权利,在实现权利后,还应着眼于如何保持其效力;就新增成员而言,如何获得法律或集体章程规定的各项权利至为关键。受到资源限制,新增成员可能无法甫一开始即获得各类土地财产权利,因此,如何协调利益分配之间的冲突,都需要权利行使规则予以解决。

### (一)权利行使规则的差异性

#### 1.程序性权利与实体性权利

一般而言,对于集体事务参与权等程序性权利,其权利与成员资格同时产生,如表决权、监督权等,这些权利是对成员人身、意志的支配,无须借助于其他客体,具有一定的人身属性,但又可以委托他人行使。如何主张、行使这些权利,有着一定的程序要求,否则将无法发生法律效力。程序性权利的行使往往与集体公益相联系,其利益归属于成员整体,故其行使规则应着眼于成员意思表达和集体意志形成机制。有的程序性权利需要集体经济组织的配合方能实现。例如,知情权的行使既可以由集体经济组织通过公开有关信息的方式使成员知晓,也可以由成员向集体经济组织请求公开相关事项的方式来实现。无论采取何种方式,集体经济组织的配合义务都至关重要。当然,通过赋予诉权的方式,可以对集体经济组织义务的履行产生一定的推动力。

实体性权利虽然基于成员身份产生,但在生成某一项具体权利时,构成要素可能不同,其享有方式亦可能不同。实体性财产权利的享有必须与客体物或行为相结合,而客体物受制于土地资源和财产权属状况,故仅享有成员身份并不一定能获得具体的财产权。同时,财产性权利可以由集体经济组织直接分配,也可以通过向集体经济组织提出请求的方式获得。在成员获得财产权后,其行使方式主要是通过事实行为作用于客体物之上,以此获得财产收益,并保有该利益的持续性。在以家庭分散经营为主的村集体,财产权的行使一般无须借助集体经济组织的配合,成员自身可以独立完成对财产的支配。此时,所需保障的是其他相对人不干涉或不侵害权利人的权利之行使,以使其保持权利的作用力。在以集体统一经营为主要方式的村集体,对财产权的行使则需借助集体经济组织的统一行为予以实现。

程序性权利的行使涉及诸多程序事项及意思形成机制,故更为复杂。程序性事项是团体法中的基本制度，团体法内的任何一部具体法律制度都需要构建一种体现成员共同意愿的程序规则，因而具有一些共性。一些成熟的团体法是经过不断的实践检验、根据社会经济情况与主体意识修正、调整而成，因而有着很好的借鉴作用，如合作社法、公司法等。对农村集体经济组织成员程序性权利行使规程的构建，亦应以其他社团组织的相关规则为借鉴，但必须注意到集体经济组织自身的特性，不能盲目照搬硬套。

2. 请求性权利与支配性权利

利益分配请求权与土地承包经营权、宅基地使用权等具体支配权不同，前者是一种分配资格，是成员权的权能、内容，享有成员权当然具有分配请求权，但是否能具体享有分配利益还受制于其他条件，如集体存在可供分配的利益。

就权利行使而言，请求权主要是向集体经济组织主张权利，其相对人是农村集体经济组织。请求权行使的意思表示应当通过适当的方式到达集体经济组织。对于这一行使方式，存在法律规定的，成员应该严格按照法律规定行使，否则不发生请求权行使的效力；如果法律没有规定的，成员只要以合适的方式让集体经济组织管理人员受领到该意思表示即可，不得再课加其他额外程式，但通过集体自治，决定请求权的行使应当具备其他要件的除外。对于成员支配性的财产权，其行使方式和目的主要是获得财产利益，实现权利内容，在规则上着眼于如何实际获得权利并保持权利效力。

（二）权利行使的方式

多数成员权利都是由成员自身独自行使，其中有些权利也只能由成员自身行使，如承包经营权、宅基地使用权等财产性权利。这些权利属于实体性权利，权利利益与成员自身经济利益密切相关，并不属于成员意志表达范畴。虽然这些权利需要成员亲自行使，但因为其具有财产属性，在一定条件下可以通过流转的方式实现权利。可以委托行使的权利，多属于表意范畴的权利，盖因意思表达既可以自己表达，也可以委托他人表达。可以委托行使的权利往往与成员人格密切相关，故一般不可转让。

1. 代表行使

代表行使是指由成员推选成员代表，代为行使权利。如果事无巨细，都由成员共同决定，既无法保证集体行动的效率，也不现实。农村中人员流动频繁，农民兼业现象严重，使集体成员无法保证时刻都能参与村集体事务，故委托所信任的代表行使一些日常事务，亦是团体法中常见的制度。“在一些地方，实际情况是，作为村的最高意思决定机关的村民会议几乎从未召开过。各个村的人口平均在1000人以上，也有很多村子规模达到2000~3000人，召开村民会议比较困难。因而出现了尝试设立‘村民代表会议’的动向。”〔3〕当然,村民会议与成员大会不同,村民会议是行政村的议事机关,而一个行政村往往包括数个以土地所有权为区分的村民小组集体经济组织。成员大会则是集体经济组织的最高意思机关,虽然人数可能较村民会议少,但绝对人数相对于一般的社会团体仍然较大。

代表由成员选出,任期固定,任期届满后再由成员重新选举。成员代表的选举方式,国家立法及地方规范中都没有予以明确,实践中往往存在两种方式:一种方式是将农户家庭以一定数量划分基数,每一基数农户选出一名成员代表。如有的地方以10户为基数,每10户选出一名成员代表。另一种方式是确定成员全体人数后由全体成员按照总人数的一定比例选举一定数量的成员代表。相较而言,后一种方式更为妥当。因为成员代表有一定的稳定性、长期性,在一定时期内代表成员意志,故应当选出最具责任心、为广大成员信任者为成员代表。先划分户数,再从该数户中选出代表,难免因名额限制,使其他有条件者无法入选,而在另一基数中可能都不具备或不愿担当代表者却要被强制选出,这样并不利于将真正能代表民意者选举出来,因此,在规定成员代表数量的前提下,以普选方式选出成员代表较为妥当。

关于成员代表的职权,不同于一般代理行为所授予的处理某一具体事务的职权,“村民代表在性质上属于集体成员的代理人,集体成员通过概括性的授权,使村民代表可以在章程或者法律规定的时间内,不间断地代理集体成员参与农民集体决策。”〔4〕可见,成员代表接受的是概括性授权,在其任期内法律或组织章程规定的所有权限皆在其代表范围内。成员选举出的成员代表,即意味着其认可成员代表在法律或章程规定的职权范围内行使权利,故代表组成的代表大会,是集体经济组织的组织机构之一,代表大会决定的事项,其他成员无须再参与。

2. 代理行使

代理行使是指成员在无法参加成员大会或自身表意能力存在欠缺时,通过委托书或依据法律规定,临时委托他人代为行使权利。成员大会要求所有成员共同参与、表决事项,但由于劳动力流动等因素,存在不少成员无法亲自参加成员大会的情形。这种情形在农村社会较为普遍。劳动力大量向城镇转移,导致不少村集体出现空心村问题。大量农业人口在外务工,遇到事项需要表决时只能通过代理行使。同时,也有一些成员因意思能力欠缺无法有效的表达自身意志,也需要法定

〔3〕 张玉林:《转型期の中国国家と农民(1978-1998)》,农林统计协会2001年版,第235页。转引自[日]小川竹一等:《中国集体土地所有权论》,载《比较法研究》2007年第5期。

〔4〕 侯德斌:《农民集体成员权研究》,吉林大学2011年博士学位论文,第80页。

代理人代为行使。

有学者认为,应当对代理行使进行一定的限制,即代理人所代理的成员数不得超过一定上限,不然会催生成员的惰性。我们认为,代理制度是私法自治的重要体现,成员如何处分自身权利,应交其自决,其参与积极性并非这一制度所决定的。代理制度只是提供一种行使权利的方式,故无限制的必要。《村民委员会组织法》第25条规定村民代表由每五户至十五户农民集体成员推选一人,意味着委托代理人在出席成员会议时的有效表决权不得超过十五户,由于该种限制没有增加集体成员参与集体行动的成本,也未减少成员参与集体内部竞争可资利用的开放因素,不会在实质上对集体行动结果产生外部强加的影响,同时却可督促集体成员参与集体行动,因此,法律可以强制性规范的方式予以规定,不允许章程对此作出更改。〔5〕不过,这一规定实际上针对的是代表制度,并非代理制度。代表是由成员选出,代表的基数越大,代表的成员意志越牢固。对成员代表所代表人数的限制是为了保证成员代表所代表范围内的成员意志的广泛性。所代表的成员人数越少,选出的代表人数越多,就越能体现出共同利益和意志。同时,成员代表大会也需要一定数量的成员作为成员意志基础。而且,代表选出后非因法定事由不得更换,故对其人数作出限制也较为合理。代理则不同,其存在于具体的法律关系中,代理人可以随时解除代理关系,代理制度本质上是私权处分,对其限制没有依据。

3.“农户代表权”的行使

对于成员的表决权,一般而言适用“一人一票”制,每个成员皆有平等之表决权。权重相当亦要求成员亲自参与,行使表决权。现实中,表决权的行使亦有以户为代表,“由于农民集体成员在长期的生产实践中,已经养成了以农户作为参与集体行动基本单位的习惯。为了能在民法规范的框架内,尊重农民集体内在制度,法律应当允许集体成员以农户为单位,参加集体会议或委托其他农户代理出席会议”,〔6〕对于这样一种农村习惯,反映了家庭成员之间的密切关系,又符合家庭成员外出务工和居家留守的现状,并无不当。不过,如果因此认为“以户为单位出席集体会议的,农户的代表人无须出具其户属成员的委托手续,但应在会议记录中记明其所代表的户内成员人数,当会议需要表决时,农户代表的投票以户中的人口数计算”,〔7〕则没有考虑表决事项的内容与家事代理的关系。对于成员通过农户代

〔5〕 参见侯德斌:《农民集体成员权研究》,吉林大学2011年博士学位论文,第80页。

〔6〕 侯德斌:《农民集体成员权研究》,吉林大学2011年博士学位论文,第80页。

〔7〕 侯德斌:《农民集体成员权研究》,吉林大学2011年博士学位论文,第80页。

表行使表决权的做法,确实是不少村集体的习惯。然而,农户作为一个经营单位,在经营方面具有行动一致性;作为一个亲缘单位,其内部具有利他性、互助性,但这并不表明家庭内部成员在利益上当然具有一致性,对妇女成员的区别对待往往就来源于家庭关系中的男权思想。认为农户中的代表人在无任何手续的情况下可以完全代表农户中的所有成员,这可能会对弱势成员利益造成实质影响。

在一般民事法律关系中,赋予夫妻间的家事代理制度仅限于日常的简单交易行为,对一些重大事项仍须双方共同作出意思表示。在集体经济组织中,成员行使参与权通过成员大会进行表决之事项,大多都是与切身利益密切相关的重大事项,对此简单套用经营方式中的农户代表制度,显然不妥。而且,如何确立农户代表人也难以外观化,若以家庭中壮年男性或家长为代表人,则需考虑村社留守者为多数妇女、老人的现实。因此,一般观念中的代表人与实际从事农业生产者可能不一致。在承包地的一般经营行为中,确立农户代表人身份,可以满足经营行为迅捷、方便之要求,但在成员大会的参与程序上,仍应当以个体成员亲自参与为原则,以委托代理参与为例外。

## 三、集体土地分配请求权的行使

在实体性权利的行使中,请求权的行使最为重要,这是获得集体利益的前提。由于集体土地分配请求权的行使尤为典型,故有必要专门予以探讨。

### (一)集体土地经营请求权的行使

#### 1. 权利行使的困境

一旦被确定为集体经济组织成员,就有权向集体经济组织请求分配集体土地从事农业生产经营活动。由于集体土地的有限性,如果土地不断地依据增加的成员人数重新细分,不但会造成土地的细碎化,而且也无法保证成员对土地投入和产出的稳定预期,从而影响其对土地改良、肥力保持等方面的热情和动力。但是,实践中集体成员对于土地所有权并不看重,更多的是要求土地利益占有的公平公正,故农民普遍认为土地应该随农村人口变动而进行调整。[8]

现行的承包经营权物权化和30年经营期限的制度安排无疑与新增成员的诉求相矛盾。有学者认为这样的制度安排“不仅在根本上剥夺了越来越多的农民集体成员的农村土地承包经营请求权,而且对农民集体存在的意义提出了根本性的挑战”,“农民集体需要根据自身情况不断调整土地承包经营权,否则便不能完成

〔8〕　参见党国英:《当前中国农村土地制度改革的现状与问题》,载《华中师范大学学报》2005年第4期;郭凯:《新农地矛盾调查:30年承包无限顺延下的农地矛盾》,载《南风窗》2007年第22期。

其为集体成员提供基本生存保障的任务。”〔9〕

我们认为，简单将承包经营权的物权化作为阻碍新增成员行使承包地分配请求权的依据并不充分。物权化对于稳定农民与土地的结合关系具有重要意义，但承包权的期限意义并不大。承包经营权的取得和维系与成员资格相联系，承包期限只是作为集体内部利益调整的一个法定期间，其作用在于经过一定时期的人员变化重新调整成员之间的利益，并不在于保持承包经营权的时间。如果成员之间的利益变化不大，则可能按照延包政策继续由原承包人承包，其原土地的经营权既不会变化也不会终止；如果存在成员之间的利益失衡，则可在内部之间调整，而承包期的规定使集体调整土地具有了正当性。

在承包期内不调整土地既是物权属性的要求，也是成员权属性的要求。成员因保有成员资格，则不能剥夺或限制其基于成员权享有的承包经营权。认为一旦有新增员就应调整土地，显然没有考虑现实的可操作性。如果说为新增成员分配土地是成员公平性的体现，那么分配的土地在面积、肥力等方面相当也是这种公平观的题中之意；如果某集体经济组织成员没有减少甚至增加，就意味着每增加一名新成员就要重新分配一次土地，否则，亦会造成不公，如此操作既不现实也不方便，相反还会诱发诸多矛盾。

2. 权利行使的配套制度

成员在行使分配权时面临一些障碍，但这些障碍不是因该权利具有物权性所受到的影响，而是因其他相应的配套制度没有建立所导致。

（1）必须规范土地收回制度。在成员丧失资格或成员不履行相应义务时，收回其土地或对其成员权利进行一定的限制，既是集体经济组织的职权，也是成员权制度的当然法理。在现代社会中，没有一项权利制度是不以主体履行一定义务为前提的，权利绝对原则已经根据社会发展予以了修正，权利主体需要履行一定的义务，特别是成员权，作为一项团体法中的个人权利，更需要成员相互间及与团体间的配合和协助。因此，通过法律或章程规定成员义务，并明确成员不履行义务的法律责任实属必要。对于长期抛荒的成员，可对其承包经营权予以收回，并作为机动地预留给新增成员。如果不建立土地收回制度，那么只能任由撂荒的耕地继续撂荒，既不能发挥土地效用，又无法保证新增成员的分配利益。确立土地收回制度后，可依法储备一定的机动地，待有新成员增加时予以分配。有学者认为，“私法规范有必要规定农民集体收回的承包土地，应当优先用于向集体新增农户发包；在

〔9〕 侯德斌：《农民集体成员权研究》，吉林大学 2011 年博士学位论文，第 86 页。

多个集体成员同时向农民集体提出土地承包经营请求,而农民集体可供分配的机动土地不足以满足全部成员请求时,应当按照平均分配的原则发包;对于违反国家计划生育政策,超生的农民集体成员是否具有土地承包经营请求权的问题,应当交由农民集体通过集体决议的方式决定"。〔10〕 这种观点过于一厢情愿,并未考虑农村实际情况。而且,超生成员违反法律政策与其是否应当享有承包经营权没有必然关系。是否赋予成员承包经营权不是基于对成员的道德和操守评价,如果不考虑成员的生存保障情况和劳动经营能力,仍由集体决议决定,难免造成新的不公。

(2)应当建立土地利益替代保障制度。对新增成员的公平对待不一定必须体现在均分土地上,重点可以放在对集体土地利益的分享上,如果其能够分配到相应的土地利益,亦可视为其成员权的行使与实现。特别是在集体经济组织成员增量恒正时,只能通过土地利益的份额化和分配来调整成员之间的利益格局。因此,有必要建立有条件的地租制度。

地租制度本是体现所有权主体之主体性的一项基本制度,由于集体所有权主体的特殊性,成员整体即为主体,成员是整体之一分子,全体成员皆分散经营一部分土地也是所有权行使的一种方式,故在农业税取消后,地租制度随之消失。虽然是否应将地租制度常态化尚有一定争议,但通过地租制度调节成员之间的利益关系,却是可供考虑的一种方式。具体而言,在成员分配土地均衡的状态下,每个成员或能够保证每个成员都分配到承包地的情况下(如成员增减平衡),可以无偿耕种属于自己的份额土地,但在成员增加时,新成员无法分配集体土地时,原成员本应减少其承包地,但考虑到土地利用关系的稳定性,在维持承包权物权属性的情况下,对其本应减少的份额缴纳一定的地租,集体经济组织将这部分地租作为土地份额利益用于新成员应享有的利益予以分配。

(二)宅基地分配请求的行使

1. 成员行使宅基地使用权的原则

关于宅基地使用权行使的现状,国务院发展研究中心的调查表明,被调查的2749个村庄中,有超过1/3(39%)的村庄反映农村宅基地供求矛盾突出。〔11〕 课题组的调查也表明,仅73.5%的受访农户称其实际享有到依法申请宅基地的权利。一些没有享受这一权利的受访农户主要集中在经济发达、用地紧张的村集体,如沿海地区、城乡接合部。这些村集体因没有可再供分配的宅基地导致新增成员无法获得宅基地使用权,其只能在原有的家庭关系中实现对宅基地使用权的享有,借助

〔10〕 侯德斌:《农民集体成员权研究》,吉林大学2011年博士学位论文,第88页。
〔11〕 参见韩俊主编:《调查中国农村》,中国法制出版社2008年版,第29页。

家庭即户的形式行使个体成员权利。

(1)人必先以家庭成员身份出现,再得以产生其他各类社会身份。家庭关系是其不可选择的天然关系,而居住如同饮食一般,是人类生存的基本条件。在个体不具备劳动能力的时候,资源的供给都在家庭内部完成。因此,人类总是以家庭既存居住条件作为后代成员的生活环境。家庭新增成员不可能在不具备客观条件和主观意愿的情况下即要求主张土地承包经营权,但其使用宅基地的权利却与生俱来,并与家庭关系相伴始终。家庭关系具有传承性,因而其在宅基地的使用上亦有传承性,祖宅概念即由此形成。

(2)与家庭承包经营强调的分散性、自主性不同,家庭共同居住生活,是人类正当伦理性的要求。家庭内部成员是共同经营承包地还是各自经营,可根据实际情况自由决定,盖因经营形式并不具有伦理性和道德性。但对家庭居住条件而言,以共同居住为常态,家庭成员之间的扶助义务亦有部分道德要求被上升至法律强制。每个农村集体经济组织成员人人独居,享有宅基地使用权,既不现实也不符合生活伦理。因此,以家庭即户为单位在成员内分配宅基地具有合理性。

(3)宅基地上所建房屋,无论分层与否,必然需以共同地基为基础;同一地基上所建房屋,在地基使用上无法分割,这一物理特性决定了其在使用上应以共同占有的方式实现个体的成员权利。土地承包经营权可在家庭内确认每个成员份额,但宅基地使用权则一般不能按照成员明确份额;宅基地使用权一般无法分割转让,需以家庭名义整体转让;而土地承包经营权可以分割转让,故更易于份额化。现实中,也有将住宅分层转让或分割成各自独立的形态分别转让的,这就涉及户内成员对房屋的共有法律关系。我们认为,不宜将农村集体经济组织成员家庭对宅基地上的房屋所有权认定为按份共有,宅基地以户为分配单位,家庭共有以家庭关系存续为前提,存续期内成员不分份额地享有使用权。即使有分层出卖的情况也应视为共同处分,而不应该认为成员处分自己享有的份额,但家庭成员已经分家立户的除外。

(4)新立户并申请宅基地使用权者应符合立户条件,即以成立新家庭为限。除非户内出现分户,新立户者始才具备另行申请宅基地的权利,且分户者一般以婚嫁而组成新家庭为前提,例如,《山东省实施〈中华人民共和国土地管理法〉办法》第 44 条即规定,“因结婚等原因,确需建房分户的”,可以申请宅基地,其立法指导思想即体现了这一特点。

2. 宅基地分配请求的行使方式

为实现居住权利,成员有权在原宅基地上扩建、加盖房屋,通过房屋面积的增加实现新增成员居住面积的改善。虽然这种方式下宅基地面积没有变化,但新增成员仍分享了宅基地使用权,并且没有使原成员居住条件降低。这种方式能够在节约集体土地资源的情况下完成对成员需求的满足,是土地集约化利用的体现。然而,房屋建设不仅涉及集体经济组织的土地权利,还涉及建设行政管理部门相关的规划和审批权力,故集体经济组织在成员提出符合条件的扩建申请时,应积极配合,以实现成员权利。当然,集体经济组织需要确认申请者是否属于新增成员,该新增成员不但是家庭内新增成员,还是集体经济组织的新增成员。此时,建设行政部门审查的是申请是否符合乡镇住宅规划,申请面积是否超过面积限额。根据《土地管理法》第62条及各地方具体规定来看,农村居民居住面积的限制主要是对宅基地面积的限制,法律、行政法规及地方立法并没有对其房屋面积进行限定,亦即只要房屋建设符合规划部门的要求,在其既定的宅基地上加盖房屋以满足家庭成员之需应当予以允许,且更有利于单位面积土地的利用效率。

另一种实现成员居住权利的方式是重新申请宅基地。具备集体经济组织成员条件并非当然具备申请宅基地的权利,集体经济组织成员应当在户的形式内满足居住条件。一些地方规范要求成年男性成员结婚组成家庭且分户生活时才有资格申请,但对于何为"一户"却难以通过法律形式规范。有学者提出"户"不应以户口簿记载为准,而应以农民集体的认可为标准。[12] 如果说"户"不是一个法律标准,而是民间习惯的反映,则各地因习俗差异,对"户"的理解不同,将此事由交由集体自行决定亦无不可。住宅利益虽非土地经营权般关乎农民基本生计,但随着农民生活水平的提高,对住宅的需求也成为基本需求的范畴,从而应被视为重要的财产权利。一项如此重要的权利缺乏权利主体的外观判断形式,显然不利于对成员权利的保护。

## 四、通过成员大会行使成员权利

成员行使参与权的过程也是集体意志形成的过程,成员大会和成员代表大会是其行使权利的场域,相应的制度规则也是成员行使权利的规范指引。成员参与权的行使必须借助这两种基本的议事规则和机制,这些制度不完善,成员的参与权就无法有效行使。同时,成员大会也是集体经济组织行使其所有权的重要机构,成员权的行使状况将直接影响集体经济组织行使所有权的能力。在实践中,农民的成员权权能残缺及参与机制的不健全是导致集体所有权行使主体虚位、无法健康运作的重要原因。集体的意志必须建立在所有成员的共同意志之上,所有权的有

〔12〕 参见侯德斌:《农民集体成员权研究》,吉林大学2011年博士学位论文,第88页。

效行使也需要以成员权中的成员意思表达明确、具体且具有可操作性为基础。较之“国家”这一抽象主体，农村集体经济组织以一定区域范围内确定的人口为成员，具有实在性，并可具体量化，从成员构造上并不存在缺位。现实中的问题在于行使所有权的主体缺位，集体所有权行使组织不能有效的履行其职能。行使组织一般由作为最高意思机关的成员大会和作为其执行机关的理事会组成。成员大会没有一个完善的成员意志表达机制，或者说是集体意志形成机制，难免被理事会或少数人操作，集体成员的多数意志将无法有效的体现出来。因此，在制度构建上，应注重明确集体经济组织管理机构、成员大会和成员代表大会的职能和分工，以使成员权利能够顺利行使，使集体意志得到有效实现。

（一）成员大会制度概述

1. 成员大会与成员权利行使的关系

成员大会是集体经济组织的最高意思机关，其各个机构的权力及其意思都来源于成员大会，故成员大会是集体经济组织最重要的机构。如果说成员整体的组织化、法律化构成了集体经济组织本身，那么，成员大会即是各个成员的具体活动方式和场所。成员通过成员权的行使，在表达自身意志的同时，也形成了集体合意。

成员参加成员大会的参与度不同，使成员大会不可能时时都能成为成员整体共同参与的组织形式，但当成员参与情况符合法定程序时，即推定其作出的决议代表成员整体意思。但是，成员整体意思必须通过成员大会或其授权、选出的执行、代表机构表达。因此，成员大会通过法定程序作出的意思表示即可认为是集体经济组织的意思表示，若多数成员通过成员大会作出的决议侵害了少部分成员的权利，这类纠纷应属于集体经济组织与成员之间的纠纷，并应按照二者之间的权利义务之规定予以处理。〔13〕

由于成员大会的意思应视为集体经济组织的意思表示，就此来看，成员大会是集体经济组织的权力机关，也是成员的活动及行使权利的场所。一方面，成员大会的职权直接影响着成员权的范围，其职权越广泛意味着成员行使的权利越多；另一方面，成员大会意思的形成必须借助于每个成员权利的行使，故成员大会制度亦是成员权制度的一部分。当成员为了集体的公共利益行使其表决、选举、监督等权利

〔13〕 有学者认为，如果多数成员不愿意给“新户”和“衍生人口”分配收益，其纠纷实际上是在村集体经济组织成员之间发生的，并不是集体经济组织不愿意分配，而是其他的多数村民通过村民大会或村民代表大会这一合法的形式不给此两类特殊人群平等分配利益的机会。参见张红：《农地纠纷、村民自治与涉农信访——以北京市调研为依据》，载《中国法学》2011年第10期。这种观点混淆了成员意思和成员大会的意思。

时,其通过成员大会这一集体组织机构来实现权利,实际上就是行使集体所有权,其中成员大会即是所有权的行使机构。从成员个体的角度来看,其是在行使成员权,但从成员大会的性质来看,却是集体所有权的行使。因此,成员权的行使和集体所有权的行使在某些时候是同步的,这是二者联系之所在。[14]

2. 成员大会的召集权

对于成员大会的召开,每年可设定一个定期执行的大致时间,临时召开则需要行使召集权。管理机构(理事会)、监督机构都有相应的权力。会议的召集由管理机构负责;管理机构怠于行使时由监督机构负责召集。两个机构在应召集而没有召集时,则应考虑赋予成员个体召集权。一般而言,一定数量的成员或成员代表可以请求集体经济组织管理或监督机构召集并主持成员大会,若上述机构拒不召集的,则成员或成员代表可以自行召集成员大会,并推选会议主持人。《浙江省村经济合作社组织条例》第32条即规定了社管会、社监会不召集社员大会的,由乡镇人民政府帮助组织召集的情形。将召集权赋予基层政府而未考虑赋予成员自身,是对成员权利的漠视。成员自身的权利都未能独立行使,却借助公权力解决,是对集体经济组织法律性质与村民自治组织相混淆的结果。

符合人数的成员推选出召集人后,召集人应当向其他成员公告会议的主题和动议以及会议的时间、地点等其他有关决策会议的细节;在不能按时举行决策会议时,及时将撤回或变更会议的消息通告给其他集体成员等。当参加成员大会的人数符合法律或组织章程规定的条件时,由成员自己召集并主持的成员大会所形成的决议同样具有法律效力。有学者考虑到相当部分集体决策会议是由村民代表而非全体成员参加,为使村民代表有时间向其代表的村民反馈会议内容,可以要求那些与农民集体成员利益关系重大的集体决策会议必须召集两次以上,方可作出决议。此种限定并不涉及权利行使的实质内容,不应视为对农民集体成员权利的强制干预。[15]

笔者认为,这样一些程序设计都是有必要的。通过成员大会行使成员权利,重点就在规则的细化和可操作性。我们在黑龙江省克山县新兴村调研时了解到,该村集体经济组织在召开成员大会前会告知在村成员,但问及外出务工人员如何通知,负责人称自然会有家人通知。这种做法并不妥当。作为组织、执行、管理机构,应当履行一定的通知义务,电话通知每一位在外务工成员,并告知要决议讨论

---

〔14〕 参见戴威:《农村集体经济组织成员权制度构建中的难点及其解析》,载《中国集体经济》2012年第4期。

〔15〕 参见侯德斌:《农民集体成员权研究》,吉林大学2011年博士学位论文,第82页。

的事项,由成员自行决定是否参与或委托他人参与。

3. 成员大会、代表大会和管理机构的关系

成员大会应是集体经济组织的最高意思机关,具有最高效力,其他机构如成员代表大会或理事会都不得作出与其意思表示相悖的决议、决定。同时,对于成员代表大会或理事会作出的决定或决议,成员大会依照相关程序可以予以否定或撤销。

在职能分工上,成员代表大会也是集体经济组织的议事机构,其决定日常事务,重大事务仍应由成员大会决定。理事会是集体经济组织具体事务的执行机构,负责落实成员及成员代表大会的决定。对于成员大会、成员代表大会的决议,理事会是执行机关;对于日常集体经济组织的事务,理事会又是管理机关。

成员代表的选举一般是几户共推一个成员代表,而理事会的选举既可以由成员代表选举,也可以由成员共同选举。成员共同选举理事会更能直接代表整体民意,应当作为常态,代表选举理事会应当作为例外,在理事会成员因辞职、罢免等原因需补选时,可以成员代表选择作为补充。

成员代表大会和理事会对具有决议性事项的处理应经成员大会授权,在其授权范围内作出相应决定,但一些属于成员大会基本职能的事项,则不能授权其他机构行使。

(二)成员大会的职权

通过成员大会行使的最重要的成员权利即表决权。成员在成员大会表达意志的方式是行使表决权。每个成员按照自己意志行使表决权,其结果即形成成员大会决议,每个成员,无论赞同与否,都应予以遵守。表决的事项与成员大会的职权密切相关,其职权越广,表决的事项就越多,成员参与集体事务的程度就越深。

除表决权外,成员大会亦是成员行使其他一些参与权的法律场所。例如,成员的建议、质询权。这些权利既可以在成员大会闭会期间向集体经济组织的机关、管理人员行使,也可以在成员大会上行使。有学者认为,建议、质询权若随意行使,“不能获得法律效力而无实际意义。只有那些在农民集体成员会议上提出的建议和质询,可以书面形式记载,法律可以要求农民集体的执行机构或监督机构予以反馈。”〔16〕这种观点有欠妥当,成员大会召开的次数有限,如果要求所有建议、质询权的行使都只能以在成员大会行使为限,无疑限制了成员权利的行使。而且,上述权利是现实中农民享有的较为弱化的一项权利,更应该加重其权利分量,细化行使程序,严格被监督者的义务。

---

〔16〕 侯德斌:《农民集体成员权研究》,吉林大学 2011 年博士学位论文,第 85 页。

监督权是在成员大会上行使的重要权利。监督权的行使有两种方式:一是由成员选举出专门的监督机构代表成员行使监督权;二是成员个体的监督权,包括查阅集体经济组织账目、管理机构的会议记录等。此外,通过行使罢免权也是监督职能的表现。一定数量的成员联名,可以提议罢免集体经济组织管理机构、监督机构的人员。对此,成员大会应对提议罢免的事项进行表决。可见,监督权的内容比较宽泛,能够达到监督效果的各项权利都可以纳入此范畴。事实上,成员参与权主要包含这两方面内容:一是通过参与形成集体意志;二是监督管理机构及其人员的行为,使其能够正当行使职权,不谋私利。

成员行使表决和监督权的事项一般分为四类:

第一类是制定、通过、修改集体经济组织章程。章程是集体经济组织重要的法律文件,规定了集体内部的基本制度,很多重要事项可以通过章程予以明确,避免过多地召开成员大会,浪费成本。

第二类是选举、罢免管理机构、监督机构成员。选举罢免权是一项重要的成员参与权,也是成员大会的一项重要职能。成员大会通过选出能够代表民意、服务成员的人组成管理、监督机构,罢免不称职的管理、监督人员的方式,将其意志逐级贯彻,并对相关管理、监督人员形成强大的约束力量。选举程序要能够代表多数意愿,得票多者当选。罢免程序则重在其启动方式,5~10名以上成员提出罢免议案,即可启动程序,交由成员大会讨论。

对于经济发展、生产经营方面的事项,当然属于成员大会的职权范围,但该类事项能否作为重大事项则因集体经济组织经营方式而异。如果集体主要采统一经营模式,则此类事项直接关系每个成员切身利益,当属重大事项,应由成员共同决定之;如果是以分散经营模式为主,则集体经济组织的经济计划和规划亦可由成员代表大会行使。

第三类是集体利益分配事项,包括土地承包方案、集体收益分配方案、征地补偿款分配方案等。利益分配与成员利益关系最为紧密,也最易受到侵害,一旦有利可图,各类主体就会蠢蠢欲动,试图借其地位和优势谋取私利,故在利益分配上一定要维护成员的整体利益。

第四类是对成员资格及其权利的赋予、限制或剥夺。对成员资格及其权利的赋予、限制或剥夺,既需要法律明确规定,也需要集体经济组织在章程中予以规定,以作为对具体成员为一定行为的依据。但是,具体行为的落实应交由成员大会决定,不可由其他机关代行。例如,法律规定了成员资格取得和丧失情形,当某一集体经济组织待定成员或原成员符合情形时,是否决定接纳或排除其成员身份,应由成员大会讨论决定,其他机构不得以有法律规定为由径行决定。这样规定的理由是,成员资格虽是以单个个体为判断目的,但其实质涉及的仍是成员整体利益,并影响到每个成员潜在的利益。新成员加入意味原成员分享份额的减少,而剥夺成员资格是对成员最严厉的处罚,当慎之又慎,故交由成员大会决定,最具正当性。当成员大会的决议与法律规定相抵触时,包括应当剥夺而没有剥夺时,其他成员可以提起违法之诉。

在调整和收回承包地方面,农户家庭内成员没有变化的,集体经济组织不能调整承包地;如果成员减少了,其相应的承包地份额亦应减少,此时,集体经济组织行使的是收回权。收回土地后,如何分配给新增成员,亦属关系成员切身利益的重大事项,但对此一事项是否也应交成员大会表决尚有争议。对于家庭成员未有变化的农户,土地是否收回,如何再分配与其利益无关,其是否有参与动力或能否秉公表决,存有疑问。鉴于这一事务未涉及成员整体利益,故不宜交由成员大会表决。包括承包经营权对外流转需经成员大会 2/3 以上成员同意,皆存在相同问题。只要规定承包地流转公示和成员的优先权即可维护成员利益,如果一定交由成员大会表决,则可能发生成员大会未通过又无人愿意接受流转,或将流转价格压制过低的情形,反而不利于土地效能的发挥。

### (三)成员大会的表决程序

成员大会的人数在法律上应当有所规定。《农村土地承包法》对此没有设定最大人数,导致参加人数过低也能代表成员大会进行决议。一般而言,全体成员 2/3 以上的为绝对多数决。然而,表决事项可以根据具体事项内容要求简单多数决或绝对多数决。成员大会的召集权一般在理事会等执行机构,但当执行机构应当召集而未召集时,一定数量的成员也可以提议召开。上述事项以外的其他事项,可由成员代表大会决定,由理事会执行。

## 五、结语

总之,赋权仅仅表明赋予某类权利享有之资格,权利利益之实现则依赖于实现机制。成员权实现的方式有两种:一种方式是按照权利行使规则,以自身行为践行权利内容;另一种方式是当权利遭受侵害时,通过权利救济制度,使遭受破坏的权利恢复到圆满状态,或使阻碍权利行使的事由消除,以实现权利内容。其中,成员财产性权利的行使分为请求权的行使和支配权的行使。程序性权利的行使主要为保障成员整体利益,其需借助于一定的组织机构和场所来表达自身意志,并遵循一定的规程。

(责任编辑:高飞)

# 宅基地“三权分置”的法律表达*

吴　迪　陈耀东**

|摘　要|

现行“一地两权”的宅基地制度已经不适应我国当前农村经济发展的需要。通过分析宅基地流转方式的困境，阐释宅基地“三权分置”的政策意蕴，可以得出“三权”下宅基地资格权是“二权”分离下宅基地使用权的继承发展，且资格权兼具身份属性和财产属性。进一步对宅基地“三权分置”进行解构，要坚持集体所有权不动摇，并逐步强化集体所有权的权利属性。完善宅基地资格权的权利属性，放活宅基地使用权流转，借鉴土地承包经营权的“三权分置”模式，构建、完善“所有权—用益物权—次级用益物权”的权利架构。通过回应宅基地“三权分置”未来立法进路的困惑，提出宅基地使用权流转要逐步放宽流转主体资格限制，并创新流转模式，将典权纳入宅基地的流转模式中。

|关键词|

宅基地使用权　三权分置　成员权　地上权　土地承包经营权

|目　次|



* 基金项目：国家社科基金一般项目“‘三权分置’背景下我国农地规模经营法律规制制度研究”（18BFX153）。

** 吴迪，南开大学法学院博士研究生；陈耀东，南开大学法学院教授，博士生导师。

## 一、问题的提出

我国宅基地制度的发展历程也是我国社会主要矛盾发展历程的集中体现。宅基地从农民个人私有到集体公有,宅基地产权也拆分为所有权和使用权。当前我国的宅基地制度可以简单概括为"一地两权",即村集体经济组织享有宅基地所有权,村民只享有宅基地使用权。〔1〕根据《中华人民共和国物权法》(以下简称《物权法》)第152条之规定,宅基地使用权人依法对集体所有的土地享有占有和使用的权利,有权依法利用该土地建造住宅及其附属设施。农民对于宅基地使用权只有占有、使用的权利,没有收益的权利;同属于用益物权框架下的建设用地使用权,则被赋予"占有、使用、收益和处分的权利",而宅基地使用权转让、抵押则为法律所原则禁止,〔2〕我国宅基地制度的弱物权性可见一斑。改革开放初期,宅基地对于保障农民基本住房需求意义深远,但随着农村经济的进一步发展,城市化进程加快以及农村人口向城市集聚,"一地二权"下的宅基地制度已经严重阻碍了我国农村经济的持续发展。宅基地制度之改革就是围绕放活宅基地使用权流转展开的。〔3〕对于放开宅基地使用权的流转已成学界普遍呼声,但如何放开,则存在不同观点以及不同制度设计。宅基地"三权分置"概念的提出,或许为我们解决宅基地流转问题提供了较为良好的思路。本文主要讨论的就是宅基地当前流转模式与宅基地"三权分置"概念的提出有何联系?宅基地"三权分置"的"三权"如何解析?宅基地"三权分置"与现行法律体系如何衔接?

## 二、宅基地流转模式困境和宅基地"三权分置"概念提出

探索宅基地"三权分置"的法理路径,就要结合宅基地使用权流转的现状和流转模式展开分析。"三权分置"概念的提出正是针对当前宅基地流转模式的困境以及流转存在的问题而提出的。

### (一)宅基地流转模式困境法学透析

结合试点实践和我国当前宅基地流转的主要模式,具体情况如下:

---

〔1〕参见惠建利:《农村宅基地使用权及流转规范与法律制度创新》,载《湖南农业大学学报》(社会科学版)2016年第5期。

〔2〕根据《土地管理法》第63条前半段的规定,农民集体所有的土地的使用权不得出让、转让或者出租用于非农业建设。后半段为但书条款,只有符合土地利用总体规划并依法取得建设用地的企业因破产、兼并等情形时才破例允许土地使用权依法发生转移。

〔3〕参见刘锐:《夯实基础,加快制度供给——谈农村土地"三权分置"如何落地》,载《中国国土资源报》2018年2月1日。

1. 租赁

租赁的流转方式虽然对承租主体没有限制,是一种较为宽泛的流转方式。但从市场经济高效的角度来说,租赁这种方式在很大程度上实现的是房屋的价值,而不是宅基地使用权的价值。租赁的优势在于可以维持宅基地使用权不发生转移,但如果采用长租的方式来流转宅基地使用权上的房屋,其实是一种变相的购买。现实中"以租代卖"这种现象广泛存在,由于订立合同的双方主要为农民,其法律意识淡漠,很多租赁合同不具备合同的必要要件,其法律风险较大,亦不被法律保护。综上所述,宅基地使用权租赁是通过获得零散的资金方式来实现物之价值,并没有使宅基地使用权的物权属性得以发挥。租赁作为债权,从对不动产的用益角度,相对于物权的对世性,其权利形式和权利存续期间都存在一定限制,不利于发挥宅基地作为物权的权属功能。

2. 买卖

对于"买卖"方式,在"房地一体"原则下,农村房屋买卖合同效力认定的乱象使宅基地使用权流转很难有效开展。我国立法的现状基本是只保障本集体之间的宅基地使用权流转,不鼓励向集体组织以外的主体流转,即使是同集体组织内,还要充分考虑买受人是否有申领宅基地的资格以及出卖人出卖宅基地使用权后不能再申领宅基地的情况,总之,诸多限制性因素使得"买卖"这种流转方式并不能实现宅基地使用权流转的价值追求。

3. 抵押

关于宅基地使用权的抵押问题,结合浙江义乌模式,尽管在抵押人到期不能偿还贷款时,金融机构可对抵押的宅基地使用权和附着物采取转让、折价、拍卖或者变卖的方式,就所得的价款优先受偿。但义乌模式只针对村民拥有的第二套宅基地,且没有突破村集体组织的限制,抵押范围过于狭窄,同时由于缺乏市场评估机制,宅基地使用权抵押制度能否真正保护农民的利益,实现宅基地使用权融资的现实价值也是有待商榷的。通过实地调研,目前,对宅基地抵押起决定作用的是政府是否愿意拿出足够的保证金来对银行承诺,如果农民到期难以偿还贷款,政府是否愿意承担担保的义务。现实中,很多地方政府承诺后,并未就农民的贷款承担先予赔付的责任,银行贷款往往形成了坏账。这一方面是由于宅基地抵押贷款目前只能通过银行实现,不向市场流通导致的抵押对象过于狭窄;另一方面也是缺少相应的保护机制,导致宅基地抵押真正出现抵押不能清偿的风险时,其风险应对能力过于薄弱。

4. 宅基地使用权入股

实践中广泛存在的问题是村民与村委之间的信任危机,村民对村委会最终决策意见的形成参与度不够,最终使村民对村委工作产生不信任,怀疑村委利用手中的权力谋求私利,难以保障农民的权益。而对村委会行使权力的法律规制制度是不足的,在产生纠纷后,司法救助界限也是模糊的,对于可能涉及村民自治范畴的事项,法院往往选择不予受理。所以,如果将宅基地使用权以入股形式流转,以村委会作为流转依托的话,将会存在很多法律和政治上的风险。

5. 其他方式

关于宅基地使用权的继承、交换(或称互换)与赠与以及征收与置换,严格来说不是我们探讨的宅基地使用权的流转方式。继承、征收和置换都不是一种宅基地使用权人的法律行为,前者基于死亡的事实行为产生;而征收和置换是基于政策性规定而变动。虽然是传统意义上宅基地使用权的流转方式,但并没有增加宅基地使用权流转的经济效益。同样,宅基地的退出导致农户丧失宅基地使用权,农户丧失宅基地使用权,流转也就无从谈起。现实中,补偿不到位、农民对土地的权利意识觉醒都阻碍了宅基地退出的全面展开。

总之,上述几种流转方式都难以完美解决宅基地使用权的财产属性和福利性之间的矛盾。且流转方式很大程度存在不规范性,农村小产权房的出现正是这种"隐性流转"的集中体现。宅基地流转的困境带来了一系列法律纠纷,影响了正常的农村市场经济秩序。宅基地制度改革,既要考虑农村土地制度本身的创新,[4] 又要提高土地利用效率,体现宅基地的用益物权属性。[5] 传统流转方式都多少存在流转困境,即使放宽流转限制,也难以从根本上克服宅基地流转的难题。宅基地"三权分置"概念的提出,正是要直面宅基地流转和试点经验的困境,从宏观层面解决宅基地流转的法理基础。

(二)宅基地"三权分置"模式概念的提出

宅基地难以流转,难点就在于宅基地的身份属性。引入宅基地"三权分置"的概念,就是要破解宅基地的身份属性。我国当前宅基地的立法构造为:宅基地所有权(集体经济组织享有所有权)、宅基地使用权(具有宅基地身份属性的农户享有使用权)的"二权"模式。2015 年 4 月,义乌首先推广农村宅基地所有权、资格权、使用权"三权分置"的模式。义乌《关于推进农村宅基地制度改革试点工作的若干意见》允许在保障村集体宅基地所有权和保障集体经济组织成员权的基础上,放活宅基地使用权的流转。截至 2017 年年底,义乌 24 家金融机构累计发放农民住房抵押贷款 6763 笔,贷款金额 32.23 亿元,贷款余额 30.30 亿元,占全国试点地区

---

〔4〕 参见彭致强、徐志强:《宅基地流转法律机制研究》,载《中国不动产法研究》2016 年第 2 辑。

〔5〕 参见刘俊:《土地所有权国家独占研究》,法律出版社 2008 年版,第 257 页。

总量的1/3以上。[6] 在此大背景下,结合宅基地试点改革的成果和经验,2018年1月15日,(原)国土资源部部长姜大明在全国国土资源工作会议上,首次提出了宅基地"三权分置"的概念,即宅基地所有权、资格权、使用权"三权分置"。宅基地从"两权"到"三权"的权利构造转变,是我国宅基地制度改革的新一轮探索。2018年中央一号文件再次明确宅基地"三权分置",即落实宅基地集体所有权,保障宅基地农户资格权和农民房屋财产权,适度放活宅基地和农民房屋使用权。[7]

从义乌模式来看,放活宅基地流转,对于便利农户获得抵押贷款,推进我国社会主义新农村建设提供融资渠道具有积极作用。宅基地"三权分置"概念的提出,有利于保障农民的合法财产权益,有利于拓宽农民的财产性收益增收渠道,有利于打破城乡二元格局,促进城乡经济一体化,对于实现社会公平、带动农村落后生产力的发展意义深远。放活宅基地的流转可以激发宅基地的资本融通功能,宅基地的财产属性可以为农民提供创业和生产经营活动的启动资金,同样具有保护弱势群体的"扶贫济困"的功能。宅基地制度的改革和创新,要紧紧围绕农民收入水平的提高,而提高农民的收入水平就要激发宅基地的财产属性。"三权分置"的"三权"如何解读,都要以宅基地使用权放活流转为基础,在制度设计上,要充分考虑如何平衡集体经济组织、农民、流转受让主体的利益均衡及收益分配,激活土地的财产属性,切实保障农民的合法权益。

## 三、宅基地"三权分置"的"三权"解析

"二权"模式下宅基地分置为宅基地所有权和宅基地使用权。宅基地"二权"模式下的宅基地使用权既包括宅基地权利人的身份属性,又包括宅基地使用权人可以享有宅基地的财产属性。"三权分置"下的宅基地使用权包括宅基地所有权、宅基地资格权、宅基地使用权。宅基地"两权"到"三权",与土地承包经营权"三权分置"一样,宅基地所有权并没有发生改变,仍然是集体所有。集体所有权制度是从集体所有制发展而来的,并被后来的《宪法》《土地管理法》《物权法》等法律法规所确认。坚持社会主义土地公有制性质不动摇,无论是土地承包经营权的改革还是宅基地使用权的改革,土地的集体所有权不会因"三权"而改变。如何理解"三权分置"下宅基地使用权与"二权"模式下宅基地使用权权利属性异同,是我们解读宅基地"三权分置"下"三权"的关键。

---

〔6〕 参见楼明月:《义乌宅基地"三权分置"写进中央1号文件》,载《金华日报》2018年2月7日。

〔7〕 参见《中共中央国务院关于实施乡村振兴战略的意见》。

对比土地承包经营权制度构架,可以为我们研究宅基地"三权分置"提供理论参考。土地承包经营权由"二权"到"三权",土地经营权来源于土地承包权,关于土地承包权是否属于用益物权有待商榷。土地承包权用益物权说主张"土地承包权以集体土地所有权为客体设立用益物权,而土地经营权是以土地承包权为客体设立的次级用益物权"。这种观点符合物权排他性的论述,即一物之上不可存在两个以上所有权,也不可存在两个以上种类一致、效力相同的用益物权或者担保物权。本文同意该观点,认为土地经营权和土地承包权皆属于用益物权,且当前土地承包经营权制度采用的是"用益物权—次级用益物权"的权利架构。根据物权生成的基本逻辑,土地经营权是从土地承包权上衍生出来的,这也进一步验证了用益物权上可以设立新的用益物权的推论。根据多层权利客体的法理,经营权乃是土地承包经营权人设定的、以土地承包为标的权利用益物权,其与土地承包经营权属于不同层次客体上存在的用益物权,可以同时成立而并不冲突。通过认可权利用益物权,承包权与经营权分置的制度设计完全可为用益物权体系所容纳。

想回答"三权分置"下宅基地使用权与"二权"模式下宅基地使用权权利属性异同,就要解决宅基地资格权如何定性的问题。关于宅基地成员权的定性,参考土地承包经营权的"三权分置"理论,"三权分置"下的宅基地成员权应该被定义为"二权"下的宅基地使用权,即"三权分置"下的宅基地成员权是"二权"下的宅基地使用权的继承和发展。主要原因有两点:一是资格权延续宅基地使用权的权利属性,有利于维护现有法律框架的稳定;二是参考土地承包权,宅基地资格权并不改变宅基地使用权用益物权的性质。"三权分置"下宅基地资格权包括两方面内容:一是村民取得宅基地的成员资格;二是村民通过设立用益物权的形式,利用集体土地所有权享有对集体土地占有、使用的权利。宅基地资格权定性为"二权"下的宅基地使用权,不会动摇我国当前宅基地法律关系的基本框架,有利于稳定宅基地制度的权利和功能属性,有助于推动宅基地改革的进行,不会因为权利变更导致流转主体的认识紊乱。而建立在宅基地资格权上的宅基地使用权才属于新增设的权利。

新增设的宅基地使用权应该包括宅基地的经营权和发展权,即宅基地使用权人可以对宅基地设定相应的用益物权,使受让人(此处的受让人为宅基地经营权人)可以获得一定期限的对宅基地占用、使用、收益的用益物权属性。〔8〕而宅基地发展权指投资者可以依据管制将宅基地复垦形成的建设用地指标有偿交易或者

---

〔8〕 参见郭晓鸣、虞洪:《建立农村宅基地自愿有偿退出机制的现实分析与政策构想——基于四川省的实证研究》,载《农村经济》2016年第5期。

自行使用的权利,复垦土地的承包权原则上归农户所有。[9] 宅基地发展权以四川的城乡联建模式为代表,此处不过多展开。[10]

综上所述,“二权”下的宅基地制度,农房所有权和土地所有权是分开的,这事实上就是一种变相的地上权制度。罗马法初期主要调整的是国有土地的建筑物归属问题,后期国家允许通过土地使用权人支付租金,取得不动产(房屋)所有权。我国土地所有权归属于国家和集体,农房的所有权归属于农户,事实已经产生了建筑物所有权和土地所有权分离的状况。我国当前土地制度,继承了罗马法上“土地吸附地上建筑物”的原则,房地一体。宅基地“三权分置”,就是为了构建集体所有权和宅基地使用权人之间长期或永久性的共同分享土地权益的法律关系。宅基地资格权相当于“二权”下宅基地使用权,属于用益物权。而“三权分置”下宅基地使用权相当于宅基地“地上权”,也属于用益物权的范畴,宅基地“三权分置”的法律框架应该进一步生成为“所有权—用益物权—次级用益物权”的权利架构。宅基地资格权与宅基地资格权派生的次级权利并不是要把宅基地使用权进行肢解,而是宅基地资格权经过再次设定次级使用权而衍生的子权利。

### (一)宅基地所有权的强化:集体经济组织法人化改造

依照《土地管理法》《物权法》《关于农村集体土地确权登记发证的若干意见》的规定,我国目前对村集体所有权明确规定为村内农民集体、村农民集体和乡(镇)农民集体的三级体系。现有的三级村民集体组织由人民公社制度发展来的,但人民公社时期,我国公社、生产大队与生产队都是政社合一的集体组织。[11] 我国政社分开后,三级村民集体组织已经名存实亡。[12] 乡镇政府、村民委员会和村民小组事实上在代替农村经济合作组织行使集体所有权。[13] 当前农村经济组织概念难以明确、具体,且对村集体经济组织的边界认识也难以达成一致。集体所有土地的实际控制权在乡镇和村社的行政组织手中,集体所有权的虚化成为当前突出的问题。而宅基地所有权的完整权能应该包括占有、使用、收益、处分的权利。具有资格权的家庭可以向村集体经济组织申请,获得宅基地使用权,获得了对宅基

[9] 参见姚树荣、熊雪峰:《宅基地权利分置的制度结构与农户福利》,载《中国土地科学》2018年第4期。

[10] 参见《成都市人民政府关于坚持统筹城乡发展加快灾后农村住房重建的意见》等。

[11] 参见崔嵬、陈晓宇:《“三权分置”下农村土地集体所有权的构建与完善》,载《西安石油大学学报》(社会科学版)2018年第2期。

[12] 参见张守夫、张少亭:《中国农村集体土地所有权主体的确认与重构》,载《甘肃社会科学》2017年第2期。

[13] 参见韩文龙、谢路:《宅基地“三权分置”的权能困境与实现》,载《农业经济问题》2018年第5期。

地占有、使用的权利。在"三权分置"政策指引下,宅基地使用权的流转、放活会进一步加强。当今的法律框架内,弥补宅基地收益权和处分权的缺失是完善集体所有权权利结构的当务之急。

1. 集体收益权

在充分保障集体成员权益的情况下,应该重视村集体经济组织对于宅基地收益分配的权利。调和村集体个人和村集体的矛盾,找到一条集体—个人与福利—财产相互协调的路径。试点地区中江西余江将宅基地流转收益分为房屋收益和宅基地收益,其中,集体经济组织可以分享部分宅基地收益。云南大理在宅基地出租、入股时,按照宅基地现有使用面积每年向集体经济组织缴纳土地收益调节金。[14] 集体组织如何行使权利,如何调和村民个体和村集体的矛盾是改革农村土地制度中所必须要解决的。我国当前法律和政策缺乏对村集体经济组织的保护和权利行使的具体规定是导致如今村集体经济权利完全被村民委员会所攫取的根本原因。[15] 应该强化村集体对宅基地的收益分配权,并尽快纳入"三权分置"体系内,通过"三权分置"的引入,真正让村民集体经济组织的所有权得以彰显。

2. 集体处分权

目前集体经济组织对宅基地的处分主要集中在集体内部,如调换、分配宅基地等。而打破集体经济组织的流转,村集体经济组织则难以实现有效的监督。《民法总则》编纂过程中也充分认识到集体经济组织的特殊性,将集体经济组织定位为特别法人,《民法总则》如此规定有其合理性,首先,它不同于营利法人,它自成立时起,就属于村民合作的形式,为村民提供必要的服务,其设立目的是方便农民的生产活动。其次,农村集体经济组织的主要财产就是土地。而土地作为生产资料开展经营活动具有一定风险性,简单引入法人经营方式,轻则损害农民个体权益,重则会对土地公有制产生冲击。再次,集体经济组织的成员属性明显,非集体成员是不能享受集体经济组织权益的,集体经营组织成员权兼具身份性和财产性。最后,集体经济组织利益分配的源头是土地,也就是生产资料。这与公司治理结构的法人组织区别明显。

集体经济组织采取特别法人的治理机构,应充分赋予集体经济组织对宅基地调整、收回的权能,对村民个体进行的宅基地流转实现有效的监督。农村经济组织采取特别法人的形式,主要理由如下:

---

〔14〕 参见冯晓红:《宅基地"三权分置"初探》,载《农村经济与科技》2018 年第 9 期。

〔15〕 参见陈小君、陆剑:《论我国农村集体经济有效实现中的法律权利实现》,载《中州学刊》2013 年第 2 期。

(1)农村集体经济组织采取特别法人治理结构,通过村集体经济组织的形式开展经营、管理、收益分配,广大农民通过村集体经济组织享受其合法权益,实现共同富裕。同时,相对于非营利法人的慈善属性,村集体经济组织在机制运行中要本着充分激发农村生产力,尽可能创造、丰富物质生产资料的原则,追求利益和效率的最大化。而间接的指向就是提高生产效率、提高村民可分配的利益。无论是主观目的性,还是客观的实际效果,村集体经济组织的"逐利性"都非常显著,这显然是营利性法人的特征。

(2)农村集体经济组织作为"特别法人",其根本目的显然不是单纯营利。土地负载着社会保障功能,尤其我国宅基地资源属于农民仅有的生存资料。过分强调土地的资本属性,显然不符合我国社会主义本质要求,而宅基地流转的诸多限制因素,也决定了村集体经济组织在经营、管理、处分宅基地的时候不能完全从利益最大化出发。集体土地与资本属性的分离才是我国土地制度的根本特征。这些固有的限制条件都决定了我国村集体经济组织法人构造的特殊性。

赋予村集体经济组织特别法人的职能,具体可以从以下几方面着手:一是明确宅基地所有权的主体资格,改变以前村委会、乡镇行政组织代为行使权利的现状。二是明确宅基地所有权主体资格的法律权益,进行登记颁证,当前针对村集体经济组织特别法人的新规定,应该进一步细化,完善相关法律。三是赋予村集体经济组织相应额度处分权能,除了对内行使权利外,应当扩大宅基地对外的处分权,逐步放开宅基地入市的限制,实现同地、同价、同权。

至于村集体经济组织法人化治理结构该如何走?针对当前村集体组织行使权利虚化的情况,明确集体所有权行使的主体是当务之急。集体所有权和集体成员权密不可分,在当前我国农村土地制度的特殊语境下,农民的法律意识较为单薄,且没有行使村集体成员权的权利基础。农村集体经济组织应该从村民委员会分离出来,成立单独表达农民集体意志的权力机关。该机关由全体集体成员选举产生,组成相应的理事会,负责具体处理村集体经济组织的事项,代表全体经济组织成员行使集体成员权,并对外代表集体成员处理相应的事务。该意思机关定期向村集体成员公示账目和其他应当予以公示的项目,接受集体全体成员的监督和质询,并定期改选。

### (二)宅基地资格权定性:身份权和财产权的复合性权利

宅基地资格权是"二权"下宅基地使用权的继承和发展。宅基地资格权属于集体成员权的重要组成部分,解决什么是集体成员权是研究宅基地资格权的前置条件。集体成员权从概念上来说是集体中的一员依照法律和集体内部章程所拥有的各种权利,具体包括占有、使用、收益、分配、知情权、表决权、管理权、监督权、选举和被选举、退出权等权利。〔16〕集体土地所有权实质上是集体共有人享有的权利,集体成员权则是集体成员作为集体共有人之一而享有的权利。资格权本质是身份权,是集体共有人身份的判定,从而在集体组织中享受主体地位和权益的法律资格。一些学者通过对集体成员权的研究,将宅基地资格权认定是身份权,理由是宅基地使用权具备主体身份性和福利限定性。具体而言:

一方面,我国宅基地制度无法绕开宅基地使用权人应为农村集体经济组织成员这道“身份坎”。我国宅基地目前的政策是“一户一宅”,新分出去的户可以向村集体申请宅基地,用来建造房屋。2018年中央一号文件再次强调不得违规违法买卖宅基地,严格实行土地用途管制,严格禁止下乡利用农村宅基地建设别墅大院和私人会馆。显然,宅基地只限于村集体组织内部成员享有。而通过新建住宅,会逐渐减少村集体所有的土地,这也算是村集体成员对村集体所有权的行使。〔17〕我国法律严格禁止宅基地向集体组织以外的人流转,尽管试点地区进行了一些探索,〔18〕但我国对宅基地流转仍持谨慎态度。义乌模式虽然在宅基地使用权流转方面迈出了可喜一步,但受困于宅基地使用权主体的身份属性,抵押仍然只能在村集体经济组织成员内部或跨集体经济组织成员内部开展。另一方面,村民可以自愿退出宅基地,国家会给予相应的补偿或者奖励,也可以认为是宅基地福利性的延续。例如,四川泸县模式〔19〕和金寨模式〔20〕,通过宅基地退出,一方面有利于促进一户多宅的农户退出闲置宅基地,从而有效解决一户多宅和宅基地闲置问题;另一方面又减轻了强行拆除超占部分宅基地带来的实施阻力和社会压力,也彰显了宅

〔16〕参见韩文龙、谢路:《宅基地“三权分置”的权能困境与实现》,载《农业经济问题》2018年第5期。

〔17〕参见马凤娟、赵红霞、孙秀芳:《对我国农地产权“三权分离”相关问题的思考》,载《农业经济》2015年第1期。

〔18〕如浙江义乌模式,2016年9月至10月,义乌市先后出台了《义乌市农村宅基地使用权转让细则(试行)》和《义乌市农民住房财产权抵押贷款试点实施办法》(试行),对宅基地抵押贷款政策的很多细则进行了规范。但义乌的改革方案还是局限于宅基地在村集体经济组织成员内部抵押。其具体做法是:首先,农民在申请宅基地抵押贷款之前,采用书面的形式征询村集体的同意,并且保证拥有不少于人均15平方米的居所。其次,除了先置条件外,在事后的处置环节设计了较为复杂的规则。

〔19〕针对四川省泸县“一户多宅”现象突出的现实情况,泸县分类制定宅基地有偿退出补偿标准,作为回应农民现实问题的必要手段。一方面,对于一户一宅农户,制定较高的退出补偿标准;另一方面,对于因历史原因、自然灾害、继承等造成一户多宅的闲置宅基地,单独制定了退出补偿政策。

〔20〕金寨模式的有偿和无偿相结合特点也非常有代表性。在无偿退出方面,对“一户多宅”的“多宅”部分等三种情形实行无偿退出,最大限度让利于民,乡镇可以给予适当补助。有偿退出方面,对有合法权属来源及“一户一宅”等五种情形,除按照分类标准给予宅基地退出和地上房屋拆除补偿外,还可享受到不同的优惠奖励政策。

基地退出政策的惠及性,增强了政策的可操作性。[21] 宅基地制度必须符合自愿退出的原则,充分保障农民的福利性,自愿退出宅基地的农民不得再申请宅基地,也体现了宅基地身份性和福利性的结合。

同时,宅基地作为生产资料具有特殊性,其财产属性凸显。"据国土部公布,2015年全国土地成交价款为32547亿元,每亩价格约为58万元,如果建立城乡统筹的用地市场后,2亿亩的宅基地使用权价值或高达110万亿元。"[22] "即使宅基地使用权的评估价值难以跟城市建设用地相比,根据有关部门按照现在宅基地使用权的价值保守估计,2亿亩宅基地使用权价值也将高达20万亿元。"[23] 另外,宅基地的身份属性主要针对的是宅基地的分配环节,非集体成员通过合法手段也可以取得宅基地使用权,这就突破了宅基地仅仅是身份权的定性。综上所述,宅基地分配的身份性,并不排斥宅基地使用权的财产属性。对于已分配的宅基地,农民享有自主处分的权利。基于宅基地的社会保障性,农民处分其宅基地时受到一定程度的政策限制,但这是我国目前政策的导向使然。随着城乡社保统筹体系日益完善,宅基地真正入市指日可待。

保障农户资格权的行使,要充分保障农户可以完全行使集体成员权,尊重农户流转宅基地的意愿,不能搞"一刀切",不能搞形式主义,杜绝政府强制行政行为,严防土地财政的农村新表现。村民可以通过行使表决权、质询权、提案权等权利监督村集体组织正确行使权利。村集体组织定期要进行账目公示,接受村民的质询和监督。如果村集体行使权利不当,村民有权召开村民大会对相应的管理人员进行任免。而重大事项的表决权也会杜绝之前村委会滥用村集体组织权利的弊端。对于宅基地的管理也要提上日程,实现资格权的设立、保持、流转、消灭的全流程监管,建立统一的宅基地流转平台,同时利用司法途径定纷止争,逐渐整理一批有代表性的案件汇编,更好地指导一线审判。

### (三)宅基地使用权的放活:次级用益物权的设立

宅基地使用权的"三权分置"模式可以借鉴农地"三权分置"模式,即对母权层级分割,使母权的权利人受制于次级权利人享有的权利而无法完整行使其物权。宅基地资格权,在"三权分置"下被定义为"二权"下的宅基地使用权,具有完整的

---

[21] 参见张勇、汪应宏:《基于新型城镇化背景的农村居民点整治及宅基地退出探讨》,载《农村经济》2015年第8期。

[22] 《2015年财政收支情况》,载 http://gks. mof. gov. cn/zhengfuxinxi/tongjishuju/201601/t20160129_1661457. html,2016年1月29日最后访问。

[23] 《2亿亩农村宅基地热议入市或带来20万亿》,载 http://news. sx. fang. com/2012-11-26/9048049. htm,2017年10月25日最后访问。

用益物权属性。宅基地资格权兼具身份性和财产属性。“三权分置”下的宅基地使用权应该作为宅基地资格权的次级使用权,即从宅基地成员权中分离出新的次级使用权,并允许这种次级使用权自由流转。换句话说,为了保障农民自身居有定所,禁止宅基地使用权流转,但同时又允许宅基地使用权人将宅基地在一定年限的使用权转让给第三人,一旦这种次级使用权因到期而消灭,则宅基地使用权人就恢复了对宅基地的完整权利。这种模式下,宅基地使用权人继续保持其身份性,发挥其保障职能,而次级使用权则可以随着房屋所有权自由流转。这种模式相较于承包权中的“三权分置”,由于宅基地使用权本身没有期限的限制,更加稳定,因此次级使用权的转让,也更具有可行性。宅基地使用权的流转实质就是从宅基地所有权指向宅基地成员权,而生成的“所有权—用益物权—次级使用权”的权利架构。〔24〕

至于“三权分置”下宅基地使用权到底是物权还是债权,目前尚没有定论。宅基地使用权作为一项可流转的财产权利,这一项权利由资格权人为其他民事主体所创设的、具有一定期限的、可以自由转让(包括用来抵押担保和出资设立公司)的对宅基地占有、使用和收益的权利。宅基地使用权在“三权分置”下接近于罗马法的地上权,《优士丁尼法典》对地上权的概念定义如下:“使人充分享用某一建筑物或其中一部分的、可转让并可转移给继承人的物权。”〔25〕德国的《地上权条例》对此做了明确规定:“是指以在受负担土地地面上或者地面下,拥有建筑物为内容之可转让并可继承的权利。”王泽鉴对地上权也做了法理性定义:“称地上权者,谓以在他人土地之上或土地上下之一定空间的范围内有建筑物或其他工作物为目的而使用其土地之权。”〔26〕宅基地使用权人通过身份属性自然取得了利用宅基地、对宅基地占有、使用的权利。反对宅基地“三权分置”的观点一般认为罗马法上用益物权上不得再设立用益物权,但德国地上权的制度足可供我国借鉴,尽管我国现有法律体系没有用益物权—次级用益物权的法律构造,但从国情实际出发,未尝不是解决当前宅基地困境的有效办法。

## 四、宅基地“三权分置”的法律应对

宅基地“三权分置”势必会冲击我国宅基地制度现有的法律框架,如何建立、健全相关法律法规,成为“三权分置”下宅基地改革所要面临的主要障碍。《中共

〔24〕 参见蔡立东、姜楠:《农地三权分置的实现》,载《法学研究》2017年第5期。

〔25〕 [意]彼德罗·彭梵得:《罗马法教科书》,黄风译,中国政法大学出版社1992年版,第268页。

〔26〕 王泽鉴:《民法物权》,北京大学出版社2010年版,第280页。

中央关于全面推进依法治国若干重大问题的决定》中指出,要"实现立法和改革决策相衔接,做到重大改革于法有据"。我国宅基地"三权分置"适时提出,需要与现行的法律框架相衔接,从立法、司法角度为改革提供法律支撑。我国目前调整宅基地的法条散见于《物权法》《土地管理法》《城乡规划法》等各个法律法规中,更加完备的《农村宅基地管理法》亟待制定。同时,相应的配套法律法规,比如,《不动产登记暂行条例》《不动产登记暂行条例实施细则》应该对于宅基地的确权登记作出相应规定和调整。放活宅基地使用权流转,需要对宅基地的范围、内容、登记、取得、转让、消灭方式等进一步明确,提高法律规范的可操作性。宅基地的"三权分置"法律构造和现有法律体系的衔接面临一些挑战,在改革过程中应坚持宅基地的法律特性和我国土地制度基本原则不动摇,并在实践中逐步摸索宅基地"三权分置"的理论基础和立法走向。

(一)宅基地"三权分置"的立法建议

1. 宅基地财产属性"同地、同权、同价"

宅基地"三权分置",首要就是集体所有不动摇。严格保护集体对宅基地享有所有权,明晰产权关系。《宪法》第10条和《土地管理法》第8条都明确规定了宅基地归农村集体经济组织所有。如何赋予农村集体经济组织切实行使其所有权,就要立足于宅基地物权属性的完全实现。村集体经济组织通过对宅基地使用权设立的审批实现其所有权权能。宅基地使用权作为宅基地所有权的派生物权毋庸置疑,但宅基地使用权作为我国《物权法》规定的用益物权,仍然具有其独立特征。村集体行使宅基地所有权权能时,不得侵害宅基地使用权人的权益。根据物权平等原则,应该保障村民拥有城镇居民同样对房屋和土地使用权进行抵押、入股、转让的权利。要实现宅基地使用权的逐步放活,就要充分认识到宅基地本身的财产属性。只有城乡真正实现"同地、同权、同价",宅基地使用权才能真正凸显宅基地的财产属性,也只有如此,农民才能切实享受到宅基地对其生存和发展提供的物质保障。

2. 完善宅基地的用益物权属性

根据《物权法》的规定,宅基地使用权是一种权能不完整的用益物权,因为使用权人对宅基地没有收益的权利,只有占有和依法利用的权利。《物权法》对宅基地使用权所采取的限制态度,显然不符合宅基地"三权分置"模式的推广。[27] 关于宅基地使用权受限制的状况能否通过司法解释的途径予以完善?司法解释的作

---

〔27〕 参见崔凯等:《关于我国农村宅基地使用权流转制度存在的问题及对策》,载《国土资源》2014年第5期。

用毋庸置疑,但我国当前正值《民法典》编纂的关键时期,宅基地“三权分置”模式能否成为《民法典》的重要组成部分,是我们需要进一步论证的难题,也是宅基地制度物权属性得以完善,从而适应我国社会主义建设新时期、新发展的关键。

3. 保留宅基地使用权归属请求权

由于宅基地作为农民基本生活居住保障,如果宅基地资格权人通过流转的方式转移宅基地使用权及其地上房屋的,可以赋予宅基地使用权人宅基地使用权归属请求权,即宅基地资格人可以单方面行使该请求权,且该请求权不得附加任何解除条款,但是宅基地使用权需要承担相应的补偿义务,该请求权属于形成权同时,宅基地地上权人也应享有宅基地使用权的优先权,有利于维护宅基地流转的安全性和稳定性。

(二)宅基地“三权分置”立法的未来进路

1. “三权分置”下用益物权体系对现行物权法框架的挑战和困惑

我国目前正在编撰《民法典》,“三权分置”能否进入《民法典》一直是学界的争论焦点。无论是土地经营权还是宅基地成员权都不属于我国《物权法》规定的物权种类。如何安置“三权分置”下的新的物权种类应该是《民法典物权编》亟须解决的问题。我国现有的物权法框架为“土地所有权—土地使用权”;“三权分置”入典之后,将在我国土地制度上建立一个三层次权利架构,即“土地所有权—土地使用权—土地次级使用权”。“三权分置”的物权法框架势必会冲击我国现行物权法体系,对我国现有的法律体系和法律制度提出挑战。从当前实际出发,本文认为可以从政策层面逐步缓和宅基地流转主体和流转方式,从而为宅基地立法提供未来法律进路。

2. 放宽宅基地使用权的主体资格

我国当前宅基地使用权的流转严格限制在本集体经济组织,一些试点地区进行了一些尝试,但也没有突破集体经济向非集体经济组织成员流转的限制。在保障农户基本居住条件的情况下,应迈开脚步,逐步将剩余宅基地向非集体经济组织成员流转,但是应该保留宅基地使用权归属请求权。打开城乡桎梏,实现城乡一体化,释放宅基地的财产属性,加大宅基地的流转活力是今后改革的方向。但同时也要杜绝城市居民进农村买房、建大别墅、大会所的现象。统筹兼顾城乡土地资源的开发利用,加大对农户的社会保障力度,实现城乡人口、资源、财富的有序流动。

3. 创新宅基地使用权流转方式

宅基地“两权”到“三权”,凸显的是宅基地使用权如何流转放活。当前宅基地流转具有自发性、盲目性与随意性,且流转内容不完整、流转价格不确定、流转效率低等特点明显。[28] 关于宅基地使用权次级用益物权的架构上文已经提及,宅基地使用权放活流转,需要逐步缓和国家在宅基地"二权"下限制宅基地使用权流转的相关法律法规。宅基地使用权人目前还无法向集体经济之外的成员转让宅基地,但宅基地使用权的流转趋势是利用用益物权—次级用益物权的原理对宅基地使用权进行出租、出典、信托等方式进行流转,从而获得宅基地使用权的用益物权属性。宅基地使用权的再流转将充分发挥宅基地用益物权的属性,

针对《民法典物权编》编纂的特定历史时期,典权制度在调整宅基地等不动产领域的优势地位越发明显,"典权入典"已经具备现实可行性。典权制度类似于地上权制度,王利明教授的《中国物权法草案建议稿及说明》里第一编第三章用益物权中,详细阐述了关于典权的全部规定,呈现一个较为成熟的法律框架。[29] 典权制度虽然没有在现行法律法规中作出明确规定,但在中国民间习惯中曾经存在,而且为最高人民法院的司法解释所认可。"典权入典"将完善目前不动产质押空白的局面,同时典权制度本身调控社会贫富差距的功能也将得以体现,典权制度兼具用益物权和担保物权的特征,既可以保障国家对土地所有权的支配,也方便农民融资的需求。

(责任编辑:陈越鹏)

---

〔28〕 参见惠建利:《农村集体土地产权制度与流转制度的立法完善——基于地方立法实践》,载《中共山西省委党校学报》2012年第3期。

〔29〕 参见王利明主编:《中国物权法草案建议稿及说明》,中国法制出版社2001年版,第83~87页。

# 城乡中国

# 农地集体所有制下的“三权分置”与“三农问题”*

王洪平**

| 摘　要 |

“三权分置”政策的提出，是解决“三农问题”的重大举措之一。“三农问题”的关键在于农地问题。中国农地制度的特殊性，主要在于农地的集体所有制。因此，应将“三权分置”与“三农问题”两个范畴置于农地集体所有制这一大的制度背景下进行探讨。农地家庭承包的普及和固化，以及出现的产权细碎化问题，在一定程度上引发了“反公地悲剧现象”。在权利形态和性质上，“集体所有”即“集体成员共有”。关于鼓励工商资本下乡政策，重点应做好对工商资本“逐利性”的管控，严防工商资本的逐利性侵蚀农业，进而加剧“三农问题”的严重性。推行“三权分置”政策的宗旨之一，在于解决当下广大农村出现的“有地无人种”和“有人无地种”的背反矛盾，即在城乡的融合发展中，同时解决“农民进城”和“市民入乡”两个问题。在具体举措上，可以斟酌考虑参照城市社区“建筑物区分所有权”的制度构造，通过实行“人随地走”“人随房走”的方式解决。“三权分置”政策的推行和“三农问题”的解决，要很好地把握和掌控“耕者”与“国家”在自决与强制两个方面的平衡，相应的制度建构应体现这一利益衡平理念。

| 关键词 |

三农问题　三权分置　集体所有制

| 目　次 |



---

* 基金项目：司法部国家法治与法学理论研究项目“乡村振兴战略实施的土地法制改革路径”（18SFB2033）。

** 王洪平，法学博士，烟台大学法学院教授，烟台大学中国土地政策法律实施评估研究中心主任。

二、集体所有:“公有”还是“共有”

三、农业经营:“营生”还是“营利”

四、农村社区:农民进城与市民入乡

五、耕者与国家:自决与强制的平衡

六、三权分置:当下政策与未来走向

“农民真苦,农村真穷,农业真危险!”关注和研究“三农问题”,是需要一点“乡恋”情结和悲天悯人之情怀的。“三农问题”是一个新提法,但问题本身却不是一个新问题,只不过在当下的工业化社会转型期凸显出来,成为了一个突出的问题而已。“三权分置”政策的提出,是解决“三农问题”的重大举措之一,这就意味着,顶层设计者认为,“三农问题”的关键在于农地问题。而中国的农地问题,不在于土地本身的质与量,而在于农地“制度”。中国农地制度的特殊性,归结起来,主要在于农地的集体所有制。农地集体所有制解决了什么问题?其本身又带来了什么问题?这是研究“三农问题”应有的最深层次的两个追问。鉴于此,在本课题研究的绪论部分,我们将“三权分置”与“三农问题”两个范畴直接置于了农地集体所有制这一大的制度背景下进行扫描,提出并探讨了其中几个我们认为乃重中之重的问题。

## 一、公与私:公地悲剧与反公地悲剧

据有学者考证,中国传统文化中的“公”“私”观,早在先秦末年就已经基本定型。[1] 但中国传统文化中的“公私之争”,更多地局限于伦理道德领域,而鲜有及于经济制度意义上之“所有制”领域的。有关所有制的公私之争被提出并日趋尖锐化,实际上只是近现代以来的事情,即与资本主义相对立的社会主义思潮的出现和社会主义制度的确立。资本主义是建立在经济私有制基础上的社会形态,而社会主义的经济基础则是公有制。社会主义与资本主义的对立,从观念基础上来看,就是“公”与“私”的对立;而从经济基础上看,就是“公有制”与“私有制”的对立。在当今之世,这两大社会形态之所以仍然能够并存,其原因固然复杂,但个中道理之一,就在于无论是“公”还是“私”,无论是“公有制”还是“私有制”,都不具有消灭对方的绝对力量,二者并存有其内在的合理性和规律性。当代经济学提出了两大命题,即“公地悲剧”与“反公地悲剧”,就能很好地诠释二者各自相对于对方的优势与不足。

---

〔1〕 参见钱广荣:《中国早期的公私观念》,载《甘肃社会科学》1996年第4期。

“公地”(commons)即“公共土地”,其实质为未归属任何私的主体的土地,在经济学上泛指一切资源。从产权界定的角度讲,公地不具有产权的明晰性,任何人均有权进入而无权排除他人对公地的同样利用。正因如此,对公地的利用会出现“过度利用”(overuse)问题。过度利用的后果,就是资源的持续恶化与最终的耗竭。“竭泽而渔”这一成语所描绘的,就是一种“公地悲剧”现象,因为每个人相对于其他人而言都不具有排他性,故而每个人都试图捕捞更多的鱼,把河川之水排干就是能够一次性捕捞最多鱼的极端手段,其后果是,再也无鱼可捞。而“反公地悲剧”现象,正好体现了与“公地悲剧”现象的反向对称性,是指当产权被界定的过于清晰和过于细碎化时,每个产权主体相对于其他产权主体而言都具有极强的排他性,每个产权主体若想有效利用自己的产权,都随时有可能遭遇其他产权主体的反对,其极端情况就是每个产权主体对其他每个产权主体都拥有“一票否决权”,其结果是,资源的利用会出现“利用不足”(underuse)的问题。利用不足的极端,就是资源的完全闲置。

经济私有制明晰了产权,解决了产权的归属问题,也从而在最大限度上消灭了“公地悲剧”现象,提高了产权的利用效率;但伴随着产权分割的日益细碎化,“反公地悲剧”现象在资本主义社会就不可避免地出现了。经济公有制使产权趋于单一化,多元产权主体间的竞争性、排他性被最大限度地压缩了,从而很好地解决了资本主义社会的“反公地悲剧”问题;但当社会主义公有制走向“一平二调”“吃大锅饭”的极端后,“公地悲剧”问题就又会应运而生,“劳而不得”与“不劳而获”并存,公有资源因过度利用而遭受了极大破坏,因人人试图“搭便车”而培养出了一大批“懒汉”。

我国农村的基本经营体制是“统分结合”的,“统”与“分”的问题,实质上就是“公”与“私”的问题,“统分结合”就是“公私结合”。在“一大二公”时期,“统”的要素多而“分”的要素少,“公”的要素多而“私”的要素少,这就导致了严重的“公地悲剧”问题,资源貌似被充分地开发利用了,但却造成了严重的负外部性,最终连“吃饭”都成了问题。为了解决“统得过多”的问题,十一届三中全会后实行了“分田到户”改革,公的农地由私的农户承包经营,增加了“分”和“私”的要素,大幅提高了农业生产的正效率。近 40 年来,我国的农地改革,基本上都是朝着增加“分”与“私”的方向发展的,“统”的要素和“公”的要素被大大压缩甚至是被有意识地淡化了。但物极必反,当“分”的一面和“私”的一面被过分强调甚至是被固化时(“增人不增地,减人不减地”),因农地产权的过度“细碎化”而导致的“反公地悲剧”现象就不可避免地会出现,农地的利用效率不是提高了而是下降了。我们课题组曾去东北地区的彰武县调研,当地正在推进“并地”制度改革。“并地”改革的动因,就在于解决因地块过于细碎化而带来的“反公地悲剧”问题。据当地干部介绍,当地农户完全靠天吃饭,春天播种之后,坐等秋天收获,能收多少是多少,即使天再旱也从来不浇地。为什么明明有水可浇也不浇呢?道理很简单,因为每家每户的承包地块都过于“狭窄”,大多数也就是几步宽,浇了自家的地,不可避免地也就把邻家的地给浇了,为了不让邻人“搭便车”,就谁家也不浇地了。就个体农户而言,这一选择无疑是“理性”的;但就整体的农业生产而言,这一选择又无疑地会导致农地被“非理性”地“低效利用”。农地产权的固化和细碎化带来了“反向激励”,农业生产的效率被大大降低了,这与“分田到户”改革的初衷是相背离的。

因此,产权分割与产权的利用效率二者之间并不总是成正比例持续增长的,当达到某一临界点时,产权的进一步分割只会降低利用效率,导致资源的利用不足和闲置。为了解决产权过于分散所带来的“反公地悲剧”问题,在由“私”向“公”的集中过程中,在某个临界点之前,产权的利用效率是逐步提高的;但当越过了临界点,当产权过于集中甚至趋于单一化时,资源的利用效率就是急剧下降的,甚至会出现资源利用上的“负效率”。因此,无论是“公地悲剧”现象中的“过度利用”,还是“反公地悲剧”现象中的“利用不足”,都会同样地造成效率损失,其极端结果都是“无效利用”。这就意味着,在所有制问题上,“大公”(单一的公有制)和“大私”(单一的私有制),对于产权的利用效率都是有损的,因而如何恰到好处地找到“公”“私”之间配比的均衡点,亦即如何找到一种产权利用的“最佳状态”或者“适度状态”,就成为了当下“公有制”社会形态和“私有制”社会形态所共同面临的历史课题。

## 二、集体所有:“公有”还是“共有”

集体所有制是我国公有制的两驾马车之一,农地集体所有即为集体所有制的实现形式之一。由此而来的直接推论就是,“集体所有”即为“公有”。但是,“公有”这一概念带有强烈的意识形态色彩,其本身并不是一种法律上的财产权形态,将“集体所有”界定为“公有”只是解决了所有制性质问题,而并没有解决“集体所有”在财产权形态上之性质为何的问题。对此,我国学界曾产生过激烈争论,在林林总总的诸多观点中,“总有说”和“共有说”是两种比较有力的观点。因“总有”是日耳曼法上的一种古老的封建土地制度,不可能为我国现行法所接受和确认,因而主张“集体所有”即为我国现行法上之“共有”的观点,在一定程度上被接受。而主张“共有说”的观点,又分为“按份共有说”和“共同共有说”两派。

“共有说”实际上是中国老百姓的自发创造,而有关“集体所有”是否为“共有”以及是共有中的“按份共有”还是“共同共有”的司法观点,都是老百姓在个案中提出诉求后，要求司法机关被动予以表态的。在最高人民法院审理的“文昌市会文镇白延村民委员会笃家村民小组诉文昌市人民政府等颁发集体土地所有证案”〔2〕中，原终审判决认为，本案被诉土地证项下土地由城一村小组、城二村小组共有，现有证据不能证明城一村小组处分涉案10.75亩土地时已事先征得共有人城二村小组同意，在本案审理过程中也没有得到城二村小组追认。其言下之意，被诉土地属城一村小组和城二村小组共同共有，对被诉土地的处分应征得共同共有人的一致同意，否则处分无效。终审判决作出后，笃家村小组申请再审称：城一村小组、城二村小组是按份共有，不是共同共有，争议地在城一村小组土地中，不需要经城二村小组确认。由该申请再审理由可见，当事人并不否认集体所有的“共有”性质，只是在按份共有或共同共有的归类上有争议。最高人民法院经审查后认为，两个村民小组所持有的两份土地证所载内容完全相同，根据文昌市政府陈述，在2005年登记发证时此类情况均系按照共同共有处理，而且城一村小组、城二村小组也主张属于共同共有，故笃家村小组的该项主张没有事实根据，本院不予支持。由该最终裁定结论可见，最高人民法院采纳了“集体所有”为“共有”且为“共同共有”的观点。在地方法院的相关判决中，支持集体所有为“共同共有”的观点也不乏其例。〔3〕

当然，就“集体所有即为共有”的观点，在我国当下的司法实践中也并没有形成一致的共识，对此仍有不同的认识。如在“管泽江与濮阳市华龙区建设路街道办事处五甲户居民委员会侵害集体经济组织成员权益纠纷上诉案”〔4〕中，审理法院即认为，根据物权法规定，集体财产为本集体成员“集体”所有而非成员个体“共有”，原集体经济组织成员身份丧失后，即脱离原集体经济组织，不再具备享有该集体经济组织成员福利待遇的资格。该判决旗帜鲜明地提出了“集体财产为本集体成员集体所有而非成员个体共有”的观点，是符合现行法规定的。但问题在于，其并没有回答在集体所有并非成员个体共有的情况下，“集体所有”究竟为何种性质的财产权形态，其只是否定了“集体所有即为共有”的观点，却未树立起新的观点。

---

〔2〕 参见中华人民共和国最高人民法院（2017）最高法行申5075号行政裁定书。

〔3〕 如广东省阳西县人民法院（2009）西民初字第211号“江选友等诉阳西县织贡镇苏村村委会丹霄村经济合作社侵犯集体经济组织成员权益案”；内蒙古自治区高级人民法院（2007）内民一终字第20号“徐志燕等12名招婿上门的女性村民诉呼和浩特市赛罕区西把栅乡沙梁村委会集体经济收益分配纠纷案”；南昌铁路运输法院（2017）赣7101民初172号民事判决书“朱江生等诉鹰潭铁路机务劳动服务有限公司等侵害集体经济组织成员权益纠纷案”。

〔4〕 参见河南省濮阳市中级人民法院（2018）豫09民终156号民事判决书。

我们认为,历来被人所诟病的集体所有制导致集体资产的主体虚化问题,其症结恰由仅在“集体所有即为公有”的层面上理解“集体所有”导致的。“公有”仅具有观念性意义,在主体性上,“公”是虚化的,而只有“私”才是实存的。因此,要将“公有”落到实处,就必须为“公”找到实实在在的主体,对其予以“实化”。从我国现行法的规定来看,公有主体的实化是分层次完成的。就全民所有而言,其公有的主体是“国家”,代行的主体是“国务院”;就集体所有而言,其公有的主体是“集体”,代行的主体是“集体经济组织”和“村民委员会”。但仅有这一层面的实化并没有最终解决问题,因为“国家”和“集体”仍过于虚化。我国《民法总则》确立了法人制度,也同时确立了法人财产权制度,“全民所有”的主体性正是落实在公司法人、事业单位法人和机关法人等法人主体上。各类承载“全民所有”的法人主体,其投资或者出资虽然来自“国家”,但由于出资人人格和法人人格是各自独立和分离的,因而各类法人成了“全民所有”的实实在在的所有权主体。正是通过该种机制,“全民所有”的主体问题被最终解决了。然而,对于“集体所有”而言,是否可以复制这套机制呢?问题恐怕不是这么简单。

当下正在推进的集体产权制度改革,其改革目标是要全面建立起各类合作制经济组织,通过合作经济全面落实集体经济,使集体经济组织取得实实在在的法人资格。这一改革路径,貌似正在复制“全民所有”的实现机制,试图通过法人财产权来坐实集体所有的主体性。但我们认为,若作此理解,就过于表面化了;若集体产权制度改革的目标果真如此,可能也就南辕北辙了。理据何在?我们认为,其根由在于“集体所有”与“全民所有”有着本质的不同。从所有制角度看,“集体所有”与“全民所有”没有本质的不同,二者同为公有制的表现形式;但若从主体性来看,二者的本质差异就尽显无遗了。“全民所有”即“全体国民所有”,然当代之中国并非柏拉图所描绘的小国寡民的“理想国”,人数寥寥,我国现今的人口数量极其庞大,“人人所有”实质上就等于“人人无有”,所以说“全民所有”只能是一种观念上的所有,在其之上的产权主体也只能是单一的,即“国家”。“国家所有权”亦即“全民所有权”,其代行主体也只能有一个,即最高国家行政机关“国务院”。也正是在此基础上,“全民所有”才可以(或许也只能)再通过法人财产权的形式将财产权的主体予以实化。但反观“集体所有”,其在主体性上就与“全民所有”的主体单一性具有了本质的不同。根据2017年住房和城乡建设部发布的《2016年城乡建设统计公报》的数据,我国在2016年约有261.7万个自然村。这就意味着,我国至少有数百万个农村“集体”(在“村民小组”的层次上,或许应当以“千万”为单位来计),而每个农村集体都是一个独立的产权主体。这已经充分表明,“集体所有”的所有权主体不仅不是单一的,而且还是极其分散的,其数量恐怕可以和城市中的

“建筑物区分所有权”的主体数量相比肩。量变会引起质变,正是因为集体所有的所有权主体数量如此庞大,所以导致其“公有”的性质与全民所有在“公有”的性质上会有本质不同。一个农村集体的人口数量是非常有限的,多则几千人,少则数十人,这些人口被称为本集体的“成员”。如果说“全民所有”是“人人无有”,那么“集体所有”就应当是“人人享有”了;如果说“全民所有”只是一种观念上的所有,那么“集体所有”就应当是一种实实在在的所有权了。职是之故,“全民所有”只能通过法人财产权的形式来落实其主体性,而“集体所有”的承载主体就必须落实到组成本集体的“成员”身上了。进言之,“集体成员”才应当是“集体所有”的所有权主体,而每个集体的集体成员都是具体的,因而“集体所有”的主体性本质上应是实在的而非虚化的。若作此理解,“集体所有”的主体虚化问题就是一个“伪问题”,完全可以不解而自解了。若此论成立,那当下正在推进的集体产权制度改革就不应是顺着构建法人财产权的路前进,而应当是朝着如何落实“集体成员”之于“集体所有”之所有权的主体地位方向前进。

综上所述,我们主张,“集体所有”即为“集体成员共有”。“共有”是相对于“单独所有”而言的,这就意味着我们反对农地的私有化。如果将现有的承包地采取就地私有化的政策,那势必将造成产权的过度分散化,并进而加剧“反公地悲剧”问题,农业生产的效率将会不增反降,因而从经济效益的角度讲,我们也不主张农地私有化。而“共有”,本质上是一种“小公有”,而非纯粹意义上的“私有”。正是因为其是一种“小公有”,所以就可以有效地避免因私有制下产权的过度分散而造成的“反公地悲剧”现象。同时,我们还主张,“集体所有”应是一种“按份共有”而非“共同共有”。因为“共同共有”实行“一致决”,每个共有人都享有一票否决权,这势必将造成产权的利用困难,从而导致产权利用的低效率甚至是无效率,这是一种严重的“反公地悲剧”结果。相比较而言,“按份共有”实行“多数决”,产权利用上的相互掣肘现象就可以被有效避免,从而可以大大地提高产权的利用效率。

一言以蔽之,将“集体所有”定性为“共有”和“按份共有”,既可以有效地避免“大公有”所带来的“公地悲剧”问题,又可以有效地避免“纯私有”所带来的“反公地悲剧”问题,从而较为恰当地找到了“公”“私”之间的配比均衡点,实现了集体所有农地的最佳利用和适度利用状态,这在政策上是可行的,在法理上是合逻辑的,在实践上也是行得通的。

### 三、农业经营:“营生”还是“营利”

根据国标《国民经济行业分类》(GB/T 4754—2017)的规定,“农业”排在97

个行业大类之首(编号01),其所定义的“农业”是指“对各种农作物的种植”,包括谷物、豆类、油料、薯类、棉、麻、糖、烟草、蔬菜、食用菌、园艺作物、水果、坚果、含油果、香料、饮料作物、中药材草等的种植。“农业”虽位居国民经济各行业之首,地位显赫,但根据相关统计数据,以农业为主的第一产业对GDP的贡献,2017年占比为5.8%,2018年下降为5.3%,远低于第二、第三产业的贡献率。这一数据足以表明,农业是一种基础性行业,农业生产活动的基本功能不在于创造GDP,我们通常所称的“农业经营”中的“营”应是指“营生”而非是“营利”。“营生”就是讨生活,其基本之义在于生计的维持,而不在于利润的创造。这里的“营生”,包括“营自己之生”和“营全民之生”。农民以种植为业,没有其他手艺,只有依赖耕作以糊口;同时,就整个社会而言,同样也有赖于农民种粮以解决全民的粮食供给问题。这一规律,无论古今还是中外,也无论农耕社会还是工商社会,都概莫能外者。这就意味着,我们一切政策制定的出发点,都应当立基于农业的“营生功能”,而不是“营利功能”。如果我们急切地试图通过农业增收的方式来提高农业产值在整个GDP中的比重,那就是本末倒置的。只有准确地定位农业的营生功能,我们对于我国农业发展的现状才会有一个清醒的认识,对于我国现行农业政策的得失成败才会建立起一个妥当的考评基点。

目前,我国的农业经济仍是小农经济,以一家一户的耕作为主要的经营方式,这正是在农地承包中“家庭承包”仍占据着不可动摇的主要地位的根本原因。“家庭承包”解决了中国亿万农民的吃饭问题、温饱问题,没有分散的家庭承包,中国的农业生产力不可能提高,农民个体的生计问题就无法解决,中国的粮食安全也就必然会出现危机。职是之故,我国当下正在推进的“适度规模经营”改革,也只能是局部性的改革,不可能对全部农地都实行规模化经营。规模化经营是有硬约束的,如农业机械化水平的提高、适宜机械作业的大面积地块等,这样的硬约束不是能够轻易人为摆脱的。所以说,在可以预见的将来,我国的农业经营将仍是以“自耕自食”的家庭承包经营为主、以适度规模化经营为辅的。如果说我们推进适度规模化经营的初衷是为了提高农业生产的效率,以更少的人财物投入产出更多的农作物,那就是对的;如果说推进适度规模化经营只是为了提高农业的营利水平,那就犯了缘木求鱼的错误。这是因为,农业经营的规模与农业生产的营利水平并不是一种正相关关系,农业经营是营生而非营利的。正如俗话所说:“种地是发不了财的!”无论是小农经营还是规模经营,都脱离不了农业“营生不营利”的基本功能限制。

准确定位了农业的营生功能之后,对于当下正在推进的“工商资本下乡”政策,我们就可以拥有一个完全不同的考评视角。“三权分置”改革的政策目标之一在于推进农地的流转,而农地的大规模流转又受制于资本的投入能力,故而为解决资本投入问题,相关政策就为工商资本开放了“下乡”的通道。当前,“工商资本下乡”不仅有政策保障,更有了法律保障,这就是新修订的《农村土地承包法》。《农村土地承包法》第45条第1款规定:“县级以上地方人民政府应当建立工商企业等社会资本通过流转取得土地经营权的资格审查、项目审核和风险防范制度。”实际上,对于工商资本进入农业经营领域,我国一直以来都没有明确的政策法律限制或者禁止,现行政策法律允许“工商资本下乡”,并不是一种“开禁”,而是一种“鼓励”。由此带来了两个问题:一是能否实现“鼓励”的政策目标;二是如何有效控制工商资本的逐利性。如上所述,农业经营的基本功能在于营生而非营利,这一功能定位取决于农业生产活动的基本性质而非人为的目标设定,而工商资本的天性在于逐利,即尽可能地获取高额利润。既然“种地是发不了财的”,那工商资本“下乡”的驱动力就必然匮乏,这就使“鼓励下乡”的政策目标能否实现成为了疑问。而作为问题的另一面,如果工商资本真的大举“下乡”了,工商企业利用自身的资本优势大规模“圈地”,那就必然“另有隐情”,因为“无利不起早”,工商资本下乡必然是有所图的,而农作物的种植本身又无利可图,那其所图为何呢?这时我们就要保持足够的警惕,其寻求的营利点必然是在“农转用”上,如果因为资本的强大压力而导致原有的农地不再用于农业生产了,那“三权分置”改革中允许工商资本下乡的初衷岂不是变质了?!在我们的邻邦日本,对于工商资本进入农业、取得农地权利一般是禁止的,只有经过审批的“农业生产法人”才能取得农地权利。而日本的《农地法》对于农业生产法人本身又规定了极其严格的准入条件,这些要件包括了经营形态要件、事业要件、成员要件、从业时间要件等诸方面。这是因为,日本的农地制度一直是以个人或家庭为对象实施的,因而对法人的权利取得原则上持否定态度。[5] 同样地,我国的农地制度也一直是以“家庭”为主要对象进行制度设计的,工商资本等社会资本参与农地流转、从事农业经营,在目标设定上也只能使其居于辅助性地位,而绝对不能大张旗鼓地进行。此外,对于工商资本下乡,日本用高位阶的《农地法》对准入条件进行了列举式的明确规定,但我国的《农村土地承包法》第45条却只用一个授权立法条款,将“资格审查、项目审核和风险防范制度”的立法权交由了县级以上地方人民政府,这未免失之草率了。要将“工商资本”驯服为“农业资本”,何其难也,除非严法管控,否则就可能“搬起石头砸了自己的脚”。

---

〔5〕 参见[日]关谷俊作:《日本的农地制度》,金洪云译,生活·读书·新知三联书店2004年版,第69~93页。

“土地乃财富之母,劳动乃财富之父。”农业经营是靠“面朝黄土背朝天”的艰苦劳动换取劳动果实的。“谁知盘中餐,粒粒皆辛苦”!因此,我们一切政策设计的出发点,都应立基于“农业经营是营生而非营利”这一基本立场,否则,社会资本的逐利性就会进一步侵蚀农业,加剧“三农问题”的严重性。

**四、农村社区:农民进城与市民入乡**

现如今,我国农村普遍建立起了社区制度,进行社区式管理和服务。从农业经营的角度来看,社区制并没有改变农地的归属和统分结合的经营模式,以村组为单位的生活、生产方式基本上仍然维持原貌。所以说,对于“三农问题”研究而言,“农村社区”仅具有泛泛之义,泛指广大农村的生产、生活区域,“农村社区”亦即“农村”。“市民”的生产、生活区域被称为“城市社区”,“农民”的生产、生活区域被称为“农村社区”。因为我们要讨论城乡之间的人口流动问题,所以在此提到了“农村社区”。

我国当下之所以要推进“三权分置”改革,大力推动土地经营权的流转,原因之一在于广大农村的分散承包经营模式,已经出现了“反公地悲剧”问题,原有的经营模式已经对农业生产力的发展形成禁锢,阻碍了农业生产效率的进一步提高;另外,还有一个重要原因,就是广大农村出现了“有地无人种”和“有人无地种”的背反矛盾。由于实行“增人不增地,减人不减地”的土地承包经营权固化政策,就出现了新增人口“有人无地种”的问题,同时也出现了因新增死亡人口和大量农民移居城市而形成的“有地无人种”问题。而对于农业生产而言,“地由谁来种”不是关键,关键在于不能让一部分人因为“无地可种”饿肚子,也不能因为“无人种地”而出现农地撂荒、土地闲置、资源浪费从而影响粮食生产的问题。所以说,“三权分置”政策的提出和推行是适时的,通过土地流转增加生产要素在不同人口间的流动,从而盘活农地资源,保证农业生产的稳定和安全。土地经营权在原本从事农业生产的广大农民之间流转是我们要大力推进的一个方面,我们同时还要关注到,土地经营权流转还应当与城乡一体化改革配合起来进行,这就涉及土地经营权由“农民”向“市民”流转的城乡之间流动问题。更进一步引申而言,这涉及“农民”与“市民”身份樊篱的破除、农村社区的“去身份化”改造和农村集体成员资格的认定标准等问题。

我们的城市是向广大农民敞开着的。过去我们称进城务工的农民为“农民工”,带有明显的身份歧视色彩,但现在“农民工”这个词已经基本上被扫进了历史的垃圾堆,所有在工地、工厂务工的人员都被称为“工人”。但与之相反的,我们的广大农村却始终是关闭着的,“农民”可以变“市民”,但“市民”却无法变成“农民”。究其根源在于,“农民”成为了一种世袭的“身份”,农民的子女天生就是农民,与生俱来地就取得了其父母所在集体的成员资格。而“市民”的子女,也与生俱来的就是“市民”,其不具有任何一个农村集体的“成员”资格身份;即便是“上山下乡”时代嫁到农村的“城里人”,也终其一生不能取得其所生活于其中的集体的成员资格。“农民”可以变“市民”,为什么“市民”就不能变“农民”呢?在城乡一体化发展的时代,我们必须反思这个问题。

我们认为,把“农民”身份固化并予以世袭化处理的做法,仍是封建思想和农耕思维作怪的结果,已经与这个时代的发展趋向格格不入了。在当今的工商社会中,“农业”仅是国民经济各行业中的一个“行业”,“农民”只是以种植为业的从业者,是一种“职业”。从事教书育人工作的人被称为“教师”,从事工厂化生产工作的人被称为“工人”,从事农业生产工作的人被称为“农民”。行业不同,从事的工作不同,所以被赋予了不同的名称,但这一“名称”却绝对不同于封建社会中的“身份”。封建社会中的“行业身份”是被固化的,“隔行不取利”,木匠的儿子就是木匠,瓦匠的儿子就是瓦匠,“士农工商”被严格区隔为不同的社会阶层。但在当今社会,我今天可以从事木匠工作,明天就可以改行从事瓦匠工作;今天我是教师,明天就可以改行当警察;今天我是产业工人,明天就可以改行当公务员。这就意味着,当今社会的“身份”只是一种“称呼”,只与其所从事的工种相关,而与其父母祖辈所处的行业阶层无关。因此,在当今社会,以种植耕作为业的人就是“农民”,“农民”的儿子可以还是“农民”,但“市民”的儿子也完全可以成为“农民”。只有在此意义上理解“农民”的身份,才能真正实现城乡一体化的发展。

在我国的司法实践中,有相当部分涉农纠纷都与农村集体成员资格的认定相关,如侵害集体经济组织成员权益纠纷、土地承包经营权确认纠纷、承包地征收补偿费用分配纠纷、土地承包经营权继承纠纷等。而“成员资格”的认定标准,在我国当下的农村治理体制和施政思维模式下,几乎是一个无解的难题。《农村土地承包法》的最新修订本来应当解决这个问题,但其显然望而却步了,修订后的新法只是于第69条规定:“确认农村集体经济组织成员身份的原则、程序等,由法律、法规规定”,把这一问题的解决又推给了将来,显见其立法难度之大。

我们认为,要解决集体成员资格的确认标准问题,就需要转换思维。如果仍然固守着“农民”身份的世袭和固化思维,这一问题就是无解的。因为不论采取何种标准,也无论罗列多少种标准,其都不可能穷尽各种“例外”的现实可能性,因而标准的确定不是解决了问题,而只是制造更多问题的开端。如何转换思维呢?我们认为,问题的解决之道就在于上文所述的“集体所有即为集体成员共有”这个基点上。而对于这一基点的理解,我们可以参照城市中“建筑物区分所有权”来进行。

“建筑物区分所有权”是一种复合型权利,包括了财产权和管理权两部分内容。财产权又分为“专有权”和“共有权”两种权利类型,“共有权”是随着“专有权”的取得而自动取得的,“管理权”是随着“财产权”的取得而自动取得的。建筑物区分所有权人的“身份”取得,来自房屋所有权的取得;其“身份”的丧失,也伴随于房屋所有权的消灭(因移转而相对消灭)。可见,建筑物区分所有权人的“身份”,仅是一种“财产性身份”,“人随房走”,有房则有此身份,无房则无此身份。在保有财产权利时,房屋所有权人成为小区的“业主”,具有成员资格,享有成员权,有权参与小区的民主管理。由于城市的房屋是可以自由买卖的,这就带来了小区业主的流动性。我们不妨想象一下“学区房”,其流动性就极强,小区的业主就具有了高度的不稳定性。但是,“铁打的营盘流水的兵”,业主的流动性并不妨碍建筑物区分所有权单元的稳定性,小区还是那个小区,全体业主“集体共有”的土地还是那块土地。这种制度架构,对于农村社区的改造,是极具启发意义的。或许有人会质疑,城市社区是一个“陌生人社区”,而农村社区是一个“熟人社区”,二者不能同等视之。但如果我们用发展的眼光来看问题就不难想见,随着城乡一体化的发展和城乡差别的日渐缩小,实际上将来不会再存在所谓的纯粹的“陌生人社区”和“熟人社区”了,每个社区都有相互熟悉的常住人口,也都有面目陌生的流动人口。因此,从发展的角度来看,“城市社区”和“农村社区”在将来会具有高度的同质性。“同质则同构”,所以说,参照建筑物区分所有权的制度构造来改造集体所有权,是完全具有可行性的。

基于这一设想,为了给“市民入乡”打开通道,我们主张对“集体成员资格”的认定采取单一的财产权标准。申言之,采取“人随地走”的认定标准。具体而言,让“土地承包经营权”承担类似于房屋所有权的职能,凡取得土地承包经营权、从事农业经营的人就具有集体成员资格,无论其为固有的原住民,还是其他的外来人口(包括城市人口);凡丧失土地承包经营权的人,即丧失集体成员资格,即便是原住民也不例外。为了配合这一制度的实施,现行农地政策就需要打破不得向“非本集体成员”转让“土地承包经营权”的禁锢,应当允许现有的土地承包经营权人将自己的土地承包经营权向本集体之外的人进行转让。当然,土地承包经营权人若想保留自己的集体成员资格,其完全可以只流转“土地经营权”,这就好比城市居民可以保留房屋所有权、保留自己的业主身份而只出租房屋的使用权。经此改造,“集体成员共有农地”就变成了“全体土地承包经营权人共有农地”,从而既解决了“集体所有权”的主体虚化问题,又解决了集体成员资格认定标准的困难问题。我们认为,这一改革设想是很值得更进一步地加以探讨的。[6]

## 五、耕者与国家:自决与强制的平衡

"农民"一词背负了太多的历史包袱,所以我们在此使用了"耕者"一词替代,使之更趋于中性,其出处就是"耕者有其田"制度。"耕者",就是以耕作为业者,与"读者""笔者""作者""饮者""仁者""使者"等构词基本相同。自古以来,无论中外,耕者与国家之间的关系,都是社会治理中面临的一对主要矛盾。"民以食为天",由农业的基础性地位所决定,国家必须对农业进行管制,但国家的管制是一把"双刃剑",既可以助农,也可能伤农。所以,国家在管制的同时,必须为耕者留下一定的自由空间,赋予耕者以一定的自决权。无论人类的科学技术如何发达,农业科技提高到何种程度,在本质上,农业生产基本上还是一个"靠天吃饭"的行业,国家的有计划管制受制于理性的非至上性,"计划不如变化快",这也决定了国家管制必须为耕者自决留下足够的自由空间。

我国历来的农业政策,往往是"一刀切"的,这是有悖于自然规律和人文规律的。"一刀切"是一种高压管制的姿态,不允许有不同的声音和不同的做法,这也是有悖于农业生产规律的。当下正在推进的"三权分置"改革,就明确提出了不搞"一刀切",而是要因地制宜,这是一种理性的尊重耕者自决权的姿态,是值得称道的。但遗憾的是,在许多地方政府的施政过程中,推进"三权分置"改革、推动土地经营权流转却成了一项必须完成的政治任务,搞强迫性流转,这就违背了中央的政策精神。《农村土地承包法》的最新修订就最大限度上体现了对耕者自决权的尊重,"耕者自决"甚至成为了一项修法的基本原则。如该法第 38 条规定:"土地经营权流转应当遵循以下原则:(一)依法、自愿、有偿,任何组织和个人不得强迫或者阻碍土地经营权流转……"第 57 条规定:"发包方有下列行为之一的,应当承担停止侵害、排除妨碍、消除危险、返还财产、恢复原状、赔偿损失等民事责任:(一)干涉承包方依法享有的生产经营自主权……(三)强迫或者阻碍承包方进行土地承包经营权的互换、转让或者土地经营权流转;(四)假借少数服从多数强迫承包方放弃或者变更土地承包经营权……"第 58 条规定:"承包合同中违背承包方意愿或者违反法律、行政法规有关不得收回、调整承包地等强制性规定的约定无

---

[6] 当然,需指出的是,这一设想是仅就"农地"这个单一方面提出的方案。"集体成员资格"涉及集体成员的"成员权"问题,而集体所有的资产范围又不仅仅限于农地,所以说"集体成员权"所包含的权利内容是非常复杂的,不仅局限于农地权利。因而这一设想也仅是一个初步的、片面的、试验性的设想,在此也仅是提供了一个思考的视角和向度而已。

效。”第60条规定:“任何组织和个人强迫进行土地承包经营权互换、转让或者土地经营权流转的,该互换、转让或者流转无效。”第65条规定:“国家机关及其工作人员有利用职权干涉农村土地承包经营,变更、解除承包经营合同,干涉承包经营当事人依法享有的生产经营自主权,强迫、阻碍承包经营当事人进行土地承包经营权互换、转让或者土地经营权流转等侵害土地承包经营权、土地经营权的行为,给承包经营当事人造成损失的,应当承担损害赔偿等责任;情节严重的,由上级机关或者所在单位给予直接责任人员处分;构成犯罪的,依法追究刑事责任。”上述一系列规定,无不体现了对耕者自决权的尊重,值得肯定。

在“三权分置”改革的推进中,如果搞“强迫流转”,无异于土地的“强制兼并”,因而必须杜绝。当然,或许有人会担心,在自愿流转的基础上,是否同样也会出现土地兼并的问题呢?我们认为,这一担心是不必要的。现代社会是一个工商社会,在财富形态上,与农耕社会已经有了本质的不同。在农耕社会,农地就是最大的财富,农地的拥有量决定了一个人的财富量,所以竭尽所能地兼并更多的土地就成为了财富积累的一种本能冲动。但在工商社会中,随着土地用途管制的强化和普及,在“农转用”被严格限制甚至是禁止的制度环境中,农地只能用来耕作,不能转为他用,此时的农地价值与农耕社会的农地价值就不可同日而语了,因为“种地是发不了财的”。所以说,只要我们把住了“农地农用”的关口,再怎么鼓励农地流转,也不可能出现自愿流转基础上的土地兼并问题。

当然,我们在强调耕者享有自决权的同时,也必须重视对耕者自决权的适度干预。质言之,赋予和尊重耕者自决权实际上仅是一种手段性的“小目标”,我们更大的目标是要保护农业、保障国民的粮食安全,这就意味着国家干预必不可少。最新修订的《农村土地承包法》第27条第3款规定:“承包期内,承包农户进城落户的,引导支持其按照自愿有偿原则依法在本集体经济组织内转让土地承包经营权或者将承包地交回发包方,也可以鼓励其流转土地经营权。”该条规定试图解决一个问题,就是因“农民进城”而形成的“不在乡地主”的土地问题。该规定给出了三种建议性方案:一是在本集体经济组织内转让土地承包经营权;二是将承包地交回发包方;三是流转土地经营权。之所以说这三种方案只是“建议性方案”,是因为每种方案都是按照“自愿原则”进行的,不得搞强迫。该规定最大限度地尊重了耕者自决权,其积极意义是不容否定的。但我们认为,该条规定有其不足,其不足之处就在于放任了“不在乡地主”对土地承包经营权的永久保留,这是有失社会正义的。“不在乡地主”是我国当下城镇化进程中出现的一种社会现象,其“出现”有一定的历史必然性,但放任其无限期地“存续”是否仍具有合理性呢?我们认为回答应当是否定的。“不在乡地主”是已经进城落户、已经长期不再从事农业生产、已经脱离了农村生活的人,这群人已经不再是“耕者”,其继续保有土地承包经营权的正当性就值得质疑了。“三权分置”改革,是不可能脱离“耕者有其田”的制度理想的,既然“不在乡地主”已经不是“耕者”了,为何还要为其“留田”呢?就像习近平主席所讲得“房子是用来住的不是用来炒的”,同样地,“农地是用来种的不是用来做传家资本的”。所以说,我们的土地承包经营权取得、保有制度,仍须立基于“自耕主义”之上,非自耕者原则上不得长期保有土地权利,让更多、更大的土地权利回归到真正的自耕者手中应成为我们的政策出发点。职是之故,我们建议,对于“不在乡地主”的土地承包经营权,应建立一个最长保有期制度,这个期间可以确定为五年。当一个人连续长达五年不以农业生产收入为主要生活来源了,也就意味着其已经完全脱离了土地,不再以种地为生了,就没有必要再继续保留土地承包经营权了。在五年期满后,应予以强制转让或者强制收回;当然,对于强制收回的,应参照公益征收制度给予适当的补偿。

## 六、三权分置:当下政策与未来走向

任何成功的新政策的提出必然都源于成熟的实践经验总结,绝对不会是书斋中的任性创造,“三权分置”政策的提出就是如此。实际上,早在20世纪80年代,随着农村土地承包制的实施,土地经营权的流转实践就已经开始。虽然当时没有提出“土地经营权”概念,没有将“土地经营权”作为一种土地权利予以有名化,但当承包户将承包地出租给他人耕种时,承租人取得的实际上就是“土地经营权”。现如今,为了推动农地流转,顶层设计特意提出了“土地经营权”概念,并将其置于“三权分置”的整体政策框架下,其本身就是对成功的实践经验的成功总结,是应当肯定的。

“三权分置”政策的提出,应当说存在三项政策目标:一是坚持农村土地的集体所有制;二是保障集体成员对集体农地的承包权;三是推动土地经营权的流转并进而盘活农村的土地资产。在这三项政策目标中,人们更多关注的是“土地经营权”的有名化和土地经营权的流转问题,这一关注点虽然抓住了问题的关键,但我们认为还是有失偏颇的。正如上文已经提及的,土地经营权的流转在实践中早已经出现了,其本身并不是新政策催生的新事物,而是早已经走在了政策之前。实践是发展的动力和源泉,是否再施之以人为的政策驱动并非进一步发展的关键。因此,我们认为,对“三权分置”政策的理解应当是全面的,而不应当仅关注土地经营权流转这一个方面;恰恰相反的,我们更应当加强对其他两项政策目标的关注。

在上文中,我们已经把“集体所有”定性为“集体成员共有”,把“共有”定性为“小公有”。我们在此坚持认为,如果我们能够把这一结论作为政策立论的基础,那么在“三权分置”政策的推进中,“坚持集体所有制”的政策目标就会实现,集体所有制的资源配置优势也将被充分发挥出来,“坚持集体所有制”就不会是一句空话。此外,作为现行“三权分置”政策中的“三权”之一是“土地承包权”而非“土地承包经营权”,而“承包权”是土地承包经营权人流转出“土地经营权”后的剩余权利(《农村土地承包法》第9条),先有“土地承包经营权”而后才有“土地承包权”。在此意义上,“三权分置”政策中“保障土地承包权”与“保障土地承包经营权”并不矛盾。但是,我们认为,仅提土地承包权或者土地承包经营权的保障,对于“三农问题”的解决而言,其前瞻性是远远不够的。这种“保障”,其积极性的一面是强化了土地承包权和土地承包经营权的财产权属性,但也有其消极性的另一面,就是固化了承包权和土地承包经营权,而这与城乡一体化的发展趋势是不相吻合的。也正因如此,我们在上文中提出了应当打破土地承包经营权只能向本集体成员转让的禁锢的建议;也正是在此意义上,我们认为,“三权分置”政策相对于“三农问题”的解决而言,也仅是一个阶段性的政策,而非是一个终极政策。当然,“三权分置”政策要解决的也不仅是“三农问题”,而解决“三农问题”也并非是终极目标,我们更为远大的目标是要实现“乡村振兴”,实现“中国梦”。

(责任编辑:许英)

# 城乡住宅用地初始取得的反思与重构

冯乐坤*

|摘 要|

我国长期以来一直承认人们对住宅享有所有权,但住宅与其用地天然结合为一体,受土地公有制影响,立法遂将土地规定为国家所有和集体所有且禁止两种土地所有权自由流转,住宅与其用地的所有权主体也就并不相同,为了便于对住宅所有人的利益保护,立法又创设了城乡两种不同的住宅用地使用权。由此,城乡住宅与其用地之间也就存有内在冲突,城乡住宅也就无法自由流转,国家所要推行的一系列政策也就无法实施,尽管我国长期以来就存在各种应对措施,却均没有彻底解决此问题,更无法有效地促使城乡住宅统一交易市场的形成。因城乡住宅用地使用权的法律效果已经与所有权相当,不如以住宅用地所有权为研究路径,赋予住宅所有权人初始取得住宅用地所有权,城乡住宅用地所有权也就具有了同一性,城乡住宅遂可以自由流转。

|关键词|

住宅所有权　住宅用地所有权　初始取得　土地公有制

|目 次|



---

* 冯乐坤,西北政法大学民商法学院教授、法学博士,从事民法学研究。

基于对私有财产的保护,我国长期以来一直承认人们对住宅享有所有权,但自我国采纳了土地公有制后,立法遂明确规定了土地所有权归国家、各个农村集体所有以及禁止土地所有权的自由流转,受住宅与其用地天然结合为一体的影响,在住宅与其用地的所有权主体并不相同的前提下,我国就形成了城乡两种不同的住宅所有权。然而,随着我国城乡一体化的逐步推进,城乡住宅所有权理应处于同等地位,但土地所有权为国有和各个农村集体所有却致其无法实现,国家推行的各种与住宅相关的改革措施也就受阻,典型表现就是房产税无法征收。[1] 为此,本文特以城乡住宅用地初始取得为研究路径,通过解决城乡住宅用地的所有权主体统一性,最终为国家推行的与住宅相关改革以及目前正在进行的民法典编纂提供建议。

## 一、我国住宅与其用地的初始取得制度

### (一)初始取得基本含义与现状

#### 1.初始取得与原始取得

在所有权取得方式中,我国民法理论一直存有原始取得与继受取得两种方式。原始取得方式一般是指权利主体不依据他人权利以及意思表示而直接依据法律规定取得所有权,即指财产所有权的首次取得和不以财产原所有人意志为根据的直接取得,具体方式包括收益、劳动生产、孳息、添附、先占、善意取得、没收、征收以及拾得遗失物、漂流物等,当然,财产所有权首次取得就是初始取得,即无论由何种权利主体取得所有权,均强调是财产所有权最初形成,核心不在于财产所有权取得方式如何。由此,原始取得方式较为丰富,但初始取得仅为原始取得方式之一,原始取得其实包括了初始取得,既然我国民法理论已经采纳了原始取得,也就没有必要再将初始取得独立化,人们也就忽视了财产所有权的初始取得。然而,初始取得是人们首次对财产所有权获得,往往对财产权起到了至关重要的确权功能,也为财产所有权的自由流转奠定了基础,但不能因为原始取得已经将其包括而忽视研究,尤其是在目前我国提倡对私有财产保护的背景下,理应加强研究。

---

[1] 房地产税为地方税种,实施房地产税目的在于有效应对地方财产收入不足的困境,因房地产税征税对象应为不动产,包括城乡范围内的所有不动产,但所有不动产必须具有完全所有权。参见孙放:《我国开征物业税的土地理论分析与法律建构》,载《改革与战略》2008年第1期。然而,在我国住宅为农村住宅与城镇住宅的前提下,目前部分地方所推行的房地产税并没有将农村住宅纳入,此种对城乡住宅相区别的立法设计往往显失公正,究其原因,无非是我国现行立法规定的土地分别为国家、各个农村集体所有以及禁止土地所有权之间的自由流转而致使农村住宅财产价值没有得到充分彰显,对其征收房地产税的理由也就不充分。为了对房地产税征收提供理论依据,有必要从城乡住宅用地初始取得方面进行改制。

2. 初始取得与初始登记

尽管财产所有权初始取得并没有形成独立概念，理论界也一直没有对其进行系统化研究，但我国相关立法却一直存有初始取得的印记，典型的就是在土地及房屋登记中一直采纳了初始登记制度，也就间接反映了所有权初始取得确实在现实中存在。具言之，1995 年修正后的《土地登记规则》第 2 条以及 1998 年 1 月实施、2008 年 7 月废止的《城市房屋权属登记管理办法》第 16 条分别明确规定了土地以及城市房屋所有权的初始登记，[2]然而，自 2007 年《物权法》第 10 条明确规定了"国家对不动产实行统一登记制度"后，2015 年《不动产登记暂行条例》第 3 条以及 2016 年《不动产登记暂行条例实施细则》第 24 条则又明确规定了不动产的首次登记以及将其效力确定为"不动产权利第一次登记"[3]，据此，立法继续规定了初始登记，但初始登记的权利范围已经从房屋、土地所有权扩展到了不动产权利，初始登记范围不再以房屋、土地为限。

总之，我国立法先后采纳了初始登记、首次登记两个术语，尽管两者登记的权利范围并不相同，但两者本质属性是相同，均为不动产权利的第一次登记。基于法律术语的通俗易懂之考虑，立法设计最后采纳了首次登记。当然，无论立法采纳何种登记术语，均间接反映了财产所有权初始取得，即只有初始取得不动产权利后，才能进行登记，初始登记是以初始取得为基础。需要注意的是，无论不动产权利类型如何，所有不动产权利均以所有权为基础，在不动产权利初始取得中，不动产所有权初始取得往往处于基础地位，但我国现实中往往忽视了不动产所有权初始取得，有必要予以纠正。

（二）我国住宅与其用地的初始取得

1. 住宅用地使用权初始取得之设计基础

就我国城乡住宅与其用地的初始取得而言，为了对人们的财产进行保护，立法一直明确承认人们对其住宅享有所有权，也就明确承认了人们对住宅所有权初始取得，且主要表现为通过修建、买卖等方式。然而，基于住宅与土地的天然联系，住宅与其用地往往结合为一体，人们初始取得住宅所有权必然要涉及对住宅用地的

---

[2] 1995 年修正后的《土地登记规则》第 2 条第 3 款规定"初始土地登记又称总登记，是指在一定时间内，对辖区全部土地或者特定区域的土地进行的普遍登记"，1998 年 1 月实施、2008 年 7 月废止的《城市房屋权属登记管理办法》第 16 条规定："'新建房屋'和'集体土地上的房屋转为国有土地上的房屋'，应当进行房屋所有权初始登记。"

[3] 2015 年 3 月施行的《不动产登记暂行条例》第 3 条规定了"不动产首次登记"，2016 年 1 月 1 日施行的《不动产登记暂行条例实施细则》第 24 条规定"不动产首次登记，是指不动产权利第一次登记；未办理不动产首次登记的，不得办理不动产其他类型登记，但法律、行政法规另有规定的除外"。

初始取得,但在我国立法明确将土地规定为国有、集体所有及禁止土地所有权自由流转的前提下,住宅所有人无法取得住宅用地所有权。由此,人们在初始取得住宅所有权的同时,并不必然初始取得住宅用地所有权,此种住宅与其用地所有权主体不相同的现实无疑损害了住宅财产价值。

既然立法禁止人们对其住宅用地取得所有权,为了应对住宅用地权利属性的尴尬境地以及确保住宅所有权的完整性,立法遂又创设了住宅建设用地使用权(以下简称住宅用地使用权),农村住宅用地使用权又称宅基地使用权,如此,人们在初始取得住宅所有权的同时,遂一并初始取得住宅用地使用权。因国有土地本质为全体人民所有,就理论上而言,此类住宅用地使用权主体理论上并没有身份限制,〔4〕任何人均可以初始取得国有住宅用地使用权,相反,因现实中的各个农村集体已经为独立主体,农村集体所有土地主体并不相同,而是表现为多样化,宅基地所有权主体也就并不相同,加之,各个农村集体所有的宅基地往往为全体集体成员所有,仅为本集体成员提供居住使用,立法遂对宅基地使用权初始取得资格加以了限制,即必须为本农村集体成员。据此,城乡住宅所有人初始取得的住宅用地使用权并不相同。

2. 住宅用地初始取得:使用权抑或所有权

受现行立法规定土地所有权不能自由流转的影响,住宅所有权人也就不能对住宅用地享有所有权,住宅所有权人对住宅用地初始取得权利也就是使用权,而非所有权。就住宅用地使用权的初始取得而言,在城镇土地国有的前提下,住宅用地使用权往往通过出让方式取得,住宅用地使用权初始取得就以住宅所有权初始取得为标准而确定,住宅所有权与其用地使用权往往一并同时初始取得,相反,在宅基地为各个农村集体所有的前提下,宅基地使用权初始取得长期以来一直是无偿的,因实务中一直存有超占宅基地以及集体成员申请取得宅基地条件较为模糊等问题,人们也就比较重视宅基地使用权的初始取得,〔5〕只不过,宅基地所有权主体为各个独立的农村集体,且并没有统一,此种研究路径也就并没有解决限制农村住宅流转的实质问题。与此同时,在城乡一体化的背景下,城乡住宅所有权理应同权

---

〔4〕 目前国内部分城市往往采取以户籍方式限购本市住宅,即只有具有本市户籍的居民才可以购买本市范围内的住宅,结果必然限制了非本市户籍的人们初始取得国有住宅用地使用权。尽管此种方式有效抑制了房价,却与城镇土地国有的本质相悖,也为人们质疑城镇土地是否为国有提供了现实依据。

〔5〕 参见高圣平、刘守英:《宅基地使用权初始取得制度研究》,载《中国土地科学》2007年第2期;唐俐:《社会转型背景下宅基地使用权初始取得制度的完善》,载《海南大学学报》2009年第6期;喻文莉:《论宅基地使用权初始取得的主体和基本方式》,载《河北法学》2011年第8期。

同利且应在同一房地产市场自由流转，但城乡土地所有权主体不相同而致使现实中形成了两种不同性质的住宅，城乡房地产流转必然处于混乱状态，〔6〕以住宅用地使用权为路径而解决城乡住宅的自由流转问题并不合理，应以住宅用地所有权为路径重新进行解决。由此，住宅用地初始取得不应限制在使用权方面，而应转向所有权方面，而且，住宅用地初始取得不应仅重视农村住宅用地的初始取得，应当从城乡住宅用地一体化方面入手。据此，本文正是遵循此思路，而对城乡住宅用地所有权的初始取得进行了反思与重构。

## 二、住宅所有权与其住宅用地所有权内在冲突之梳理

现实中的住宅与其用地往往结合为一体，在承认人们对住宅享有所有权的前提下，因我国立法明确禁止土地所有权自由流转，为了解决住宅自由流转，遂又借鉴了土地使用权理论而赋予了住宅所有人初始取得住宅用地使用权，但立法采纳的住宅用地使用权仍无法促使住宅自由流转，尤其是农村住宅所有权与宅基地使用权之间矛盾纠纷不断。基于为未来立法提供有效的应对措施，有必要对现实中二者所存在的内在冲突予以梳理。

### （一）城镇住宅与其住宅用地之冲突

#### 1. 住宅用地无偿无期限之使用

自辛亥革命时期起，我国就开始继受了土地公有制理念，一直比较重视土地国有化，但现实中长期以来一直存在土地私有制，在实行土地公有的同时，也就允许私有土地的存在，如此，尽管 1949 年后的我国开始实施土地国有化，却并没有立即废除私有土地，城乡地区均普遍存在私有土地。随着 20 世纪 50 年代中期社会主义改造运动的逐步推进，部分城市主要通过对城市私房改造运动而将私有土地国有化，文化大革命时期，又彻底开始将城市私有宅基地国有化，〔7〕城市住宅所有人遂失去了宅基地所有权。〔8〕 在 1982 年制定宪法的过程中，考虑到国家建设用地之需，基于避免国家征地费用过高的现实，〔9〕1982 年《宪法》第 10 条就明确规定

---

〔6〕 参见何博：《从政法传统看中国的地方变通——以宅基地转让试验为切入点》，载《政法论坛》2012 年第 2 期；朱新华、陈利根等：《农村宅基地制度变迁的规律及启示》，载《中国土地科学》2012 年第 7 期。

〔7〕 参见 1956 年 1 月 18 日的《关于目前城市私有房产基本情况及进行社会主义改造的意见》、1967 年 11 月 4 日的国家房地产管理局、财政部、税务总局《答复关于城镇土地国有化请示提纲的记录》。

〔8〕 1964 年 9 月 18 日的最高人民法院《关于国家经租的房屋不允许继承问题的批复》中就明确指出“国家经租房屋的业主实际上已经丧失了所有权，因此业主死后，经租房屋不能允许他的家属继承”。

〔9〕 参见肖蔚云：《我国现行宪法的诞生》，北京大学出版社 1986 年版，第 42 页。

了“城市的土地属于国家所有”,我国城市私有土地被国有化,私有土地正式消亡。

既然宪法已经将城市原有私有土地确定为国有,为了处理城市住宅与其住宅用地之间的关系,自20世纪80年代开始,我国又通过制定一系列相关规范性文件而赋予了原土地所有权人自然享有土地使用权,[10]且无偿无期限使用。[11]因国有建设用地使用权取得方式主要为划拨、出让、租赁,将城市私有土地国有后,原私有土地所有人随之自然取得土地使用权,但此种自然取得方式并不属于三种方式之列,立法又没有明确加以规定,为此,20世纪90年代初,在起草《城市房地产管理法》的过程中,立法机关曾试图将其设计为划拨取得,因城市私有住宅比较复杂,往往涉及人们私有财产保护,立法机关遂放弃了此种设计。[12]据此,将城市私有土地国有化后,住宅所有权人不再对该土地享有所有权,为了保护住宅所有权人利益,相关立法也就赋予了住宅所有权人自然享有土地使用权,且为无偿无期限使用,其实就处于永久性状态,换言之,住宅所有权人名义上享有使用权,实际效果已经相当于所有权。

2. 住宅用地有偿有期限之使用

在立法明确将城市土地规定为国有后,为了充分保护土地使用者的利益,立法遂又创设了建设用地使用权,但建设用地使用权毕竟是从所有权中派生出来的权利,与所有权具有的无期限特性相比,使用权具有期限限制的特性,为此,立法就对建设用地使用权设计了存续期限,1990年《城镇国有土地使用权出让和转让暂行条例》第12条就依据土地的不同用途而设计了不同的使用期限,且居住用地为70年(以下将“住宅建设用地使用权”简称为“住宅用地使用权”)。随着城镇住宅用地使用权期限逐渐届满,为了对住宅所有权进行有效保护,2007年《物权法》第149条遂明确规定了期间届满的住宅用地使用权应自动续期,至于如何自动续期?立法并没有明确加以规定,理论界以及实务界争议较大,尽管中央于2016年11月27日发布的《关于完善产权保护制度依法保护产权的意见》明确提出了要研究其到期后续期的法律安排,但迄今为止并没有具体的立法设计。

基于所有权的无期限性使然,住宅所有权必然无期限性的永久存在,因住宅与其住宅用地结合为一体,人们取得住宅所有权必然要取得其住宅用地所有权,在立法明确规定城镇土地国有后,住宅所有人对住宅用地并不享有所有权,只能取得使

---

〔10〕 如1983年3月的《北京市人民政府关于落实“文革”中接管的私房政策的若干规定》、1989年7月的《关于确定土地权属问题的若干意见》、1990年4月的《国家土地管理局关于城市宅基地所有权、使用权等问题的复函》等。

〔11〕 参见成协中:《城市土地国家所有的实际效果与规范意义》,载《交大法学》2015年第2期。

〔12〕 参见房维廉主编:《中华人民共和国房地产管理法释义》,人民法院出版社1994年版,第236页。

用权,但立法对住宅用地使用权设计了存续期限,由此,住宅所有权与其住宅用地使用权往往存在无期限性与有期限性的内在冲突,尽管立法又明确规定了期间届满的住宅用地使用权应自动续期,但住宅用地使用权仍然是使用权,并不是所有权,且仍然有期限限制。反观现实,因基于住宅与土地的天然联系,住宅价值必然包括土地价值,〔13〕现实生活中的人们往往倾其家庭所有财产而购买住宅,也就形成了住宅所有权应包括住宅用地所有权的认识,〔14〕即在购买住宅的同时,也就一并购买了住宅用地所有权,但住宅用地使用权的期限性又与人们的此种理念相悖。所以,现行立法关于住宅与其用地的立法设计并没有解决二者冲突,现实中也就对其存有诸多不满。〔15〕

### (二)农村住宅与其住宅用地之冲突

#### 1. 宅基地使用权无偿无期限使用之生成逻辑

我国农村地区长期以来一直实行土地私有化,1950年《土地改革法》、1954年《宪法》均肯定了农村土地私有制,但随着农村合作化运动的推进,1962年《农村人民公社工作条例修正草案》第21条才明确规定了农村土地集体所有,具体包括自留地、自留山、宅基地等,据此,原属于农民所有土地遂又转化为农村集体所有,且一律不准出租和买卖。因现实中的部分宅基地源自原农民私有宅基地,农村集体成员必然对其无偿无期限使用。再者,部分宅基地则是源自于农村集体对其集体成员的无偿分配,但宅基地的农村集体所有其实就是全体农村集体成员共有,农村集体成员对宅基地使用实质上就是对自己财产的使用,作为农村集体成员的住宅所有权人必然对其无偿无期限使用。至此,人们对宅基地实际上处于无偿无期限使用状态中,早在20世纪60年代初期,相关政策就已经明确进行了肯定,〔16〕尽管后来的《土地管理法》《物权法》等法律并没有明确规定对宅基地如何使用,但宅基地使用一直处于无偿无期限状态,且延续至今。

然而,宅基地无偿无期限使用往往致使现实中出现了浪费土地的现象。为此,20世纪80年代末,在借鉴国有土地有偿有期限使用制度的经验基础上,经过

---

〔13〕 参见孙宪忠:《为什么住宅土地期满应无条件续期》,载《经济参考报》2016年4月25日,第8版。

〔14〕 参见住宅财产其实就包括住宅和土地两种财产,土地财产权其实就是住宅财产权的组成部分,理应不能完全分离,将其完全切割往往就导致住宅财产无法自由转让。参见蔡继明:《关于当前土地制度改革的争论》,载《河北经贸大学学报》2015年第2期。

〔15〕 参见李显冬:《论土地使用权到期后其上房屋所有权的归属》,载《国家行政学院学报》2005年第5期。

〔16〕 参见1963年3月20日中共中央发布的《关于各地对社员宅基地问题作一些补充规定的通知》。

国家允许,部分省份遂开始进行宅基地有偿使用的实践,[17]但自1993年《关于涉及农民负担项目审核处理意见的通知》明确取消了“宅基地有偿使用收费”“宅基地超占费”后,宅基地有偿使用实践遂被禁止,直到2010年后,我国又先后发布了一系列文件而开始在部分县市进行宅基地有偿使用实践。[18] 就目前的宅基地有偿使用实践而言,主要目的在于限制超标准使用宅基地,部分地方采取了将无偿分配改为有偿出让方式,同时,为了充分彰显宅基地财产价值,部分地方又突破了宅基地使用主体为本农村集体成员的限制,非本村集体成员亦可有偿使用。[19] 当然,无论宅基地有偿使用如何实践,目的在于避免土地资源浪费,并没有改变宅基地归属集体所有的权利属性,宅基地仍处于无期限使用状态。

2. 宅基地使用权主体身份性与农村住宅流转之冲突

受农村集体所有的内在权利结构影响,我国宅基地往往作为一种福利而分配给农民使用,现实中也就形成了农民无偿无期限使用,为了确保使用宅基地在集体成员之间的公平,立法又明确规定了“一户一宅”以及禁止批准农村村民出卖、出租住房后再申请取得宅基地。[20] 同时,我国现实中农村集体并不相同,已经形成了独立利益共同体,各个农村集体所有土地范围并不一样,加之,农村集体土地又凝聚了本集体成员的历年贡献而形成,基于确保本集体成员对居住用地需要,立法遂禁止非本农村集体成员取得,尤其是禁止城镇居民购买宅基地,[21]如此,各个农村集体所有的宅基地只能由本集体成员使用,非本农村集体成员均不能取得,宅基地使用权人具有了典型的身份特性。

---

〔17〕 1988年3月,山东省陵县首先实施宅基地有偿使用后,又在全省范围内全面推行,随后,国家土地管理局又决定在全国部分县扩大试点。1990年,国家土地管理局下发的《关于加强农村宅基地管理工作请示的通知》中提出“进行农村宅基地有偿使用试点”,至此,全国各地相继进行了试点。

〔18〕 2010年3月,国土资源部下发的《关于进一步完善农村宅基地管理制度切实维护农民权益的通知》提出“经济条件较好、土地资源供求矛盾突出的地方,允许村自治组织对新申请宅基地的住户开展宅基地有偿使用试点”;2015年1月,中共中央办公厅、国务院办公厅发出的《关于农村土地征收、集体经营性建设用地入市、宅基地制度改革试点工作的意见》提出“对因历史原因形成超标准占用宅基地和一户多宅等情况,探索实行有偿使用”;2015年11月,中共中央办公厅、国务院办公厅印发的《深化农村改革综合性实施方案》又继续提出“探索宅基地有偿使用制度和自愿有偿退出机制”。

〔19〕 参见杨雅婷:《我国宅基地有偿使用制度探索与构建》,载《南开学报》2016年第4期。

〔20〕 参见2004年《土地管理法》第62条第1款、第4款之规定。

〔21〕 1988年《土地管理法》第41条、1991年《土地管理法实施条例》第26~27条明确允许“城镇非农业人口”以及“回原籍乡村落户的职工、退伍军人和离、退休干部以及回家乡定居的华侨、港澳台同胞”可以申请农村宅基地,但1998年修订后的《土地管理法》及其实施条例又将其删除,宅基地申请主体就被限制为农村居民,相关规范性文件也就一再禁止城镇居民在农村购买宅基地,如2004年11月国土资源部发出的《关于加强农村宅基地管理的意见》。

既然人们对农村住宅享有所有权,理应允许农村住宅自由流转,现实中也存在通过继承、买卖、赠与等方式而取得农村住宅所有权的事实,农村住宅所有权主体就包括本农村集体成员和非本农村集体成员,部分主体甚至为城镇居民。然而,受宅基地使用权的"一户一宅"以及宅基地使用权人为农村集体成员的立法限制影响,初始取得农村住宅所有权人必然会取得宅基地使用权,除了没有享有宅基地使用权的本农村集体成员以外,非本农村集体成员并不必然取得宅基地使用权,据此,农村住宅所有权与宅基地使用权二者存有冲突,农村住宅遂无法自由流转。因农村住宅已经与农村土体结合为一体,农村住宅所有权初始取得后,必然涉及对农村住宅用地权属的确定,如何确定其权属就成为立法者首要考量的因素,但宅基地为集体所有的立法却又致使人们陷入了两难困境。

(三)城乡住宅所有权权能非完整性

所有权本质特性在于权利人享有充分的处分权,既然我国立法明确承认了人们对住宅享有所有权,人们理所当然地对其住宅可以充分行使处分权,因住宅与其住宅用地结合为一体,人们取得住宅所有权必然要取得住宅用地所有权,在我国立法禁止人们取得住宅用地所有权的前提下,遂又创设了住宅用地使用权,但住宅用地使用权是住宅用地所有权的使用权能逻辑演绎的结果,必然会存有期限限制。然而,立法对城镇住宅用地使用权规定的期限限制以及期限届满后自动续期,其实就赋予了住宅所有权人对住宅用地一次取得永久使用,[22]住宅所有权人对其住宅用地的权属出现了所有权倾向,此种法律效果无疑与其应具有的期限性相悖,与此同时,尽管立法没有对宅基地使用权规定期限限制,人们对宅基地通常无偿无期限使用,住宅所有权人实际处于住宅用地所有权人地位,但因宅基地使用权只能由农村集体成员取得,此种身份限制必然使农村住宅所有权无法正常流转,即使现实中存在流转,但流转效力备受争议。[23] 显然,城乡住宅与其住宅用地之间存有不可避免的内在冲突,此种内在冲突就致使城乡住宅所有权权能其实处于不完整状态,[24]住宅财产价值并没有得到充分彰显。

---

〔22〕 参见杨立新:《住宅建设用地使用权期满自动续期的核心价值》,载《山东大学学报》(哲学社会科学版)2016 年第 4 期。

〔23〕 关于将农村住宅转让给非农村集体成员的效力,大多数见解并没有将其认定为无效合同,而是在有所区别的基础上将部分转让合同认定为有效,即非农村集体成员亦可以取得农村住宅所有权。参见应秀良:《农村住宅买卖合同效力辨析》,载《法律适用》2009 年第 7 期;戴孟勇:《城镇居民购买农村住宅纠纷的司法规制》,载《清华法学》2009 年第 3 期;石凤友:《土地法律制度研究》,山东大学出版社 2011 年版。

〔24〕 参见胡昱东、吴宇哲:《土地使用权期限与房屋所有权完整性的探讨》,载《江西农业大学学报》2003 年第 3 期。

## 三、城乡住宅用地使用权的改制措施之综述

城乡住宅与其用地之间的内在冲突往往致使城乡住宅财产价值无法得到彰显,尽管立法及理论部门均提出了相关改制措施,但却并没有得以有效解决,有必要重新选择改制措施。为了给未来国家重新采取改制措施提供参考依据,本部分梳理既存的各种改制措施并进行相应评析。

### (一)城镇住宅用地使用权改制措施之梳理与评析

关于我国城镇住宅用地使用权使用方式,目前主要存在无偿无期限使用和有偿有期限使用两种方式。无偿无期限使用方式是指将原城市私有土地国有化后而由住宅所有权人自然对其住宅用地使用权享有的无偿无期限使用,因此类住宅所占比例较少,且对住宅用地永久享有的使用权其实已经与所有权相当,对其争议较少。但城市私有土地国有化后,并没有对原土地所有权人给予任何补偿,现实中就一直存在对其进行公平补偿的建议。[25] 相反,有偿有期限使用方式则是指住宅所有权人对住宅用地支付一定对价且存有一定期限的使用,因此类住宅在现实中所占比例较大,住宅用地使用权改制措施主要针对此类住宅,且争议较大,本部分特对其进行专门论述。

自立法对住宅用地使用权采纳了有偿有期限使用方式后,住宅与其用地之间也就存有无期限与有期限的内在冲突,人们也就对该种使用方式存有质疑,在制定物权法的过程中,此种质疑表现得尤为强烈,2007年《物权法》遂将住宅用地使用权设计为自动续期。但随着近年来多数住宅用地使用权期限逐渐届满,如何自动续期却争议较大。现实中主要存在两种截然相反的改制措施,即有偿续期与无偿续期,[26]前者认为,期限届满的住宅用地使用权应当通过重新缴纳土地出让金或者税收而确定使用期限,[27]后者则认为,期限届满的住宅用地使用权应当实行无偿自动续期,且无偿自动续期次数也没有任何限制。[28]

当然,有偿续期改制措施其实是在坚持城镇土地国有的基础上而将土地使用

---

[25] 参见张千帆:《城市土地"国家所有"的困惑与消解》,载《法学研究》2012年第3期。

[26] 主张有偿续期的做法有很多,主要存在"按年收出让金""费改税""区分收费(税)"等见解。参见孙煜华:《在宪法框架内设定住宅使用权续期方案》,载《法学评论》2016年第6期。

[27] 参见马天柱:《住宅建设用地使用权期满自动续期的若干思考》,载《天津商业大学学报》2008年第3期;孙煜华:《在宪法框架内设定住宅使用权续期方案》,载《法学评论》2016年第6期。

[28] 参见房绍坤:《物权法用益物权编》,中国人民大学出版社2007年版,第309页;苟正金:《论住宅建设用地使用权的自动续期》,载《西南民族大学学报》2015年第10期;孙宪忠:《为什么住宅土地期满应无条件续期》,载《经济参考报》2016年4月25日,第8版。

权从土地所有权中予以独立的后果，也就与土地所有权、土地使用权分别具有无期限性、有期限性的本质特性相符，但却忽视了人们倾其家庭所有财产而购买住宅以及住宅价格由土地价格决定的事实，也不符合民意，此种改制措施被人们所质疑；相反，无偿续期改制措施却以人们购买住宅的实际情况为基础，且允许主张无偿无次数限制的续期，此种改制措施其实就赋予了住宅所有权人无期限的使用住宅用地，尽管与人们购买住宅的实际情况及民意相符，但却与住宅用地应具有期限限制的本质特性相悖。[29] 所以，此两种改制措施均不具有合理性，并没有彻底解决住宅与其用地之间的内在冲突。

实际上，在现行立法明确规定城镇土地国有的前提下，无论城镇土地的用途如何，土地使用人所享有的使用权往往被定性为用益物权，对土地使用权加以期限限制也就顺理成章，且期限届满后必须重新申请，只有经过土地所有权人同意后，土地使用权才能继续使用。然而，现实中的绝大多数人往往倾其家庭所有财产购买住宅，部分甚至贷款购房，而且，住宅价格不是由建设成本而是由土地价格所决定，住宅用地使用权有偿续期必然遭到质疑。同时，尽管立法明确规定了住宅用地使用权自动续期，若采纳无偿无次数的自动续期，人们对住宅用地的使用实际处于无期限状态，必然与所有权相当，[30] 此种现实又与其为用益物权的权利属性相悖，仍将其定性为用益物权就陷入了困境。据此，住宅用地使用权并没有有效地应对现实中的诸多困惑，即使明确允许自动续期，也并没有彻底将此种困惑予以化解，反而使其更加复杂，与其这样，不如重新对住宅用地的权利属性定性。

### （二）宅基地使用权改制措施之梳理与评析

既然立法明确赋予了人们对农村住宅享有所有权，理应允许农村住宅自由流转，但受宅基地为农村集体所有的影响，宅基地使用权往往不具有自由流转性，仅允许在集体内部有限流转，往往致使农村住宅所有权无法正常自由流转，农村住宅财产价值也无法充分得以彰显。为此，我国长期以来就一直存在对宅基地使用权进行改制的各种措施，且主要以宅基地所有权和宅基地使用权两种路径进行改制，为了给未来立法提供建议，有必要对其进行梳理与评析。

以宅基地所有权为路径的改制措施主要分为国有化和私有化，宅基地国有化是指将宅基地从集体所有转化为国有，且主要通过征收方式。国有化后，农村住宅

---

〔29〕 参见孙煜华：《在宪法框架内设定住宅使用权续期方案》，载《法学评论》2016 年第 6 期。

〔30〕 参见李凤章：《法律移植，移植什么？——以土地所有权的中国命运为中心》，载《法律科学》2009 年第 6 期。

所有权人遂取得了住宅用地使用权,〔31〕部分地方立法往往将其予以实践。〔32〕相反,宅基地私有化是指将宅基地从集体所有转化为农民所有,尽管此改制措施能够解决限制农村住宅自由流转的根本前提,但仅在理论层面有所论及,〔33〕实务中并没有被立法所采纳。同时,以宅基地使用权为路径的改制措施主要包括将其从无偿无期使用修正为有偿有期使用以及赋予法定租赁权、地上权等,〔34〕将宅基地使用权从无偿无期修正为有偿有期改制措施其实就是借鉴了城镇住宅用地使用权的立法经验,法定租赁权改制措施就是让农村住宅所有权人以租赁方式与农村集体构建宅基地使用关系,地上权改制措施则认为应将宅基地使用权的属性定性为传统民法中存在的以保留建筑物或者工作物为目的的地上权,但此类改制措施并没有涉及宅基地归属,其实就是对宅基地使用权的改良。

实际上,宅基地国有化的优势在于将城乡住宅用地权利属性进行统一,农村住宅也就具有了自由流转性,却又会面临原农村住宅所有权人对住宅用地使用权为有偿有期限使用或者无偿无期限使用的立法选择困惑。相反,尽管宅基地私有化改制措施能够解决农村住宅无法正常流转的根本前提,却与目前立法所采纳的土地公有制相悖。同时,宅基地集体所有其实为全体集体成员共有,初始取得农村住宅所有权的往往为农村集体成员,对宅基地使用就是间接地对自己财产的使用,将宅基地使用从无偿无期修正为有偿有期的改制措施无疑忽视了农村集体所有的内在逻辑构造,必然会遭到人们的质疑,也无法实行。法定租赁权、地上权改制措施其实就是通过有偿使用方式确定住宅所有权人享有的宅基地使用权应为用益物权,且二者的法律后果并无实质区别,〔35〕因宅基地使用权本来就是用益物权,此类改制措施其实仅对宅基地使用权替换了名称而已,并没有解决限制农村住宅自由

〔31〕 参见李凤章、张秀全:《土地所有权立法之反思:透过历史的映照》,载《北方法学》2009年第2期。

〔32〕 参见2003年《苏州市宅基地管理暂行办法》第9条之规定。

〔33〕 参见徐万钢、杨少垒:《城市化视角下的农村自己地转让制度分析》,载《社会科学家》2009年第3期。

〔34〕 将宅基地使用权从无偿无期修正为有偿有期的见解主要由申建平、刘广明等人主张[参见申建平:《宅基地使用权转让模式的选择》,载《政法论丛》2011年第3期;参见刘广明:《"双轨"运行:城镇化进程中农村宅基地(使用权)制度解困的可行性》,载《法学论坛》2014年第2期],法定租赁权主要由韩世远、刘凯湘、高圣平等人主张(参见韩世远:《宅基地的立法问题——兼析物权法草案第十七章宅基地使用权》,载《政治与法律》2005年第5期;刘凯湘:《法定租赁权对农村宅基地制度改革的意义与构想》,载《法学论坛》2010年第1期;高圣平:《宅基地制度改革试点的法律逻辑》,载《烟台大学学报》2015年第3期),地上权主要由王卫国、朱庆育、唐文平等人主张(参见王卫国、朱庆育:《宅基地如何进入市场——以画家村房屋买卖案为切入点》,载《政法论坛》2014年第3期;唐文平:《宅基地上私权处分的路径设计》,载《北方法学》2010年第6期)。

〔35〕 参见唐文平:《宅基地上私权处分的路径设计》,载《北方法学》2010年第6期。

流转的根本前提。

总之,我国长期以来所出现的各种改制措施并没有解决农村住宅与宅基地之间的内在冲突,究其原因,无非是在现行立法将宅基地明确规定为农村集体所有的前提下,各个农村集体已经成为独立主体,宅基地所有权主体并不统一,只要作为宅基地所有权主体的各个农村集体继续存在,阻碍农村住宅自由流转的根本前提就不会彻底消除,农村住宅财产价值就无法得到彰显。

## 四、应对住宅与其用地内在冲突的路径之反思

如前所述,上述应对城乡住宅与其用地内在冲突的改制措施均在坚持土地公有制的前提下,以现行《物权法》《土地管理法》等立法规定为依据而具体研究,并没有将其彻底有效地解决。换言之,各种改制措施其实以现行立法规定的住宅用地所有权、住宅用地使用权为路径进行阐述,直接后果也就与现行立法后果无任何实质区别,为了寻求新的替代性改制措施,本部分特对既存的研究路径进行如下反思。

### (一)住宅用地使用权改制路径之反思

受土地公有制的影响,土地所有权无法成为交易主体,立法创设的土地使用权也就成了交易基础。[36] 在立法明确禁止住宅所有权人取得住宅用地所有权的前提下,我国又采纳了住宅用地使用权而实现了对城乡住宅财产的保护,此种应对路径被立法所认可且已经成为定型化的法律制度,现实中的诸多改制措施也以其为核心而进行,但仍然没有彻底将该问题解决,主要是忽视了以下几个问题:

1. 就采纳住宅用地使用权路径所形成的直接后果而言,因部分城镇国有土地源自对城市原私有土地国有化,立法也确认了原私有土地上的住宅所有权人自然地无偿无期限使用该住宅用地使用权,加之,我国目前已经对国有土地实行了有偿有期限使用,所以,城镇住宅用地使用权其实存在无偿无期和有偿有期两种使用方式,但《物权法》允许有偿有期限使用的住宅用地使用权可以"自动续期",其实也就将有偿有期修改为无偿无期,进而,无论对城镇住宅用地采纳何种使用方式,住宅所有权人对其住宅用地其实处于所有权地位,且已经与其住宅用地应为使用权的权利属性相悖。与此同时,因宅基地为农村集体所有,农村住宅所有权人遂对宅基地使用权无偿无期限使用,尽管部分地方试点进行有偿使用,但并没有普及全国,更没有被立法所认可,宅基地使用权其实仍然处于无偿无期限使用状态,已经

---

〔36〕 参见孙宪忠:《论物权法》,法律出版社 2001 年版,第 326 页。

与所有权相差无几。据此,无论立法是否承认,实践中的城乡住宅用地使用权权利属性均具有相同性,实际上已经相当于所有权。

2.遍及全国各地的城镇住宅用地使用权的土地所有权主体统一为国家,城镇住宅用地使用权遂允许自由流转,城镇住宅亦具有了自由流转性。相反,因农村集体并不相同,宅基地也就为无数个农村集体各自所有,宅基地所有权主体就不统一,宅基地使用权仅能在同一集体内部自由流转,农村住宅流转也就受到了限制。只不过,为了有效应对城乡住宅不能自由流转之缺陷,我国亦一直存在试图构建统一的城乡住宅用地使用权的见解,〔37〕但此见解仍然以现行立法规定的住宅用地分别为国有和集体所有为基础,在城乡住宅用地所有权主体没有统一为同一主体的前提下,所设计的住宅用地使用权属性必然有所不同,住宅用地使用权不具有自由流转性,城乡住宅仍然无法自由流转。据此,只有住宅用地所有权统一为同一主体,住宅用地使用权才可以自由流转,在我国现行住宅用地所有权主体不统一的前提下,采纳住宅用地使用权路径并不能有效地解决城乡住宅与其用地的内在冲突,试图构建统一的住宅用地使用权路径也就不具有可行性。

3.究其城镇国有土地使用权形成的缘由,无非是20世纪80年代中期的部分城市为了缓解建设资金不足,经国家允许,深圳、上海等城市遂开始了土地使用权有偿出让工作,土地使用权制度随之形成,立法遂对其加以明确规定,〔38〕但土地使用权有偿出让的最初雏形是借鉴了香港地区土地批租制度立法经验,并不是立法者的首创。实际上,1997年香港回归前的土地所有权归英王所有,英王仅是名义上享有土地所有权,往往又授权各个地方政府以及殖民地地方政府具体行使土地所有权,原香港政府就代表英王具体行使所有权,香港土地就俗称官地。但1990年《香港特别行政区基本法》第7条明确规定了香港特别行政区境内的土地属于国家所有,1997年后的香港土地遂归国有。据此,香港地区土地所有权主体一直处于统一状态,土地使用权可以自由流转,住宅与其用地自由流转也就顺理成章。正因如此,我国土地使用权有偿出让仅适用于国有土地,但因我国城乡土地所有权主体并不统一,此种立法经验也就不应在我国全面采纳。

总之,在城镇住宅用地均为国有的前提下,全国各地的城镇住宅用地使用权本质上就具有了相同性,城镇住宅与其用地就一并可以自由流转。相反,因作为集体

---

〔37〕 有人认为,城乡住宅用地使用权具有相同性质,应当进行一体化设计,即设计为永久性用益物权。参见杨立新:《70年期满自动续期后的住宅建设用地使用权》,载《东方法学》2016年第4期。

〔38〕 自1987年开始,上海、深圳等城市先后制定了土地使用权有偿转让的地方性立法,1988年修改的《宪法》以及《土地管理法》均允许土地使用权出让,1990年《城镇国有土地使用权出让转让暂行条例》、1994年《城市房地产管理法》以及2007年《物权法》均对其进行了明确规定。

所有土地主体的农村集体并不相同,尽管农村住宅所有权本质上具有相同性,但宅基地所有权主体并不相同往往致使农村住宅无法自由流转。据此,我国土地所有权主体不同其实是引发住宅与其用地之间内在冲突的根源,即使设计了统一的住宅用地使用权,在住宅用地所有权主体没有统一的前提下,住宅用地使用权如何进行交易,也就成了立法困惑。由此,采纳住宅用地使用权的路径并不能解决此种困境,〔39〕此种研究路径并不可取。

(二)住宅用地所有权改制路径之反思

受土地所有权主体为国家和各个农村集体的影响,现实中存有的以住宅用地使用权为路径的各种改制措施并没有解决住宅与其用地之间内在冲突,尽管又出现了以住宅用地所有权为路径的各种改制措施,但仍然无济于事。为了给解决此冲突提供有效对策,有必要对住宅用地所有权路径进行以下分析。

1. 住宅用地所有权路径选择之基础

自1982年《宪法》将城市土地明确规定为国有后,经过30多年的实施,城市土地国有的理念已经根深蒂固,《物权法》《土地管理法》《城市房地产管理法》等立法又具体加以规定,至今,也就无人对城镇住宅用地国有提出质疑,人们就以住宅用地使用权为路径研讨城镇住宅财产保护,城镇住宅与其用地就得以自由流转。但就城镇住宅与其用地自由流转的根本前提而言,土地所有权统一为国有为其自由流转排除了障碍,没有土地所有权主体的统一性,住宅与其用地也就无法自由流转。需要注意的是,因我国农垦系统所直接占有、使用的土地为国有,为了解决职工的住房用地,在借鉴宅基地的立法经验基础上,相关地方立法又设计了宅基地使用权,但却允许此类宅基地使用权自由流转,〔40〕即农垦系统的土地所有权主体统一性为住宅与其用地自由流转排除了障碍。因此,只要住宅用地所有权具有统一性,即应为同一性质的所有权,住宅与其用地才可以自由流转,否则,就没有任何办法促使其自由流转。

相反,因农村土地所有权主体为各个农村集体,宅基地所有权主体也就不具有统一性,农村住宅与其宅基地也就无法自由流转,要允许自由流转,唯有以宅基地所有权为路径进行改制。然而,在现行立法明确禁止土地所有权自由流转的前提下,土地所有权主体发生变化的唯一途径就是征收,但现行立法却将征收目的限定为基于公共利益需要,且仅能允许土地从农村集体所有单向转为国有,国有土地则

---

〔39〕 参见刘书楷:《构建我国农村土地制度的基本思路》,载《经济研究》1989年第9期。

〔40〕 参见李克飞:《对兵团团场宅基地及其房屋转让的法律思考——兼与农村宅基地之比较》,载《兵团党校学报》2012年第1期。

不能转为农村集体所有的土地。进言之,将宅基地转为国有以后,宅基地所有权主体遂从各个农村集体统一为国家,宅基地使用权遂变为城镇住宅用地使用权,城乡住宅用地使用权权利属性遂具有了相同性,二者的内在冲突也就得到了解决,农村住宅与其宅基地遂可以自由流转。正因如此,在目前农村城镇化进程中,也就出现了将宅基地国有化的主张,[41]部分地方立法甚至采纳了将宅基地征收为国有的措施。[42]

显然,住宅用地所有权主体统一性为住宅与其用地自由流转的前提,只要住宅用地所有权主体不统一,就无法实现自由流转。因现行立法仅允许农村集体所有土地通过征收转为国有,在借鉴城镇土地所有权主体统一为国家而使住宅与其用地自由流转的立法经验基础上,理论界以及实务部门开始重视宅基地所有权主体统一性,住宅用地所有权的研究路径也随之出现,但此路径是以现行立法为基础,仅将宅基地从集体所有转化为国有,并没有涉及城市住宅用地所有权的转化,其合理性也有待进一步研判。

2. 住宅用地所有权改制措施之缺陷

以住宅用地所有权为路径的改制措施是将宅基地从集体所有转为国有,但将集体所有的宅基地转化为国有必须经过相应程序,同时,宅基地国有化后,原宅基地使用权遂转化为城镇住宅用地使用权,必然要适用既有的关于城镇住宅与其用地的法律规范,只不过,此种路径却无法避免以下弊端:

(1)就集体所有土地转化为国有土地的途径而言,现行立法明确规定了征收,但实务中又出现了概括国有化的方式。[43]当然,土地征收是指基于公共利益需要而依法将集体所有的土地转为国有,且必须进行相应补偿(《物权法》第42条),如此,将宅基地征收为国有,不仅要遵循公共利益的用地目的,也要进行合理补偿,因宅基地所涉土地面积较大,征收补偿往往增加了财政负担,但各级政府不愿意补偿,又会引发农村住宅所有权人的不满。同时,概括国有化是指城中村改制过程中,部分地方立法推行的将集体所有土地国有化的方式,即农村集体全部成员

---

〔41〕 有人主张,先要补办集体建设用地出让手续并向国家交纳土地出让金。参见宋志红:《集体建设用地使用权转让法律制度研究》,中国人民大学出版社2009年版,第169页。

〔42〕 2003年《苏州市人民政府关于印发苏州市宅基地管理暂行办法的通知》第9条规定“进城农民的住宅可以出售给符合宅基地享受条件的本集体经济组织的农民;符合规划的也可以将宅基地征收国有,由宅基地使用权人补办出让手续并按土地评估价的40%向政府补交土地出让金后入市交易”。显然,尽管苏州的规定有利于城乡住宅的转让,将收益归国有的立法设计却与宅基地归集体所有的理念相悖,集体所有的土地收益理应归集体所有,无论如何,此种立法设计其实为构建城乡统一的房地产交易市场提供了一种参考依据。

〔43〕 参见陈甦:《城市化过程中集体土地的概括国有化》,载《法学研究》2000年第3期。

转为城镇居民后而将原属于集体所有的土地转化为国有，1998 年《土地管理法实施条例》第 2 条第 5 项明确予以规定，但实务中对农村集体所有土地概括国有化并没有进行任何补偿，往往侵犯了农民财产利益，尽管部分地方进行了实践，却遭到农民抵制，〔44〕此种方式也受到了人们的批评，〔45〕国家也通过制定一系列相关政策而将其明确禁止。〔46〕显然，无论通过何种途径将宅基地国有化，均会出现各种新的疑难问题。

（2）现行城镇住宅用地使用权主要分为无偿无期限使用和有偿有期限使用两种方式，宅基地国有化后必然要择其一而适用。因原宅基地往往为无偿无期限使用，若选择有偿有期限方式，势必会诱发农村住宅所有权人的不满，毕竟，住宅所有权人对集体所有的宅基地往往作为农村集体成员而直接享有财产利益，同时，现行立法明确规定了城镇住宅用地使用权自动续期，但并没有明确规定如何自动续期以及自动续期后效力等问题，尤其是对自动续期采纳了无期限使用后，又与其具有的期限性相悖，必然成为农村住宅所有权人新的困惑；若选择无偿无期限使用方式，尽管此种方式与长期对宅基地无偿无期限使用的事实相符，却会形成住宅用地名义上为国有而实际上为住宅所有权人所有的内在冲突。据此，宅基地国有化后，如何设计相关使用又成了立法者亟待解决的困惑。

总之，宅基地国有化后的原宅基地使用权人又要重新面对城镇住宅与其用地之间的内在冲突，换言之，无论宅基地为集体所有或者国有，二者冲突并没有得到解决。然而，无论城镇住宅所有权人或农村住宅所有权人，对其住宅用地使用的实际后果其实具有相同性，均相当于所有权人，〔47〕此种事实必然影响了对城乡住宅用地的权属确认，所以，与其将宅基地国有化，不如尊重此种事实状态，赋予住宅所

---

〔44〕 参见肖明新：《城市的土地属于国家所有的逻辑与实施——兼论什么是我国〈宪法〉上的城市》，载《政治与法律》2016 年第 8 期。

〔45〕 参见陈甦：《城市化过程中集体土地的概括国有化》，载《法学研究》2000 年第 3 期；郭明瑞：《在城乡土地一体化利用中须践行财产权和民主理念》，载《山东大学学报》2012 年第 5 期；傅鼎生：《“入城”集体土地之归属——“城中村”进程中不可回避的宪法问题》，载《政治与法律》2010 年第 12 期。

〔46〕 2004 年发布的《国务院关于深化改革严格土地管理的决定》规定“禁止擅自通过村改居等方式将集体土地国有化”；2005 年国务院法制办公室、国土资源部《关于对〈土地管理法实施条例〉第 2 条第 5 项的解释意见》解释认为“该项规定，是指农村集体经济组织土地被依法征收后，其成员随土地征收已经全部转为城镇居民，该农村集体经济组织剩余的少量集体土地可以依法征收为国家所有”；2011 年发布的《国务院办公厅关于积极稳妥推进户籍管理制度改革的通知》则“禁止借户籍管理制度改革或者擅自通过‘村改居’等方式非经法定征收程序将农民集体所有土地转为国有土地”。

〔47〕 参见尹飞：《时代需求与物权法之回应——兼论我国本土化用益物权体系之建构》，载《法学家》2006 年第 4 期。

有权人初始取得住宅用地所有权,也就可以有效解决城乡住宅与其用地之间的内在冲突。

## 五、城乡住宅用地所有权与土地国有之关系

如前所述,以住宅用地使用权、住宅用地所有权为路径的各种改制措施并没有解决城乡住宅与其用地之间的内在冲突,理应进行反思。因土地所有权是土地使用权的基础,土地所有权往往统摄着所有类型的土地使用权,土地所有权之不同必然影响土地使用权类型形成及其效用,统一土地使用权效力就必须以土地所有权为路径进行研究,[48]所以,住宅用地所有权研究路径值得肯定。只不过,选择住宅用地所有权研究路径后,将宅基地国有化的改制措施并没有解决前述冲突,理应结合城乡住宅用地已经处于所有权的现实而赋予住宅所有权人初始取得住宅用地所有权,[49]城乡住宅用地的权利属性也就具有相同性,二者内在冲突也得以解决,但由住宅所有权人初始取得住宅用地所有权又与现行立法采纳的土地公有制相悖,[50]人们往往会有所顾虑,为此,本部分特结合住宅用地对国有土地、农村集体所有土地的影响,对其予以释明。

### (一)住宅用地所有权对国有土地的影响限度

1. 国有土地的地方所有化

受公有制的影响,我国立法明确规定了除农村集体所有土地以外的土地均为国有,因国有土地范围极其广泛,几乎遍及全国各地,统一由国家具体管理并不现实,中央与各级地方就近管理国有土地,最终形成了国有土地统一所有、分级管理体制。[51] 然而,土地管理权是由一系列具体权利构成,其中的规划权、登记权、审批权(农用地转为建设用地、征收土地)、出让权、土地收益权等权利往往授权各级地方具体行使,[52]同时,自20世纪90年代开始,土地税收中的耕地占用税、城镇土地使用税、土地增值税已经确定为地方税而由地方征收以及国有土地使用权出

---

〔48〕 参见郭洁:《土地所有权一体保护立法研究》,知识产权出版社2011年版,第105页。

〔49〕 需要注意是,为了确保农民对集体所有土地的合法权益,有人主张,应允许农民集体保留城中村土地所有权,让农民参与城市建设(参见傅鼎生:《"入城"集体土地之归属——"城中村"进程中不可回避的宪法问题》,载《政治与法律》2010年第12期),尽管此种路径能够达到对农民权益的保护,但无法解决城乡一体化背景下的城乡住宅与其住宅用地之间的内在冲突,也就不值得采纳。

〔50〕 参见高圣平、杨璇:《建设用地使用权期限届满后的法律后果》,载《法学》2011年第10期;叶剑平、成立:《对土地使用权续期问题的思考》,载《中国土地》2016年第5期。

〔51〕 参见甘藏春等:《土地管理体制改革势在必行》,载《中国土地科学》1998年第2期。

〔52〕 参见董礼洁:《地方政府土地管理权》,法律出版社2009年版,第16页。

让收入、土地租金、入股分红等收入全部缴入地方国库等，〔53〕如此，各级地方已经从管理者变为所有者，事实上处于土地所有权人地位，〔54〕正因如此，我国长期以来就存在将国有土地在中央与地方之间划分为分级所有的见解。〔55〕

显然，在国有土地所有权主体统一为国家的前提下，中央与地方之间总是不断地实践对国有土地的分权管理，地方管理国有土地的地位不断强化，越来越成为土地所有权人，国有土地所有权主体已经出现了多元化趋势，此种现实必然对土地国有制有所冲击，无论理论层面或者实践层面，土地国有制均存在危机，将其视为一成不变的神圣理论就不合时宜！进言之，认为赋予住宅所有权人初始取得住宅用地所有权就会动摇土地公有制的担忧纯属多余，其实就是忽视了土地公有制理论的实践变化，而且，又与住宅用地使用权实际上为所有权的现实不符，理性做法就是突破土地公有制理论禁锢，结合实际情况而研判住宅用地所有权的归属。

2. 国有住宅土地的可流转性

就国有财产彰显的利益而言，主要分为公共利益和非公共利益，彰显公共利益的国有财产称为国家公产，彰显非公共利益的国有财产称为国家私产，其中的国家公产应适用不可流转、不适用取得时效、不能纳入破产财产、不得被强制执行等特殊规则，国家私产却与其他财产所有权一样，适用市场交易规则。〔56〕但受公有制影响，我国长期以来一直认为国有制具有无可比拟的优势，国有财产范围也就相当广泛，几乎所有的财产均可以成为国有财产，但国有财产主体统一为国家却致使国有财产管理出现了效益较低且流失较为严重的后果。为此，在借鉴西方国家将国有财产区分为国有公产和私产的立法实践基础上，我国未来立法理应限缩国有财产范围，允许没有彰显公共利益的国有私产进行流转。

自我国立法明确规定了土地国有后，为便于对国有土地进行有效管理，往往依据土地用途而对土地进行分类，即主要分为耕地、园地、林地、草地、商服用地、工矿

---

〔53〕 参见1994年《国务院关于实行分税制财政管理体制的决定》、2006年《关于规范国有土地使用权出让收支管理的通知》。

〔54〕 参见郭洁：《土地所有权一体保护立法研究》，知识产权出版社2011年版，第134页。

〔55〕 参见黄贤金：《农地价格论》，中国农业出版社1997年版，第42页；高波：《论适应企业改制的城市土地资产运营与管理体制改革》，载《南京大学学报》2000年第3期；王自力、田明华等：《我国土地所有权主体重构问题探索》，载《北京林业大学学报》2008年第1期；张春雨：《关于"城市土地国有"法律规定的几点思考》，载《中国土地科学》2009年第2期；郭洁：《土地所有权一体保护立法研究》，知识产权出版社2011年版，第132页；陈小燕、郭翼飞：《我国国有土地所有权管理体制研究》，载《科学社会主义》2014年第5期；刘守英：《直面中国土地问题》，中国发展出版社2014年版，第140页。

〔56〕 参见马俊驹：《国家所有权的基本理论和立法结构探讨》，载《中国法学》2011年第4期。

仓储用地、住宅用地、公共管理与公共服务用地、交通运输用地、水域及水利设施用地等。[57] 当然,耕地、园地、林地、草地、公共管理与公共服务用地、交通运输用地、水域及水利设施用地等国有土地往往彰显了公共利益,商服用地、工矿仓储用地、住宅却并没有彰显公共利益,所以,我国国有土地并没有全部彰显公共利益,部分国有土地往往彰显非公共利益,尤其是住宅用地,理应依据土地用途而将国有土地确定为国家公产与国家私产,住宅用地必然为国家私产,也就具有了自由流转的可能性。因住宅用地没有彰显公共利益,仍然将住宅用地视为国有也就不尽合理,再者,住宅用地仅为国有土地的极少部分,非住宅用地往往为国有土地的主体部分,所以,住宅所有人初始取得住宅用地所有权就不会危害到公共利益之实现,更不会动摇土地公有制。

### (二)宅基地所有权对农村集体所有土地的影响限度

#### 1. 宅基地权利属性的实践观察

就宅基地的权利属性而言,我国农村土地长期一直实行私有化,宅基地往往由农民所有,宅基地及其住宅就被称为祖业或者家产,尽管1962年《农村人民公社工作条例修正草案》将宅基地确定为农村集体所有且一律不准出租和买卖,但受农村住宅私有以及原农村土地归农民所有的制度惯性所致,人们往往将宅基地视为私有财产。[58] 加之,现实生活中的农民对宅基地往往无偿、无期限使用,农民对宅基地使用权事实上享有了永久性权利,再者,随着农村土地承包经营权的确权,宅基地已经无法再通过集体分配取得,主要通过分家析产、继承、买卖等方式取得,并且,现实中又出现了宅基地随农村住宅一并买卖给非本农村集体成员,实务中亦有农村集体认可了本集体成员向非本集体成员买卖住宅而将宅基地使用权人登记为受让人。[59] 由此,现实中的宅基地已经与住宅一并成为农村住宅所有权人的财产,宅基地所有权利益其实由住宅所有人享有。[60]

既然农村住宅已经成为大多数农民的主要财产,农村住宅财产价值就主要通过自由流转途径而实现,为了对人们的农村住宅财产进行保护,唯一办法就是允许宅基地自由流转,但宅基地归各个农村集体所有以及禁止集体所有土地的自由流转立法反而致使其无法实现。实际上,立法允许宅基地在农村集体内部流转其实

---

〔57〕 参见国家质量监督检验检疫总局、国家标准化管理委员会2007年8月10日发布的《土地利用分类》。

〔58〕 参见黄鹏进:《农村土地产权认识的三重维度及其内在冲突》,载《中国农村观察》2014年第6期。

〔59〕 参见吴越:《从农民角度解读农村土地权属制度变革——农村土地权属及转让调研报告》,载《河北法学》2009年第2期。

〔60〕 参见贺日开:《我国农村自己地使用权转让的困境与出路》,载《江苏社会科学》2014年第6期。

就是将宅基地视为农民所有,但却限制在一定范围,[61]加之,实践中人们已经将宅基地视为住宅所有权人所有,所以,宅基地集体所有的权利属性已经弱化,宅基地使用权权利属性已经相当于所有权,[62]此点恰为解决农村住宅流转困境提供了有效基础。再者,我国宅基地历经了从农民所有到集体所有的转变,农村集体所有其实就是集体全体成员所有,作为集体成员的宅基地使用权人理应对其享有所有权权益,在结合宅基地使用权权利属性为所有权的现实基础上,未来立法不如直接赋予农村住宅所有权人对其住宅用地享有所有权。

2. 宅基地与土地公有制之关系

因农村集体所有土地形成是受土地公有制影响的产物,农村集体所有土地也就与公共利益密不可分,但受我国人多地少的国情限制,农村集体所有的土地往往又担负了实现粮食安全、环境保护、解决就业、居住等公共利益的责任,[63]因农村土地主要包括耕地、草地、林地、牧地、宅基地、公共用地等,不同类型的农村土地所彰显的社会公共利益有所不同,其中耕地、草地、林地、牧地主要体现粮食安全、环境保护、解决就业等公共利益,宅基地主要体现居住保障利益,如此,农村集体所有的土地所有权并不是一种真正意义层面的私权,现实中也就长期存有将农村集体所有土地国有化的主张。[64]

当然,宅基地是基于满足人们居住用地之需,自将农民私有土地转化为集体所有后,宅基地使用权主要通过福利分配方式无偿取得,且没有期限限制。但为了确保土地所担负的公共利益,我国长期以来一直实行严格控制将耕地变为建设用地的基本国策,原宅基地无偿福利分配方式已经无法继续实行,除继承取得以外,主要采取了买卖方式,[65]宅基地财产价值日益突出,已经成为人们的主要财产,[66]宅基地并没有充分彰显公共利益,主要体现非公共利益,即并不是所有的农村土地

[61] 参见朱新华、柴涛修等:《土地股份合作制效率的经济学分析——基于国家、产权和契约的视角》,载《中国土地科学》2010年第6期。

[62] 参见冯小:《宅基地权属观念的地方性建构》,载《西北农林科技大学学报》(社会科学版)2014年第5期;钟三宇:《困境与革新:宅基地使用权抵押融资的法律思考》,载《西南民族大学学报》(人文社科版)2014年第11期。

[63] 参见祝之舟:《论农地的公益性及农地征收中的公益衡量》,载《法律科学》2013年第2期。

[64] 参见刘俊:《土地所有权国家独占研究》,法律出版社2008年版,第295~297页。

[65] 参见冯小:《宅基地权属观念的地方性建构——基于皖北S村宅基地制度实践的分析》,载《西北农林科技大学学报》(社会科学版)2014年第5期。

[66] 参见高圣平、刘守英:《土地权利制度创新:从〈土地管理法〉修改的视角》,载《经济社会体制比较》2010年第3期;刘红梅、段季伟等:《经济发达地区宅基地使用权继承研究》,载《中国土地科学》2014年第2期;余永和、张凤:《农村宅基地转让的论证与宅基地制度的完善》,载《农村经济》2014年第6期。

均彰显了公共利益。加之,宅基地仅为极少部分农村集体所有土地,赋予住宅所有权人初始取得宅基地所有权并不影响到农村集体所有的土地担负的公共利益,也就不会对土地公有制造成危机。

## 六、余论

目前,我国城乡住宅用地的所有权不同往往致使住宅用地使用权性质并不统一,此种现状必然阻碍住宅所有权的自由流转。受土地公有制的限制,各种对城乡住宅用地的改革措施并不能解决现实中存在的各种问题,唯有以住宅用地所有权为路径进行解决,即直接赋予住宅所有权人对其住宅用地初始取得所有权。尽管土地公有制是立国根本,因住宅用地仅为国有土地、农村集体所有土地中的极少部分,此种改制措施仅涉及极少部分国有、农村集体所有的土地,并没涉及所有的国有、集体所有的土地,也就不会动摇我国土地公有制,未来立法理应对其加以重视。

(责任编辑:曹益凤)

# 城市更新土地法制：现状、问题与出路

## ——以广州为例*

耿　卓　朱慧嫣　李　浩**

| 摘　要 |

城市更新以土地为基础，一切调查、规划、措施都围绕土地展开，城市更新中涉及的政府、开发商和动迁居民三者之间的利益衡平需要一套完整全面的土地制度予以保障。当前我国城市更新土地法制中存在土地权属确权不清、征收补偿标准低、利益分配不合理等问题。面对城市化进程中出现的问题，应当总结各国及地区城市更新经验，制定科学的城市更新法律，明确公共利益含义，按照市场价格提高征收补偿标准，扩大征收补偿范围，建立合理的利益分配机制。

| 关键词 |

城市更新　土地法制　确权　征收　利益分配

| 目　次 |



---

* 基金项目：广州市社科联“羊城青年学人”资助研究项目“广州城市更新的土地法制保障”(17QNXR23)。

** 耿卓，河南淇县人，法学博士，广东外语外贸大学土地法制研究院和法学院教授、博士生导师，主要研究民商法、土地法；朱慧嫣，广东东莞人，广东外语外贸大学法学院硕士研究生，主要研究民商法；李浩，广东肇庆人，广东外语外贸大学法学院硕士研究生，主要研究民商法。

## 一、城市更新的历史与现实

城市更新是指政府或其他特定主体对城市建成区内的低效存量建设用地，根据城市规划和相关规定程序进行改造的活动，包括对旧工业区、旧商业区、旧住宅区、城中村及旧屋村的综合整治、功能改变或者拆除重建等行为。城市更新具有以下特征：一是城市更新的目的是对城市中某一衰落区域进行拆迁、改造、投资和建设，以全新的城市功能替换功能性衰败的物质空间；二是城市更新的调查内容一般包括建筑物调查、土地使用调查、人口调查、交通调查、公共服务设施调查、环境设施调查、市政设施调查、环境卫生调查、社区关系调查和空间场所调查等十个方面；三是城市更新的方式可分为再开发、整治改善及保护；四是城市更新是一个连续性过程，其贯穿了城市发展的整个历程，具有承上启下功能；五是城市更新具有综合性、系统性。

### (一)城市更新的社会背景

1. 我国经济发展进入“新常态”

“新常态”的经济发展模式将引起城市发展模式的转型：由增量土地的外延扩张转向存量土地的优化更新；由经济增长为核心的单一目标，转向经济、社会和环境可持续发展的综合目标；由以劳动密集型制造业为主的生产型城市，转向以中高端制造业和服务业为主的创新型城市。“新常态”下，城市更新将成为城市发展的主要方向之一，北京、广州、深圳和上海等经济发达的大城市，因为面临着产业转型和土地资源“瓶颈”的双重压力，已率先开展城市更新实践。

2. 我国新型城镇化发展战略的实施

新型城镇化是以城乡统筹、产业互动、节约集约、生态宜居、和谐发展为基本特征的城镇化，是大中小城市、小城镇、新型农村社区协调发展、互促共进的城镇化。要构建科学合理的城市格局，大中小城市和小城镇、城市群要科学布局，与区域经济发展和产业布局紧密衔接，与资源环境承载能力相适应。这是新型城镇化的发展之义，与城市更新的内在要求相统一。

### (二)发展阶段：以广州为例

20世纪80年代到90年代，广州主要以地铁等基础设施建设拉动房地产开发探索旧城改造，突破发展空间的限制。21世纪以来，广州城市更新的重心转为公共建设及危改工程。

1. 2008年之前以危房改造为导向的城市更新

2000年9月，广州市召开“城镇建设管理工作会议”，在城市规划发展区范围内将138条城中村纳入改造名录。2002年5月，出台《关于“城中村”改制工作的若干意见》(穗办〔2002〕17号),提出城中村改造政府不直接投资,不进行商品房开发,改造资金筹措按照"谁受益,谁投资"的原则,以村集体和村民个人出资为主,市、区两级政府给予适当支持。2003年开始,采取"政府主导、统筹计划、抽疏人口、拆危建绿"模式加快推动危旧房的改造。2006年广州确定了城市"中调"战略,提升老城区的发展质量。2007年启动新社区建设,解决拆迁户和危房改造家庭的就近安置。

广东省于2008年被国土资源部列为节约集约用地试点示范省,借此契机,广州市全方位探索以"三旧"(旧城、旧村、旧厂房)改造为主要内容的节约集约用地模式。广州市于2008年3月出台《关于推进市区产业"退二进三"工作的意见》(穗府〔2008〕8号),对环城高速以内影响环保类企业和危险化学品类企业分批次向外围郊区空间腾挪,为老城环境品质提升,现代服务业发展提供土地承载空间。纳入改造范围的"退二"企业用地可申请纳入政府储备用地并给予补偿;未列入政府储备计划的工业用地在不改变原址土地的用地性质、权属的前提下,也可用于除房地产开发以外的第三产业。依托于集体建设用地上的集体旧厂、村级工业园成为改造的重点。

2. 2009年至今以集约用地为导向的城市更新

2009年广州出台《关于加快推进"三旧"改造工作的意见》(穗府〔2009〕56号),国有土地旧厂房允许业主自行改造,通过补交地价转变土地使用性质,也可由政府组织公开出让,原企业可分享60%的土地出让金成交价款;通过完善历史用地手续和简化土地确权,扫除后续改造的产权障碍。旧村改造的主体从政府转向村集体经济组织,改造模式分为政府主导、村集体主导、开发商主导和半市场化模式,[1]各村根据自身经济实力和经营能力灵活决定改造模式(如猎德、琶洲、杨箕3个村通过土地市场公开出让引入开发企业,黄埔古村由政府补贴3亿元资金实施保护性改造,其他村都采用村集体自主改造模式)。"协议出让、自行改造"模式保留了农民集体土地的开发权,赋予集体土地转变用途和强度的发展权。

在旧厂房改造中,业主与市场以获取土地租金最大化为取向,社会公共设施和空间的供给有限,大规模的经营性用房开发加剧广州办公和商业用房库存过剩的局面(如番禺2011~2013年批复的22个国有土地旧厂项目,改造后经营性用地占比达到83.82%,仅有4个改造项目提供了公共服务设施建筑面积)。为了实现利用"三旧"用地发展现代服务业、高新技术产业,而非将土地快速变为房地产开发

---

〔1〕 参见杨廉、袁奇峰、邱加盛:《珠江三角洲"城中村"(旧村)改造难易度初探》,载《现代城市研究》2012年第11期。

项目,2012年后,“三旧”改造进行方向性调整,广州出台《关于加快推进“三旧”改造工作的补充意见》(穗府〔2012〕20号),确立了政府主导、市场运作、成片更新、规划先行的原则,收缩了旧村自行改造的通道,提高旧村改造集体成员的同意率;调整了国有土地旧厂改造的收益分配比例;加强了重点功能区块土地优先储备和整体开发,“三旧”改造的重点转向了市属国企及周边地区的成片改造。考虑到集体旧厂单独改造短期内将对国有土地一级市场和经营性物业市场形成冲击,集体物业、集体旧厂必须与旧村居同步改造。

2016年广州颁布《广州市城市更新办法》及《广州市旧村庄更新实施办法》《广州市旧厂房更新实施办法》《广州市旧城镇更新实施办法》三个配套文件,整合“三旧”改造、棚户区改造、危破旧房改造、土地整备等政策,建立了包含更新规划、改造策划、用地处理、资金筹措、利益调节、监督管理在内的全流程政策框架。2017年,广州市对接国土资源部和广东省对土地集约利用的新要求,又出台《关于提升城市更新水平促进节约集约用地的实施意见》(穗府规〔2017〕6号),主要聚焦通过政策放开加快业主自行改造,促进产业转型升级,通过成片连片改造,加强土地储备,推进产城融合。城市更新目标转向推进差异化、网络化、系统化的城市修补和有机更新,促进城市空间优化、人居环境改善、历史文化传承、社会经济发展的系统提升。

(三)广州城市更新的现实特征

广州城市更新始终坚持政府主导的原则。政府主导城市更新反映在政府对政策实施灵活的调整空间、对改造项目的自由裁量权和对改造项目各环节的全面参与。广州的“市场运作”是在“政府主导”下运作,政府与市场建立了“委托—代理”型的契约式合作关系,将市场力量融入城市发展日程中以解决旧改的融资问题。

1.建立了较为健全的制度保障体系。广州市在原“三旧”改造的基础上,坚持以政府主导、市场运作、利益共享为原则,构建了一套“1+3”的制度保障体系,即《广州市城市更新办法》和三个配套文件。文件对不同类别的改造主体、方式、操作流程、资金筹集等方面进行了明确规定,成为广州市城市更新的统领性文件,为该项工作的全面铺开提供了强有力的制度保障。[2]

2.建立了城市更新土地利益共享机制。为有效推进城市更新,广州改变了传统的由政府主导新增土地收益分配的局面,建立起城市更新土地利益共享机制,坚

---

〔2〕参见戚海静、刘利、鹿腾:《徐州市城市更新运作机制研究——广州市城市更新先进经验的启示》,载《城市建设理论研究》2017年第28期。

持政府、市场主体、产权主体的共赢。首先，政府主要立足于公共配套的落地。规定城市更新单元必须提供不小于3000平方米且不小于拆除土地15%的用地，用于建设城市基础设施和公共服务设施，住宅项目需按8%～12%的比例配建保障性住房，产业项目需照按12%的比例配建创新型产业用房。其次，市场主体通过参与全环节的开发运作，特别是针对不同的更新项目实施差别化的地价政策，降低了实施成本。最后，相关产权主体通过物业安置和货币补偿的方式共享了增值收益，同时推动了原农村集体经济组织的转型发展，改变了社区居民的生产生活方式。

3. 建立了较为规范的改造运作模式。"三旧"改造分别划分为全面改造和微改造两种模式，全面改造模式主要包括：征收储备、自主改造、合作改造等，微改造主要分为综合整治、整治修缮和局部改造等。分别设定不同改造模式的改造主体、改造流程，其中，分别制定了不同的改造模式及规范的操作流程。通过按类型、分层次的差别化改造模式，有效推动了城市土地的整合利用，规范了改造的操作程序。

## 二、城市更新土地法制现状考察

### (一)立法文本考察

1. 国家层面

土地是一个国家最为重要的资源，是一个国家赖以生存的根基。国家对于土地的管理和利用必须是严格和慎重的。我国关于土地的法律法规主要有《物权法》《土地管理法》《土地管理法实施条例》《城市房地产管理法》《农村土地承包法》等。这些法律确定了土地所有权归属、土地使用权的取得以及流转方式、土地用途的划定和土地利用规划以及土地上的用益物权等。在我国现行法律制度下，严格实行土地用途管制制度，对于农用地转为建设用地应当遵循法律所规定的条件。对于土地使用权的流转也有着严格的限制。

尽管现行法律对土地利用以及权属变更有着严格的规定，但是在实际情况中仍然存在土地闲置、利用效率低、规划不合理等问题。早在2008年国务院就发布了《关于促进节约集约用地的通知》(国发〔2008〕3号)，要求按照节约集约用地原则，审查调整各类相关规划和用地标准以及充分利用现有建设用地，大力提高建设用地利用效率。2014年国土资源部发布《关于推进土地节约集约利用的指导意见》(国土资发〔2014〕119号)，要求切实解决土地粗放利用和浪费的问题。

关于土地所有权和使用权登记，《物权法》第10条规定对不动产实行统一登记制度。这对土地有效利用和统一管控有着重大意义。2015年开始实施的《不动产登记暂行条例》第6条明确了国土资源部负责指导、监督全国不动产登记工作,同时要求县级以上地方人民政府确定一个部门负责本行政区域不动产登记工作,并接受上级不动产登记主管部门的指导和监督,确保了各层面登记机构的统一和上下对口,强化了登记机构的法律地位,可以使产权更加清晰明确。

当对划定的地块进行更新改造时,可能涉及土地所有权的变化、土地使用权的变化以及土地上房屋的拆迁问题。为了保证拆迁工作顺利进行、保证被拆迁人的合法利益,我国出台了相关的行政法规,例如《国有土地上房屋征收与补偿条例》等。

2. 广东省层面

广东省关于城市更新土地法制的规定主要体现在政策性文件中。以广东省人民政府《关于推进"三旧"改造促进节约集约用地的若干意见》(粤府〔2009〕78号)为核心,针对如何具体实施该意见以及如何应对"三旧"改造中遇到的实际问题,后来又印发了《省国土资源厅〈关于"三旧"改造工作的实施意见〉的通知》(粤府办〔2009〕122号)《关于加强"三旧"改造规划实施工作的指导意见》(粤建规函〔2011〕304号)《关于"三旧"改造实施工作有关事项的通知》(粤国土资试点发〔2011〕199号)等。

粤府〔2009〕78号文确定了可以列入"三旧"改造范围的土地范围以及"三旧"改造工作的总体要求,在不突破土地利用总体规划确定的耕地保有量、基本农田面积和建设用地总规模的前提下,积极稳妥推进"三旧"改造工作。"三旧"改造工作的基本原则要求明晰产权,保证权益;尊重历史,客观公正。这对确定"三旧"改造中涉及的土地确权问题有着十分重要的意义。该文件还指出应当因地制宜采取多种方式进行"三旧"改造,例如政府收储、原土地使用权人自行改造、土地归宗集中改造、农村集体经济组织自行改造或与有关单位合作开发改造等。该文件还十分注重完善各类历史用地手续,以完善土地的确权登记。

粤府办〔2009〕122号文在上述文件的基础上具体细化了"三旧"改造工作的相关实施标准。"三旧"改造中涉及改变旧村庄集体建设用地的性质,符合规定条件的,有关农村集体经济组织可向当地县级以上国土资源管理部门申请转变为国有建设用地。在完善历史征地手续时需要注意土地产权是否清晰、土地的确权登记情况等,还需注意是否有征地协议以及是否存在补偿安置等纠纷。在土地归宗问题上又涉及关于土地抵押权、地役权登记等相关问题。同时明确了如果"三旧"改造的供地属于政府收购储备后再次供地的,必须以招标拍卖挂牌或协议方式出让。

粤建规函〔2011〕304号文则强调在改造过程中需厘清产权关系。粤国土资试点发〔2011〕199号文集中解决与土地法制有关的问题包括历史用地的摸查、历史用地发生时间的认定依据、“三旧”改造个案中的“三地”超标问题以及完善占有国有农用地的“三旧”改造用地手续等。

3. 广州市层面

广州市关于城市更新的政策法规大致可以分为综合类、历史用地完善手续、数据摸查与成本核算、流程指引以及各区文件等几种类型。

旧村庄更新改造包括全面改造和微改造两种方式,根据改造对象的不同特点确定合适的改造方式。全面改造通常是由于通过局部改造难以达到改善居住环境、完善城市基础设施的目的,而需要以整体拆除为主的更新方式。微改造主要是为了实现保护历史文化和自然生态、促进旧村庄和谐发展。根据更新改造所涉及土地权属的复杂性程度不同将旧村庄的改造模式分为政府征收储备、自主改造以及合作改造。政府征收储备模式主要针对的是涉及重大基础设施建设或者权属复杂、不能实行土地归宗后联合改造或同一主体改造的旧村庄项目。权属相对单一、获得村集体经济组织成员80%以上同意的村可以确定为合作改造或者自主改造模式。在政府征收储备的模式下,村庄的土地所有权由以前的集体所有变为国家所有。复建安置地块建成以后又将以划拨的方式确权给村集体经济组织、村民和相关权属人,而融资地块的土地所有权仍然为国家所有。在合作改造的模式下,安置地块由村集体使用,也可以申请将地块转为国有土地。在村集体经济组织自行改造的模式下,村集体经济组织或其全资子公司可以协议出让方式取得融资地块的建设用地使用权。三种模式都涉及土地所有权的转变,由集体所有转变为国家所有,但是安置地块的所有权仍然属于集体所有。

关于旧厂房的更新改造,相对于旧村庄更新改造,对于主体的限制更加严格。旧厂房改造不允许市场主体参与改造,只能以政府收储、自行改造以及政府收储和自行改造结合的方式进行。旧厂房原来的土地所有权或者属于国家所有,或者属于集体所有。但是通过更新改造以后,通过政府收储或者原权属人申请为国家所有,那么以前集体所有的土地则可能转变为国家所有的土地。另外,由于原旧厂房的土地多为出让方式取得的建设用地,更新改造以后涉及土地用途的变化,如果是自行改造模式常常还涉及补交土地出让金的问题。而在政府收储的模式下,如果是将原旧厂房改为除保障性住房以外的居住性用地,在法定的容积率范围以内按照土地成交价格的一定百分比进行补偿。如果是将其规划为公益性用地,则由政府按照《国有土地上房屋征收与补偿条例》和本市农民集体所有土地征收补偿办法进行补偿。

旧城镇的更新包括全面改造和微改造两种类型,但是旧城镇的改造较少涉及土地所有权的变动以及用益物权的变化,在土地法制方面更多涉及的是拆迁安置补偿问题。在全面改造项目中,由市、区政府安排资金组织拆迁补偿安置,区政府制定征收补偿安置方案,征收补偿安置标准按照本市国有土地上房屋征收有关政策执行。

(二)司法现状考察

城市更新项目中土地上的各类权利主体数量众多,背后的利益错综复杂,诉讼作为解决纠纷最重要方式之一,能够准确反映城市更新过程中出现的土地纠纷情况。本文通过借助中国裁判文书网、北大法宝数据库等案例检索工具,以城市更新、"三旧"改造等为关键词,收集广州地区的土地纠纷诉讼案例共 176 例,经对无关案例的剔除,筛选出 45 个与广州城市更新相关的诉讼案例进行分析。

1. 土地纠纷在诉讼中的表现

(1)纠纷案件通常涉及三方以上的主体,即被征收人、开发商与政府。21 世纪以来,纯粹公共利益的导向已成为广州城市更新的基本出发点,[3]城市更新的模式已由"政府引导、市场运作"转向"政府主导、市场参与"。[4] 根据《国有土地上房屋征收与补偿条例》第 25 条、第 26 条,房屋征收部门与被征收人能够就补偿方式、补偿金额等达成协议的,因该协议产生的诉讼,为民事诉讼;无法达成协议或被征收房屋所有权人不明确的,由作出房屋征收决定的市、县级人民政府作出补偿决定,对补偿决定不服的,可依法提起行政诉讼。在以政府为主导的城市更新模式下,与土地纠纷有关的诉讼中,行政诉讼案件数量较多,民事诉讼案件为 20 件,行政诉讼案件为 25 件。

(2)在案件审级方面,一审案件为 19 件,二审案件为 25 件,再审案件为 1 件。

(3)土地纠纷发生的具体地域主要集中在越秀区、海珠区、荔湾区等传统老城区。经济发达地区的土地开发强度较大,时常面临着无地可用的境况,因此,其土地利用效率的提升是该地区能否可持续发展的关键原因,广州城市更新项目多集中在上述地域。

(4)纠纷案件中,因旧城区改造所产生的土地纠纷占 42%,因国有土地征收所产生的土地纠纷占 18%,因集体土地征收所产生的土地纠纷占 20%,因城中村改造所产生的土地纠纷占 16%。旧城区的土地价值与稍欠发达地区的土地价值不可同日而语,且旧城区虽然存在交通拥堵,居住环境恶化等隐患,但旧城区往往位于市中心,生活便利,教育资源丰富,因此,无论是选择产权调换还是作价补偿的方

[3] 参见杨承志:《广州市旧城改造房屋拆迁流程再造研究》,华中科技大学 2010 年博士学位论文。

[4] 参见唐婧娴:《城市更新治理模式政策利弊及原因分析——基于广州、深圳、佛山三地城市更新制度的比较》,载《规划师》2016 年第 5 期。

式，都未必能复刻原有的生活，被拆迁人基本上不可能在旧址上获得与拆迁前面积大致相等的房屋，且旧城区改造在实际过程中，不少项目存在烂尾风险，故旧城区改造所产生的纠纷占城市更新土地纠纷诉讼的近半比例。

（5）在城市更新中，土地纠纷民事诉讼案由多表现为房屋拆迁安置补偿合同纠纷。这是因为，在大多数案件中，当征收人与被征收人就征收事宜达成一致意见并签订合同后，虽然双方的权利义务直接体现在该合同中，但实际上，土地纠纷并不局限于征收人与被征收人之间，时常涉及第三人，特别是被征收物同时还作为租赁合同或承包合同的标的物时，当要对其进行征收时，其权属争议也会纷至沓来。

（6）土地纠纷行政诉讼多表现为对行政机关作出的关于拆迁裁决或决定的不服与异议。就直观数据而言，其占案件总数的32%。由于行政诉讼的案由并没有民事诉讼的案由规定得那么详尽，各法院对行政案件案由的确定和表述也不尽相同。还有相当一部分针对房屋拆迁裁决的案件被归类为其他案由，所以关于该类问题的诉讼在实际中的比例会更高。针对行政机关的违法拆迁行为的案件占案件总数的20%。

（7）土地纠纷在民事诉讼中的主要争议点集中在拆迁补偿协议的履行（25%）、征收补偿面积（19%）、征收补偿金额（31%）等问题上。被征收物的所有权、使用权的权属决定着当事人能否获得补偿。此外，还存在因协议的迟延履行所产生的租金、违约金、水电费等费用的争议。

2. 土地纠纷在诉讼中的特点

（1）矛盾根深蒂固，问题难以解决。在一些案件中，虽然当事人选择了以诉讼的方式解决争议，但其矛盾依旧难以调和。以广东省陶瓷公司、广州市财贸建设开发总公司因房屋拆迁裁决诉广州市国土资源和房屋管理局一案为例，该案所涉最初的裁决始于2008年，且针对该裁决已经经历过一次诉讼，当时的原告为本案的第三人，该案的裁判结果为被告重新作出具体行政行为。2014年本案二审判决作出后，时间跨度已长达6年。而本案的判决是要求被告在判决发生法律效力之日起30日内重新对第三人的裁决申请作出处理。尽管本案已审理终结，但案涉的土地纠纷依旧未能解决，存在循环诉讼、多次诉讼的问题。

（2）案件审理时间较长、诉讼成本较高。城市更新中土地纠纷案件经历过二审及再审的比例达58%，审理时间普遍较长。此类案件所涉标的物价值较大，绝大多数当事人都会聘请律师为其代理，当事人诉讼成本比较高。以广州市建城房地产开发有限公司因不服房屋拆迁裁决诉广州市国土资源和房屋管理局一案为例,该案前前后后经历了一审、二审、再审和抗诉再审,历时五年。〔5〕在这期间,当事人花费的金钱精力暂不必提,其所耗费的司法资源更是难以计数。

(3)案件涉及人数较多,法律关系复杂。在与土地纠纷有关的诉讼中,具有一定年代的房屋被征收或改造时,多数还会涉及继承问题,因此这类案件所涉及的人数往往较多。而由于案涉标的物年代久远,案件事实难以查明,取证较为困难,其权属也较难确定。以谭燕玲、叶家杨诉谭世添等房屋拆迁安置补偿合同纠纷一案为例,尽管案件争议焦点在于房屋拆迁安置补偿合同是否有效,但由于案涉房屋几经继承与重建,本案的原被告多达13人,而其房屋及宅基地权属还需另案解决。〔6〕

(4)案件判决结果上,法院更加倾向于保障弱势群体利益。首先,在本文所选取的民事案件中,争议主要为拆迁补偿协议的履行和不动产的确权。在补偿协议纠纷中,法院一般会充分尊重当事人的意思自治原则,只要拆迁补偿协议是双方当事人的真实意思表示,未违反法律和行政法规强制性规定,即为合法有效,双方当事人均应切实履行。由于拆迁补偿协议存在大量格式条款,且双方当事人在订立合同过程中存在信息不对称的情况,根据格式条款应作出不利于提供格式条款一方的解释原则,法院也应当倾向于支持被征收人。而在物权确权纠纷中,除依据法律法规外,法院也会结合公平对等原则进行审判,使双方的权益能够相对平衡,所以,尽管一些当事人对案涉土地不存在所有权,也能够得到一定的补偿。其次,在本文所选取的行政案件中,争议主要围绕着房屋拆迁裁决(决定)和房屋拆迁行政行为是否违法。在不服房屋拆迁裁决(决定)的纠纷中,当事人往往对被征收物的价值和面积争议较大,在补偿方式上也时常不能达成一致,且行政机关作出的裁决或决定在许多时候也确实存在瑕疵,在这种情况下,法院会判决行政机关重新作出裁定或决定。而在房屋拆迁行政行为是否存在违法的问题上,法院在查明确实存在违法事实后,会判决行政机关的强制拆迁违法并承担相应的赔偿责任。

(三)小结

城市更新土地法律关系问题较为复杂,涉及土地所有权和使用权的转变、完善历史用地手续等问题,既包括土地的前期整理,又包括后期土地的招投标以及出让问题。从立法上来看,我国现在没有单行的城市更新法,除了少部分法律法规作出的原则性规定以外,主要依靠政策、地方政府规章甚至地方政府规范性文件来调整城市更新中的各种法律关系。虽然取得了一定的成效,但也存在一些问题。例

〔5〕参见广州市中级人民法院(2015)穗中法审监行抗再字第1号行政判决书。

〔6〕参见广州市花都区人民法院(2016)粤0114民初10054号民事判决书。

如,这些政府规章及规范性文件的位阶层次较低,效力也比较偏弱,而且还存在与上位法冲突的情形。例如,《广州市旧村庄更新实施办法》第 4 条第 2 项、第 3 项规定可以将自主或者合作改造的地块协议出让,这就突破了开发经营用地必须招拍挂的要求。从司法实践上来看,在城市更新领域中出现的纠纷主要体现在土地纠纷上,而土地纠纷的问题主要集中在土地征收补偿上。案涉的土地纠纷存在审理时间长、循环诉讼、多次诉讼等问题。另外,涉案标的物往往年代久远,其权利主体因为历史原因可能难以查明,导致了司法机关在处理该类案件时难以查明案件事实并及时解决纠纷。

## 三、城市更新土地法制中存在的问题及其成因

### (一)城市更新土地法制的中存在的问题

#### 1. 国有、集体建设用地使用权不平等

根据我国《土地管理法》第 4 条的规定,我国实行土地用途管制制度,将土地分为农用地、建设用地以及未利用地。同时我国实行二元的土地产权制度,即城市的土地属于国家所有,农村和城市郊区的土地除由法律规定属于国家所有的以外属于农民集体所有。在土地产权二元分属的情况下,虽然同是建设用地,但是城市的建设用地与农村的建设用地却存在很大不同。在《城乡规划法》出台以前,我国同时存在《城市规划法》和《村庄和集镇规划建设管理条例》,分别适用于城市和农村地区。农村建设用地和城市建设用地用地性质基本相同,在建设范围和建设标准上却被人为区分适用,存在不一样的管制规则,进而导致城乡市场的割裂。[7] 根据《土地管理法》第 43 条第 1 款的规定,集体所有的建设用地仅仅局限于乡镇企业、村民建设住宅、乡(镇)村公共设施和公益事业四种建设范围以内,但是根据《城镇国有土地使用权出让和转让暂行条例》第 12 条的规定,城镇的建设用地却可以用于居住、工业、教育、科技、文化、卫生、体育、商业、旅游、娱乐等建设用途,集体建设用地的商业性开发受到限制。

国家对集体土地不通过征地的途径而用于非农建设一直持有谨慎态度,可能是出于这样的考虑:我国是农业大国,很多农民的生存保障依然依靠土地,土地既是农民的生产资料,又是生活保障。[8] 但是随着城市化进程的发展,城市建设用地使用权处于供不应求的状态。这就导致了建设用地向农村地区的扩张。但是农村农用地转为非农建设的,需要经过一定的程序并且要与土地的利用规划相符

---

〔7〕 参见杨惠:《土地用途管制法律制度研究》,法律出版社 2010 年版,第 211 页。

〔8〕 参见厉以宁:《论城乡二元体制改革》,载《北京大学学报》(哲学社会科学版)2008 年第 3 期。

合,具体到各级政府都有一定的指标,这就进一步衍生了违法违规批地的问题。另外,大量外来务工人员涌入城市,这些务工人员出于对生活成本的考虑,常常会选择在城中村居住,带动了城市周边城中村房屋租赁行业的发展。大量的农村劳动力已经从土地的束缚中解放出来,他们的收入更多的来自房屋出租的租金。为了寻求更多的经济利益,很多村民进行违建抢建,很多房屋不具有合法产权。

2. 入城集体土地的归属问题〔9〕

我国《土地管理法》第8条规定:"城市市区的土地属于国家所有。农村和城市郊区的土地,除由法律规定属于国家所有的以外,属于农民集体所有;宅基地和自留地、自留山,属于农民集体所有。"根据这一划分,城市市区的土地以及农村和城市郊区的土地分别属于不同的权利主体。但是这种对于国家土地资源空间上的划分是静止的,随着经济发展,城市范围不断扩张,形成了大量城中村。

城中村的土地实际上属于农民集体所有,但是法律却规定城市土地属于国家所有,这就造成了现实与现行法律上的冲突。实践中,有的地方解决这个冲突的办法是先将全部的农村居民转为城市居民,然后根据《土地管理法实施条例》第2条第5项的规定,"农村集体经济组织全部成员转为城镇居民的,原属于其成员集体所有的土地属于国家所有",将原农村集体的土地变为国家所有。这种现象被称为集体土地的概括国有化,如深圳、郑州等地。〔10〕

这种"一揽子"国有化的做法使农民的集体土地仅仅因为地处城市就被改变所有权性质,与物权变动规则是相冲突的。根据我国《物权法》的规定,不动产所有权由一个民事主体转归另一个民事主体有以下三个途径:法律行为、法律行为以外的事由,如人民法院、仲裁委员会的法律文书或者人民政府的征收决定,继承或受遗赠;所有权的善意取得。但是上述"一揽子"国有化的做法不能满足上述任何一种途径。〔11〕另外,虽然《土地管理法实施条例》规定了农村集体经济组织全部成员转为城镇居民的,原属于成员集体所有的土地属于国家所有,但是国务院法制办公室、国土资源部《关于对〈中华人民共和国土地管理法实施条例〉第二条第(五)项的解释意见》(国法函〔2005〕36号)明确规定"农村集体经济组织土地被依法征收后,其成员随土地征收已经全部转为城镇居民,该农村集体经济组织剩余的少量集体土地可以依法征收为国家所有"。从这一规定可以看出,使集体经济组

〔9〕参见耿卓、于凤瑞:《我国城市更新中的用益物权确权问题研究》,载《西南民族大学学报》(人文社会科学版)2019年第1期。

〔10〕参见陈甦:《城市化过程中集体土地的概括国有化》,载《法学研究》2010年第3期。

〔11〕参见傅鼎生:《入城集体土地之归属——城中村进程中不可回避的宪法问题》,载《政治与法律》2010年第12期。

织成员全部转化为城镇居民的前提是征收。实践中先将集体经济组织成员转化为城镇居民，从而达到集体土地所有权国有化，与解释意见规定的程序相反。《国务院关于深化改革严格土地管理的决定》（国发〔2004〕28 号）第 10 项也明确规定，禁止擅自通过“村改居”等方式将农民集体所有土地转为国有土地。[12] 另外，根据《物权法》第 42 条的规定，如果进行征收土地，必须是出于公共利益的需要。如果按照解释意见的规定征收在前，可能存在法律障碍，因为城市化过程中集体土地之利用不可能均是公共利益的需要。

广州城中村改造也面临着是“一揽子”国有化还是保留农民集体所有权的问题。与深圳、郑州等地不同的是，广州城中改造的安置地块权属和土地登记可以由集体经济组织自行决定。《广州市旧村庄更新实施办法》第 25 条第 6 项规定，“安置地块由村集体经济组织申请划拨使用。村集体经济组织也可申请将地块转为国有土地”。在可以自主选择的情形下，农民对改造过程中的土地产权持有不同的意见：如果将原属于集体所有的土地改制为国家所有，那么农民的复建房就可以像普通的商品住宅一样在市场上自由的流通，但是他们则会丧失对土地长期的所有权。如果农民继续保持土地的集体所有，那么他们的复建房就被限制在了土地上，不能在市场上进行流通转让，这导致的一个直接后果就是农民的权益可能因为房产的不可交易性而出现“抑价”现象。

3. 征收补偿中的行政主导及其对集体成员财产权的侵害

2005 年国土资源部颁发的《关于开展制订征地统一年产值标准和征地区片综合地价工作的通知》（国土资发〔2005〕144 号）要求，“必须按照征地统一年产值标准和征地区片综合地价对农民补偿”，这本质上是政府主导定价，单方决定对方的财产价值……忽视集体土地所有权和用益物权的足额价值。[13] 广州市 2017 年出台《广州市农民集体所有土地征收补偿试行办法》，其中第 32 条第 1 款规定：“征收农民集体所有土地的土地补偿费和安置补助费按照本市征地补偿标准执行。”第 33 条第 1 款规定：“青苗补偿费包括一般青苗补偿和长生青苗补偿，以土地面积（亩）为计算单位，按照本市青苗补偿标准予以补偿。”第 34 条规定：“征地涉及除房屋外的一般地上附着物原则上按照建筑成本价予以补偿。”其中征地补偿标准根据不同行政区域划分确定了不同的补偿标准。例如，越秀区为 40 万元/亩，海珠区则为 30 万元/亩。在同一区的不同街道也可能会有不同的补偿标准，如白云区景泰街和钟落潭镇就分别为 35 万元/亩和 19 万元/亩。这一补偿标准可能相对于

---

〔12〕 参见王优银：《征地拆迁纠纷实务精解与百案评析》，中国法制出版社 2017 年版，第 17 页。

〔13〕 参见陈小君：《农村集体土地征收的法理反思于与制度重构》，载《中国法学》2012 年第 1 期。

年产值倍数法来说更加合理,但是其实计算下来每一平方米的价格最多也不到700元,与动辄几万元的房产市价来说相去甚远。

4. 集体土地所有者及使用者与政府之间的利益分配不协调

首先是集体建设用地的流转限制导致农民集体和农民个人无法分享城市化带来的土地增值收益。地方政府独占土地市场的供给侧。农用土地转变为非农用地、集体转变为国有土地只能通过征收的形式。政府既掌握着对土地的管理与审批权力,同时又是土地的经营者,一方面,政府从农民那里以低廉的成本获得土地;另一方面又以高价出让国有土地使用权,以赚取巨额差价。这种剪刀差导致土地财政,土地出让金成为财政收入的主要来源。虽然土地出让金的利润很高,但是由于主导权掌握在政府手中,在政府、集体经济组织以及农民之间利益分配悬殊。有学者指出,因土地用途转变产生的土地增值收益分配中,地方政府和开发商大约获得60%~70%,村级集体组织获得25%~30%,真正到农民手里已经不足10%。[14]

另外,因为征地补偿分配涉及村民的根本利益,村民之间征地补偿款之争较为激烈。村民因分配方案难以形成一致意见而产生纠纷。比如,在如何确定农村集体经济组织成员资格等问题上各地认定标准不一,从而导致执法不统一。实践中比较普遍的做法是以当事人的居住地为依据,或以其户籍为依据。但对于诸如外嫁女、离婚或丧偶女性、大中专在校生、服刑人员等特殊群体的成员资格,极其可能造成两头权利都悬空的状况。[15]

(二)城市更新土地法制存在问题的原因

1. 对于"公共利益"的认定不明确

我国宪法和法律禁止土地所有权的转让与买卖,只有通过征收才能使集体土地所有权转变为国家所有。而根据《宪法》第10条、第13条和《物权法》第42条规定,国家只有为了公共利益的需要,才可以对集体或公民的财产进行征收。因此,何为"公共利益的需要"成为合法征收土地的前提。根据通常理解,公共利益的需要包括:党政机关和人民团体用地、军事用地;供水设施、燃气供应设施、供热设施、公共交通设施、环境卫生设施、道路广场、绿地;国家重点扶植的能源、交通、水利等基础设施用地等。但实践中,对公共利益范畴的界定却远不如书面清晰,宛如一张普罗透斯的脸。例如,城市以兴建地铁等大型公共交通设施为目的使用土

〔14〕 参见郭兰英:《城中村改造中宅基地征收补偿机制的构建》,载《山西省政法管理干部学院学报》2013年第2期。

〔15〕 参见白呈明:《农村土地纠纷及其解决机制的多维观察》,中国社会科学出版社2014年版,第430页。

地的,应归属于公共利益的需要,但在地铁沿线修建大型商场和高级写字楼是否属于公共利益?土地储备中心以国有土地储备为目的,对集体土地进行征收是否属于公共利益?为解决城市住房问题,修建经济适用房是否属于公共利益?〔16〕当征收人提出的公共利益不能够被征收人所认可时,势必会给征收工作的顺利展开造成影响。而即便能够提出让被征收人信服的理由,如果不具有切实可行的配套计划,罔顾被征收人的权益保障,也会引发许多纠纷。

2. 利益分配不均

综上所述,大量的集体土地通过国家公益征收的方式从农用地转为非农用地。而这两类土地之间的转化加剧了城乡二元经济结构的不协调。一方面,征收耕地时的土地补偿费和安置补助费的总和不得超过土地被征收前三年平均产值的三十倍。〔17〕这就导致了农民在征地过程中以丧失未来土地增值为代价,而仅仅得到土地原用途的数倍补偿。但政府却能够通过税收等形式获得巨大的土地增值收益,用地者也能够获得该土地使用权后在期限内实现该土地原本不具有的处分权能和担保抵押权。〔18〕另一方面,在村民失去了赖以生存的耕地后,在宅基地上建房出租成为城中村村民最主要经济来源之一。因此,为增加家庭收入,在有限的土地上获得更多的收益,"握手楼"在城中村广泛存在。尽管这种收益伴随着建筑物随时被拆除的风险(许多城中村建筑物都是违章建筑),也带来了一定的治安与消防风险,但这却是城中村村民在生存环境巨变下的自我救赎,而城中村出租房的存在,也为大量的外来务工者提供了容身之处。〔19〕当城中村面临着改造、宅基地要被征收时,部分城中村村民将会失去最后的谋生手段,而其所能得到的补偿未必能使其能维持现有的生活水平。古语有云:"天下熙熙,皆为利来,天下攘攘,皆为利往。"利益分配不均必然会在征收人与被征收人之间引发激烈冲突,因此,随着村民法律意识的增强,围绕着村民、开发商与政府之间的土地纠纷诉讼与日俱增。在实践中,无论是政府、开发商还是被拆迁人,都希望在此过程中谋求自身利益的最大化,政府希望以无成本的方式获得土地资产性收益;开发商希望能以最低的价格获得建设用地使用权,从而赚取较高开发利润;而被拆迁人希望能够获得最大数额的补偿,以保持或提高生活水平。因此,若当事人无法达成符合自身利益的拆迁安

---

〔16〕参见吕翾:《村(居)民利益保障视角下农村土地整理的政策风险与法制对策——以广东"三旧"改造中城中村改造为例》,载《南方农村》2013年第2期。

〔17〕参见《土地管理法》第47条。

〔18〕参见刘守英:《中国城乡二元土地制度的特征、问题与改革》,载《国际经济评论》2014年第3期。

〔19〕参见郭兰英、刘丽萍、权守昭:《城中村改造中宅基地征收补偿机制的构建》,载《山西省政法管理干部学院学报》2013年第3期。

置补偿协议,而行政机关也无法作出令各方满意的裁决(决定)时,当事人只能借助诉讼解决双方的争议。

3. 房屋、土地价值高速飞涨

在城镇化初级阶段,房屋和土地的价值较低,尤其当人们从农村移居到城市时,留在农村的砖瓦房及其宅基地便不再受人们的重视,甚至随意将宅基地出卖给外村人使用。而旧城区的老房子也存在所有权人的移民或搬迁等原因而被废弃到一旁。时过境迁,房屋因为继承而产生所有权转移的效果,尽管我国《物权法》第29条规定,因继承或者受遗赠取得物权的,自继承或者受遗赠开始时发生效力,但《物权法》毕竟于2007年才开始施行。此前,人们既没有办理变更登记的观念,也很少有变更登记的实践。但当房屋、土地面临征收时,所有权或使用权权属是获得征收补偿的关键,此时房屋、土地的经济价值早已发生翻天覆地的变化,面对如此巨大的拆迁补偿,人人都不甘示弱,想分一杯羹。除此之外,一些拆迁安置补偿协议签订时间较早,但由于某些原因未能及时履行,而现今房屋的价值已不能用原有标准来衡量,因此合同的履行条件已发生变化,加上存在政策变更、法条废止等情况,所以当一方合同当事人仍希望按原条件履行合同时,另一方未必能够接受。所以,因房价节节高升而产生的纠纷数不胜数。

4. 行政机关的不法行为

(1)存在暴力强制拆迁等违法行为。根据《土地管理法实施条例》第45条、《国有土地上房屋征收与补偿条例》第28条第1款的规定,只有人民法院才有权力对被征收的房屋或土地进行强制执行。但出于各种利益的考量,依然有行政机关对被征收土地上的房屋直接予以暴力强制拆除,这和法院不具备足够的人力、物力对被征收房屋进行强制拆除有关。但行政机关的暴力强制拆除,势必会引起被拆迁人的强烈反抗,导致冲突,甚至会引发群体事件。

(2)拆迁补偿决定(方案)不合法。拆迁补偿决定(方案)虽为具体行政行为,但因其对法律的错误适用,影响的却是一群人的权益,所以其对社会安定所造成的危害不能等闲视之。仅就本文所采用的诉讼案例所得,目前存在下列两种情形:一是拆迁补偿决定(方案)排除当事人选择拆迁补偿方式的权利。以李先等因不服房屋拆迁补偿方案诉广州市从化区国土资源和房屋管理局一案为例,根据《国有土地上房屋征收与补偿条例》第21条的规定,被征收人可以选择货币补偿,也可以选择房屋产权调换。但从化区国土资源与房屋管理局(原从化市)作出的《从化市轨道交通十四号线、广从路快速化改造征(借)地及房屋拆迁补偿方案》

却规定了本次拆迁补偿一律采取货币补偿的方式,而排除了权利人的补偿选择权。[20] 二是拆迁补偿决定排除妇女的土地权利。虽然现行法律保障妇女土地权利,但妇女的土地权利长期以来一直未能在实际中落实。以龚桂贤等诉广州市增城区人民政府(原增城市政府)一案为例,增城市政府作出的《增城市人民政府关于印发广州教育城土地征收和房屋拆迁补偿安置办法的通知》(增府〔2013〕6号),其中第3章第8条第1项与第9条第2项直接排除了妇女在房屋拆迁与安置补偿中应有的权利。[21]

## 四、城市更新土地法制的完善思路

### (一)完善城市更新法律制度体系

城市化进程较早的国家和地区,其共同的治理经验在于法律制度保障和规范城市更新。[22] 如法国、英国、德国、美国、爱尔兰、新加坡和日本、韩国及我国台湾地区,均制定有专门的城市更新法律。[23] 不仅是广州,我国各地的城市更新都主要是由地方政府规章甚至地方政府规范性文件主导,缺乏更高层级的法律、法规。我国现行法律、法规中的相关规定本身也有一定的模糊性,对城市更新的引导意义有限。所以应当弥补我国城市更新法律体系存在的结构性缺陷,制定城市更新的单行法律。在未来的立法中,还应当特别注意公共利益的认定程序。虽然公共利益的概念在《宪法》《物权法》《土地管理法》中多次出现,但是没有明确规定公共利益的含义到底是什么。公共利益是征收的前提问题,对公共利益进行合理的界定对于城市更新的开展有着十分重要的作用。在实践当中,广州市决定是否进行改造采取的是多数决的办法,例如,旧城镇更新的全面改造项目要求通过两轮征询,同意改造的户数要求达到90%以上并且签订房屋拆迁补偿安置协议的居民达到2/3及以上。这种做法虽然在一定程度上保证了大多数人的利益,但是仍然有小部分的被征收人作出了牺牲,他们的利益遭受损害时也需要得到一定的救济。公共利益并非量的判断,而是质的认定,因为其内容具有不确定性及受益人不确定的特征,不仅受益对象不确定,利益内容亦会随国家政治、社会发展于各种事务领域中而改变。公共利益之判断标准应随当代社会、文化之评价客观化,以决定公共利益之标准及原则。[24] 在立法上,我国可以采用概括式与列举式相结合的体例对

---

〔20〕 参见广州市从化区人民法院(2016)粤0184行初3号行政判决书。

〔21〕 参见广州市中级人民法院(2014)穗中法行初字第255号行政判决书。

〔22〕 参见朱海波:《当前我国城市更新立法问题研究》,载《暨南学报》2015年第10期。

〔23〕 参见林元兴、章毅:《欧洲各国的都市更新》,载《土地问题研究季刊》2012年第41期。

〔24〕 参见王珍玲:《论都市更新之公共利益》,载《法学新论》2013年第45期。

"公共利益"予以界定,除了抽象出"公共利益"的基本内涵,如公共性和非排他性、受益对象的不特定性,还应以不完全列举的方式明确"公共利益"的外延。[25]

(二)赋予集体土地与国有土地同等权利

有学者认为,《宪法》和法律关于"城市的土地为国家所有"的规定,是特定历史时期的产物,随着社会的发展应当取消,允许农民集体拥有城市的土地是社会主义初级阶段的物权观的反映。[26] 笔者同意该学者的观点。随着经济的发展,城市化是社会发展的必然趋势,也是农业国家要走向工业国家必须经历的一条路。要实现以人为本的城镇化,必须使农民从城镇化的过程中得到利益和实惠,否则就只是空谈。另外,国家征收取得土地所有权以后可以使土地在市场上自由配置并且获得其价值。此时对于农民来说当然不希望自己的土地转为国家所有,所以其就很可能走向城镇化的反面。要保护农民的土地权益,也应当最大限度地尊重农民的意愿。政策也好,法律也罢,只有在尊重农民真实意愿的基础上,才可能得到切实的贯彻。从这个角度讲,以尊重农民意愿,保障农民权益作为农地立法的价值取向,既是保障农民权益的最好方式,也是避免法律空悬化的最好途径。[27] 另外,从产权的角度来讲,权利本身有价,而且土地权利束越完整价格越高。土地作为农民一项主要的资产,其收益的多寡取决于其财产权利的完善程度。当农用地转为建设用地时,由于赋予了土地用途变更的权利,土地价值升高;当建设用地交易范围从村集体组织内部扩展至全社会时,由于扩展了土地所有者选择交易者的权利,土地价值升高。[28] 因此,我们应当将农民集体建设用地与国家建设用地同等看待,方可以保护农民的根本利益。

(三)提高征地补偿标准,建立合理的利益分配机制

目前广州市的征地补偿包括土地补偿费、安置费、地上附着物以及青苗补助费、房屋复建安置(产权调换或货币补偿)、搬迁费、停产停业损失等,这是一种适当补偿。我国现行法律制度下也多是将土地征收补偿限定在农用地价值上。国外和有关地区多采用公正补偿,具有灵活性、适应性和包容性,且补偿范围较宽,征地补偿标准以被征收土地的市场价值为基础,统筹考虑被征地的经济损失、土地利用

---

[25] 参见陈小君等:《农村土地法律制度的现实考察与研究——中国十省调研报告书》,法律出版社2010年版,第250页。

[26] 参见傅鼎生:《入城集体土地之归属——城中村进程中不可回避的宪法问题》,载《政治与法律》2010年第12期。

[27] 参见陆剑:《我国农地使用权流转法律制度研究》,中国政法大学出版社2014年版,第257页。

[28] 参见燕雨林、刘愿:《城镇化进程中城中村改造地权归属问题研究》,载《广东社会科学》2013年第4期。

状况、土地市场和过去征地补偿的历史、征地时间、土地投入构成等因素,补偿标准相对国内较高。[29] 例如,美国,其农地征收补偿是以农地被征收时的市场价格为基础,并且考虑农地可预期的未来价值和农地权利人的利益。除此之外,被征收土地相毗邻土地的权利人也会作为征地补偿对象。当然,各国和各地区的政治经济制度不同、社会经济发展的阶段性特征不同,其所征收补偿的范围和标准会有些许的差异。但整体的原则是坚持公平补偿,考虑利益损失直接主体、间接主体及附加主体,全面充分地确定征收补偿费用,并科学合理地进行补偿分配。虽然现在难以一步到位达到发达国家和地区的水平,但是从保障农民利益的角度出发,现在的征地补偿标准至少还应当增加集体土地投入损失、残余地分割损失等项目。[30] 征地标准宜以市场价格为基础,改变公权力主导的局面。因为公平交易最能体现财产的真正价值,通过市场认定财产价值才可能是公正的,因此,"按照国家规定给予补偿"或者"给予合理补偿标准"规则,理应以市场价值补偿为原则,以切实保障被征收人的基本生活需求为依归,并坚持补偿标准的动态性,根据经济、社会发展情况适时调整。[31] 就从政府这个角度而言,按照市场价格征收土地,其征地成本增加了,财政上对于土地的依赖也可能相应减少。在利益分配的问题上,应当增加农民对征收补偿以及土地增值收益的分配比例,以保障农民的生存发展。

(责任编辑:于凤瑞)

[29] 参见宋戈、黄善林等:《土地经济学研究》,中国农业出版社 2018 年版,第 277 页。

[30] 参见陈小君:《农村集体土地征收的法理反思于与制度重构》,载《中国法学》2012 年第 1 期。

[31] 参见石佑启:《私有财产权公法保护研究——宪法与行政法的视角》,北京大学出版社 2007 年版,第 165~167 页。

# 农村“三变”改革背景下土地经营权入股问题调研*

王鑫涛**

**|摘　要|**

农村“三变”改革是已经实践检验的激活土地权能、释放土地红利的优良土地改革模式,是农村集体产权制度改革的实践创新形式,是打赢脱贫攻坚战,实现乡村振兴战略的有效方式,是实现一、二、三产业融合发展的最佳选择。在“三变”改革中,土地经营权入股是农村承包地“三权分置”制度改革中“土地经营权”权能的落实和升华。在法律上,应在保证土地确权工作的基础上,明确各类入股主体的法律身份,制定合理的股权量化机制,完善风险负担机制,创新债务承担制度,创设保险制度等以完善土地经营权入股改革。值此《民法典》编纂与《土地管理法》修改之际,以全面总结试点地区优秀经验为基础,立法者应在《民法典物权编》中规定“三权分置”的相关制度,在《土地管理法》中修改完善土地注册登记和风险负担制度,并在将来制定《农村集体经济组织法》。

**|关键词|**

“三变”改革　三权分置　土地经营权　土地经营权入股

**|目　次|**



---

* 基金项目:烟台大学研究生科技创新基金资助重点项目(YDZD1902)。

** 王鑫涛,烟台大学法学院2017级民商法研究生。

## 一、调研背景

2013 年 11 月,党的十八届三中全会作出了全面深化土地改革的决定,拉开了我国新一轮农村土地权利制度改革的序幕。其中,"三权分置"的改革至关重要,它预示着我国现有的农村集体土地格局将由所有权、承包经营权"两权分离"的格局演变为土地所有权、承包权、经营权"三权分置"的模式。2019 年 1 月 1 日新修改的《农村土地承包法》颁布实施,这意味着"三权分置"的政策要求在法律层面落地生根,农村土地的经营权放活和红利释放有望。激活农村资产红利的另一项重大改革便是农村集体产权制度改革。"产权"乃"财产权"的简称,[1]农村的财产大致包括三类:资源性资产、经营性资产和非经营性资产。其中,资源性资产主要指耕地、林地等土地资源,这也是农村占比较大的资产。[2] 本课题所研究的土地经营权入股中的"土地",指的便是农村三类资产中的资源性资产,其中又以承包地入股为研究重点。

### (一)农村"三变"改革的起源与发展

所谓"三变",是指资源变资产、资金变股金、农民变股东。[3] "三变"是农村集体产权制度改革的重点内容和深化举措,其核心要义是"通过盘活农村三资,激活农民三权,进而增加农民财产性收入,推进农业增效、农民增收和农村集体经济增值。"[4]

农村"三变"改革最初发端于贵州省集体产权制度改革中的股份制合作改革,由六盘水市娘娘山进行了实践探索,取得了显著成效,引起了中央领导的高度重视。[5] 2015 年 11 月 27 日习近平总书记在中央扶贫开发工作会议上首次正式指出:"要通过改革创新,让贫困地区的土地、劳动力、资产、自然风光等要素活起来,让资源变资产、资金变股金、农民变股东,让绿水青山变金山银山。"之后,2017 年中央一号文件将"三变"改革纳入国家政策层面,2018 年中央一号文件、2019 年中央一号文件、《乡村振兴战略规划(2018-2022 年)》《中共中央、国务院关于打赢脱贫攻坚战三年行动的指导意见》等中央文件纷纷提倡和落实"三变"政策,可见"三变"改革得到了中央和实践的双重重视。

---

[1] 不同学科、不同领域、不同学者对"产权"的定义不同,笔者赞成"产权"即英美法上的"财产权"的观点。参见王洪平:《农村集体产权制度改革的"物权法底线"》,载《苏州大学学报》(哲学社会科学版)2019 年第 1 期。

[2] 参见张洪波:《论农村集体资产股份合作中的折股量化》,载《苏州大学学报》(哲学社会科学版)2019 年第 1 期。

[3] 参见刘文俭:《以"三变"改革推动乡村振兴》,载《中国城市报》2018 年 7 月 23 日。

[4] 参见崔宝玉:《以"三变"改革推动乡村振兴》,载《安徽日报》2018 年 3 月 27 日。

[5] 贵州省六盘水市的实践案例被改编为同名电影《三变》,作为 2017 年全国两会的献礼片,"三变"改革的影响力由此可见一斑。

### (二)“两权分离”到“三权分置”

土地承包经营权入股的最初形式是土地股份合作制，于20世纪90年代初在海南、重庆等地率先产生。[6] 但试点仅进行了一年多的时间，便被中央紧急叫停。因为在当时农村土地所有权与承包经营权“两权分离”的法律制度下，农户对土地并不享有自由流转的权利，更不可能实现土地入股。[7] 尽管这一限制是为了保障农民的土地权益不受剥夺，但是却制约了土地权益的释放，由此，“三权分置”制度应运而生，其旨在落实集体所有权、稳定农户承包权的前提下，放活土地经营权。

所有重大改革都不可能一蹴而就。2015年，农业部选取7个省市，以试点的形式展开对土地经营权入股的探索。[8] 2017年年底，全部试点工作结束。2018年12月，农业农村部再次提出，将在全国范围内开展土地经营权入股试点工作，推动农业产业化经营。[9]

在从“两权分离”到“三权分置”的演变过程中，有关土地经营权入股的争议持续不断。在“两权分离”阶段，存在物权性流转说[10]、债权性流转说[11]和股权性流转说[12]的争议。“三权分置”之后，土地经营权入股取代了土地承包经营权入股，农民的入股权利得到解放。但是针对土地经营权的性质，学界始终未达成共识，学者们见仁见智，形成了债权说[13]、物权说[14]、物权化债权说[15]等不同的观点。[16]

---

〔6〕 2007年，重庆尝试进行“股田制”试点，农民不仅可以以土地承包经营权出资入股设立农民专业合作社，还可以设立有限公司，甚至独资、合伙等企业。

〔7〕 参见宋志红：《土地承包经营权入股的法律性质辨析》，载《法学杂志》2010年第5期。

〔8〕 2015年3月19日，农业部发布《关于组织申报土地经营权入股发展农业产业化经营试点方案的通知》，要求黑龙江省、江苏省、浙江省、山东省、重庆市、四川省、贵州省等7个省份开展土地经营权入股试点，优化资源配置，探索农业产业化经营的路径。

〔9〕 2018年12月19日，农业农村部等六部门联合发布《关于开展土地经营权入股发展农业产业化经营试点的指导意见》(以下简称《入股意见》)，要求全国各地稳妥开展土地(指农户家庭承包地)经营权入股发展农业产业化经营试点工作，促进乡村振兴。

〔10〕 参见房绍坤：《物权法用益物权编》，中国人民大学出版社2007年版。

〔11〕 参见马新彦、李国强：《土地承包经营权流转的物权法思考》，载《法商研究》2005年第5期。

〔12〕 参见丁关良：《土地承包经营权流转主要方式之法律性质研究述评》，载《山东农业大学学报》(社会科学版)2008年第4期。

〔13〕 参见单平基：《“三权分置”中土地经营权债权定性的证成》，载《法学》2018年第10期。

〔14〕 参见蔡立东、姜楠：《农地三权分置的法实现》，载《中国社会科学》2017年第5期。

〔15〕 高圣平教授认为“现阶段可以将土地经营权理解为物权化的债权，即在法律上定性为债权但同时又赋予其转让、抵押等物权权能”。参见高圣平：《承包地三权分置的法律表达》，载《中国法学》2018年第4期；高圣平：《土地经营权的设权与赋权》，载《光明日报》2019年2月12日，第11版。

〔16〕 参见宋志红：《三权分置关键是土地经营权定性》，载《中国合作经济》2016年第10期。

新修订的《农村土地承包法》明确了“土地经营权”的概念,但对其性质没有作出直接规定,只是赋予了土地经营权以登记、抵押等物权法保护,更具体的规定有待《民法典物权编》《土地管理法》等法律法规进行规定。但是“三权分置”已经得到了法律层面的落实,“土地经营权”的权能得以放活,实践中完全可以进行更加多元化的土地经营权入股形式的探索。

(三)土地经营权入股的现实必要

相比于专业大户、家庭农场等农村土地经营模式,土地经营权入股合作社或龙头企业更能实现一、二、三产业的融合发展,更容易受到农民、村集体、企业、政府等多元主体的欢迎和参与。而农村“三变”改革更好地实现了土地经营权入股,调动了龙头企业的参与积极性,实现了其效益保障。二者的优化组合既达到了“三权分置”对“放活经营权”的要求,又探索了农村集体产权制度改革的行之有效的模式。

## 二、实地调研之典型实例

本次调研活动由“农地入股调研队”具体开展,团队成员 14 人,均具有丰富的调研经验和扎实的理论基础。其中笔者自 2013 年起,连续 6 年一直从事“三农”问题研究,并多次获得省校级奖励。此次选题,基于前述研究,紧扣“三变”改革这一时政热点,围绕“三权分置”这一法学难点,聚焦“土地经营权入股”这一乡村振兴改革亮点,最终予以确定。

在调研地点的选择上,团队综合考虑不同省份的经济实力、农业现代化程度、自然资源差异、地理位置、人文状况等因素,选取山东省、贵州省、重庆市、四川省、浙江省 5 个省、直辖市为实地调研地点(上述 5 个省、直辖市均为 2015 年农业部指定的土地经营权入股试点地区)。团队采取问卷调查、实地走访、政府访谈、数据统计等多维度的调研方法,对上述试点省、直辖市的试点地区和非试点地区进行对比调研。调研对象包括各省(市)农业厅、市(县)农业局、合作社、龙头企业、村两委、村民等。自 2018 年 6 月至 2019 年 4 月,团队历时近一年,实地走访调研了上述省、直辖市的 20 余个地区,收集了丰富的一手调研数据,获得调研问卷、访谈记录、政府资料共计 600 余份。

通过实地调研,团队对上述省、直辖市的“三变”改革政策落实、土地流转、土地登记确权、土地经营权入股模式和阻碍等情况有了较为全面、系统的了解。通过总结分析,我们对每个调研点的详细调研情况做如下汇报。

(一)“三变”改革发源实例——贵州省

农村“三变”改革发源于盘州市普古乡的娘娘山地区。这里主要由盘州市普古银湖种植养殖农民专业合作社(以下简称银湖合作社)负责开发,通过租

赁、入股等方式流转土地经营权,种植刺梨、猕猴桃、蓝莓等水果,同时发展乡村旅游。(见图1)

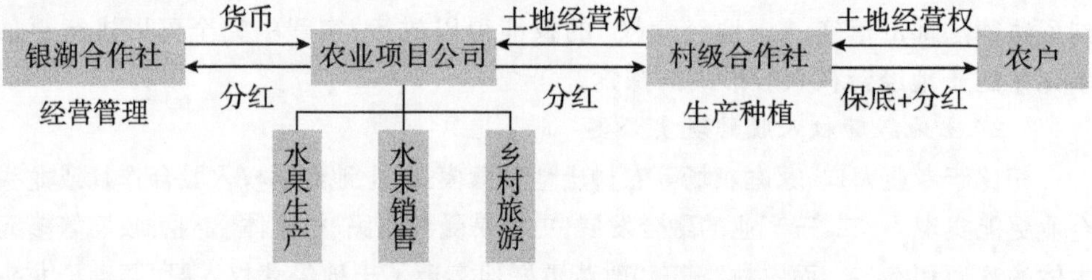


**图1　贵州银湖合作社经营、入股、分红模式**

贵州省采取土地经营权入股发展农业产业化经营的主要做法是:银湖合作社“出钱”,村级合作社“出地”,联合成立农业项目公司,从事刺梨等水果种植、销售业务。银湖合作社负责农业项目公司的日常经营管理,并对村级合作社垫付“保底收益”(每年500元/亩),其相当于发挥县级国有投资平台公司的作用。村级合作社则负责农业生产种植。

目前,在娘娘山地区采取这种方式的包括三个村:水坝村、新寨村、卧落村。具体合作经营情况如下:(见图2~图4)

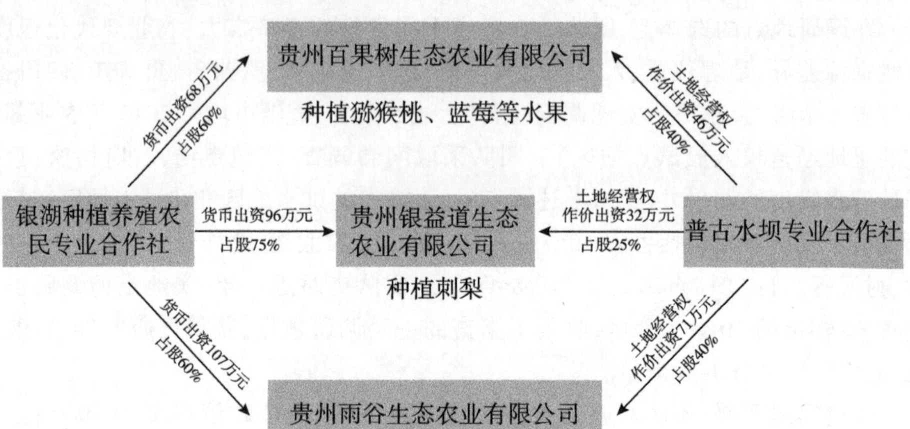


**图2　贵州银湖合作社+普古水坝合作社经营模式**

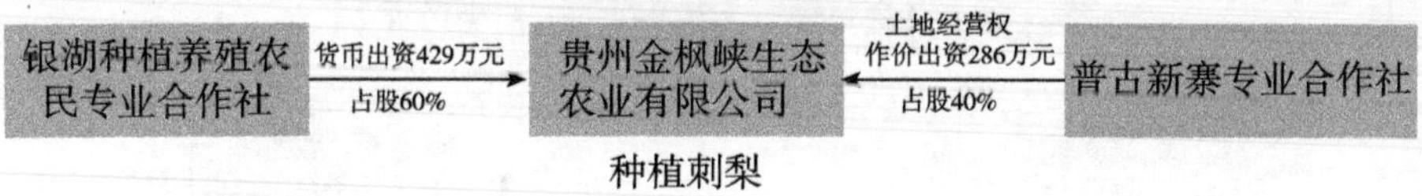


**图3　贵州银湖合作社+普古新寨合作社经营模式**

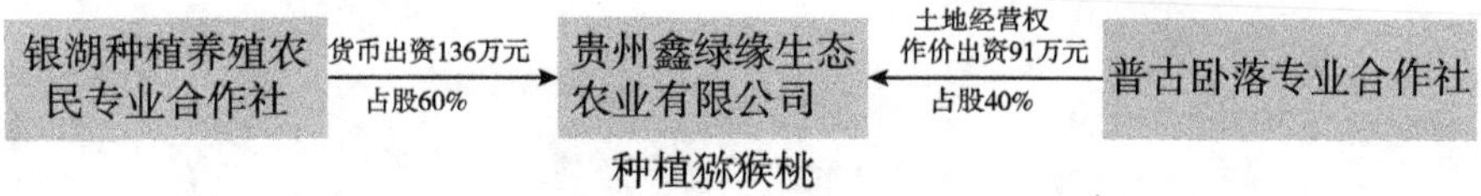


**图4　贵州银湖合作社+普古卧落合作社经营模式**

(二)“三变”改革创新发展实例——重庆市

贵州省探索出“三变”改革模式后，重庆市将这一模式引进学习，并加以改善，在全市38个村开展了“三变”改革试点，并突破性地探索出“三变+特色产业”“三变+乡村旅游”“三变+集体经济”“三变+脱贫攻坚”和“三变+休闲康养”等多种模式。(见图5)最终我们调研团队从以上38个案例中总结分析出了三点成功经验：

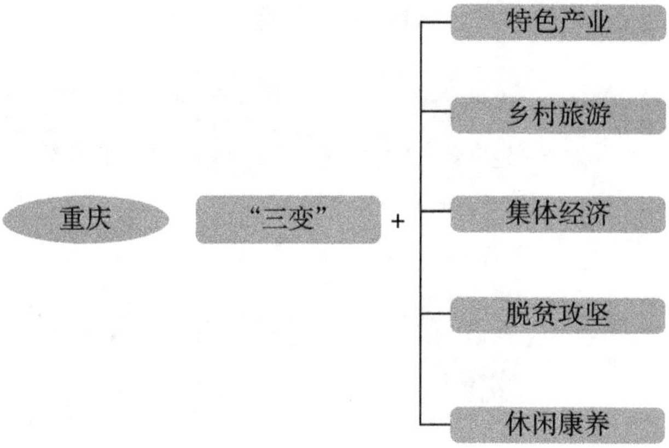


**图5　重庆“三变改革创新模式”**

1.“合作社+基地+村集体+农民”模式

涪陵区治坪村以农民专业合作社作为承接主体推进农村“三变”改革。(1)按照“合作社+基地+村集体+农民”模式，组建重庆市涪陵区风向堡榨菜股份合作社，股份总额2500万元。(2)改造现有合作社，对重庆市涪陵区竹泰笋业股份合作社进行股权重组。具体的联合经营模式见图6：

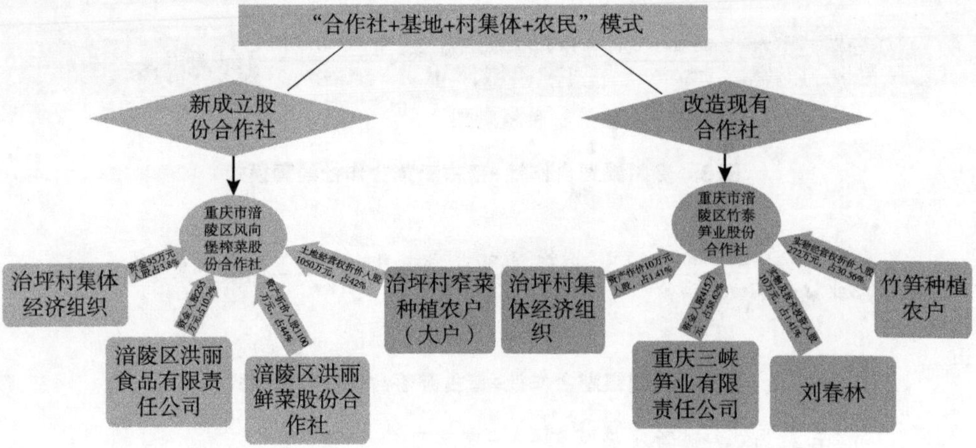


**图6 涪陵区治坪村“合作社+基地+村集体+农民”模式**

2. 创新分红机制

合作社采取“统一规划、统一经营管理、统一核算股权收益、统一进行二次分红”的分红模式。(1)农户以土地经营权折价入股;[17] (2)建立“保底分红+盈利二次分红+产业务工收入+财政投入资金股权化分红”的利益联结机制。[18] (见图7)

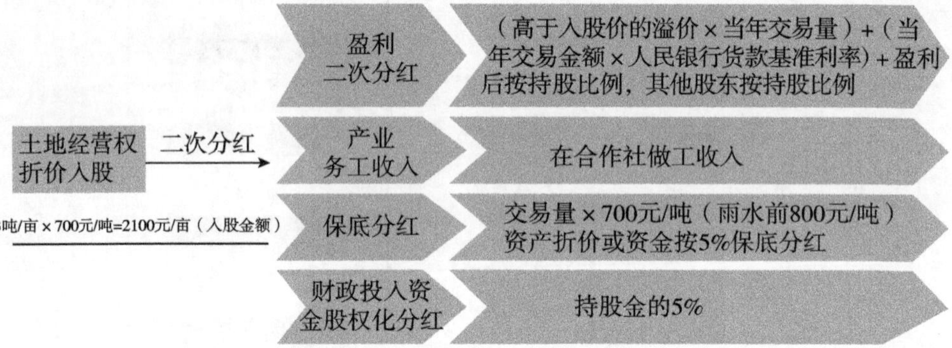


**图7 重庆市的创新分红模式**

〔17〕 种植农户(大户)以土地经营权折价(青菜头产值)入股至合作社成为股东,以每年每亩的青菜头产值折价入股,即3吨/亩×700元/吨=2100元/亩(入股金额)。

〔18〕 种植农户(大户)获得保底分红为当年交售到合作社的青菜头交易量×700元/吨(雨水前800元/吨)、资产折价或资金按5%保底分红,种植农户(大户)获得盈利二次分红为(高于入股价的溢价×当年交易量)+(当年交易金额×人民银行货款基准利率)+盈利后按持股比例分红,其他股东按持股比例参加盈利二次分红,产业务工收入为在合作社做工收入,财政投入资金股权化分红为持股金的5%。

3.“宽”定成员、“简”设股权、“固”化管理

“宽”定成员：成员界定是集体产权制度改革的关键环节，三清村在成员界定中，广集群众智慧，按照“四议”[19]程序，制订并通过了具有“宽进”特点的成员界定办法（九认九不认）。东明村在繁杂的人员类型中另辟蹊径，不分农业户口、非农户口，仅排除有关法律法规中已明确不享有成员资格的人员类型，使更多人进入集体经济组织，享有成员资格。[20] “简”设股权：采取不设集体股，一人一股的简单易行的做法设置集体经济组织股权。[21] “固”化管理：实行“成员固化、股权固化”的静态管理模式。[22]

（三）自然差异显著实例——四川省

四川省面积居我国第五位，是我国的资源大省、人口大省、经济大省。全省地貌东西差异大，地形复杂多样，因而省内各地农业发展模式各不相同。通过调研发现，四川省崇州市杨柳土地股份合作社的土地经营权入股模式比较典型，[23]该合作社的优秀经验主要有以下三点：

1. 保障农民利益，按入股权重分红

入社社员按入社股份约定比例分红，农民土地、职业经理人、公积金分别占比7∶2∶1。同时，合作社将国家财政补贴量化入股，作为分红的来源之一。国家财政补贴的分红比例为变动的，结合当年的经济效益，通过召开股东大会确定。

2. 统一经营管理，提高农业生产效益

土地股份合作社按照章程选举产生理事会、监事会。前者负责生产经营，后者负责对理事会的经营、管理和财务收支执行情况进行监督。该合作社具体管理模式和经营情况见图8：

---

〔19〕 所谓“四议”，是指村级重大事项的决策采取党支部会提议、“两委”会商议、党员大会审议、村民代表会议或村民会议决议的工作方法。该方法由河南省南阳邓州市率先提出，后被重庆市涪陵区借鉴运用。

〔20〕 东明村经村民代表大会讨论通过了村集体经济组织成员身份确认标准和成员股价价额量化标准，将集体资产确权量化到全村939户2950人，东明村取得成员资格的占比达97.6%。

〔21〕 不设集体股，即将集体资产全部折股量化给集体经济组织成员，集体不持股份，采取提取一定比例的公积金、公益金的方式来保障村集体运行和发展。一人一股，即按成员人数平均分配股权，每人一股，不计算“农龄、劳龄”。

〔22〕 所谓“固化管理”是指成员和股权一经确定，不随人口的增减而变化，即“生不增，死不减”，但在特定条件下通过规定程序，经社员代表大会讨论通过也可以取得成员资格和进行股权的转让、继承、退出。“两固”的静态管理模式能减少矛盾，简化程序，降低成本，提高效率。

〔23〕 该合作社2010年5月由隆兴镇黎坝村15组31户发起成立，农民自愿以确权颁证后的101.27亩土地承包地经营权折股入社、作价出资，组建土地股份合作社，并写入土地股份合作社章程，申请工商登记注册，主要从事粮食和高效作物种植经营。目前入社农民514户，入社面积1152亩，合作社已成为一家从事粮食规模化种植、粮食烘干仓储、稻田综合种养为一体的国家级农民合作社示范社。

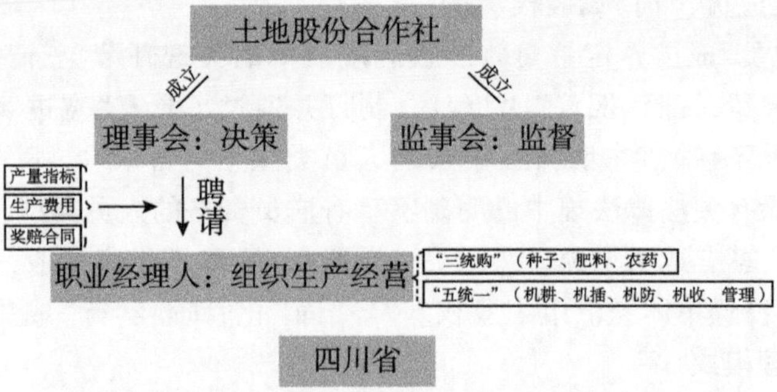


**图8　四川省土地股份合作社组织模式**

3. 运用产改成果,开展抵押贷款发展

土地股份合作社利用已获得的土地经营权作为贷款抵押,发展特色高效农业。四川省创新性地提出可以凭借职业经理人的资质证书进行抵押担保,不同等级的职业经理人享有不同的抵押担保数额。

(四)现代化农业发展实例——浙江省

截至目前,浙江省共有试点土地股份制合作社32家、土地股份制企业3家,入股土地面积10331亩,主要以"农民+土地股份合作社"直营模式、"土地股份合作社+企业"的社企合作模式、"农户+农业+企业"的土地股份公司模式和"农民之家+企业"的股份合作模式等形式组建土地股份合作组织。在原试点的基础上,浙江省创新了试点模式,探索土地股份结合农林资产评估折价复合型股份化合作组织。2018年10月已新增2家,并经工商注册,新进土地入股1567亩,农林资产入股3348.8万元。通过乡镇考核和召开推进会推进土地流转等手段加快产业适度规模发展。通过调研,浙江省的创新特色经验主要有以下两点。

1. 首创性地设立农民之家创业服务社

该服务社是由村股份经济合作社全资设立的非盈利性企业,具有公共职能的性质,主要负责就业信息提供、人力资源登记、销售渠道连接、资金扶持等工作,例如浙江省三鑫村农民之家创业服务社。[24]

---

[24] 浙江凤鑫生态农业科技有限公司与三鑫村农民之家创业服务社合作成立桐庐凤溪玫瑰生态农业发展有限公司,三鑫村农民之家创业服务社以农民土地经营权入股的方式占股10%,浙江凤鑫生态农业科技有限公司以货币出资方式占股90%。目前三鑫村集中流转土地1058亩,企业投入自有资金3500余万元,通过股份合作,每年可增加村集体收入100万元。另外公司采取的"固定分红+收益分红"模式积极引导农民以土地承包经营权通过村农民之家入股参与基地建设,每亩地村民每年可获得800元固定分红,产生效益后再按比例获得收益分红,该模式已经覆盖农户375户1062人。

2. 首创性地设置“列席董事”和“列席监事”制度[25]

浙江省桐庐县农业局为了保障农户的知情权、参与权,引导企业创设“列席董事”和“列席监事”,由未成为董事、监事的农民,轮流上岗,列席董事会和监事会的工作事务中。“列席董事”和“列席监事”只享有参与权、建议权、监督权,不享有正式表决权。此种制度较好地保证了农民的参与权和对公司的监督权,也有利于公司策划的进行。(见图9)

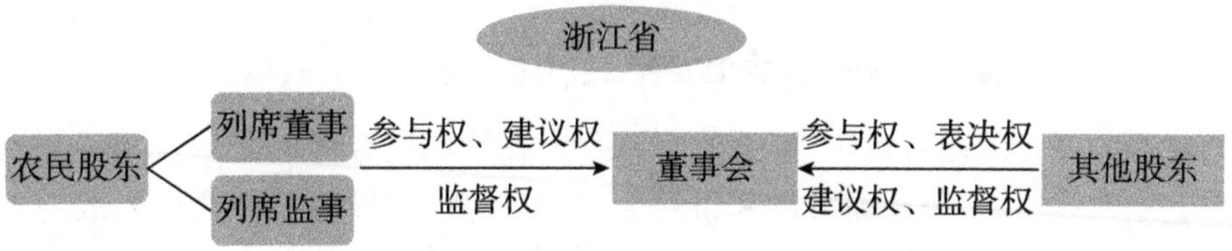


**图9 浙江省桐庐县凤鑫玫瑰“三变”改革创新模式**

(五)传统农业发展实例——山东省

山东省作为农业大省,对土地经营权入股也进行了诸多探索。本调研团队通过对青州市、寿光市、烟台市、新泰市、临沂市和青岛市等县市的实地调研,最终共总结出五种入股模式。(见图10~图14)

1.“农户+合作社+龙头企业”模式——以青州南小王晟丰土地股份合作社为例(见图10)

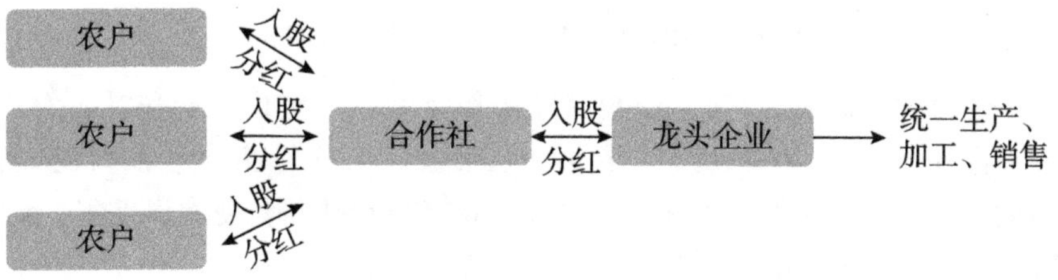


**图10 青州市南小王晟丰土地股份合作社入股模式**

该模式将“农户”“合作社”“龙头企业”三者通过“入股”的方式有机地结合在一起。农户承包权稳定有保障,农民通过经营权入股获得收益。合作社作为中间

---

[25] 大源村炬源生态养生园项目由凤川街道大源村农民之家创业服务社和杭州世源乡村旅游开发有限公司联合成立,其中杭州世源乡村旅游开发有限公司占股90%,大源农民之家创业服务占股10%。世源有限公司虽然吸纳农民之家入股,给农户分红,但是运作模式还是按照公司制的方式。而且由于农户占股比例小,在公司董事会和监事会中的人数较少。因此为保障农民的参与权、监督权,企业在政府的引导下设置了“列席董事”“列席监事”,并在公司章程中予以规定。

单位,将土地化零为整,量化入股到龙头企业,龙头企业通过生产、加工、销售,提高土地的收益率,进而通过分红的形式增加农民收入。

2."农户+合作社"+"公司+合作社"模式——以青州市家家富现代农业集团有限公司为例(见图11)

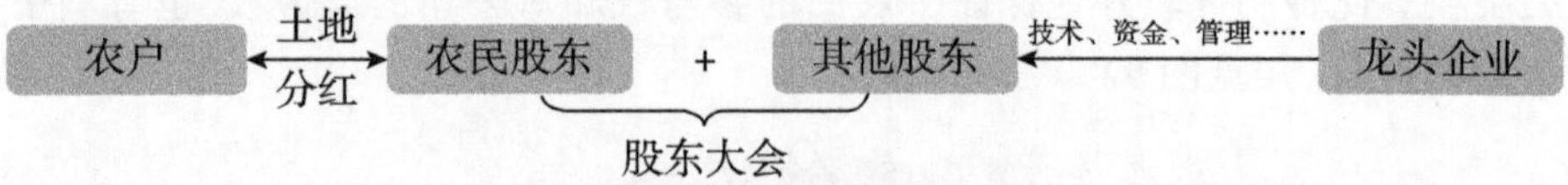


**图11 青州市家家富现代农业集团有限公司入股模式**

该模式以合作社为载体,将土地、劳动力、技术和资金等因素结合起来。农民提供土地和劳动力,公司提供技术和资金,合作社负责管理,三方通过入股的方式有效结合,共同收益。

3."股份合作+共同经营"模式——以沂水县金龙山农业合作社为例(见图12)

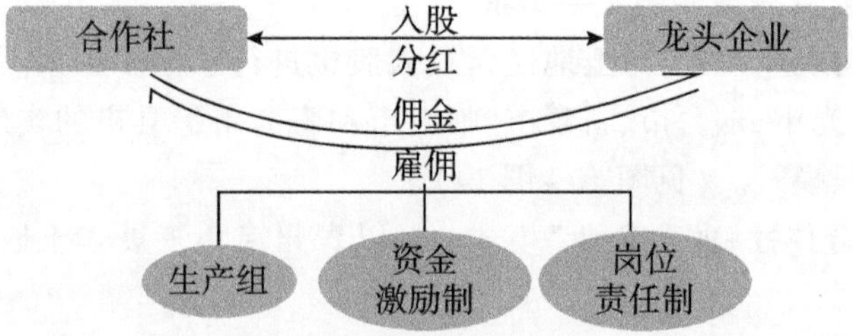


**图12 沂水县金龙山农业合作社入股模式**

村委会通过招商引资,建立以精品经济作物为商品定位的合作社。农户以土地入股合作社,获得"保底+分红"的第一层收益。合作社集合村民共同经营,将108名村民分为8个生产组,实行岗位责任制和奖金激励制,使农民获得"雇佣金+奖金"的第二层收益。分红和奖金的良性结合促使农民入股和生产的积极性都得到了极大的提高,十分有效地激发了"土地"和"劳动力"两项要素的活力。

4."股份合作+自主经营"模式——以寿光市东斟灌村为例(见图13)

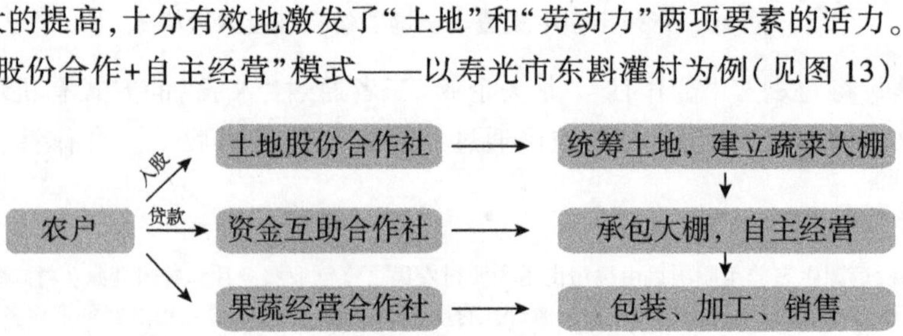


**图13 寿光市东斟灌村入股模式**

在村委会和村党委的领导下，该村先后建立"土地股份合作社""资金互助合作社"和"果蔬经营合作社"，形成了"一村三社"的模式。

该村的入股模式为村委会将村集体全部承包地统一收回，成立土地股份合作社，农户按土地面积折价入股，获得"保底+分红"的基本收益。股份合作社将土地统一开垦，建立规模较大的蔬菜大棚，重新发包给本集体农户和本集体以外的经营者（本集体成员享有优先权）。农民从资金互助合作社中以低利息贷款，贷款用于承包大棚和大棚经营，而果蔬合作社则统一将农民的作物加工、包装、销售，解决农民的后顾之忧，并形成了品牌优势。

该模式的创新之处在于结合了寿光的品牌优势和东斟灌村的地形和人文特点，合理化解了村集体缺乏招商引资、农民不富裕的劣势，首创性地设立了山东省第一家资金互助合作社，解决了融资难的问题。但是该模式也存在极大的弊端，"集体收回承包地，交由他人经营"的模式已经突破了现行法律对家庭联产承包责任制的要求。

5."农户+科技示范园"模式——以新泰市翟镇中节能光伏农业科技示范园为例〔26〕（见图 14）

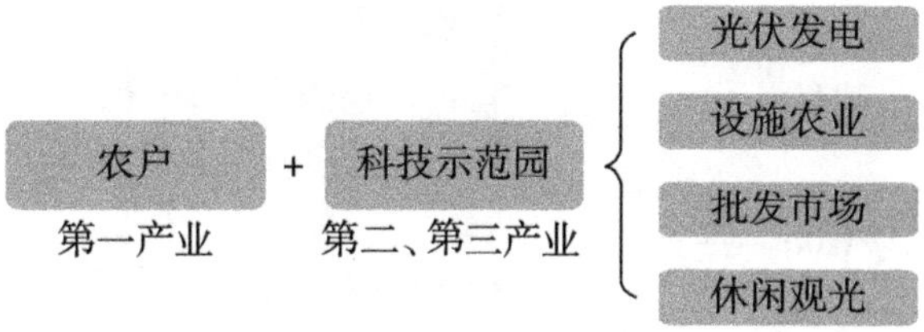


**图 14　新泰市翟镇中节能现代光伏农业科技示范园入股模式**

示范园的股份划分方式为依照人头划分股份，每个村民持有一股，对应 2.1 亩土地，剩余股份由村集体持有。分红方式为村民除每人每年获得 1050 元底金外，还可通过在合作社或外出打工获得工资，除此之外社员每年还可以获得一定分红，由村集体对村民发放，其形式包括对村民的水电费的减免与代缴社保等，减轻了村民的负担。分红资金的来源为村集体持有的股份、企业缴纳的管理费以及村办企业收益，每年的总数额约为 30 万元。

---

〔26〕 中节能现代光伏农业科技示范园由中国节能环保集团公司投资建设，流转土地面积达面积 3000 亩，总投资 11.2 亿元，主要流转方式以土地租赁为主。一期面积 1500 亩，投资 5.6 亿元，主要建设光伏发电、设施农业、批发市场、休闲观光四大功能板块。同时通过开展农事体验、科普教育、休闲采摘等活动大力发展休闲观光旅游，促进了一、二、三产业的融合发展。

## 三、调研发现的问题

### (一)土地经营权入股中的各类主体法律身份不明

由于历史的原因,我国现行土地法律制度中既包含有苏联公有制制度的内容,又有英美法系财产权和大陆法系所有权的元素,因此尚未形成体系完整、权属清晰的土地制度,表现之一便是农村各类主体身份的混乱和复杂。

1. 土地所有权的主体

我国《宪法》第10条明确规定农村的土地属于集体所有。[27] 但是此处的“集体”具体是指什么,学界有不同的观点。实践中因为历史改革的原因,对集体土地所有权的认识更是模糊,主要表现在对“集体”“集体经济组织”和“村民委员会(或言村民小组)”三者的区分不明确。(见图15)

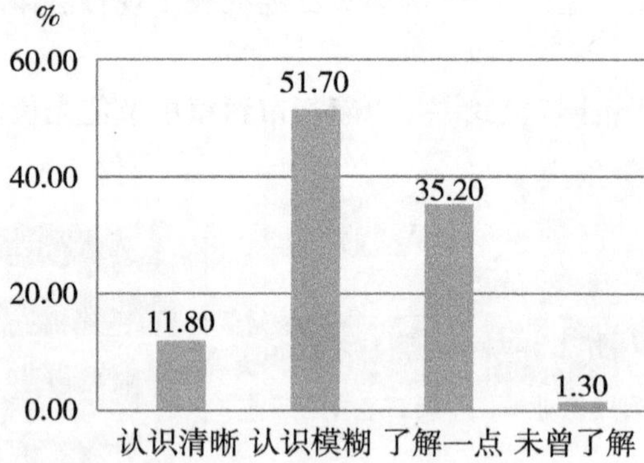


**图15　农民对集体土地所有权的了解程度**

2. 承包权的主体

承包权的主体是农村承包经营户还是农民个人,学界的争议颇多。有的学者认为承包权的主体是“户”,有学者认为“户”是行政法上便于户籍管理和人口统计

---

〔27〕《宪法》第9条规定:“矿藏、水流、森林、山岭、草原、荒地、滩涂等自然资源,都属于国家所有,即全民所有;由法律规定属于集体所有的森林和山岭、草原、荒地、滩涂除外。国家保障自然资源的合理利用,保护珍贵的动物和植物。禁止任何组织或者个人用任何手段侵占或者破坏自然资源。”第10条规定:“城市的土地属于国家所有。农村和城市郊区的土地,除由法律规定属于国家所有的以外,属于集体所有;宅基地和自留地、自留山,也属于集体所有。国家为了公共利益的需要,可以依照法律规定对土地实行征收或者征用并给予补偿。任何组织或者个人不得侵占、买卖或者以其他形式非法转让土地。土地的使用权可以依照法律的规定转让。一切使用土地的组织和个人必须合理地利用土地。”

而创设的概念,不具有民事主体的意义,因而也就不能作为承包权的主体。[28] 在实践中,对于承包权主体的认识同样模糊不清。区别农户和个人的意义在于,如果承包权归属于个人,则该权利是可以继承的,而承包权归属于农户则不存在继承的问题。

3. 合作社的性质

不同类别的合作社的性质和权能不同,调研了解到,当下登记注册的合作社类别主要有"××专业合作社""××股份合作社""××经济合作社""××股份经济合作社""××土地合作社""××资金合作社""××互助社""××联合社"等。[29] 由于缺乏对各类合作社的了解,导致出现注册混乱、空壳合作社存在等问题。

(二)土地经营权入股中的各类主体民事权利保护不到位

1. 知情权、参与权、表决权、监督权行使不到位

中央政策多次强调农村改革一定要保障农民的知情权、参与权、表决权、监督权等权利的行使。但实践中农民往往只负责上交土地经营权,年底获取租金和分红,并没有参与到合作社或者公司的经营运作之中。并且绝大部分的合作社或企业并没有给予农民相应的权利。在调研中我们了解到,多数农民对自身土地的经营运作是比较重视的,而且也会担心土地的非农化、地力破坏等问题,希望能够参与合作社或企业的经营运作,以宽其心。

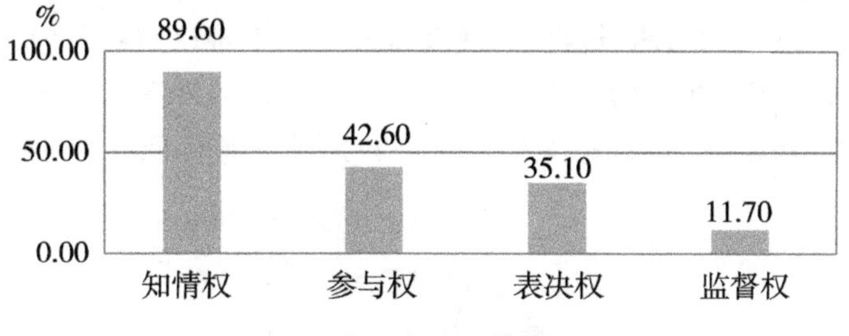


**图 16 调研地各类民事权利保障的满意度统计**

[28] 郭明瑞教授认为土地承包权的主体为农户,土地承包权具有继承性。刘保玉教授则认为土地承包权是为特定身份的人设置的人役权,伴随主体的死亡而消失,因此不具有继承性;参见郭明瑞:《也谈农村土地承包经营权的继承问题——兼与刘保玉教授商榷》,载《北方法学》2014 年第 2 期;参见刘保玉、李运杨:《农村土地承包经营权的继承问题探析》,载《北方法学》2014 年第 2 期。

[29] 例如,"青州市家家富农民专业合作社""重庆市涪陵区竹泰笋业股份合作社""浙江省三鑫村股份经济合作社""寿光市东斟灌村土地合作社""寿光市东斟灌村资金合作社""寿光市东斟灌村互助社"(寿光市东斟灌村设立"一村三社")、"寿光市南小王联合社"等。

2. 自由退出机制不健全(见图17)

调研发现,大部分合作社或企业的章程并没有明确规定农民的退出机制,实践中有关退出的事宜大部分都是通过双方当事人协商解决,因此存在许多纠纷。

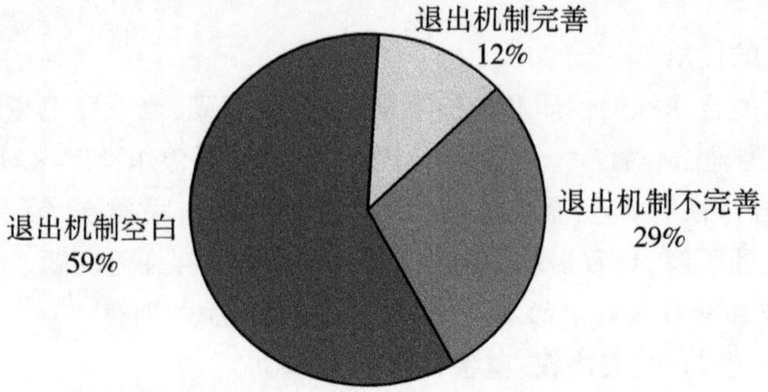


图17　调研地合作社退出机制建设情况统计

(三)土地经营权入股中的风险防控机制不健全(见图18)

调研发现许多合作社(企业)因经营不善已经面临破产的风险,但现行法律中针对土地入股破产的制度设计并不完善。根据最新《农民专业合作社法》第55条的规定,农民专业合作社破产适用企业破产法的有关规定。这就意味着合作社或公司可能以土地经营权作为破产财产对外清偿债务。对非从事农业生产经营的债权人来说,其所获得的土地经营权的变现就成为一个难以解决的问题。如若债权人为多数,那么已经规模化的土地可能面临再次被分割的风险,即使土地得到有效流转也会因农业用地性质、经营者技术水平等的制约而不能保证土地的有效利用。

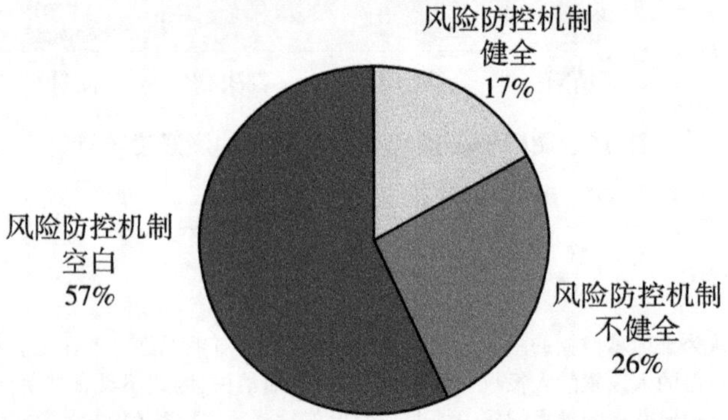


图18　调研地合作社风险防控机制建设情况统计

(四)土地经营权入股中的评估作价机制不完善

1. 各地股份量化的范围、标准不一

前已述及,农村的资产主要包括三类,对于经营性资产的股份量化各地争议不大,大多准许量化为股权,但是对于资源性资产以及非经营性资产,各地差异较大。有的地方不作区分的全部准许或者禁止股权量化,[30]有的地方允许资源性资产的股权量化,[31]有的地方区分已发包和未发包的资源性资产分别采取允许和禁止的措施。[32]

2. 股权评估机制不完善(见图 19)

《农民专业合作社法》对土地经营权入股的评估作价机制并无具体规定。实践中一般是由全体社员根据土地入股年限和土地级差情况通过协商确定,登记时不需要进行验资。但是由全体社员评估作价的方式主观性太强、科学性不高,不能排除管理层或者是一部分社员的道德风险,从而导致部分社员的利益受损。此外验资手续的缺乏致使合作社资产公信力不足,难以有效保护交易安全和债权人的利益。

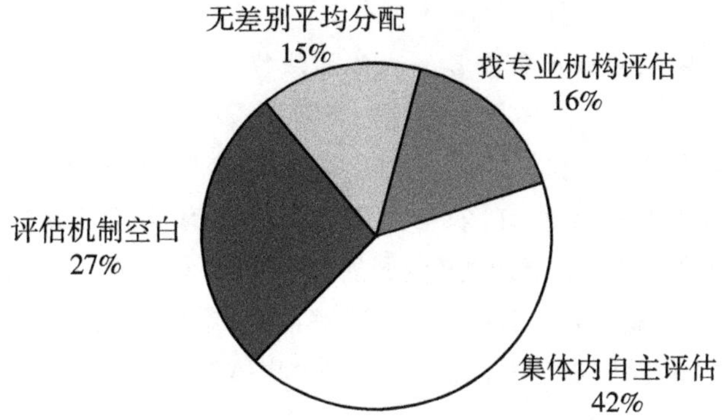


**图 19 调研地评估量化机制建设情况统计**

---

〔30〕 例如,《祁门县大坦乡农村集体资产产权股份合作制改革试点推进工作实施方案》规定,“折股量化到人的资产为村集体经营性资产、非经营性资产和资源性资产”。

〔31〕 例如,《雅安市人民政府办公室关于开展农村集体资产股份合作制改革的实施意见》规定,折股量化的财产范围包括:农村集体经济组织所拥有的房屋、建筑物、机械设备、农业资产、无形资产、在建工程、长期投资、短期投资、材料物资、应收款项等经营性资产;用于农村教育、文化、卫生等公益事业的非经营性资产,集体所有的耕地、林地、草地、山岭、荒地、水面、滩涂等资源性资产。但是,已实行家庭承包到户的耕地、草地、林地和农户使用的宅基地、自留山、自留地等资源性资产类不包括在折股量化范围之内。

〔32〕 例如,射洪县《东岳乡农村集体资产股份合作制改革试点实施方案》。

3. 股权种类单一化

通过调研发现,各地股权种类设置各异,有的地区创设性地设置了环境股、[33]人才股、[34]技术股、资金股等股权种类,丰富了股权体系,使农民享可以有更多收益。但是很多地方仍然只有土地这一种股权形式,而《关于开展经营权入股发展农业产业化经营试点的指导意见》(以下简称《入股意见》)中已经明确指出要探索资金、技术、人才等多要素融合的路径,使农民分享更多收益。[35]

(五)土地经营权入股的法律保障机制不健全

土地经营权作为"三权分置"产生的新设权利,其性质、权能对土地经营权入股有重大影响。虽然新修改的《农村土地承包法》从法律层面肯定了"三权分置"的政策要求,也赋予了其登记权能和抵押权能,但是伴随我国农业现代化的快速发展,上述权能并不足以支撑农业有序发展,甚至会阻碍农业发展。土地经营权的性质之争终要有定论,土地经营权的权能界限也应该有更明晰的规定。

## 四、针对性解决方案的提出

(一)明确土地经营权入股中各类主体的法律身份

1. 明确土地所有权的主体是农村"集体"

土地所有权的主体是农村"集体"即"本集体成员集体所有"。原因是我国实行公有制,城市土地归国家所有,农村土地归集体所有。[36]《宪法》第6条中"国家所有"和"集体所有"的表述应为"全民所有"和"劳动群众集体所有",[37]《物权法》第59条已将"劳动群众集体所有"具体解释为"本集体成员集体所有"。[38]需要注意的是,此处的成员为"集体"成员,而非"集体经济组织的成员"。

---

〔33〕例如,浙江桐庐凤鑫玫瑰生态园为园区内的小溪专设环境股。

〔34〕例如,四川省制定了专门的职业经理人等级标准,不同等级的职业经理人可以享受不同等级的股权比例、贷款数额等优惠政策。崇州市杨柳合作社为其职业经理人设置了人才股。

〔35〕《入股意见》指出:"乡村产业振兴需要资金、技术、人才等资源要素聚集。土地经营权入股龙头企业和农民专业合作社,促进土地与资金、技术等现代生产要素有机结合,建设原料基地,培育特色产业,发展农产品加工业,促进农村一、二、三产业融合发展,壮大乡村产业,助力乡村振兴。"

〔36〕参见谭贵华:《农村双层经营体制法律制度研究》,法律出版社2015年版,第129页。

〔37〕《宪法》第6条规定:"中华人民共和国的社会主义经济制度的基础是生产资料的社会主义公有制,即全民所有制和劳动群众集体所有制。社会主义公有制消灭人剥削人的制度,实行各尽所能、按劳分配的原则。"

〔38〕《物权法》第59条规定:"农民集体所有的不动产和动产,属于本集体成员集体所有。下列事项应当依照法定程序经本集体成员决定:(一)土地承包方案以及将土地发包给本集体以外的单位或者个人承包;(二)个别土地承包经营权人之间承包地的调整;(三)土地补偿费等费用的使用、分配办法;(四)集体出资的企业的所有权变动等事项;(五)法律规定的其他事项。"

对于“集体”与“集体经济组织”的区分，笔者认为“集体”是我国社会主义公有制之下的具有意识形态属性的抽象概念，具有“精神实体”的意义。〔39〕 而“集体经济组织”属于具体的经济实体，履行经济职能，是“集体”所有权的行使者，是“集体”从事经济活动的主要主体形式，是我国农村的重要经济主体。“村民委员会（或言村民小组）”是具有行政性质的基层自治组织，履行的是公共职能，在没有“集体经济组织”的情况下代行“集体经济组织”的职能。〔40〕

厘清上述概念后，就须指出关于土地承包经营的发包主体的问题。实践中我国许多地区的发包主体都是村民委员会，这虽然于法有据，但已不符合当下农村集体产权制度改革的要求和方向。因此在第三轮土地延包时，在普遍建立起集体经济组织的大背景下，应当一律改由集体经济组织作为发包方与农户家庭签订土地承包经营合同，村民委员会退出农村土地的承发包关系。〔41〕 也就是说，土地所有权的主体为集体，由集体经济组织代行发包职能。农村土地中各类主体的法律身份的区别与联系见表1。

**表1 农村土地中各类主体的法律身份的区别与联系**

| | 农村集体 | 农村集体经济组织 | 农民专业合作社 | 村民会议 | 村民委员会 |
|---|---|---|---|---|---|
| 性质 | 具有意识形态属性的抽象主体 | 农村集体经济组织法人 | 特别法人 | “集体成员”议事的最高权力机构 | 基层群众性自治组织法人 |
| 职能 | 公有制中集体所有制的体现 | 经营职能 | 互助职能 | 经营事务和公共事务 | 公共职能 |
| 特点 | 人合性，集体成员集体所有 | 资合性，但股份取得具有身份性 | 主体可为各类民商事主体 | 人合性，限于本集体成员 | 行政性，代行集体经济组织的职能 |
| 表现形式 | 集体、村集体、集体成员 | 经济合作社、股份经济合作社 | 专业合作社、联合社 | 村民会议、村民代表会议 | 村民委员会、村民小组 |
| 法律依据 | 《宪法》 | 《民法总则》《土地承包法》 | 《农民专业合作社法》 | 《村民委员会组织法》 | 《村民委员会组织法》 |

〔39〕 参见王洪平：《农村集体产权制度改革的“物权法底线”》，载《苏州大学学报》（哲学社会科学版）2019年第1期。

〔40〕 参见李永军：《集体经济组织法人的历史变迁与法律结构》，载《比较法研究》2017年第4期。

〔41〕 参见王洪平：《农村集体产权制度改革的“物权法底线”》，载《苏州大学学报》（哲学社会科学版）2019年第1期。

续表

| | 农村集体 | 农村集体经济组织 | 农民专业合作社 | 村民会议 | 村民委员会 |
|---|---|---|---|---|---|
| 联系 | 1. 集体经济组织是农村集体所有制的表现形式,是农村集体从事经济活动的主要主体形式,是我国农村的重要经济主体<br>2. 村民会议由农村集体成员(或村民代表)组成,农村集体经济组织与村民委员会都是村民会议的从属性组织体 | | | | |

2. 明确土地承包权的主体为"农户"

笔者认为,承包权主体是农户。原因如下:(1)在《民法总则》第2章"自然人"部分,仍然明确规定了"农村承包经营户",这意味着《民法总则》已经认可了农户的民事主体地位。[42] (2)新修订的《农村土地承包法》对此也作了明确的规定。[43] (3)根据我国的国情,户更适宜当下中国农村的实际情况。中央政策提倡"增人不增地,减人不减地",提倡农村集体经济组织成员家庭今后的新增人口通过分享家庭内拥有的集体资产权益的办法,按章程获得集体资产份额和集体成员身份。户作为主体更能保障农民的利益,因此承包权的主体为农户,经营权的主体可以是各类民事主体。

3. 明确各类合作社的性质

笔者认为,"××股份合作社""××经济合作社""股份经济合作社"属于农村集体经济组织,是着重针对集体经营性资产设立的合作社,其成员基于集体成员身份取得集体经济组织的股东身份。[44] 有成员身份即可成为股东,没有成员身份则不可成为股东。股东的权利具有股份数额等量化和股权权利平等化。再者,集体经济组织的股份处置具有受限性,仅限于两种方式,即"内部转让"和"本集体赎回",不能向本集体之外的非集体成员转让。

"××专业合作社""××互助社""××联合社"和"××资金合作社"属于农民专业合作社,受《农民专业合作社法》调整,它是指由各类民事主体自愿联合组建的互助合作社。[45] 合作社成员不限于集体成员,股权份额和权益也不均等,退出机制

[42] 《民法总则》第55条规定:"农村集体经济组织的成员,依法取得农村土地承包经营权,从事家庭承包经营的,为农村承包经营户。"

[43] 《农村土地承包法》第16条规定:"家庭承包的承包方是本集体经济组织的农户。农户内家庭成员依法平等享有承包土地的各项权益。"

[44] 参见王玉梅:《农民专业合作社之法理探究与实践》,科学出版社2012年版,第213页。

[45] 参见谭贵华:《农村双层经营体制法律制度研究》,法律出版社2015年版,第129页。

也相对自由。我们所探讨的土地经营权入股的合作社实际上指的是农民专业合作社。

(二)保障土地经营权入股中各类主体的民事权利

1. 建立和完善合作社的经营决策机制,保证每名社员的表决权

农民社员与其他种植大户、龙头企业相比,在合作社中处于较为弱势的地位,为了保障农民社员的表决权,必须要保证合作社“一人一票”原则的有效落实。[46] 目前实践中有的合作社违背“一人一票”原则,根据股东的持股比例实施“一股一票”表决制度,如此一来以地入股的社员表决权就受到了极大的限制,因为通常非土地股股东的出资额度较多,持有的股权自然就多。而土地经营权价值相对较小,土地股股东持有的股权较少,且由于经营管理需要一定的知识与技能,这正是很多以地入股的社员所不具备的先天条件,因此以地入股的社员在合作社中无法充分行使其经营决策权和发言权。笔者认为,可以借鉴浙江桐庐的实践经验,设置“列席董事”和“列席监事”,让其轮流上岗,享有知情权、参与权、监督权,但不享有表决权。

瑞典研究合作社的专家尼尔森认为,“合作社不是农民的集体组织,每个农民都是独立的企业家,他们只是为了自己的利益而集合到一起来共同奋斗”。[47] 保障好农民的股东权利,方能保障其进行经济参与和分配,方可真正保障农民的权益。

2. 严格落实“入社自愿,退社自由”原则

新修改的《农民专业合作社法》已经明确,农民专业合作社应当遵循“入社自愿、退社自由”的原则。《民法总则》也已经明确“农民专业合作社”为特别法人,因此专业合作社中的社员权利、义务可以和《公司法》的内容相区别。笔者建议,基于农民身份的特殊性,应当首先保证农民的承包权益,这也是中央政策的要求,在此基础上保证经营权人的经营权益。对于承包权的落实可以采取土地互换、等价补偿等方式实现,[48] 如四川省崇州市杨柳合作社处理农民退出问题的方法便是确定农户土地面积、权益,然后在合作社的边界地区进行面积置换,并给予一定补贴。这样既可以实现退社自由,又保证了经营权人的规模经营。

---

〔46〕 参见陈荣文:《中国农村合作社法律制度研究——渊源、变迁与创新》,法制出版社 2014 年版,第 214 页。

〔47〕 参见杨士镔:《三权分置”视角下土地经营权入股合作社法律问题研究》,西南政法大学 2017 年硕士学位论文。

〔48〕 参见谭贵华:《农村双层经营体制法律制度研究》,法律出版社 2015 年版,第 210 页。

(三)完善土地经营权入股中的风险防控机制

土地是农民的根基,对农民的生存发展具有重要意义,因此涉及土地经营权债务承担的问题必须慎之又慎。但经过调研发现,农民在合作社破产清算时往往会面临较大的失地风险。

土地经营权放活以后,其便不再是一项单一的身份权,而成为单纯的财产性权利。[49] 因此,待其入股后合作社在经营不善面临破产清算时,土地经营权自然要作为合作社的资产对外承担责任。且由于土地经营权的价值往往通过土地的预期收益来实现,因此,在以土地经营权进行债务承担时,应当以土地的预期收益来承担。为避免土地承包经营权的社会保障功能落空,更好地保障农民的权利,我们提出合作社债务清偿应当以新的方式进行。[50] 例如,浙江省的创新性做法就是在公司或合作社章程中明确规定,农民只享有股权收益,不承担破产清算等债务清偿风险。

目前在以土地经营权作为抵押进行贷款的试点实践以及试点地区出台的相关规范中,如果债务人无法按期偿还贷款,抵押权人可依法采取贷款重组、按序清偿、协议转让或者是在农村综合产权交易中心交易平台上挂牌再流转等多种方式处置抵押物——土地经营权。在合作社破产清算时,可以参照土地经营权抵押中债权实现的规定进行。但是为了保护农民的承包权,同时也保护债权人的权益,对合作社债务承担清偿责任时以货币补偿替代土地经营权转移是一个可行的方法。"成员当然可以土地股份的作价为基础,以货币补偿替代土地经营权转移。对合作社而言,以其全部资产对外承担责任也可以在债务清偿时对成员入股土地经营权部分的资产以货币形态替代。"[51] 即在合作社债务清偿方面农户可以有两个选择,一是自愿流转经营权;二是在清偿时以当时土地经营权估价等值的货币为合作社债务进行清偿。

(四)建立土地经营权多元化联合评估机制

1. 确定股权量化范围

对于折股量化的资产范围,笔者认为:(1)对于经营性资产应当允许折股量化。(2)对于资源性资产应当区分已发包和未发包两种情况,分别采取允许和禁止的原则。(3)对于非经营性资产,因其具有公益性的独特属性,暂时不宜允许折

---

〔49〕 参见王玉梅:《农民专业合作社之法理探究与实践》,科学出版社2012年版,第248页。

〔50〕 参见高海:《农地入股合作社的组织属性与立法模式——从土地股份合作社的名实不符谈起》,载《南京农业大学学报》(社会科学版)2014年第1期。

〔51〕 任大鹏:《土地经营权入股合作社的法律问题》,载《农业经济与管理》2015年第5期。

股量化。(4)对于财政补贴等资产可以允许折股量化。[52]

应当注意的是,实践中东斟灌村的实例已经证明,将已发包的农户承包地收回进行股权量化的做法是行不通的。在“三权分置”改革的背景下,比较恰当的做法是将农村土地权利分置为“集体所有权+农户承包权+土地经营权”,然后再将“三权”中的“土地经营权”进行折股量化。

2. 建立“村集体自主评估+政府土地确权+独立第三方评估中心专业评测”的多元化评估机制

(1)政府确权是基础也是保障,政府确权机构应加速确权颁证和纠纷解决工作。(2)村集体在政府确权颁证基础上享有自行评估股权的权利,可以自行确定土地经营权的入股比例。村集体自行评估的优势在于便捷高效,因为村集体更熟悉本集体土地状况和村民情况。(3)应探索建设独立第三方评估中心,对土地的地力、土质、水源、环境等要素进行专业评估。[53]

3. 探索多元化的股份类型

笔者认为,可以借鉴四川省崇州市和浙江省桐庐县的实践经验,探索设置更为多元的股份类型,这也是响应中央的政策改革要求。在股权种类上,除了土地股、经营性资产股之外,可以设置环境股[54]、人才股[55]、技术股、资金股等。

(五)土地经营权入股法律保障机制的确立

1. 完善《民法典物权编》《土地管理法》中相关配套制度的设计

应在《民法典物权编》中作出原则性规定,界定“三权”的性质,明确土地权能界限。笔者认为,对土地承包权与土地经营权的权能界定,应从二者分离的功能目的入手。“三权分置”旨在稳定土地保障功能的基础上,加强土地流转功能与抵押融资功能,因此承包权仅为成员权且不具有流转抵押能力的观点显然不可取。需要注意的是,土地承包权与经营权分离的目的不在于分离土地承包权,而是设置土地经营权,因此分离后的土地承包权的性质并无变化,仍为用益物权,而成员权只是集体经济组织成员行使承包权的资格,与土地承包权的性质无关。土地经营权的设置目的在于赋予土地经营权人流转、抵押和融资的权利,真正释放经营权的交

---

[52] 参见张洪波:《论农村集体资产股份合作中的折股量化》,载《苏州大学学报》(哲学社会科学版)2019年第1期。

[53] 该建议既是对实地调研的经验总结,也得到了实践部门的认可,例如浙江省桐庐县农业局王小娟主任对笔者的建议表示支持和肯定。

[54] 浙江桐庐凤鑫玫瑰生态园为园区内的小溪专设环境股。

[55] 四川省制定了专门的职业经理人等级标准,不同等级的职业经理人可以享受不同等级的股权比例、贷款数额等优惠政策。崇州市杨柳合作社为其职业经理人设置了人才股。

换价值,进而促进农村和农业现代化的发展,[56]因此需要将其界定为一种独立的物权。再者,土地承包经营权属于用益物权,土地承包权与经营权的分离应基于该物权属性,而且经营权的定义也符合用益物权的特征,因此也应将其界定为独立的用益物权。[57]

2. 出台《农村集体经济组织法》

建立健全农村集体经济组织,出台《农村集体经济组织法》是"三变"改革中的最后一步。应根据成员结构、资产情况等,分别建立相应的经济合作社或股份经济合作社。[58] 如果涉及集体资产股份量化,则成立股份经济合作社,如若没有,则建立经济合作社。现阶段农村集体经济组织由县级以上地方政府主管部门发放组织登记证书,并可据此向有关部门办理银行开户等以便从事经营管理活动。

下一步各级农业行政主管部门将承担农村集体经济组织的注册登记业务,下发统一社会信用代码。此外要注重扩展股份经济合作社的地位,[59]在确认集体经济组织定位不变的前提下,使之不仅适用于农村地区双层经营体制下的基本经营制度,也有助于其转变为城镇地区的股份经济合作社。

## 五、总结与展望

农村土地流转问题一直是困扰我国经济和社会发展的重大问题,是"三农"稳定和持续发展的关键。"三变"改革背景下的土地经营权入股可以实现农村的产业化经营,实现一、二、三产业的融合发展,促进乡村振兴战略的快速实现。

中国已经全面打响脱贫摘帽和全面建成小康社会的攻坚战,"三变"改革提供的成功经验值得借鉴和推广。借此《民法典》编纂和《土地管理法》修改之际,应全面总结全国各试点地区的经验和不足,在法律层面进行相应的修改完善,进而推动土地经营权的有序流转,让广袤的土地释放更大的红利。

---

[56] 参见耿卓:《农地三权分置改革中土地经营权的法理反思与制度回应》,载《法学家》2017年第5期。

[57] 参见张力、郑志峰:《推进农村土地承包权与经营权再分离的法制构造研究》,载《农业经济问题》2015年第1期。

[58] 参见许中缘、崔雪炜:《"三权分置"视域下的农村集体经济组织法人》,载《当代法学》2018年第1期。

[59] 参见张云华:《关于制定〈农村集体经济组织法〉的思考——以四川省都江堰市的探索为例》,载《农业经济问题》2010年第5期。

# 农村集体经营性建设用地入市改革“松江经验”分析*

郑宣霞　徐景灵**

| 摘　要 |

2015年2月27日全国人大常委会授权国务院在三十三个试点县(市、区)暂时调整实施相关法律中有关农村土地征收、集体经营性建设用地入市与宅基地管理的规定,其中农村集体经营性建设用地入市改革可谓此次改革中最为关键与创新之一步。对上海市松江区试点改革进行实地调研,了解松江区改革现状,有助于分析与探讨农村集体土地改革过程中取得的进展以及暴露的问题。目前松江区已于2016年先后挂牌出让了两块地的农村集体经营性建设用地使用权,以此实现入市流转。集体经营性建设用地的改革目的,不仅是为提高土地利用率,更重要的是让集体土地权利人可以通过集体经营性建设用地入市来合理分享我国城市化的成果。同时,对改革实践中出现的问题也应当予以解决。

| 关键词 |

松江经验　集体经营性建设用地入市　土地增值收益分配

| 目　次 |



---

* 基金项目:中国法学会研究部级课题研究项目“集体经营性建设用地入市改革试点分析”[CLS(2017)Y10]。

** 郑宣霞,苏州大学王健法学院硕士研究生;徐景灵,苏州大学王健法学院本科生。

2015年2月27日全国人大常委会授权国务院在三十三个试点县(市、区)暂时调整实施相关法律中有关农村土地征收、集体经营性建设用地入市与宅基地管理的规定,以实现农村土地制度的改革与完善,切实保障农民的利益,其中农村集体经营性建设用地入市改革可谓是此次改革中最为关键与创新之一步,这一步的完成将会成为另外"两块地"改革的外部推动力量,从而得以保障整个土地制度的改革进程顺利进行。[1]

为了完成对试点地改革状况的分析,我们以上海市松江区的农村集体经营性建设用地入市改革为研究对象,在有关部门、组织以及学校老师、同学们的配合和帮助下顺利开展调研活动,并对松江区改革试点所取得的进展以及暴露出来的问题进行分析和总结。

## 一、上海市松江区土地制度改革的背景概况

### (一)地理形态与产业结构

上海市整体地形以洼地平原为主,西南部有少数丘陵,而松江区则正位于上海市的西南部,地处黄浦江上游,黄浦江三大源流在松江区的南部汇合,全区境内水网密布,河流纵横;区内西、北部较低,多属低洼地形,有大面积的湖沼洼地,还有少数山丘,其中上海市最高峰——佘山也位于此处,其海拔约为101米;松江区东、南部略高,主要为接连成片的潟湖——湖积平原。

松江区境内工业、农业、制造业、旅游业以及高新技术业均有分布,根据上海统计局对松江经济运行情况的总结表明,截至2017年上半年,松江地区主要以第二、三产业双轮驱动格局为主要特征,第一产业生产总值所占比重低,处于持续下降阶段(见表1),第二产业占比超过了总产值的一半,其中工业占全区生产总值的49.9%,第三产业略低于第二产业。[2] 目前松江区有国家级出口加工区、旅游度假区(佘山)、市级工业区、科技园区以及农业园区五大产业区,其中工业区位于松江东部,高新科技园区与农业园区位于松江区的东北部,国家级出口加工区位于松江区的西部,佘山旅游度假区位于松江西北部,结合地形地貌特征可以发现,松江区除旅游业外,大多数产业分布于地势较为平坦低洼的地方。

---

[1] 参见宋志红:《集体经营性建设用地入市改革的三个难点》,载《行政管理改革》2015年第5期。

[2] 参见罗良忠:《上海大中型企业剥离性资产重组对策研究》,载《科技经济市场》2015年第10期。

**表1　2017年1~6月松江地区生产总值**

| 主要经济指标 | 单位 | 1~6月 | 占总值百分比(%) | 可比增长(±%) |
|---|---|---|---|---|
| 全区生产总值 | 亿元 | 531.05 | 100 | 6.6 |
| 其中:第一产业 | | 2.17 | 0.4 | -8.2 |
| 第二产业 | | 283.15 | 53.3 | 6.9 |
| 其中:工业 | | 265.00 | 49.9 | 8.2 |
| 第三产业 | | 245.73 | 46.3 | 6.5 |

(二)行政区划基本情况

松江区是国家第二批新型城镇化试点地区,同时也是目前上海市内唯一的农村集体经营性建设用地入市改革试点地区。松江区目前共有6个街道11个镇,分别为永丰街道、中山街道、方松街道、岳阳街道、广富林街道、九里亭街道与新桥镇、泗泾镇、洞泾镇、九亭镇、佘山镇、车墩镇、泖港镇、新浜镇、叶榭镇、石湖荡镇、小昆山镇。我们此次调研以永丰街道现已完成入市的两个集体经营性建设用地地块为中心展开,对永丰街道进行了实地调研。

据统计,松江区全区内集体经营性建设用地的土地面积共2843.92公顷,其中包括两种建设区情况:一种是集中建设区内的,面积共1033.41公顷,占总面积比36.34%;另一种是集中建设区外的,面积共1810.51公顷,占总面积比63.66%。[3] 不同于国家在土地利用总体规划上实行的“三界四区”的区分方法——将区内建设用地分为允许建设区、有条件建设区、限制建设区和禁止建设区——此处的“集中建设区”是指,上海市实行“规土合一”后,用一条控制线即集中建设区线,将有条件建设区划入允许建设区内,二者共同构成的一个集中建设区,建设区内包括了工矿仓储、商服等经营性用地(见图1)。[4] 基于土地现有规划用途及理论研究,对集建区范围内的集体建设用地进行梳理筛选,将一部分符合国家政策规定条件的集体建设用地划入拟入市范围(见图2)。[5] 目前,上海市松江区对于农村集体经营性建设用地入市改革的现状为:将拟入市地块中的永丰街道的地块进行集体建设用地使用权入市流转。

---

〔3〕 参见王海、龙腾:《推进集体经营性建设用地入市工作的若干思考》,载《上海国土资源》2016年第2期。

〔4〕 参见何京:《从“集中建设区”走向“城市开发边界”——试论上海的土地规划空间管制》,载《上海城市规划》2015年第5期。

〔5〕 参见何京:《从“集中建设区”走向“城市开发边界”——试论上海的土地规划空间管制》,载《上海城市规划》2015年第5期。

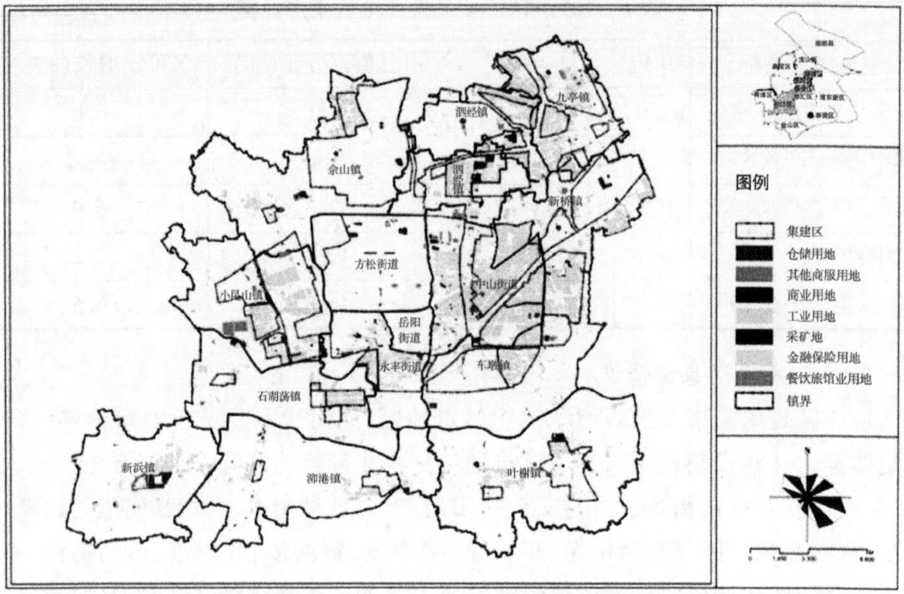


**图1　上海市松江区建设用地现状**

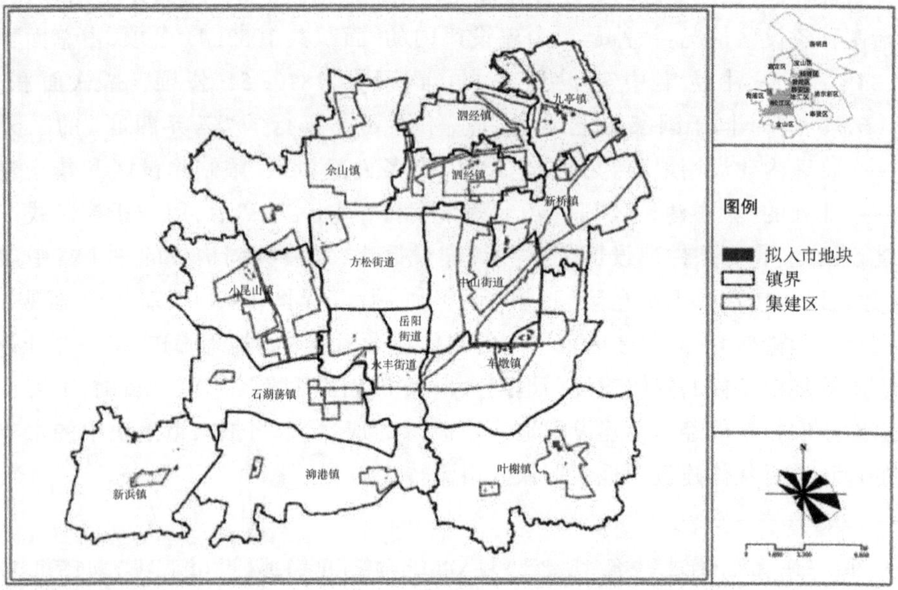


**图2　上海市松江区拟入市地块分布**

### (三)松江区农村集体经济组织产权制度

上海市松江区自2008年起开始对村镇两级的集体经济组织制度进行改革,首先,将新桥镇与中山街道作为改革试点,随后向全区推行改革,在2013年年底就已经完成了全区14个涉农街镇的改革任务。改革内容主要是将农村集体所有的资产以份额的形式量化分配至每个符合集体经济组织身份条件的成员中,明确每个集体成员所占"份额"以此作为集体收益分配的依据。目前松江区共有14个镇级农村集体经济联合社、107个村级集体经济合作社,是全国最先以区为单位完成产权制度改革工作的地区。[6] 具体改革内容对于经济发展水平不同的浦南与浦北有所区别,浦北已纳入镇保的街镇成立镇级集体经济联合社,其资产为集体经济组织从村、队中回购的集体资产;而浦南则保持农业为主,仍保留村级以及村级当前资产量较大的镇则设立镇级联合社与村级合作社,社员可持有两级份额,集体经营性资产由镇级联合社一级管理。集体经营性资产最主要部分就是以土地为主要载体的属于农民集体的不动产资源,通过对资源的开发利用获得收益。其次,松江区有关集体土地所有权权属问题,已在2013年就通过完成全区所有权调查,并颁发集体土地所有权证书解决。

农村集体经济制度改革的完成,产生一个独立的具有法人性质的市场主体(经济联合社或者合作社的方式)代表农民集体经济组织成员对其所属的集体建设用地使用权进行统一的协调、管理、处分、收益,极大地减少了集体建设用地入市主体的复杂模糊、难以统一的问题,为进一步实施土地改革奠定了良好可行的制度基础,使松江区接下来的农村集体经营性建设用地入市得以顺利开展。

## 二、松江区集体经营性建设用地入市机制

### (一)松江区集体经营性建设用地入市概况

松江区在农村集体经济组织制度改革完成的基础上,响应中央关于农村集体经营性建设用地试点入市的号召,于2016年将永丰街道两个地块先后挂牌招拍,出让农村集体经营性建设用地的使用权。两次集体净收益分别为1268.14万元和3400万元。通过此次实践,实现农村集体经营性建设用地使用权与国有建设用地使用权"同地、同权、同价、同责"入市流转。[7]

---

〔6〕 参见《松江区率先完成镇村两级农村集体经济组织产权制度改革》,载http://www.shac.gov.cn/zwdt/sndt/zwxw/201510/t20151009_1515874.html,2018年5月26日最后访问。

〔7〕 参见《松江区多措并举促进集体经济转型发展和农民长效增收》,载http://www.shanghai.gov.cn/nw2/nw2314/nw2315/nw15343/u21aw1259819.html,2018年5月26日最后访问。

2015年12月23日,上海市规划和国土资源管理局发布了上海市首宗农村集体经营性建设用地使用权出让公告,该块地使用权的出让已经由其所属农民集体决策同意,并经上海市松江区人民政府批准后,由上海市松江区永丰街道农民集体经济联合社作为出让人,通过在上海市土地交易市场首次公开挂牌。出让地块为上海市松江区永丰街道新城主城H单元H30-01号地块(农村集体建设用地),该地块东邻永丰街道新城主城H单元30-02号地块,西至三新路,南至花园路,北至松江化工路。根据挂牌信息,出让土地面积8654.2平方米,土地用途为商办,出让年限为40年,其规划指标要求建筑密度不得大于50%。[8]

2016年2月3日,该块地的出让成为上海市实施农村集体经营性建设用地入市政策以来,首幅使用权成功出让地块,经过现场竞价从起始价5452万元,至最终由上海松江新城建设工程服务有限公司以成交价5502万元竞得。[9] 据了解,上海松江新城建设工程服务有限公司竞得该地后按照规划将用作商办用房(商业办公楼),施工图设计单位已于2017年2月下旬经招标确定并且正在进行设计工作,有关施工单位招标情况暂未公布。

2016年12月30日,上海市规划和国土资源管理局再次发布了上海市农村集体经营性建设用地使用权出让公告,出让松江区永丰街道H单元H41-04号(集体土地试点入市)地块,经由其所属农民集体决策同意,并经上海市松江区人民政府批准出让,以上海市松江区永丰地区农民集体经济联合社为出让人,通过上海市土地交易市场发布该农村集体经营性建筑用地使用权挂牌出让公告。该地块东至三新路,西至河道,南至松蒸公路,北至花园二路。根据挂牌信息,此次出让土地面积为22,336.4平方米,土地用途为商办,出让年限为40年,规划指标要求建筑密度不得大于50%。[10]

2017年3月28日,永丰街道集体经济组织的第二块地成功出让,设立的挂牌起始价为18,427万元,最终由上海松江城市交通投资开发中心以18,427万元竞得。[11]

---

〔8〕 参见《上海市农村集体经营性建设用地使用权出让公告》[沪集告字(2015)第001号],载http://www.shgtj.gov.cn/gtjdoc/jyggcrgg/201512/t20151223_672883.html,2018年5月26日最后访问。

〔9〕 参见《松江区首幅农村集体经营性建设用地使用权正式出让》,载http://www.shanghai.gov.cn/nw2/nw2314/nw2315/nw15343/u21aw1103341.html,2018年5月26日最后访问。

〔10〕 参见《上海市农村集体经营性建设用地使用权出让公告》[沪集告字(2016)第001号],载http://www.shgtj.gov.cn/gsgg/tdcrgg/201612/t20161230_705427.html,2018年5月26日最后访问。

〔11〕 参见《2016第001号集体建设用地使用权出让公告交易结果公示》,载http://www.shtdsc.com/2016/tdjy/tzgs/201703/t20170328_715337.html,2018年5月26日最后访问。

### (二)入市的基本内容

为了更加清晰系统地分析松江在集体经营性建设用地入市过程中所积累的经验和存在的问题,笔者拟从入市范围、入市主体,入市方式、入市程序、入市后用途、收益分配以及监管情况等问题进行简要分析梳理。

1. 入市范围

就用地性质而言,我国存量农村集体建设用地主要包括乡镇企业用地,住宅用地(宅基地)以及乡村公共设施、公益设施用地这三种,其中属于经营性用途的农村集体建设用地仅仅存在于乡镇企业用地。而在很多地区,尤其是经济较为落后地区,存量乡镇企业用地面积十分有限,这也就意味着如果要使得农村土地制度的改革有效有序地进行下去,仅仅从字面上狭义地理解“农村集体经营性建设用地”,将“集体经营性建设用地”理解为“存量集体经营性建设用地”是不符合改革初衷的。

为了解决这个问题,松江区在试点过程中将“集体经营性建设用地”界定为“符合现行的土地总体规划目标与城乡规划建设的具有经营性用途的集体土地”,[12]这样一来,不仅存量集体经营性建设用地可以入市,个别零星非集体经营性建设用地经过规划调整(如在建设用地指标范围内进行调整置换)后,也可以进入建设用地市场。但需要注意的是,松江在试点过程中提出,(1)对于城市开发边界线以内的集体建设用地,无论公益性或经营性,都应当全部征收为国家所有;(2)对于城市开发边界线以外的集体建设用地,首先要走“减量化”程序,[13]剩余的集体经营性建设用地,如果符合土地总体规划目标与城乡规划,那么才可以入市。

另外,就集体经营性建设用地入市的范围而言,松江区试点最初计划仅划定集中建设区,即只有位于集中建设区内的集体经营性建设用地才能入市。但 2018 年 7 月,课题组在调研过程中,通过咨询有关部门得知,松江区今后将在集中建设区外也允许集体经营性建设用地直接入市,其中紧接在永丰地区的两块地以后的第

---

〔12〕 龙腾等:《农村集体经营性建设用地入市模式比较研究》,载《上海农业学报》2017 年第 4 期。

〔13〕 “减量化”具体是指,对不符合土地利用总体规划要求且社会经济或环境效益较差的现状建设用地,通过拆除复垦等土地整治工作,使之恢复农地生产能力或发挥生态用地功能。减量化的重点是规划建设区外现状低效工业用地(该类工业用地约 198 平方公里,以下简称 198 区域)。这其中主要是一些镇、村集体或私营企业,历史上也曾是城市经济的重要组成部分,为城市的发展做出过贡献。但随着时代变迁、产业升级,这些企业大多已不适应经济新形势,企业竞争力、经营效益下降,能耗、污染、安全等社会问题比较突出,需要建立逐步引导退出的机制,需要有长远眼光,不能为了眼前收益,而牺牲长远利益。参见《上海建设用地减量化工作新闻通气会》,载 http://www.shgtj.gov.cn/xxbs/shij/201508/t20150810_662347.html,2018 年 6 月 26 日最后访问。

三块地暂定在泖港镇(不属于集建区内),不过当前仍处于准备工作阶段,具体信息尚未明确并公开。根据调研,开放集建区外地块入市原因主要有两个方面:(1)在上海市土地资源规划中,现有的满足入市条件地块本就不多,若将范围局限于集建区内则更是少之又少,无法达到改革推动集体土地得以充分合理利用的目的;从已出让地块中总结发现,扣除土地成本后的集体收益仍明显高于按国有土地出让方式所获收益,为平衡解决征地与入市收益差距过大,政府通过选择地价较低的地块进行入市,来达到降低成交价,从而缩小征地收益与入市收益差距的目的。

2.入市主体

我国实行的是二元土地所有制,即土地所有权分为国家土地所有制与集体土地所有制。《土地管理法》第10条规定:"农民集体所有的土地依法属于村农民集体所有的,由村集体经济组织或者村民委员会经营、管理;已经分别属于村内两个以上农村集体经济组织的农民集体所有的,由村内各该农村集体经济组织或者村民小组经营、管理;已经属于乡(镇)农民集体所有的,由乡(镇)农村集体经济组织经营、管理。"根据该规定,农村集体经营性建设用地的所有权属于农民集体所有,"农民集体"对集体土地拥有最终处分权。村集体经济组织或者村民委员会仅仅拥有"经营管理权"。然而,关于"农民集体所有"的准确含义和法律性质,现行法的规定却并不明确。根据《物权法》第59条第1款关于"农民集体所有的不动产和动产,属于本集体成员集体所有"的规定,农民集体所有的本质是"集体成员集体所有"而不是"法人所有"。《民法总则》第96条规定"农村集体经济组织法人、城镇农村的合作经济组织法人、基层群众性自治组织法人,为特别法人",但是其也没有准确界定这种"特别法人"的"特别"之处到底是什么内容。这种"集体所有主体"的模糊性导致了集体经营性建设用地入市改革遇到了很大的制度障碍。

为了解决这一制度难题,自2014年起,上海市就开始进行农村集体经济组织产权制度改革。《上海市农村集体经济组织产权制度改革工作方案》(沪农委〔2014〕397号)显示,推进农村集体经济组织产权制度改革的乡镇、村要根据本地经济社会发展实际情况,选择有限责任公司、社区股份合作社和农村社区经济合作社等组织形式,建立组织治理结构。撤制村原则上不设立集体股,未撤制的村及乡镇可设立一定比例的集体股,主要用于本区域公益事业等开支。农村集体资产资金是其成员长期劳动积累形成的成果,不得设立干部股,并且坚持农龄为主要配置股权依据。新型集体经济组织坚持以农龄为主要依据确定成员所占集体资产的份额,并以此作为收益分配的主要依据,最大限度地维护了集体组织成员的权益,使此种分配方案得到广泛的运用。农龄的计算在不同的经济组织内部,存在差异。

根据上海市法制办和市农委提供的资料,至2015年9月底,上海市启动730个村集体经济组织产权制度改革,累计完成改革1213个村,占应改革村总数的72.33%,建立了1209家新型集体经济组织;全市已有54个镇完成了镇级集体资产产权界定工作;闵行区七宝镇,嘉定区南翔镇,金山区廊下镇、亭林镇、山阳镇,浦东新区唐镇、万祥镇,长宁区新泾镇等8个镇正在启动镇级产权制度改革。到2015年年底,全市1500个村完成了村级集体经济组织产权制度改革,占应改革村85%左右;约有90个镇能完成镇级集体资产产权界定工作,占有集体资产总镇数的70%左右。[14]

农村集体经济组织产权制度改革的成功进行,不但有效解决了集体土地所有权的主体模糊、权属虚化难题,而且为松江集体经营性建设用地入市制度的改革奠定了坚实的制度基础。松江集体经营性建设用地入市的主体非常明确,即镇级农村集体经济联合社或村级集体经济合作社(见图3)。在镇级农村集体经济联合社与村级集体经济合作社内,关乎成员利益的重大事项由社内集体经济组织全体成员经投票(一人一票制)决定,更好地保障了农民的权益,合理有效地对集体资产进行统一管理与处分,有利于抓住经济发展的机会,推动了集体组织成员收入的增加。

〔14〕 就新型集体经济组织的形态而言,2009年市农委会同发改委、市工商局等部门下发了《关于本市推进农村村级集体经济组织产权制度改革工作的指导意见》等文件,当时的集体经济组织的改革主要形态是社区股份合作社和有限责任公司,但这一项改革进展不大,主要原因是这两种新型集体经济组织需要到工商局进行工商登记,而工商登记意味着集体经济组织要缴纳企业营业税、增值税等税种,其集体经济组织成员(股东)则在享受分红的同时要缴纳20%的红利税。2012年,为了支持和鼓励基层开展农村产权制度改革,减轻集体经济组织改制负担和阻力,上海市委、市政府出台了《关于加快本市农村集体经济组织改革发展的若干意见》(试行)(沪委发〔2012〕7号),创设了社区经济合作社这一新型集体经济组织实现形式,这种农村社区经济合作社到农委进行登记的,接受农委的监管,并由政府颁发证明书,可凭证明书申领组织机构代码证,建立财会制度进行实体化运作(具体办法可以参见《上海市农村社区经济合作社证明书管理办法》)。采取这种形式后,社区经济合作社中的成员可参照农村集体经济组织收益分配的形式,按份额享受收益分配,无须缴纳20%的红利税。由于多年来农民没有直接缴纳税款的习惯(农业税也已经取消多年),所以众多农村在选择集体经济模式的时候,更青睐采用社区经济合作社这种形式。但这种方式的弊端在于,一方面,社区经济合作社虽然有组织代码,但究竟在法律上如何界定,属于哪一种经济形态,是否属于独立的法人等问题,还值得研究;另一方面,一旦工商营业执照、组织机构代码证和税务登记证三证合一(2017年11月3日,北京市东城区东华门街道韶九社区已经获得了全国首张基层群众性自治组织特别法人统一社会信用代码证书),集体经济组织的经营很可能会纳入税收管理,届时之前的集体产权制度改革可能又会陷入停滞,乃至倒退。

## 农村集体经营性建设用地使用权挂牌出让须知

根据国家有关集体经营性建设用地入市精神和《上海市松江区农村集体经营性建设用地入市试点办法》的规定，松江区永丰街道新城主城H单元H30-01号地块（农村集体建设用地）的农村集体经营性建设用地使用权经地块所属农民集体决策同意，并经上海市松江区人民政府批准实施公开出让。现出让人决定以挂牌方式实施出让。

一、此次农村集体经营性建设用地使用权挂牌出让的出让人为上海市松江区永丰地区农民集体经济联合社，具体组织实施委托上海市土地交易事务中心承办（以下简称挂牌人）。

二、此次农村集体经营性建设用地使用权挂牌出让遵循公开、公平、公正和诚实信用原则，并按价高者得的原则确定竞得人。

三、出让地块的基本情况及要求

1、四至范围：东至30-02地块，南至花园路，西至三新路，北至化工路（见附图）。

2、土地总面积：8654.2平方米，出让面积：8654.2平方米。

3、土地用途：商办。

4、容积率：2.0。

5、建筑密度：不大于50%。

6、绿地率：30%，其中集中绿地率：不少于10%。

7、出让年限：40年。

图3　松江区永丰街道H单元H30-01号地块挂牌出让须知

3. 受让人

现行法律规定中,并未对国有土地使用权的受让主体资格及范围加以限制,根据土地权能同等对待原则,集体经营性建设用地使用权的受让主体也认定为无特殊限制。上海市农村集体经营性建设用地使用权出让公告中对于竞买资格及要求的规定也体现了这一特点:"中华人民共和国境内的自然人、法人和其他组织,除法律、法规另有规定外,均可申请参加。"

4. 入市方式

根据全国人大常委会对国务院的授权决定中对于符合入市条件的建设用地使用权"实行与国有建设用地使用权同等入市、同权同价"的要求,农村集体经营性建设用地和国有建设用地享有同等入市权能意味着,集体经营性建设用地使用权入市也将同国有建设用地入市一样可分为一级市场和二级市场:一级市场入市交易方式为出让、租赁和入股;二级市场交易方式为转让、出租和抵押。[15]

在目前的实践中,上海市松江区已经颁发了有关集体经营性建设用地入市的"5+1"配套文件,文件中对于集体建设用地的入市明确了将采取同国有建设用地统一规则、平台与监管的同等入市制度进行。[16] 由上海市规划和国土资源管理局于2015年12月23日与2016年12月30日两次发布的上海市农村集体经营性建设用地使用权出让公告亦可知,目前上海市松江区针对集体经营性建设用地入市并未与国有建设用地出让分开操作,均是通过在上海市土地交易市场招拍挂牌交易以进行出让,两地块中永丰街道H单元H30-01号采取了就地入市的方式,永丰街道H单元H41-04号采取的是调整入市的方式。其中调整入市针对的是地块分散零星,需先进行复垦与产权关系调整后,按照土地利用总体规划和土地整治规划集中入市。[17]

就出让年限而言,目前上海市松江区已完成的首宗集体建设用地的出让年限为40年。这种年限的确定主要是参照和模仿国务院1990年出台的《城镇国有土地使用权出让和转让暂行条例》而进行的。根据该条例第12条关于土地使用权出

〔15〕 国土资源部于2017年6月20日通过了上海市规划和国土资源管理局报送的《上海市松江区关于完善建设用地使用权转让、出租、抵押二级市场试点的实施方案》,详见《国土资源部关于〈上海市松江区完善建设用地使用权转让、出租、抵押二级市场试点实施方案〉的批复》(国土资函〔2017〕378号)。参见《农村集体经营性建设用地今后可在一级市场出让》,载http://www.chinanews.com/house/2013/11-25/5542218.shtml,2018年3月26日最后访问。

〔16〕 参见《上海松江规范农村集体经营性建设用地入市》,载http://www.gtzyb.com/difanglianbo/20160219_93588.shtml,2018年3月26日最后访问。

〔17〕 参见董秀茹、张宇、卢巍巍:《农村集体经营性建设用地入市途径选择研究——以黑龙江省安达市为例》,载《江苏农业科学》2017年第4期。

让最高年限的规定:"(一)居住用地七十年;(二)工业用地五十年;(三)教育、科技、文化、卫生、体育用地五十年;(四)商业、旅游、娱乐用地四十年;(五)综合或者其他用地五十年。"目前集体经营性建设用地入市后仅允许用于商办,故当前入市合同将出让年限限定为40年。

5. 入市程序

有关入市的程序上,首先需出让的集体土地必须完成所有权、使用权确权登记,持有所有权证且不存在权属争议的符合规划规定的经营性建设用地的范畴,松江区要求由出让人拟定出让方案,该方案必须经由集体经济组织成员或者成员会议的2/3以上同意方可使用,再由出让人向上海市土地交易中心提交出让土地申请,待交易中心编制出让文件、发出公告后,组织出让工作。[18]

在与松江区规土局工作人员的沟通中,笔者了解到松江区入市程序具体如下:首先,具有入市意向地块的土地所有权人可由地块所在的镇人民政府或集体上报给区政府。区政府设有一个包括了发改、规土、住建、环保等十三个行政监管部门的协调小组。区政府会将该申请下发给该协调小组进行前期研判。比如,检测其是否符合环保要求,检测地块所在区域内某种用途的土地是否过多地供应了,该地块是否满足七通一平的要求等。通过这些项目的分析,若各部门都认为在今年该地块是一块比较成熟的地块,则松江区规土局将该情况反馈给集体经济组织。其次,集体经济组织再进行前期委托,由于土地出让前需办理多项手续,包括测绘,发改委的立项,一些规划的要求等。在集体经济组织完成这些手续后,其将委托松江区规土局下设的招拍挂办公室进行估价(委托有资质的公司按照现在的市场价格估出这块地的价格)。直至前期规划手续完成,并收集好各部门的意见,接着再交给集体经济组织进行是否挂牌的决策。若其决定进行挂牌,则交由上海市土地交易市场进行具体事宜(上海市土地交易市场在性质上属于政府部门)。

至此,一个完整的入市程序仍尚未完成,因为在上海集体经营性建设用地出让时双方不仅签订了出让合同,还需签订土地监管协议。出于集体缺乏监管职责以及监管能力的考量,政府在入市的后续过程中会承担监管的职责。

6. 入市后的用途

以上海市松江区挂牌出让的永丰街道H单元H41-04号(集体土地试点入市)地块为例,根据《农村集体经营性建设用地使用权挂牌出让须知》第3条第11款规定,出让地为"附带控制性详细规划出让","受让人须在已批准的控制性详细

---

〔18〕 参见《上海松江规范农村集体经营性建设用地入市》,载 http://www.gtzyb.com/difanglianbo/20160219_93588.shtml,2018年3月26日最后访问。

规划基础上进行方案设计，经规划管理部门批准后进行地块的开发建设”，表明了该地块出让后作何用途必须在已有的规划基础上进行，而不是受让方取得该地块的使用权后便能依照自己的意愿进行施工建设。

关于用途的变更，《上海市农村集体经营性建设用地使用权出让预合同》（示范文本）第 27 条规定：“本合同项下出让宗地在出让年限内，政府保留对本合同项下出让宗地的规划调整权。”若在出让年限内土地规划出现变动，在不改变已完成的建筑设施的前提下，政府有权调整建设方案；第 30 条规定：“在建设用地使用权出让年限内，无特殊情况下出让人不得收回受让人依法获得并使用的集体建设用地使用权。这里的特殊情况是指涉及社会公共利益时需要提前收回集体建设用地使用权时，包括因国家公共利益的需要以及因农村集体公共利益的需要，提前收回的同时应当给予直接利益受损失一方适当的补偿。”《上海市农村集体经营性建设用地使用权开发建设与利用监管协议》第 21 条规定：“根据国家利益、社会或本集体公共利益的需要提前终止合同收回建设用地使用权的，本协议一并终止。”作为终止协议提前收回集体建设用地使用权的一种合法情形。

另外，根据《物权法》第 149 条的规定，将建设用地依据是否用于居住分为住宅建设用地和非住宅建设用地；同样的，集体经营性建设用地可分为集体经营性住宅建设用地与集体经营性非住宅建设用地。有学者认为，这里的区分产生了一个问题，那就是集体经营性住宅建设用地入市后可否用于居住用途，即是否可将出让后的土地用于房地产开发和商品房建设的问题。[19] 2018 年 1 月 15 日，国土资源部部长向媒体表示国家将不再垄断住房供地，允许非住房用地经过合法途径取得使用权后将土地用作租赁住房建设，这一重大实践创新为集体建设用地入市增加了新的实现土地价值的方式。

目前松江区有关文件并未明确就“出让后的集体建设用地能否用于商品房建设”作出规定，仅表示将依照国家规定对出让地用途进行监督，对于不符合原定使用要求的建设用地采取措施。

笔者认为，《物权法》第 151 条规定了“集体所有的土地作为建设用地的，应当依照土地管理法等法律规定办理”，既然集体建设用地与国有建设用地实行“同地、同权、同价、同责”入市，而对于国有建设用地入市后的用途法律并未作限制性规定，则不存在集体建设用地入市后能不能用作商品房建设的问题，如果依照城乡总体规划该地不禁止进行房地产开发建设，则不应当排除商品房开发的情况；况

〔19〕 参见房绍坤：《农村集体经营性建设用地入市的几个法律问题》，载《烟台大学学报》（哲学社会科学版）2015 年第 3 期。

且,目前在乡(村)地区大量涌现的"小产权房"与国家征地后再以巨大利差将土地出让用于房地产开发有着千丝万缕的关系,允许集体经营性建设用地入市后进行商品房开发,跳过中间方获利环节,减少了各方主体的交易成本。同时增加住宅用房数量,减轻住房紧张问题,遏制了房价非理性上涨,因此也在法律上和在现实中都具有积极的意义。

原国土资源部所推动的"允许集体经营性建设用地用作租赁住房建设"的改革探索也表明,虽然目前我国土地现状仍无法完全开放集体建设用地入市后的用途(仍不允许商业买卖住房建设),但进一步放宽用途范围(允许租赁住房建设)则是可行的。

7. 入市后土地增值收益的分配

集体经营性建设用地使用权入市的核心内容莫过于入市后土地增值收益的分配。农村集体经营性建设用地的土地增值收益,是指农村集体经营性建设用地使用权入市时出让总价款扣除取得土地的成本与开发支出部分的净收益,〔20〕或者是受让后再转让时转让所得总价款扣除取得土地的成本与开发支出部分的净收益。增值收益的分配应以提高农民收入比例为基础,兼顾国家、集体、农民各方利益进行合理分配。不同于其他试点地区政府根据当地实际情况颁布符合当地经济发展和需求的具体分配方案,上海市松江区未单独制定集体建设用地试点入市收益的分配方案,而是参照国有建设用地使用权出让管理办法确定收益的分配。

(1)国家与集体之间

集体经济组织通过集体经营性建设用地使用权入市转让或等同于转让的方式获得收益以及集体经营性建设用地使用权入市后,在北京大兴区的调研报告中,我们已经提到,根据财政部与国土资源部共同制定的《农村集体经营性建设用地土地增值收益调节金征收使用管理暂行办法》(以下简称为《暂行办法》),相关土地权利人通过转让或等同于转让的方式获得收益的,应先向国家缴纳调节金。目前,松江区永丰街道已出让的两块集体建设用地在成交时,其调节金缴纳比例为出让总价款的50%,在地块出让成交后直接划走,余下的50%中,集体需要在支付土地成本费、开发支出费用后,才可以进行分配。之所以这样做,原因是前期投入的成本并不是集体投入的,比如说道路以及要求土地七通一平、供水、供电、供燃

〔20〕 根据上海市松江区颁发的集体经营性建设用地入市"1+5"配套文件,集体建设用地出让最低价不得低于由有土地估价资质的估价机构产生的市场评估基准地价的70%。参见《上海松江规范农村集体经营性建设用地入市》,载 http://www.gtzyb.com/difanglianbo/20160219_93588.shtml,2018年3月26日最后访问。

气,并且集体前期投入的成本难以界定。最后扣除成本的这部分才会到集体经济组织的账户里。

松江的这种土地增值收益分配比例并不符合财政部和国土部2016年出台的《暂行办法》。因为该办法第6条规定的土地增值收益调节金按照"入市或再转让农村集体经营性建设用地土地增值收益的20%~50%征收",而松江的调节金缴纳比例却为出让总价款的50%。之所以出现这种情况,主要原因是由于上海地价高昂导致,即便是在政府收取50%土地出让总价款的情况下,农民获得的收益仍然远高于征地模式下获得的收益。[21] 而且《暂行办法》第6条第3款也要求:"试点县综合考虑土地增值收益情况,按照土地征收转用与农村集体经营性建设用地入市取得的土地增值收益在国家和集体之间分享比例大体平衡以及保障农民利益等原则,考虑土地用途、土地等级、交易方式等因素,确定调节金征收比例。"这些情况的出现表明,集体经营性建设用地入市后的土地增值收益分配制度的改革不能单兵突进,其必须要与土地征收补偿制度进行衔接,否则这一项改革难以有效推进。

对于政府征收到的出让总价款的50%调节金,上海市政府不参与分成,区政府分得50%的调节金的30%(也就是出让总价款的15%)。松江区政府将这笔钱统筹用于落实基本农田保护地块的资金补贴。50%的调节金的70%(也就是出让总价款的35%)返还给镇财政,用于该区域的基础设施配套、道路以及综合的土地复垦、减量化。

(2)集体内部的土地增值收益分配

根据《暂行办法》第16条的规定,现金形式的增值收益首先是以集体为先,留足集体所需后余下收益在农村集体经济组织成员之间公平分配;非现金形式则统一管理。松江区配套文件中对扣除土地增值收益调节金后的部分作出了较为详细的规定,指出余下部分在扣除土地出让成本以后,剩余部分用于集体经济组织资产经营以及本镇基础设施、公益事业和基本农田保护等,其中作为集体经济组织资产经营的部分产生收益后再以定期分红的形式分配给农民。也就是说,目前上海市松江区永丰街道集体建设用地出让所得净收益并未直接分配给农民,而是全部用于集体投资统一管理,农民的分红来自经营投资获得的二次收益,收益分配比例通过土地状况与农龄(户籍在该集体上的年份)共同折合计算出各社员持股多少。2017年,永丰街道的农民收到了第一笔集体投资经营产生的收益的分红。

因参与集体收益分配的必须是集体成员,故集体经济组织成员身份的认定尤

---

〔21〕 从松江区已成功出让的两块集体建设用地情况来看,目前该两块地在扣除土地成本与土地调节金等费用后,农民集体所获的全部利益明显较征地补偿分别高出了540万元和150万元。

为重要。调研中,集体经济联合社负责人指出,集体成员身份依照集体成员的户籍所在时间进行具体情况具体对待,将1956年农村合作社至2004年“镇保”期间,户口在镇、队里的人员均认定为集体成员,只要在该时间段内户口在集体内的,均认定为可得到分红的集体成员,其中包括了在1956~2004年户口只有其中的几年时间在镇、队里的人员。股份的具体计算参照下例:假设某村民在规定年限内有10年户口在该地块,则有10股农龄股;假设该地块总面积为200亩,共有10人,则每人持有20股土地股。最后将农龄股与土地股按照4∶6的比例计算出该村民个人持有股份。〔22〕

(3)不同的集体经济组织之间土地增值收益的分配

若采取乡镇统筹、统一规划、统一出让方式,土地出让后获得的增值收益将涉及两个以上集体经济组织的利益,如何进行收益的合理协调与分配对于充分保障各个集体经济组织的利益至关重要。根据目前上海市松江区农村集体经营性建设用地使用权入市进展程度,暂时仅有永丰地区农民集体经济联合社代表该集体对其所有土地进行出让,还未涉及多个集体经济组织统一出让集体建设用地的情况。不过据松江区规土局工作人员称,第三块即将入市的位于泖港镇的地块,或将出现多个集体经济组织间土地增值收益的分配与管理问题。但目前松江区的该问题仍是空白,统筹乡镇统一规划管理及出让土地可参考北京市大兴区所实行的“镇级统筹”模式——多个村联合组建一个镇级土地联营公司,由联营公司作为市场主体入市,各个村集体采取入股的方式,将土地份额量化为股份百分比,通过联营公司经营管理收益按照股份多少收取“股东红利”。〔23〕这种“镇级统筹”模式使土地零星破碎、农民居住分散、土地规划管理困难的问题得以解决,通过统筹全区符合条件的全部集体建设用地,统一规划、统一出让,极大地提高了集体经营性建设用

〔22〕另外,农龄不仅是一项集体股份认购资格权,其还具有另一种功能,即如果集体土地最后被全部征收完毕,村委会和集体经济组织要撤销的时候,农龄则可以在“分家产”时起到确定集体成员各自可以获得多少集体财产份额的功能。不同的农龄则意味着不同的财产份额。其背后的机理是看具体的个人对本集体的贡献程度,贡献时间久了,农龄就长;贡献时间短了,农龄就短。这意味着外地嫁入的媳妇和2000年以后的新生小孩虽然不再是集体经济组织的成员,但是其依然可以通过继承家庭内部有农龄的成员的份额来获得集体财产。无论如此,这项财产的原始权利人是有农龄的集体成员,而不是嫁入的妇女和新生的小孩。也就是说,农龄和基于农龄而认购的股份分红权是可以分离的,前者可以由晚辈继承,但后者不能继承。如果有农龄的村民去世,其就不能再享有集体股份的分红权了,但其农龄依然存在。而这种农龄的价值会在集体解散或被撤销的时候,通过家庭内部继承而显现出来。

〔23〕参见耿未名、张华义:《“镇级统筹”新模式下的集体建设用地利用——北京市大兴区的探索与经验》,载《中国土地》2017年第8期。

地入市的工作质量与工作效率,保障了农村土地利用率的平衡与农民经济的共同发展。

8. 政府在集体经营性建设用地入市过程中的角色与定位

在整个过程中,政府实际扮演的角色可分为三方面:审核、服务与监管。

区政府对于镇政府或集体上报的、有意愿入市的地块,由十三个部门负责土地入市前期研判,若得到各部门认可即可反馈给集体经济组织;集体经济组织进一步完成各项手续后委托区政府招拍挂办公室估价;最终将手续、意见交由集体经济组织决策是否挂牌,由上海市土地交易市场负责挂牌工作。集体建设用地是否符合城乡建设规划的要求,需要政府进行审核。

由前述也可知,集体经营性建设用地在入市过程中的各项手续均委托政府办理,故政府还担任着服务的角色。

目前集体经营性建设用地使用权入市仍处于初期阶段,我国还未正式出台关于集体建设用地的入市流转方面的法律法规,各地入市交易中对具体监督措施的依据与执行也不尽相同,有的甚至仍未制定有关规定。为了解决这些问题,《上海市松江区农村集体经营性建设用地入市管理办法》规定,竞得人竞得出让土地当日应当与出让人一同作为被监管人同监管人(上海市松江区规划和土地管理局)签订《上海市农村集体经营性建设用地使用权开发建设与利用监管协议》,监管内容包括但不限于建设管理要求(涉及土地交付,开工、竣工管理,土地用途等建设方案的实行情况等)、功能管理要求(涉及公共空间和保护建筑要求、引入行业、功能业态建设等)、运营管理要求(涉及自持要求、物业运营等)、转让管理要求(涉及出资比例、实际控制人、股权结构等)以及有关节能建筑和环境保护要求(涉及资源能源节约要求、土壤及地下水等)。上海市这一监管协议一定程度上监督了出让人与受让人的出让土地过程,对于出让土地按照出让合同所约定的基本设计方案发展起了重要的作用。

## 三、改革过程中遇到的难题及其解决

### (一)目前遇到的制度和技术难题

1. 在与上海市松江区规土局相关工作人员的交流中,调研组了解到,改革方案在实践中碰到的最大问题是税费问题。税费问题主要集中在所得税和契税方面,此外还有后续土地转让时的土地增值税。上文提到,自农村集体经济组织产权制度改革以后,松江区在镇级、村级分别对应成立了集体经济联合社和集体经济合作社。但是这两种集体经济组织都不是法定的纳税主体。虽然现在大部分的集体经济组织下面都有公司,公司是法定的纳税主体,但是公司只是一个资产管理性质的主体,而土地的出让人是联合社或合作社,土地的收益也是交给给联合社或合作社。但由于他们不是纳税主体,无法开具票据,这就出现了一个尴尬的局面:合作社或联合社无法开具票据,而土地的受让方没有票据也无法入账。在目前的实践操作中,规土局采取的方案是由财政部门直接开票据,并直接缴至国库。从"收益方开具票据"的规则来看,这样的处理其实是极不规范的。如果由具有纳税资格的集体经济公司开具票据的话,那么集体收益的25%将用于缴纳所得税,这显然会极大地影响集体的利益。除了上述的集体土地税费的技术操作难题外,税费难题还面临着制度的空白。税务部门对于集体经济组织以及农民这个特殊的主体要不要缴税并没有特别的规定。另外集体土地在初始登记的时候需要缴纳契税,但契税法也没有对集体土地进行约定。

2. 与上一问题相关,目前农村集体经营性建设用地改革只是国土部牵头的,其他部门参与比较少,也很难协调。规土局可以完成土地规划,但是税费制度的改革、集体产权制度、社会保障制度的改革和落实,都需要其他主管部门配合,而且需要加强这些改革之间的协同性和耦合性。目前的各项改革在国家层面都是从中央政府各部门下达到地方的,相关改革方案给了地方更多的权力和权利,但是如果这些权力和权利不能被统筹和协调,那么改革就无法形成合力,甚至会相互矛盾。

3. 上海市建设用地减量化目标与鼓励集体经营性建设用地入市之间必然存在一定的矛盾。由于上海现已突破建设用地的天花板,故上海低效建设用地减量化任务日益严峻且迫切,但是入市试点改革仍要求上海将存量的建设用地用于入市。与此同时,上海每一年新增的基础设施用地需求同样迫切、不容忽视,故减量的建设用地必须用于每一年基础设施新增的供地,这就导致上海每一年能够入市的集体经营性建设用地非常少。城市以内的不入市,通过国有土地征收方式;而边界限以外的大部分建设用地都不符合规划,那些存量建设用地都得遵循减量化改革。而符合规划的建设用地,目前只有两个村做好了村庄规划。[24] 减量化改革与入市改革之间存在的矛盾使符合入市条件的集体经营性建设用地少之又少,这将不利

---

〔24〕 针对城市发展面临的资源约束,上海市明确"总量锁定、增量递减、存量优化、流量增效、质量提高"的土地管理思路,将2020年规划建设用地规模3226平方公里作为未来建设用地的终极规模,力争2020年实现全市规划建设用地规模负增长。2015年,上海市规划和国土资源管理部门出台建设用地减量化相关规定。该规定明确,"198区域"(位于规划产业区和规划集中建设区以外,面积约198平方公里的现状工业用地)为上海市推进减量化工作的重点区域,积极推进建设用地减量化工作。2015~2017年,全市"198区域"建设用地减量化总目标为20平方公里,其中2015年的目标为7平方公里;到2020年,实现减量40平方公里~50平方公里。参见卢为民、李毅:《上海部署建设用地减量化行动》,载http://www.zrzyb.net/yaowen/20150619_86171.shtml,2018年3月26日最后访问。

于入市改革的推进与深入。

4. 此外,松江区政府对于土地财政收入的依赖也比较严重,如果集体经营性建设用地入市范围过大,那么政府通过征地获得的土地收入就会减少。另外,由于现行的土地征收补偿标准没有进行修改,也没有进行试点,因此如何协调土地征收补偿标准与集体经营性建设用地入市后土地增值收益分配之间的关系,也是一个极为重要的问题。如果征收补偿标准过低,而集体经营性建设用地入市后农民可以获得的收益多,那么未来的土地征收就会变得困难重重。

(二)松江区的初步解决方案

对于税费的问题,松江区规土局首先根据《暂行办法》第21条的规定,在第二幅土地的出让合同中要求受让方在办理产权证前需要缴纳3%的土地增值收益调节金,使其相当于土地的契税。因为契税是办理产证的一个必需要件,但是契税法没有明确集体土地是否要交契税,故规土局在作出规定前征询过税务部门"能否开具免税证明"的意见。税务部门称,免税是指有义务缴纳但是因为某种原因可以免于缴纳。而契税法没有规定集体土地需缴纳契税,所以不成立所谓的"免税",免税证明便更无从谈起。鉴于此,规土局通过财政部收取3%的增值收益调节金,并结合规土局制定的一些配套文件把这个调节金作为登记的要件,暂时以此解决契税缴纳难题。从实务操作层面来看,这种"以费抵税"的权宜之计,目前初步解决了纳税主体的问题,完成了纳税的程序,并且不至于损害到集体的利益,但是其合法性仍然不甚明晰,未来需要通过《土地管理法》《企业所得税法》等法律的修改来进行规范化和制度化。

关于集体经营性建设用地入市交易成功后发票的开具问题,永丰街道作为试点地,目前采取的解决办法是在集体经济联合社下设立资产经营公司(上海仓桥资产有限公司),以公司的身份能够更好地遵循税收政策,办理营业执照,并代为经营、管理集体资产。不过这只是暂时的解决方案,按照松江区的目标,要求在近两年实现实体化运作,争取将集体资产全部纳入联合社管理;联合社在2017年已完成换证登记,正在完善经营管理,特别是税务发票方面的短板,力求真正做到以集体经济联合社为市场主体,行使集体权利,保障集体成员利益。

对于减量化改革与入市试点改革之间的矛盾,松江规土局在目前的实践中按照区域的不同进行有主有次、有轻有重的区别化处理。(1)首先贯彻减量化改革,并将减量的建设用地指标用于每年新增的城市发展和基础设施供地方面;(2)在开发边界区之内的建设用地按照国有土地征收进行;(3)在开发边界区之外,不符合规划的建设用地,仍需坚持减量化在农村地区,如保留村,仍然会把产生的标的使用权交给该村,需要指标的经营性项目由该村自行平衡;(4)在保护保留村外的撤并村,集体建设用地、宅基地复垦后产生的指标就得供应城市。

对于土地征收补偿标准与集体经营性建设用地入市后土地增值收益分配之间的衔接问题,松江规土局多次向财政部提出《暂行条例》规定的调节金计算基础存在问题,财政部认可了松江规土局基于自身特点对调节金征收的具体做法。虽然从实践操作层面来看,松江试点初步实现了土地征收补偿标准与集体经营性建设用地入市后土地增值收益分配之间的衔接,但这种衔接并不是通过提高征收补偿标准来实现的,而是通过降低农民获得集体经营性建设用地入市后的土地增值收益为代价的。这种衔接的最终结果是,集体经营性建设用地虽然入市了,但农民却并依然没有享受到这种入市所带来的财产性收益和更多获得感。在调研中,我们发现,虽然松江已经有两块集体经营性建设用地成功入市,但这两块土地所属集体的成员对相关改革的了解却非常之少,而且他们也只是领取到了少量的"征地补偿款",[25]并没有从这一项改革中获得更多实际的财产性收益。这显然违背了入市试点改革的初衷,也未能起到调动集体成员积极响应改革的作用。

## 四、总结

集体经营性建设用地入市自2015年年初由全国人大常委会正式授权以来至今,在全国三十三个试点地区(市、县)均取得了不同程度的成果。上海市松江区作为上海市内唯一的试点地区,为正确贯彻集体建设用地入市方案作出了许多努力,实施过程中永丰街道作为首位入市对象,对集体经营性建设用地使用权入市进行了初步的探索,取得不错的成绩;作为首次的交易对象,永丰街道选择了已完成拆迁动迁、几乎不存在纠纷的净地,分别在2016年年底与2017年年初通过集体社员大会的表决与理事会、监事会的审核后依照有关程序,获得政府批准在上海土地交易市场挂牌并成功出让。

松江区集体经营性建设用地入市最大的特点(同时也是最大的优势)是,集体经济组织产权制度改革比较彻底,集体产权制度改革的完成,极大地降低了集体土地入市的实践难度。不过,与北京市大兴区通过统筹集体土地作价入股联营公司,形成团体股东的"镇级统筹"模式不同,松江是将每一位集体成员认定为一个单独的股东,一个村级集体合作社或镇级集体联合社作为一个独立的入市主体,各自对其所有的具体地块出让与否保留决策权。

集体建设用地的成功入市,使松江区在土地资源利用尤其是集体土地资源的

[25] 虽然集体经营性建设用地入市了,但是村干部和村民依然将集体经营性建设用地入市所得的土地出让金(价款)称为是"征地补偿款"。这种现象可能是与松江改革不愿意进行更多的宣传造成的。

利用上更加合理与充分,但是作为初次的探索尝试,难免会存在一些不足之处。

我们认为,集体经营性建设用地的改革目的,不仅是为提高土地利用率,更重要的是,让集体土地权利人可以通过集体经营性建设用地入市来合理分享我国城市化的成果。因此,我们建议,首先,要协调征收补偿与入市增值收益分配的关系,在制度设计时,要求这两种利益分配领域均按照市场价格补偿或出让方式进行,并统一适用增值收益调节金制度;其次,在初次入市无法计算土地增值收益时,建议将调节金定为成交地价的20%~25%,当通过集体经营性建设用地再次转让足以计算出土地增值收益时,可以依照增值收益的20%~50%收取;最后,还应当加强对集体成员的政策宣传,提高农民对改革的认知程度,进而在更大范围内获得农民对于改革的支持。

(责任编辑:陈越鹏)

# 田野采风·“珠三角农村土地法律问题研究”

# 城乡融合下农地法制的运行现状与改革诉求

## ——以东莞市为样本的分析*

孙聪聪**

**摘　要**

东莞市的农村土地法律制度运行现状与改革诉求，为城乡融合下新一轮农村土地制度改革指明了方向。拓展农民收入增长渠道，需壮大集体经济，使集体成员共享发展成果；落实承包地三权分置改革，需发挥集体经济组织功用，明确集体成员权，开禁土地承包经营权抵押，保留转让土地承包经营权的集体成员于“三轮”延包时的承包资格；深化宅基地制度改革，可以法定租赁制度化解因宅基地使用权转让限制与房屋所有权买卖自由而无法实现房地一体的现实困局；推动集体经营性建设用地平等入市，关键在于农民能否实质性参与集体建设用地利用规划的编制程序；规范农村土地征收程序，要合理确定征收补偿款分配方案，在村民自治的基础上，赋予司法机关审查权限。

**关键词**

承包地三权分置　宅基地管理　集体经营性建设用地入市　农村土地征收

**目　次**



---

* 基金项目：广东省哲学社会科学一般项目“农地三权分置的实践逻辑和立法表达”（GD17CFX02）。

** 孙聪聪，法学博士，广东外语外贸大学土地法制研究院博士后研究人员。

党的十九大报告提出实施乡村振兴战略,建立健全城乡融合发展体制机制和政策体系,《中共中央、国务院关于实施乡村振兴战略的意见》(以下简称2018年中央一号文件)进一步把坚持城乡融合发展作为基本原则,指出要坚决破除体制机制弊端,使市场在资源配置中起决定性作用。在此政策背景下,广东外语外贸大学土地法制研究院于2018年1月深入东莞市大朗镇黄草朗社区、大朗镇长塘社区、虎门镇东风社区和南城街道胜和社区,各随机选取6户农户,深入调查了解城乡融合背景下农村土地法律制度运行现状,以及农民对新一轮农地制度改革与《物权法》《农村土地承包法》《土地管理法》等编纂与修改的意见和建议。在对农户进行问卷调查和深度访谈后,收回有效问卷24份,整理访谈笔录4份。本报告在分析中使用的数据,均取自于此次调研获取的素材。

作为首批入选国家新型城镇化综合试点地区的城市,东莞市的城镇化水平较高而第一产业占比较低。[1] 因此,东莞市的农村土地利用现状和制度运行有着区别于"珠三角"其他地市的显著特征,表现为集体土地以宅基地和经营性建设用地为主、前期农村土地征收的实体和程序不规范、"村改居"后农民的身份和财产利益丧失等方面,本质上反映出二元土地权利结构给城乡融合体制机制的建立和健全带来了挑战。[2] 东莞市的农村土地法律制度运行现状与改革诉求对于新一轮的农村土地制度改革具有典型的参考意义和应用价值。

## 一、城乡融合中农村土地法律制度的运行障碍

各地因农村土地利用现状、集体经济实现方式、社会经济发展和城镇化水平等的不同,农村土地法律制度运行中存在的主要问题也不尽相同。东莞市农村土地法律制度运行障碍在城乡融合程度较高的地市中具有代表性。

当问及"您认为在当前农村土地法律制度运行中,存在的主要问题是什么?(限选三项)"时,被选比重占前三位的分别是"土地征收补偿分配不合理"(58.33%)、"承包地调整不及时或不能调整"(37.50%)和"土地流转后村民身份和利益丧失"(37.50%),见表1。

---

〔1〕 2014年东莞市的常住人口为834.31万人,其中城镇常住人口740.95万人,人口城镇化率达88.81%。同年,东莞市的农林牧渔业总产值为33.94亿元,而国民生产总值为5881.18亿元,第一产业占生产总值的比重仅为0.58%,远低于全国9.17%的水平。

〔2〕 参见曲福田、田光明:《城乡统筹与农村集体土地产权制度改革》,载《管理世界》2011年第6期;刘守英:《中国城乡二元土地制度的特征、问题与改革》,载《国际经济评论》2014年第3期。

**表1　当前农村土地法律制度运行中存在的主要问题**

| 您认为在当前农村土地法律制度运行中,存在的主要问题是什么?(限选三项) | 比例(%) |
| --- | --- |
| A. 发包方(村集体)对承包方有不当干预 | 12.50 |
| B. 承包地调整不及时或不能调整 | 37.50 |
| C. 土地规模经营不畅 | 25.00 |
| D. 承包经营地无法抵押贷款 | 16.67 |
| E. 土地流转后村民身份和利益丧失 | 37.50 |
| F. 村民股份配置不合理 | 29.17 |
| G. 宅基地流转不畅 | 33.33 |
| H. 土地征收补偿分配不合理 | 58.33 |
| I. 妇女土地权益保护不力 | 4.17 |
| J. 土地权利登记中权属争议较多 | 25.00 |
| K. 其他(请注明) | 4.17 |

另外,根据访谈的结果显示,在东莞市的不同地区,基于经济形态和发展水平不同,不同的乡镇、街道,甚至是同一乡镇的不同社区,农村土地法律制度运行中存在的主要问题也不尽相同。大朗镇的黄草朗社区,目前的产业形态主要是“毛织+电商”,从农民集体征收的土地主要用来建设工业园区,土地用途多表现为工业用地。在访谈中有相当一部分村民反映,前期土地征收的补偿标准较低,随后村集体将工业用地连同厂房出租时,并未在村民中分配出租收益。大朗镇的长塘社区,位于大朗镇中心区,产业结构以第三产业为主,土地用途主要表现为商业用地。受访村民反映存在土地利用规划不合理、原工业用地转变为商业用地较为困难。虎门镇的东风社区,下辖5个自然村,各集体经济组织独立运营,社区监管。社区在部分工业用地上建设厂房,用作出租。受访村民反映最突出的问题是新增人口无法分得宅基地。另外,该社区于2005年“村改居”时根据当时的户籍档案制定了村民名册,采用股份量化的方式和“生不增、死不减”的原则分配集体收益,有部分受访村民反映对于新出生人口不公平。南城街道的胜和社区,位于东莞新城市中心区,是东莞市委、市政府所在地,下辖的17个居民小组中有16个小组由原来的自然村改制而来,原村支两委作为小组与居委会的协调人仍然在原村集体中发挥重要作用。受访村民反映最突出的问题是历史遗留的土地征收不规范、补偿标准较低、土地确权登记不到位以及无增量集体建设用地指标等。

## 二、城乡融合中农村土地法律制度的运行现状

从城乡分离到城乡融合,既是城市边界向周边农村扩张的城乡区划融合,也是农民转变为市民的城乡居民融合。但改变远不止于此。由于城乡二元的土地产权和社会保障制度的存在,城镇建设用地规划向农村地区扩展的同时,原农民集体所有的土地除经征收程序转变为国有建设用地外,尚有一部分以宅基地或集体经营性建设用地的形式归集体所有;农民转变为市民后,丧失承包地失去职业保障但并没有享受与城市居民同等的养老保障,相当一部分仍然依赖集体经营性收益保障基本生活。根据在调研过程中收集的数据显示,城乡融合中的农村土地法律制度运行表现出以下几个方面的特征:

### (一)承包地确权流转的紧迫性不再凸显

根据此次调研过程中受访农户反映,东莞市辖区内60%的集体土地已被政府征收转变为国有建设用地,受访地区大多已无承包地。另据广东省国土资源厅发布的数据显示,至2016年年末,东莞市的耕地保有量为3.67万公顷,基本农田面积2.83万公顷,而同年辖区内土地调查总面积为24.60万公顷,耕地占比仅为15%。尽管如此,农户对于承包地确权、流转及"三权分置"改革等问题的认知状况依然至关重要。

1. 土地承包经营权确权登记情况

土地承包经营权确权登记是对其进行物权保护的题中应有之意,是在集体所有的土地上分置出农户承包权(成员权)和土地经营权并对农户的承包权(成员权)进行保护的必要前提,也是以承包土地的经营权向金融机构申请贷款的前置条件,因此,农业部、财政部、国土资源部、国家测绘地理信息局《关于进一步做好农村土地承包经营权确权登记颁证有关工作的通知》要求,到2018年年底,除一些少数民族及边疆地区外,基本完成确权登记颁证工作。2018年一号文件更进一步明确要求,全面完成土地承包经营权确权登记颁证工作,实现承包土地信息联通共享。为了解实践中土地承包经营权确权登记颁证工作的实际情况,调查问卷设计了单选题目"你们村的承包经营权重新登记并颁发证书了吗?",东莞市的调查结果及与惠州乃至珠三角地区的对比情况如表2所示。

**表 2 承包经营权重新登记颁证情况对比** 单位:%

| 选项<br>地市 | A. 重新登记并颁发了新证书 | B. 重新登记还没有颁发新证书 | C. 正在办理中 | D. 没有重新登记 | E. 其他 |
|---|---|---|---|---|---|
| 东莞 | 16.67 | 8.33 | 12.50 | 37.50 | 25.00 |
| 惠州 | 12.50 | 37.50 | 33.33 | 12.50 | 4.17 |
| 珠三角 | 16.67 | 24.48 | 40.63 | 12.50 | 5.73 |

选择“其他”选项的一般都注明“不清楚”,也可以认定为没有重新登记,该调查结果与在访谈中了解到的情况相吻合。部分受访对象表示,受城镇化进程的影响,城市近郊的村集体基本已无承包地,也就不存在承包经营权重新登记并发证的问题,剩余未被征收的承包地部分存在因无法确定四至而客观上难以确权登记的情况。就承包经营权确权登记而言,东莞市表现出与整个珠三角地区或者其他以承包地为主地市相迥异的特征。珠三角八地市的调研结果显示,“重新登记并颁发了新证书”“重新登记还没有颁发新证书”“正在办理中”的比例分别为16.67%、24.48%、40.63%,以承包地为主的惠州市,该比例分别为12.5%、37.50%、33.33%,说明在整个珠三角地区或以承包地为主的地市,就承包经营权重新登记或正在办理中的占绝大多数,而在东莞市,没有重新登记的占多数。

2. 承包地流转的意愿和障碍

由于受访地区承包地基本被征收,[3]调查问卷在承包地的流转方式和障碍方面设置的问题主要基于受访农户的意愿展开。

当问及“您希望承包地流转采用哪些方式?(可多选)”时,选择“转包或出租”“抵押”“转让(买卖)”“互换”“入股”“其他(请注明)”“不希望承包地流转”的比例分别为37.50%、20.83%、45.83%、16.67%、45.83%、4.17%、8.33%,占比最高的是“转让(买卖)”和“入股”,比例均为45.83%,这也与珠三角地区整体的调研数据统计和其他以承包地为主的地市的调研数据形成对照。对珠三角八地市的调研数据进行汇总发现,农户最希望采取的承包地流转方式为“转包或出租”(比例为77.08%)以及“入股”(比例为44.79%),而在以承包地为主的地区,如惠州,农户最希望采取的方式同样是“转包或出租”(79.17%)以及“入股”(45.83%),其次是“抵押”(41.67%)和“转让”(41.67%)。说明在城镇化和农村土地市场化水平较高的地市,农户在一定程度上分享了土地增值收益,更希望以物权性的方式流转

[3] 在访谈中调研组了解到,前期所谓的“征收”存在“假征收”“伪征收”的情况,也即征收并不是为了公益目的,甚至还存在未征先占等违法行为。

承包地;而在农村土地市场化程度不高的地市,承包地仍是农户最为重要的生存保障,其更倾向于以债权性的方式流转承包地。

当问及"您会在什么情况下把承包地流转出去?(可多选)",选择比例最高的是"流转收益比较高",占45.83%,其次是"村集体要求流转",占33.33%,再次是"种田收益不是主要收入来源""土地太少,自己种不划算"和"政府要求流转",同为20.83%,占比较小的是"其他(被征收)"(8.33%)和"自己家里没人种"(4.17%)。可见,作为理性的经济人,农民在流转承包地时能够基于自身经济利益最大化做出理性的选择,流转收益是农民流转承包地时最重要的考虑因素。对比"村集体要求流转"和"政府要求流转"的比例发现,农民对于集体所有权主体和自治组织的认可度比对政府行政机关的认可度高,在访谈中农民也表达了对政府行政机关违法征收、与民争利等行为的不满。

当问及"您认为当前承包地流转存在什么障碍?(可多选)"时,选择比例最高的是"法律禁止抵押融资,流转受阻",占50.00%,其次为"法定流转方式较少",占37.50%,再次是"村集体强行流转",占33.33%,然后是"政府强行流转",占20.83%,最后是"其他",占16.67%,选择"其他"的农户大多数注明"土地被征收,流转较少",这与东莞市农村土地的利用现状相吻合。

3. 承包地三权分置政策的认知状况

为了解农户对于三权分置政策的认知状况,调查问卷设置了"您知道当前农村土地政策中'三权分置'中的'三权'是什么吗?(回答要明确)"的单选题,其中选择"知道"的比例为16.67%,选择"不知道"的比例为83.33%,说明农民大多数对三权分置的具体内涵不甚了解。

(二)宅基地使用中的矛盾比较突出

以家庭承包为主、统分结合的双层经营体制确立以来,宅基地作为重要的集体资产,以户为单位无偿分配给集体成员使用,以满足农户与耕作的土地毗邻而居以及从事农业劳作的生产和生活需求。但长期以来,农村地区一户多宅、超占面积等问题比较突出,随着人地矛盾日益加剧,新增人口无法分得宅基地的问题同时存在,成为引发邻里纠纷并进而影响农村地区安定和谐的重要诱因。东莞市受调查地区基本已无承包地,由农民集体(居民小组)享有所有权的土地类型主要是宅基地,宅基地使用中存在的问题更为凸显。当问及"你们村的宅基地使用中存在的突出问题是什么?(限选两项)"时,受访对象的选择情况如表3所示。

表 3　宅基地使用中存在的突出问题

| 你们村的宅基地使用中存在的突出问题是什么? | 比例(%) |
|---|---|
| A. 宅基地建房后改作商用、出租无序 | 37.50 |
| B. 新增人口无法分得宅基地 | 37.50 |
| C. 宅基地建房没有规划 | 16.67 |
| D. "一户多宅"较普遍 | 16.67 |
| E. 房屋闲置较普遍 | 8.33 |
| F. 宅基地没有登记较普遍 | 20.83 |
| G. 宅基地不能自由买卖 | 29.17 |
| H. 其他(请注明) | 12.50 |

可见,在东莞市,"宅基地建房后改作商用、出租无序"和"新增人口无法分得宅基地"是目前存在的最为突出的问题,同占 37.50%;其次是"宅基地不能自由买卖"(29.17%)、"宅基地没有登记较普遍"(20.83%)、"宅基地建房没有规划"(16.67%)和"'一户多宅'较普遍"(16.67%),"房屋闲置较普遍"(8.33%)并不突出。因为是限选类题目,选项较为分散,说明以上各种情形均存在。

另外,当问及"你们村对于整理宅基地后收回的土地是如何处理的?(单选)"时,有 37.50%的受访对象选择"村统一用作工商业经营",占比最高;其次是"出卖给需要宅基地的农户",占 25.00%;再次是"分配给需要宅基地的农户",占 20.83%;还有 16.67%选择"其他",并注明没有村集体收回宅基地的情况,而选项中"由政府根据城乡建设用地增减挂钩政策补贴后改作耕地"则没有人选。这与访谈中了解到的东莞市的实际情况相吻合。

(三)集体经营性建设用地入市困境重重

随着城市化进程的推进,国有建设用地增值的空间被无限释放,城市中间和周边的农村地区纷纷开展各种形式的非农建设。但是根据《土地管理法》的规定,任何单位和个人进行建设,需要使用土地的,必须依法申请使用国有土地;但是,兴办乡镇企业和村民建设住宅依法批准使用本集体经济组织农民集体所有的土地的,或者乡(镇)村公共设施和公益事业建设经依法批准使用农民集体所有的土地的除外。因此,实践中部分城中或城郊农村的非农建设就依托于集体经营性建设用地展开,但是此类非农建设大部分并非兴办企业或建设住宅,更非兴建公共设施和公益事业,而是用于商品房建设,形成"小产权房"的问题。事实上,国有建设用地和集体建设用地用途相同,《土地管理法》规定非农建设必须使用国有土地,如需使用集体土地,必须先进行征收,将集体土地转变为国有土地,再将建设用地出让,此种方式使土地征收的公益性质异化、集体无法分享土地增值收益,正当性不足。因此,肇始于十八届三中全会的新一轮农村土地制度改革提出要进行集体经营性建设用地入市的改革,鼓励集体经营性建设用地以同地同价的方式进入土地一级市场,由集体经济成员共享土地增值收益。为了解东莞市集体经营性建设用地入市的前提和困境,调查问卷设置了一组问题,具体分析如下:

1. 集体经营性建设用地的利用现状

集体经营性建设用地的利用现状是其入市改革的前提。当问及"你们村有没有'经营性集体建设用地'?"时,选择"有"的比例为20.83%,选择"没有"的比例为79.17%。这与在访谈中了解的情况基本一致,东莞市的很多受访对象表示,存量集体经营性建设用地不多,且相当一部分并没有取得建设用地指标,目前国土部门又严格限制增量集体经营性建设用地审批,因此,集体经营性建设用地入市改革最大的障碍是增量指标不足。

2. 新增集体经营性建设用地的原始用途

为了解新增集体经营性建设用地的原始用途,调查问卷设置了多选题目:"你们村近10年来(物权法施行以来)新增建设用地主要由哪种土地转变而来?(可多选)",除有37.50%选择"没有新增集体建设用地"外,选择"耕地(林地、草地等)""宅基地""'四荒'地"和"其他(请注明)"的比例分别为50.00%、33.33%、12.50%、8.33%,可见,耕地(林地、草地等)依然是集体经营性建设用地的主要来源,2018年一号文件提出"全面落实永久基本农田特殊保护制度"是非常有必要的。

3. 集体经营性建设用地入市的障碍

为更全面地了解集体经营性建设用地入市的障碍,调查问卷设置了多选题目:"您认为经营性集体建设用地使用权入市存在哪些障碍?(可多选)",受访对象的选择情况如表4所示。

**表4 集体经营性建设用地入市的障碍**

| 您认为经营性集体建设用地使用权入市存在哪些障碍?(可多选) | 比例(%) |
|---|---|
| A. 决策主体不明确 | 37.50 |
| B. 监督制约不到位 | 41.67 |
| C. 收益分配不合理 | 50.00 |
| D. 政策法规不细致 | 45.83 |
| E. 没有增量建设用地指标 | 45.83 |
| F. 其他(请注明) | 4.17 |

可见东莞市受访对象反映集体经营性建设用地入市最主要的障碍是“收入分配不合理”“政策法规不细致”以及“没有增量建设用地指标”，另外还包括“监督制约不到位”“决策主体不明确”等，这也与在随后的访谈中了解到的情况相吻合，东莞市（尤其是南城街道）很多受访对象表示，前期土地征收存在大量的不规范现象，剩余未被征收的土地随时有被征收的可能，但是农民集体因为无法取得增量建设用地指标难以实现土地开发，无法共享土地增值收益。

（四）农村土地征收实体和程序皆不规范

1. 当前农村土地征收存在的主要问题

当前的城镇化建设主要是建立在（城中或城郊）农村土地征收的基础之上的，东莞市也不例外。当问及“您认为当前的农村土地征收主要存在哪些问题？（可多选）”时，受访对象的选择情况如表5所示。

**表5 当前农村土地征收存在的主要问题**

| 您认为当前的农村土地征收主要存在哪些问题？（可多选） | 比例(%) |
|---|---|
| A. 征地以商业化为目标 | 41.67 |
| B. 征地程序不合理 | 50.00 |
| C. 征地补偿标准较低 | 75.00 |
| D. 征地补偿款难以到位 | 37.50 |
| E. 征地补偿款分配不公平 | 45.83 |
| F. 征地纠纷救济渠道受限制 | 12.50 |
| G. 其他(请注明) | 4.17 |

东莞市受访农户反映土地征收中存在的最突出的问题是“征收补偿标准较低”“征地程序不合理”及“征收补偿款分配不公平”，其次是“征地以商业化为目标”“征地补偿款难以到位”及“征地纠纷救济渠道受限制”，还有选择“其他”选项的农户认为，“通过平台招投标比较合理”。

2. 农村土地征收原因调查

为进一步了解珠三角各地市征收农村土地的用途，调查问卷设置了多选题目：“你们村土地是因为下列哪些原因被征收的？（可多选）”，东莞市受访对象的选择情况如表6所示。

表6　征收土地的用途

| 你们村土地是因为下列哪些原因被征收的?(可多选) | 比例(%) |
|---|---|
| A. 国防和外交的需要 | 12.50 |
| B. 由政府组织实施能源、交通、水利等基础设施建设的需要 | 41.67 |
| C. 由政府组织实施的科技、教育、文化、卫生等公共事业的需要 | 29.17 |
| D. 由政府组织实施的保障性安居工程建设的需要 | 25.00 |
| E. 开办工商业企业、建造商品房以及其他商业性建设的需要 | 54.17 |
| F. 其他(请注明) | 4.17 |
| G. 没有被征收过 | 4.17 |

可见,因"开办工商业企业、建造商品房以及其他商业性建设的需要"是目前启动农村土地征收程序的最主要原因,严格来说,该原因并非出于公共利益的需要,正当性存疑。而由政府组织实施"能源、交通、水利等基础设施建设的需要""科技、教育、文化、卫生等公共事业的需要""保障性安居工程建设的需要""国防和外交的需要"则一般属于公共利益需要,征收农村土地需给予村集体和农户适当补偿。

3. 村民参与土地征收的程序

为了解珠三角地区村民参与土地征收的程序,调查问卷设置了多选题目:"你们村土地被征收时,村民参与的程序主要有哪些?(可多选)",东莞市的受访对象选择比例最高的是"确定征地补偿方案",占62.5%,其次是"确定征收土地用途是否符合公共利益",占50.00%,再次是"确定征地安置方案",占12.50%,另外还有12.50%的受访农户选择其他,并注明"没有参与过"。农村土地不仅是农民财产权利的客体,也是农民从事农业生产的物质资源,征收农村土地,一方面要基于财产权利被剥夺给予农民补偿;另一方面需基于职业保障对农民进行安置,因此,征地补偿方案和征地安置方案同样重要,但从调查的结果来看,村民尚未充分参与到征地安置方案的制订过程中。在随后的访谈中,很多受访对象表示,"村改居"后,农民只是变成了"失业农民",真正的身份并未发生改变,很多失地农民缺乏在城市谋生的能力,失去职业保障的社会保障对于失地农民来说意义有限。

## 三、城乡融合中农村土地法律制度的改革诉求

### (一)拓展农民收入增长渠道的政策法律措施

党的十九大报告指出,"促进农村一、二、三产业融合发展,支持和鼓励农民就

业创业，拓宽增收渠道"。为了解农民对拓展收入增长渠道的政策和法律需求，调查问卷设计了一项限选题目，"您认为在拓展收入增长渠道方面，提供下列哪些政策法律最重要？（限选三项）"，有79.17%的受访农户选择"壮大集体经济，使集体成员共享集体经济发展成果，实现共同富裕"，有58.33%选择"允许经营性集体建设用地入市，分享发展收益"，有50.00%选择"允许宅基地自由流转、抵押融资，增加财产性收入"，与在访谈中了解的情况基本一致。（见表7）

**表7 拓展农民收入增长渠道的政策、法律措施**

| 您认为在拓展农民收入增长渠道方面，提供下列哪些政策法律最重要？（限选三项） | 比例（%） |
|---|---|
| A. 允许承包地自由流转、抵押融资，扩大生产 | 37.5 |
| B. 允许宅基地自由流转、抵押融资，增加财产性收入 | 50.00 |
| C. 允许经营性集体建设用地入市，分享发展收益 | 58.33 |
| D. 壮大集体经济，使集体成员共享集体经济发展成果，实现共同富裕 | 79.17 |
| E. 加快农业产业化，提高服务质量，获取农业完整收益 | 8.33 |
| F. 政策提供金融支持，放开合作金融管制，增加收入增长方式 | 45.83 |
| G. 其他（请注明） | 0.00 |

（二）承包地三权分置改革的落地实施

在城镇化水平较高的地市，承包地已非土地利用主要形态，但中共中央《关于全面深化改革若干重大问题的决定》要求"坚持和完善最严格的耕地保护制度"，党的十九大报告提出"确保国家粮食安全，把中国人的饭碗牢牢端在自己手中"，现有的耕地规模必须予以维持，承包地三权分置改革作为既定的法政策目标已转入立法表达。在调研过程中，课题组就农户对承包地三权分置改革的预期进行了问卷调查和深入访谈，发现农户对于坚持集体所有权、稳定农户承包权（成员权）、放活土地经营权的政策目标基本持认可态度。

1. 坚持集体所有权的应然举措

中共中央办公厅、国务院办公厅印发的《关于完善农村土地所有权承包权经营权分置办法的意见》要求，始终坚持农村土地集体所有权的根本地位；党的十九大报告提出，深化农村集体产权制度改革，保障农民财产权益，壮大集体经济。农村土地的集体所有制是我国社会主义经济制度的重要体现，也是防止土地兼并、避免劳动剥削的制度安排。因此，承包地三权分置改革中坚持集体所有权是底线要求。当问及"您认为应当如何坚持集体所有权（可多选）"时，受访对象的选择如表8所示。

表8 坚持集体土地所有权的措施

| 您认为应当如何坚持集体土地所有权?(可多选) | 比例(%) |
| --- | --- |
| A. 可以依法统一经营 | 33.33 |
| B. 有权收取一定比例土地承包经营费 | 20.83 |
| C. 依法收回承包地 | 25.00 |
| D. 自主决定土地利用方式 | 54.17 |
| E. 有权收取一定比例宅基地使用和转让费 | 16.67 |
| F. 有权收取一定比例建设用地使用权转让费 | 25.00 |
| G. 其他(请注明) | 0.00 |

选择比例较高的是“自主决定土地利用方式”(54.17%)和“可以依法统一经营”(33.33%)。在访谈过程中,有相当一部分受访对象对于政府部门动辄“征收”农民的土地表示不满,希望可以由农民集体开发剩余土地,共享土地增值收益。另外认为农民集体“有权收取一定比例土地承包经营费”“有权收取一定比例宅基地使用和转让费”“有权收取一定比例建设用地使用权转让费”的比例分别为20.83%、16.67%和25.00%,说明农户对于有偿使用集体土地、充实集体土地所有权的收益权能具有一定的认可度。

2018年中央一号文件要求,研究制定农村集体经济组织法,充实农村集体产权权能。由陈小君教授任首席专家的国家社科基金重大招标项目“我国农村集体经济有效实现研究”课题组通过对全国12省72村的调研发现,继续发展、壮大农村集体经济,有利于增强集体经济的服务功能,进而对提高农民应对市场的组织化程度,稳定和完善农村基本经营制度,拓展农业集约、统一经营的空间,建立、健全农村社会化服务体系,推进农村金融改革,建立资金回流农村、农业机制,落实城乡一体化规划在增强农民、农业自身的“造血”能力方面发挥基础性作用。[4] 关于农村集体经济组织应该在农业升级、农村进步和农民发展方面发挥的作用,一直是本调研团队致力于了解和研究的重点。在此次东莞调研中,当问及“您认为农村集体经济组织的资产应该在本村发挥哪些作用?(可多选)”时,受访对象选择的情况如表9所示。

[4] 参见陈小君等:《我国农村集体经济有效实现的法律制度研究:省域观察与实证解析》,法律出版社2016年版,第1页。

**表 9 农村集体经济组织的功用**

| 您认为农村集体经济组织的资产应该在本村发挥哪些作用？(可多选) | 比例(%) |
|---|---|
| A. 加强道路、水利、饮用水等公益事业建设 | 33.33 |
| B. 改善村文化、环境卫生设施 | 50.00 |
| C. 保障农村社会稳定和减少社会治安纠纷 | 37.50 |
| D. 适当补贴失地、无地的村集体成员 | 37.50 |
| E. 投资村办企业 | 33.33 |
| F. 保障村集体干部和其他管理人员管理费发放 | 8.33 |
| G. 为成员(农民)提供社保经费补助 | 45.83 |
| H. 其他(请注明) | 0.00 |

分析表 9 可知，农民对于集体经济组织资产在"改善村文化、环境卫生设施"和"为成员(农民)提供社保经费补助"方面的期望值最高，比例分别为 50.00% 和 45.83%，其次是"保障农村社会稳定和减少社会治安纠纷"和"适当补贴失地、无地的村集体成员"，比例同为 37.50%；再次是"加强道路、水利、饮用水等公益事业建设"和"投资村办企业"，比例同为 33.33%，占比最低的是"保障村集体干部和其他管理人员管理费发放"，比例仅为 8.33%。这与东莞市城镇化水平较高的现实相吻合。在调研过程中，调研组发现，东莞市整体的基础设施比较完备，而原农村村民转变为城镇居民后，有相当一部分并没有稳定职业，因此，受访对象对于村集体在为成员缴纳社保经费方面的需求较加强基础设施建设方面更为迫切，这与城镇化水平不高、相对落后的地市形成鲜明对比，如在惠州市，受访对象选择"加强道路、水利、饮用水等公益事业建设"的比例高达 83.33%，这也在一定程度上反映了经济相对落后地区在农村基础设施和民生领域欠账较多，农民希望农村集体经济组织承担起这部分公共职能，而在经济相对发达地区，地方政府在改善村文化和环境卫生设施方面同样力有不逮，有待集体经济组织来填补。

2. 明确集体成员权的立法预期

承包地三权分置改革的目标之一是"稳定农户承包权"，这与本研究团队多年来主张的建立和完善成员权制度以保护集体成员权益的观点相吻合。在东莞市调研中，当问及"您认为法律是否应明确规定村集体成员(村民)资格取得、变更和丧失的条件？(单选)"时，有 79.17% 的受访对象选择"应当"，有 20.83% 的受访对象选择"不应当"，说明明确村集体成员资格得丧变更的条件符合大多数农户的政策和法律预期。

3. 开禁承包地抵押贷款的制度需求

土地经营权所负载的目标功能大致可以概括为稳定土地承包经营权流转中受让人的经营预期,满足其为扩大生产经营而进行抵押融资的需求。[5] 十八届三中全会以来的各类政策性文件中屡次提及允许承包土地的经营权向金融机构抵押融资,2018年一号文件进一步明确,农村承包土地经营权可以依法向金融机构融资担保、入股从事农业产业化经营。因此,农户对于土地经营权抵押融资的认知状况也是此次调研的重点问题。在东莞市的调研中,当问及"您认为应否允许土地承包权人以实际耕作的承包地进行抵押(贷款)?(单选)"时,选择"应当"和"不应当"的比例分别为50.00%,当问及"您认为应否允许以转让取得的实际耕作的经营地进行抵押(贷款)?(单选)"时,选择"应当"和"不应当"的比例同样分别为50.00%。说明农户对于开禁土地承包经营权抵押、允许以土地经营权抵押存在一定的制度需求,同时也存在一定的顾虑。在进一步的访谈中,部分选择"不应当"的农户表达了对因无法还款而失去承包地的担忧。

4. 保留"三轮"延包资格的认知状况

集体所有权和土地承包经营权两权分离下,土地承包经营权的抵押和转让受到限制,原因在于承包地在客观上承载着一定的社会保障职能。三权分置改革的政策初衷即在稳定农户承包资格的基础上,放活土地经营权,促进农地流转,实现农业的适度规模经营和现代化。本研究团队通过多年的田野实证调研发现,取消承包地转让的限制、开禁土地承包经营权抵押、还赋土地承包经营权完整的用益物权权能,并不会导致农户丧失承包土地的资格。土地承包经营权是用益物权,承包农地的资格则是集体所有权中成员权制度所要解决的问题。[6] 此次在东莞市的调研结果再次印证了该项结论。当问及"您认为,如把承包地转让后仍是本村村民的,在'三轮'延包时是否还应享有承包土地的权利?(单选)"时,有75.00%的受访对象选择"应享有",有25.00%的受访对象选择"不应享有"。而在整个珠三角地区,选择"应享有"的比例更是高达81.77%。东莞市选择"应享有"的比例相对较低,主要是因为调查地区基本上已无承包地,承包地转让后仍是本村村民的情况已不多见。

(三)宅基地管理制度改革的意愿诉求

1. 宅基地法定租赁制度的认知基础

宅基地的无偿取得和使用固然给农户提供了基本的住房保障条件,但也造成

〔5〕 参见耿卓:《农地三权分置改革中土地经营权的法理反思与制度回应》,载《法学家》2017年第5期。
〔6〕 参见高飞:《农村土地"三权分置"的法理阐释与制度意蕴》,载《法学研究》2016年第3期。

宅基地使用过程中土地资源的闲置和浪费。同时,宅基地使用权的无偿取得意味着其不能向非集体成员转让,而其上建造的房屋作为农户的私有财产,则是可以自由买卖的,这给大陆法系"房地一体"的不动产变动理论带来了挑战。在"坚持集体所有权的应然举措"部分,调研组了解到农户对于向集体缴纳宅基地使用和转让费存在一定的认可度,比例为16.67%。为进一步了解农户对于非集体成员使用宅基地的情况,调查问卷设置了一个单选题目,"您认为将宅基地上的房屋卖给村外人或本村宅基地超标的农户时,村集体应否收取一定的宅基地使用费?",受访对象中选择"应当"的比例为75.00%,选择"不应当"的比例为25.00%。说明农户普遍认为宅基地属于村集体财产,非集体成员使用宅基地应收取一定的使用费。该认知状况为宅基地的法定租赁制度奠定了实践基础,村民将房屋所有权转让给非本村人时,受让人基于法定租赁制度,在向村民和(或)村集体缴纳宅基地使用费后可以取得债权性的宅基地使用权,从而化解因宅基地使用权转让限制与房屋所有权买卖自由而无法实现房地一体的现实困局。

2. 宅基地收回的补偿和处置意愿

2009年《农村土地承包法》第26条规定了村集体收回承包地的适用情形,2004年《土地管理法》第37条特别规定,"承包经营耕地的单位或者个人连续二年弃耕抛荒的,原发包单位应当终止承包合同,收回发包的耕地"。但现行法对于宅基地的荒废和闲置没有做出类似的规定,调研中发现有空心村大量的宅基地连同其上房屋处于闲置状态,造成土地资源的浪费。村集体收回宅基地,其上的房屋因是村民的个人财产,应予补偿,但宅基地是集体所有、村民无偿取得的,村集体应否给予农户补偿就成为实践中的难题。为了解农户对于该问题的意愿,调查问卷设置了单选题目:"您认为村集体收回宅基地时,应否就宅基地本身给农户补偿?",东莞市受访对象的选择情况如表10所示。

**表10 农户对宅基地收回补偿问题的意愿**

| 您认为村集体收回宅基地时,应否就宅基地本身给农户补偿? | 比例(%) |
|---|---|
| A. 任何情况下都应补偿 | 75.00 |
| B. 任何情况下都不应补偿 | 4.17 |
| C. 只有农户违法占地、超标占地或长期闲置时才能无偿收回,其他情况则应有偿收回 | 12.50 |
| D. 其他(请注明) | 8.33 |

可见,大部分农户认为,任何情况下集体收回宅基地都应补偿,这与实践中相当一部分农户认为宅基地属于村民的个人财产有关。目前正在试点地区开展、随后将在全国范围内推广的宅基地制度改革,必须考虑农户的该认知前提,公平合理地设计宅基地收回和补偿制度。

3. 宅基地及其上房屋流转的合理方式

如前所述,宅基地因其承载的公益性质和社会保障职能被禁止对外转让,而其上房屋作为村民的个人财产又有流转需求,这给大陆法系“房地一体”的不动产变动方式带来了适用困境。为了解农户对于该问题的看法,调查问卷设置了单选题目:“对于宅基地及其上面的房屋的流转如何处理较为合理?”,受访对象选择“宅基地可单独转让、租赁、抵押”的占37.50%,选择“宅基地及其上面的房屋一并转让、租赁、抵押”的占50.00%,选择“禁止宅基地转让”的占12.50%,可见有半数的农户对于“房地一体”的基本法理和实践常识是表示认可的。

(四)集体建设用地规划的编制程序

为确保农地农用,集体建设用地必须符合利用规划,其编制程序异常重要。为了解农户对该问题的认知,调查问卷设置了多选题目:“您认为编制集体建设用地利用规划应遵循以下哪些程序?(可多选)”,其中选择“经本集体成员(代表)会议2/3以上同意”的比例为79.17%;选择“征求本集体和集体土地使用权人意见”的比例为50.00%;选择“在当地依法公告并注明公告期限”的比例为37.50%;选择“其他(请注明)”的比例为4.17%。可见大部分农户希望能实质性地参与集体建设用地规划编制程序。

(五)征收承包地的补偿款分配方案

为了解承包地被征收时农民对于补偿款分配的意愿,调查问卷设置了单选题目:“在承包地被征收时,您认为哪一种方式分配征地补偿款最合理?(单选)”,东莞市的受访对象认为“绝大部分归集体,其余归原承包人”的比例最高,达到33.33%,认为“全部留给集体使用”的占20.83%,认为“集体重新适当调整土地给原承包人后,归相关成员和集体”的占12.5%,认为“绝大部分归原承包人,其余归集体”“全部归原承包人”“归集体、原承包人和其他成员”的各占8.33%。事实上,承包地归集体所有、农户承包经营,被征收时应由集体和农户共享征地补偿款,具体的分配比例可由集体经济组织内部以自治的形式确定。

根据2009年《农村土地承包法》第41条的规定,承包方农户满足特定条件可将土地承包经营权转让给其他从事农业生产经营的农户,受让方并未限定为本集体经济组织成员,会出现非本村村民享有土地承包经营权的情况。当问及“在集体土地被征收后,您认为享有土地承包经营权的非本村村民是否应获得承包地被征收的补偿款？(单选)”时，选择“应当”的比例为58.33%，选择“不应当”的比例为41.67%。可见，过半数的农户认为土地承包经营权的物权属性与成员资格无关，即便是非本村村民，只要享有土地承包经营权，在集体土地被征收时，即应享有获得补偿的权利。

## 四、城乡融合中农村土地法律制度的完善建议

法律的生命在于实施。当前的农村土地制度改革必须在深入了解农村土地法律制度运行现状和改革诉求的基础上展开，并以农村土地法律制度的修改和完善为法治保障。通过对东莞市的调查研究，课题组发现在城乡融合程度较高的地市，农村土地法律制度运行呈现承包地确权流转的紧迫性不再凸显、宅基地管理和使用中的矛盾比较突出、集体经营性建设用地入市困境重重以及农村土地征收的实体和程序皆不规范等基本特征，而农户对于承包地三权分置、宅基地管理制度、集体经营性建设用地入市以及农村土地征收制度改革等均提出了明确的政策法律诉求，表现在以下几个方面：

1. 承包地三权分置改革的立法建议。受访农户表示，落实承包地三权分置，首先，需拓展农民收入增长渠道。壮大集体经济，使集体成员共享集体经济发展成果，实现共同富裕；允许集体经营性建设用地入市，分享发展收益；允许宅基地自由流转、抵押融资，增加财产性收入。其次，需坚持集体所有权。农民集体应能自主决定土地利用方式，可以依法将集体土地收回并统一经营。同时，农户对集体有权收取一定比例土地承包经营费、宅基地使用和转让费及建设用地使用权转让费具有一定的认可度。再次，需明确村集体成员资格得丧变更的条件。最后，需取消承包地转让的限制、开禁土地承包经营权抵押、还赋土地承包经营权的完整用益物权权能。

2. 宅基地管理制度改革的立法建议。一方面，农户大多认为宅基地属于村集体财产，非集体成员使用宅基地应收取一定的使用费。该认知状况为宅基地的法定租赁制度奠定了实践基础，村民将房屋所有权转让给非本村居民时，受让人基于法定租赁制度，在向村民和(或)村集体缴纳宅基地使用费后可以取得债权性的宅基地使用权，从而化解宅基地使用权转让限制与房屋所有权自由买卖无法实现房地一体的现实困局。另一方面，仍有农户认为，任何情况下集体收回宅基地都应补偿，这与实践中相当一部分农户认为宅基地属于村民的个人财产有关。目前的宅基地改革，必须考虑农户的该认知前提，公平合理地设计宅基地收回和补偿制度。

3. 集体经营性建设用地改革的立法建议。集体经营性建设用地改革的关键是编制集体建设用地利用规划，大部分农户希望能实质性地参与表决，如“经本集体

成员(代表)会议2/3以上同意”“征求本集体和集体土地使用权人意见”“在当地依法公告并注明公告期限”等。

4. 农村土地征收制度改革的立法建议。主要涉及征地补偿方案和非本村村民的土地承包经营权被征收时的补偿问题。对于前者,受访农户认为“绝大部分归集体,其余归原承包人”的比例最高。事实上,承包地归集体所有、农户承包经营,被征收时集体和农户基于财产权与成员权的不同请求权基础应予以合理区分,具体的分配比例可在集体经济组织内部自治的基础上,赋予司法机关对土地征收补偿款分配方案的审查权限。〔7〕对于后者,过半数的农户认为土地承包经营权的物权属性与成员资格无关,即便是非本村村民,只要享有土地承包经营权,在集体土地被征收时,即应享有获得补偿的权利。

(责任编辑:许英)

〔7〕 参见陈小君、汪君:《农村集体土地征收补偿款分配纠纷民事司法困境及其进路》,载《学术研究》2018年第4期。

# 发达地区农村土地法律问题调查研究
## ——以广东省中山市东升镇、板芙镇为例*

曹益凤**

| 摘　要 |

在农地制度改革纵深推进、农地相关法律相继修订的时代背景下，调研组以广东省中山市为调研样本，针对承包地、宅基地、集体建设用地和农村土地征收四个方面的主要问题，以问卷调查、当面访谈等形式展开实证调研，探讨珠三角发达地区农村土地法律问题的实践现状和改革诉求，并从农地政策的理解与宣传、农村集体经济组织成员权制度的建立、宅基地使用权取得与退出制度的完善和农村金融扶持力度的加强四个方面提出合理化建议。

| 关键词 |

土地承包经营权　宅基地使用权　集体建设用地　土地征收

| 目　次 |



作为一项事关全局的重要改革，我国农村土地制度改革一直广受关注，并在2015年后获得迅速推进。先是中共中央办公厅和国务院办公厅联合下发《关于农村土地征收、集体经营性建设用地入市、宅基地制度改革试点工作的意见》，选取了北京市大兴区等33个县市区作为改革试点（以下简称"三块地改革"）。随后全

* 基金项目：广东省哲学社会科学"十三五"规划项目（GD18YFX01）、广州市社会科学界联合会2018年度"羊城青年学人"资助研究项目（18QNXR63）阶段性成果。

** 曹益凤，广东外语外贸大学土地法制研究院助理研究员，法学博士。

国人大常委会表决通过《关于授权国务院在北京市大兴区等232个试点县(市、区)、天津市蓟县等59个试点县(市、区)行政区域分别暂时调整实施有关法律规定的决定》,吹响了"农村承包土地经营权"与"农民住房财产权"(以下简称"两权")抵押改革试点工作的号角。到了2017年,"三块地改革"试点范围被进一步扩大,实现33个试点地区"三块地"改革统筹推进。原定于2017年12月31日到期的"三块地改革"试点工作,经批准被两次延期至2019年12月31日。而"两权抵押"改革试点工作在一次延期后,于2018年12月31日期限届满正式收官。值得关注的是,新修订的《农村土地承包法》增加了土地经营权融资担保的规定,基本扫除了农地抵押贷款业务的法律障碍,农地抵押贷款全面推开条件已经成熟。不过,农房抵押贷款在各地发展极不平衡,且宅基地制度改革尚未完成,缺乏相应的法律依据支撑其实施,因此接下来将会被纳入宅基地"三权分置"改革的大盘子统筹考虑。[1]

在当前我国农地制度改革逐步深入,在《农村土地承包法》《土地管理法》及"民法典"中"物权编"的修编高歌猛进的实践与法制背景下,立足于理论与实证层面,对农地法制改革中存在的重点和难点问题展开思考,自然是学界不可辞托的重任。鉴于此,"珠三角农村土地法律问题研究"课题组于2017年12月13日、14日深入中山市东升镇坦背村、胜龙村及板芙镇板尾村、四联村开展调研工作。本次调研以问卷调查和当面访谈为主要方式,调研对象合计24户农户,调研内容涵盖承包地、宅基地、集体建设用地及农村土地征收四方面重点主题,围绕农民最为关心的问题展开。本调研报告在分析中使用的数据与材料如无特别说明,均取自于本次调研所获一手素材。

## 一、调研概况简述

### (一)被调研区域简介

中山市地处珠江三角洲中南部,珠江口西岸,北连广州,毗邻港澳。下辖1个国家级火炬高技术产业开发区,5个街道办事处,18个镇,总面积1800平方公里,户籍人口142.3万人。2016年该市全年农业总产值119.13亿元,全年粮食作物播种22.37万亩,农村常住居民人均可支配收入27,529元,较上年增长12.8%。中山市经济总量位于广州、深圳、东莞、佛山之后,名列第五位,属珠三角地区中等

---

[1] 参见《国务院关于全国农村承包土地的经营权和农民住房财产权抵押贷款试点情况的总结报告》,载中国人大网:http://www.npc.gov.cn/npc/xinwen/2018-12/23/content_2067610.htm,2018年12月24日最后访问。

发达城市。近年来中山市积极推进特色小镇建设,其中本次调研所涉东升镇系国家运动休闲特色小镇试点,而板芙和其他三镇则已成功创建为“广东省森林小镇”。

东升镇地处中山市西北部,是中山市最年轻的建制镇。全镇下辖8个社区及6个村,总面积75.82平方公里,户籍人口7.47万人,外来人口约10万人(常住人口11.87万人)。当前已发展为珠江三角洲重点工业卫星镇,并已获“广东省教育强镇”“中国脆肉鲩之乡”“中山市经济强镇”等称号。

板芙镇位于中山市西南部,全镇下辖1个社区和10个村,地处珠三角地区中心,紧靠江门、珠海、佛山等经济强市,具有十分突出的水陆交通优势。岐江河纵贯镇境南北,把板芙镇分成东西两部分,河东片区依山傍水,工业兴旺,商业繁荣;河西片区是河涌交错、土地肥沃的“半岛”,具备发展绿色生态农业和休闲观光旅游业的天然优势。该片区花卉苗木和水产养殖业发达,是中山市南部地区重要的花卉苗木生产销售基地,也是珠三角地区“南美白对虾”的重点产区。发展至今,花木种植与优质水产养殖已成为板芙现代农业的两张名片。

### (二)地方立法概况简叙

近三年来,中山市以中央及广东省相关政策为指引并紧扣本市发展现状,先后出台了“三旧”改造、土地确权登记、土地征收、农业(地)补贴、新型农业经营主体、农民最低生活保障、农村住房保险、户籍制度改革、农村集体资产管理、农村股份合作制改革等与“三农”工作密切相关的规范性文件近20个。特别是在集体土地经营和使用制度方面,其打破自实行家庭联产承包责任制以来集体土地农户均分承包的格局,全面推进农村股份合作制改革和集体统一经营,建立了促进农业增效、农民增收和农村发展的制度保障。[2]

## 二、调研成果整理与评析

总体而言,在当前农村土地法律制度运行过程中,农民认为最突出的问题系“承包经营地抵押障碍”及“宅基地流转障碍”。[3] 经调研发现,高达70.83%的农户希望在政策或法律层面认可承包地自由流转与抵押融资,以便于其扩大生产;另外,有33.33%的农户希望在政策或法律层面允许宅基地自由流转及抵押融资,以便于其增加财产性收入。毫无疑问,这一调研结果在一定程度上反映出该地区农

---

〔2〕 参见蒋承、刘天然:《公共财政、农村股份合作与城乡一体化——以中山市农村公共福利提供为例》,载《中央财经大学学报》2011年第3期。

〔3〕 在被问及“您认为在当前农村土地法律制度运行中,存在的主要问题是什么?”时,45.83%的受访农户选择了“承包经营地无法抵押贷款”,41.67%的受访农户选择“宅基地流转不畅”。

地法制现状与农民需求之间的紧张甚至冲突。此外,“发包方(村集体)不当干预”“承包地调整滞后或调整受阻”“土地规模经营实现困难”“土地流转后村民身份利益受损”“村民股份配置不合理”“土地征收补偿分配不合理”“妇女土地权益保护不力”“土地权利登记过程中权属争议频发”等也系受访农户比较关心的农地法制问题,各自占受访农户总数的8.33%、8.33%、8.33%、8.33%、4.17%、12.50%、8.33%、16.67%。另外,经调研发现,在拓展农民收入增长渠道方面,有高达45.83%的农户希望获得金融政策支持,期待放开合作金融管制;同时有25%的受访农户希望在政策层面给经营性集体建设用地入市松绑,以促进集体土地增值及收益分享,为集体经济发展壮大提供更加多元的融资渠道,并为农业产业化进程的推进探索出多样性路径;最后有16.67%的受访农户希望尽快出台“壮大集体经济,使集体成员共享集体经济发展成果,实现共同富裕”的实操性政策或法律,以助推“增加农民收入和分享集体经济发展成果”愿望的实现。

(一)涉承包地调研数据汇总与分析

2013年中央一号文件中共中央、国务院《关于加快发展现代农业进一步增强农村发展活力的若干意见》提出,“全面开展农村土地确权登记颁证工作,健全农村土地承包经营权登记制度,用5年时间基本完成农村土地承包经营权确权登记颁证工作”。遵循中央和省的工作部署,中山市于2014年启动农村土地承包经营权确权登记颁证工作。截至2016年12月31日,全市完成指界的村(经联社)与村民小组(经济社)共1856个,占需确权单位的89.2%,累计颁发《农村土地承包经营权证书》5386本。[4]

与全国相比,在中山市围绕农村集体土地承包经营权所开展的实践活动呈现出农地高度流转、适度规模经营的特点。另外中山市内部各镇区情况也不尽相同,土地流转率与股份化程度各有差异。针对此种现实特点,中山市政府制定了《中山市农村土地承包经营权确权登记颁证工作方案》(以下简称《方案》)。《方案》根据试点村镇的实际情况,相应提出了“确股确地”到户[5]、“确权确地”到户、

---

〔4〕 数据来源《强农固本促发展现代农业谱新篇——中山市2016年农业农村工作回眸》,载“广东省农业农村厅”网:http://www.gdagri.gov.cn/zxpt/snnyxxlb/zs/201701/t20170117_574477.html,2018年5月5日最后访问。

〔5〕 具体而言,就是以股权固化的股东为被确权主体,以村、组集体经济组织为单位,核清本集体经济组织全部承包地块的面积和空间位置,编制统一的宗地图,按组织内部股权份额量化计算每股对应的承包土地面积,而后各户按照家庭内部所持股权总额确定对应的土地承包面积,最终以户为单位颁发承包经营权证书。在制作证书时会标注清楚所在集体经济组织所有承包地块的“大四至”,注明本户家庭共占的比例份额和承包面积。

“先股权固化再确权”[6]和“集体经济组织民主协商及其他确权方式”等四种确权方案供各镇区参照执行。具体到受访的中山市东升镇坦背村、胜龙村和板芙镇板尾村、四联村，前两种确权方式被重点采用，及至当前本地区承包经营权重新登记工作已经基本完成。16.67%的农户表示已获新证，54.17%的农户表示已重新登记但还未获发新证，20.83%的农户表示承包经营权登记仍在办理中，仅剩8.33%的农户表示承包地未重新登记。产生上述差异的主要原因在于：部分调研地区已实行农村股份合作制改革，故而按集体经济组织成员（股东）所持股份比例“确股确地”到户。因此在土地确权登记中，没有以户为单位的地籍调查，承包经营权证上反映的乃是村集体所有的土地和每个人对此持有的股份，以至于农户在承包经营权确权工作中参与度低，甚至不知道与确权有关的事宜。但受访的村委会干部一致表示，承包经营权已经重新登记，只是部分乡镇的新证还未颁发。

承包地流转既可以防止土地抛荒，又有利于促进土地、劳力、资金、技术、信息等生产要素的优化配置与组合，还有助于实现适度规模经营，促进农业结构的调整和优化。在本次调研过程中，调研组重点围绕承包地流转的方式、动因及障碍等议题展开了问卷调查。调研结果显示所有受访农户都希望实现承包地自由流转，[7]而最希望的流转方式则是转包或出租，持这一意见的受访农户比例达到75%；另外，是转让（买卖），其比例达到37.50%；除此之外还有抵押、互换和入股等方式，支持农户各自占比为20.83%、12.50%和16.67%。由此可见，农地租赁这一债权性流转方式，仍然是农户最普遍的选择。

受访农户表示，当承包地流转收益比较高、土地太少；自己种不划算、种田收益不是其主要收入来源时，他们会倾向于将承包地流转出去，这三种因素在受访农户中的被选择比例分别为58.33%、41.67%、37.50%。此外，“家中无人种地”（16.67%）、“村集体要求流转”（12.5%）及“政府要求流转”（8.33%）也成为承包地流转的次要原因。部分农户认为承包地流转存在的障碍主要是“法定流转方式较少”和“法律禁止抵押融资”，就此分别占50.00%和45.83%。极少农户认为存在政府和村集体强行流转承包地的问题。也有1/4的受访农户认为承包地流转无障碍，无上述情况。受访的两镇实行农村股份合作制改革后，农民以享有的股份替代承包经营权。愿意种地的农民以租赁的形式从村集体获得土地使用权，村集体

---

[6] “先股权固化再确权”是对于农村股份合作制改革不完善或股权固化不彻底，但土地实际上已由集体统筹经营，家庭承包地块地貌变化大且界址已不能辨认的情况，《方案》要求，要充分利用此次确权登记颁证的契机，先做好股权固化或承包期内固化工作，再参照“确股确地”的操作方法完成土地承包经营权登记。

[7] 在“您希望承包地流转采用哪些方式？”问题的回答中，选择G不希望承包地流转的农户为0。

也可将承包地对外出租,限制土地的农业用途,而对承租主体无限制。与村民直接相关的是因集体收益而获得的股权收益分配,因此"承包地流转可获得收益"系农户希望土地流转的最主要驱动力。

2014年《关于引导农村土地经营权有序流转发展农业适度规模经营的意见》提出"坚持农村土地集体所有,实现所有权、承包权、经营权三权分置,引导土地经营权有序流转"。此后中央多次发文,强调在稳定农村集体所有权的基础上,严格保护农户承包权,加快放活土地经营权,逐步完善"三权"关系。目前,有关"三权分置"的研究已经成为经济学界、法学界、社会学界及其他相关领域的重要课题,也成为本次"珠三角"农村土地法律问题调研中一个重要的部分。课题组围绕所有权、承包权、经营权"三权"的具体内容,调查的重点集中在应然层面。在受访的24户农户中,只有5户知道"三权"的大概含义,占受访农户的20.83%;而高达79.17%的受访农户并不知道"三权分置"中"三权"的完整含义,其中部分农户认为"三权"包括所有权和使用权两种权利。经深入访谈发现,农民对中央农村土地系列政策的感知较弱,大部分农户表示对此不了解。

在稳定农村集体所有权方面,当被问及应如何坚持集体土地所有权时,62.50%的受访农户选择"可以依法统一经营",45.83%的受访农户选择"自主决定土地利用方式",25.00%的农户选择"集体有权收取一定比例土地承包经营费",20.83%选择"集体可以依法收回承包地"。此外选择"有权收取一定比例宅基地使用和转让费"的占8.33%,"有权收取一定比例建设用地使用权转让费"占12.50%。可见,统一经营的方式在中山不仅运行较好,也受到了大部分农户的肯定。

农村集体经济组织资产在维护农村稳定、农村基础设施和公益事业建设等方面发挥着重要作用。其中受访农户认为最应该在"加强道路、水利、饮用水等公益事业建设"(66.67%)、"改善村文化、环境卫生设施"(62.50%)、"保障农村社会稳定和减少社会治安纠纷"(54.17%)、"投资村办企业"(37.5%)、"为成员(农民)提供社保经费补助"(37.5%)、"适当补贴失地、无地的村集体成员"(25%)等方面发挥农村集体经济组织资产的作用,另有12.50%的农户认为集体资产应保障村集体干部和其他管理人员管理费发放。

保护农户承包权方面,91.67%的受访农户认为法律应该明确规定村集体成员(村民)资格取得、变更和丧失的条件,从成员资格和成员权角度保护农户承包权。83.33%的受访农户认为,承包地转让后仍属本村村民,在"三轮"延包时还应该享有承包土地的权利,只有16.67%的受访农户认为承包地转让后即不应再享有农户承包权。可见,大部分农户认为农户承包权和村民资格相关,承包地流转并不绝对丧失承包权。

放活土地经营权方面,75%的受访农户认为应当允许土地承包权人以实际耕作的承包地进行抵押(贷款),只有25.00%的受访农户持否定态度。而对于以转让取得的实际耕作的经营地进行抵押(贷款),54.17%的受访农户认为不应允许,45.83%的农户认为应该允许。这说明,大部分农户接受承包权人进行承包地抵押,而超过一半的农户不接受土地经营权人进行农地抵押,他们认为土地经营权人进行农地抵押,将会损害原承包权人的利益。

(二)关于宅基地的调查与分析

宅基地制度改革事关农民居住保障和农村社会稳定,随着农村土地制度改革的推进,宅基地的社会保障功能与土地财产功能之间的矛盾日益突出。始于2015年的宅基地制度试点改革虽已初见成效,但在宅基地流转等方面仍存在诸多困难。本次调研进行时,宅基地“三权分置”改革还未提出,但课题组针对宅基地实践中的突出问题所展开的实证研究,对宅基地“三权分置”政策的具体落实,同样应当有所裨益。在所调查的中山市2镇4村中,宅基地使用中存在的突出问题是“宅基地不能自由买卖”和“新增人口无法分得宅基地”,选择这两项问题的农户比例高达66.67%和54.17%。究其原因,大概是此两问题容易造成宅基地资源分布不均衡,且无法通过流转实现平衡。虽然也存在“宅基地建房后改作商用、出租无序”和“宅基地建房没有规划”的问题,但比例明显较低。而一户多宅、房屋闲置、宅基地没有登记的问题,在受访的四个农村中并不普遍。

将宅基地上的房屋卖给村外人或本村宅基地超标的农户时,高达66.67%的受访农户认为村集体应当收取一定的宅基地使用费,只有33.33%的农户认为不应当。当村集体收回宅基地时,58.33%的农户认为在任何情况下,都应就宅基地本身给农户补偿;33.33%的农户认为只有农户违法占地、超标占地或长期闲置时才能无偿收回宅基地,其他情况则应有偿收回。就数据分析而言,大部分农民对宅基地的身份限制和面积限制的属性有一定认同感,且支持宅基地收回时对宅基地使用权人作出补偿。

2009年《城市房地产管理法》第32条和《物权法》第146条等确立了房地流转中的“房地一致”原则,实行“房随地走”,以避免出现“空中楼阁”的尴尬局面。由于国有建设用地使用权不受受让主体身份及面积等因素的限制,因此房地一致的原则实现得较为顺利,在法律实践和社会生活中得到了普遍接受。但在农村,农房所有权的流转因受宅基地使用权受让主体的限制而遭遇种种困境。课题组就“宅基地及其上面的房屋的流转如何处理较为合理”发问,45.83%的农户认为宅基地可单独转让、租赁、抵押。50.00%的农户认为宅基地及其上面的房屋一并转让、租赁、抵押,只有一户农户认为应禁止宅基地转让。据此可见,农民对于宅基地流转的接受程度颇高,其分歧在于宅基地是否单独流转。

关于村集体整理宅基地后收回的土地后的处理情况,课题组也进行了相应调查。45.83%的农户表示他们村收回的土地分配给了需要宅基地的农户,33.33%表示是村统一用作工商业经营,仅有16.67%和4.17%农户的表示,收回的宅基地出卖给了需要宅基地的农户或由政府根据城乡建设用地增减挂钩政策补贴后改作耕地。

(三)关于集体建设用地的调查与分析

集体建设用地是集体所有土地用于各种非农建设的土地,既包括进行公共设施和公共服务的建设用地,也包括服务农业、用于二、三产业的建设用地。既有在长期历史中形成的存量建设用地,也有适应经济社会发展与服务各类事业建设的新增建设用地。进入21世纪后,特别是自党的十八届三中全会召开以来,集体建设用地的地位日益重要,制度改革也逐步推进。尤其是建立城乡统一的建设用地市场,允许集体经营性建设用地与国有土地同等入市、同权同价等政策指引,已成为深化农村土地制度改革的重要内容。[8] 在本次调研过程中,课题组以受访农村集体建设用地的现状出发,以经营性集体建设用地为调研重点,对"是否存在经营性集体建设用地""新增的集体建设用地从何而来""编制集体建设用地利用规划应遵循哪些程序"以及"经营性集体建设用地使用权入市存在哪些障碍"等议题进行了实证调查。

54.17%的农户反应该村没有"经营性集体建设用地",45.83%的农户反应该村有"经营性集体建设用地"。另外经调研发现,经营性集体建设用地入市存在决策主体不明确(50.00%)、监督制约不到位(41.67%)、没有增量建设用地指标(41.67%)、政策法规不细致(37.50%)和收益分配不合理(25.00%)等障碍(见表1)。

**表1 经营性集体建设用地使用权入市存在的障碍**

| 选项 | 农户数(户) | 所占比例(%) |
|---|---|---|
| 决策主体不明确 | 12 | 50.00 |
| 监督制约不到位 | 10 | 41.67 |
| 收益分配不合理 | 6 | 25.00 |

---

[8] 参见耿卓:《深化集体建设用地制度改革》,载中国社会科学网-中国社会科学:http://m.cssn.cn/zx/zx_bwyc/201805/t20180530_4312191.htm?from=groupmessage,2018年6月30日最后访问。

续表

| 选项 | 农户数(户) | 所占比例(%) |
|---|---|---|
| 政策法规不细致 | 9 | 37.50 |
| 没有增量建设用地指标 | 10 | 41.67 |
| 其他:不清楚、不存在上述几种情形 | 2 | 8.33 |

有关编制集体建设用地利用规划应遵循的程序,58.33%受访农户认为编制集体建设用地利用规划应经本集体成员(代表)会议2/3以上同意,83.33%认为应该征求本集体和集体土地使用权人意见,50.00%农户认为应在当地依法公告并注明公告期限。

从调研情况来看,不同于承包地和宅基地,集体建设用地不由农户直接使用,因此部分农户对集体建设用地比较陌生,对该村建设用地使用情况不太了解。

(四)关于农村土地征收的调查和分析

土地征收作为城镇化过程中必不可少的环节,几乎是每个省市建设过程中都会面临的普遍性问题,也是社会矛盾最为集中的环节。针对这一议题,课题组从"征收原因""征收程序""农村土地征收存在的问题"及"征收补偿"四个方面对中山市的土地征收情况开展了调研。

根据数据分析,绝大部分受访农民(87.50%)表示村土地是因"政府组织实施能源、交通、水利等基础设施建设的需要"而被征收。除此之外,"由政府组织实施的科技、教育、文化、卫生等公共事业的需要"(25%)、"由政府组织实施的保障性安居工程建设的需要"(12.5%)及"国防和外交的需要"(4.17%)等也是村土地被征收的原因。但值得注意的是,29.17%的受访农民表示"开办工商业企业、建造商品房以及其他商业性建设的需要"也是该村土地被征收的原因之一。

在土地征收的过程中,村民参与的程序环节主要是确定征地补偿方案(58.33%)和确定征地安置方案(50%),另有25%的受访农民表示也参与了"确定征收土地用途是否符合公共利益"的程序,还有8.33%的受访农民表示没有参与征收程序或不太清楚征收程序。

课题组以当前农村土地征收普遍存在的六个问题设置选项,以"您认为当前的农村土地征收主要存在哪些问题"来提问24户农户,79.17%的受访农户选择"征地补偿标准较低",25%的受访农户选择"征地程序不合理"和"征地补偿款难以到位",20.83%的受访农户选择"征地补偿款分配不公平",12.5%的受访农户选择"征地以商业化为目标"和"征地纠纷救济渠道受限制"等诸种问题。另有2户农户表示不知道或无上述问题。

以上是针对土地征收的实然问题所作调查,此外我们还针对征地补偿款的分配方式和非本村村民的征地补偿做了应然性调研。调查数据显示,在承包地被征收的情况下,29.17%的受访农户认为征地补偿款应该绝大部分归集体,其余归原承包人,25.00%的受访农户认为应全部留给集体使用,16.67%的受访农户认为应全部归原承包人,另外16.67%的受访农户认为补偿款应归集体、原承包人和其他成员共同所有,只有4.17%的受访农户认为绝大部分归原承包人而其余归集体,还有8.33%的受访农户认为集体重新适当调整土地给原承包人后,归相关成员和集体。但是通过深度交谈了解到,受访农户基本都表示除了土地的补偿款,地上附着物和青苗补偿费应归承包人所有。

58.33%的受访农户表示,在集体土地被征收后,享有土地承包经营权的非本村村民不应当获得承包地被征收的补偿款。由此可见,在大多数农户意识里,承包地征收补偿与本村村民资格之间具有紧密联系。

## 三、调研结论与建议

### (一)存在的问题

中山市农村土地法律问题调查数据反映出的问题与"珠三角"八个地市(广州、东莞、惠州、江门、珠海、佛山、肇庆,中山)的调研总数据基本一致,每一问卷题目比例靠前的三个选项基本吻合,仅在"应否允许以转让取得的实际耕作的经营权进行抵押(贷款)"问题上,中山市和八地总数据比例截然相反,即中山市54.17%的受访农户认为"不应当",45.83%的受访农户认为"应当";而八地总数据显示,54.69%的受访农户认为应当允许以转让取得的实际耕作的经营权进行抵押贷款,只有45.31%认为不应当。在与中山市的受访农户交谈时发现,不支持土地经营权人进行土地抵押的最大原因,是担心损害原承包人的利益。

除27道设有选项的选择题外,调研组就"农户对农村土地改革系列政策的了解程度""农户对未来农地立法的愿景""农户对农地'三权分置'政策的理解""村民资格认定的重要性"和"制约'三农'发展最重要的土地问题或农地制度方面存在的最大不公平"五个方面与24个农户进行了面对面访谈。根据访谈记录,结合调查问卷选择题的数据情况,中山市农村土地制度在以下几个方面问题较为突出。

1. 农民对农村土地政策缺乏了解,认同感较弱

在受访农户中,明确知道承包地"三权分置"是哪三种权利的仅占受访农户的20.83%,58.3%的农户不了解承包地"三权分置"政策解决了"三农"中的具体什么问题。在面对面访谈中,受访农户被问及"是否了解近年来中央的农村土地改

革系列政策及有什么感受”时，高达75%的农户不了解；20.8%的农户表示“大部分不了解”或“只了解一部分，但感受不深”，仅有一农户对农村土地改革较为关注，认为近年来的农村土地改革系列政策更加合理。

我们应当看到，无论是充分利用政策和改革契机发展农业，还是农民保护自己的合法权益，对农村土地政策和农地法律法规的基本了解和掌握都具有基础性的意义。反过来，农户对农村土地政策的不熟悉、不了解，导致其对农地制度改革认同感较低，也不利于强农惠农政策落到实处。这一问题应当引起我们的重视。

2. 妇女土地权利保护不足

“欲保护妇女的生存权、发展权，就必须保障其享有及行使上述各种土地权利。”〔9〕妇女的土地权利，包括但不限于土地承包经营权、宅基地使用权、集体建设用地使用权、自留地（山）使用权。因婚嫁从夫居住或本身性别原因，妇女在农村土地上的权利被侵害甚至被剥夺的情形仍然存在。在受访农村中，出嫁的妇女在原居住地或现居住地均无法取得承包地或股权收益；新出生的人口也因男女性别差异而有所区分，如出生的男孩可按人头分配股权并享受集体收益，而出生的女孩则不享有；再如，家中有两个女儿，只给其中一个股权等问题。由此可见，尽管法律明确规定，妇女在农村土地承包经营、集体经济组织收益分配、土地征收或者征用补偿费使用以及宅基地使用等方面享有与男子平等的权利，但实践中妇女的土地权益仍然常常游离于纸上。妇女能否平等获得土地资源并顺利享有土地权益，这关系农村妇女贫困的消除与乡村振兴战略的顺利实施。保障妇女土地权益，是改革开放40年来“农地改革赋权于民”这一基本理念的重要体现，更是国家和党的一贯主张。

3. 宅基地取得矛盾较为突出

在调研中，“新增人口无法分得宅基地”和“宅基地流转不畅”是受访农户集中反映的两大问题。一方面，宅基地需求量随着人口的出生、分户而增加，但宅基地的占有量却不因人口的死亡和迁出而减少，导致存量的宅基地满足不了呈递增趋势的宅基地需求量；另一方面，闲置的宅基地得不到有效规制和利用，无法作为稀缺宅基地资源的有效补充。而农房和宅基地流转受限，使得“有户无地”的困境也无法通过宅基地流转的方式予以改善。

4. 承包经营权抵押融资需求强烈

水产养殖业是中山市农业发展的一大特色，特别是受访的东升镇更因“脆肉

---

〔9〕 耿卓：《家户视角下的妇女土地权利保护》，载《法学》2016年第1期。

皖”而闻名华夏。在实行耕地由集体统一经营的受访村庄,其承包经营权抵押融资需求主要体现在承包鱼塘上。较多受访农户反映,因水产养殖投入成本较高,资金筹措比较困难,他们都希望承包的鱼塘能够实现抵押贷款,从而获得更多资金扩大养殖规模。

目前《土地管理法》仅规定养殖水面属于农用地,但鱼塘承包经营权能否类推适用《农村土地承包法》(2018年修正)第47条“家庭承包”方式的相关规定,[10]而进行抵押贷款?这一点还有待明晰;而且当前实践中银行为其提供贷款的意愿也不甚强烈。

(二)思考与建议

中山市的农村土地法律问题是发达地区农村的一个缩影,它作为广东省农村集体产权制度改革国家试点之一,统一经营和股权固化已成为其主要特色。中山市于2006年就完成了农村股份合作制改革,组建了股份合作经济组织,开展集体资产清产核资,进行股东身份确认和股权配置,实行按股分红。目前全市有集体经济组织的村(社区)238个,其中223个完成农村股份合作制改革,完成率为93.7%,涉及144个村级集体经济组织和2004个组级集体经济组织,确认集体组织成员身份的股东94.15万人,发放股权证书71.31万本,2017年集体分红25.13亿元。[11] 中山市在农村发展和农业振兴方面虽取得了一定成绩,但其存在的问题在此次调研中也有所体现。本调研组针对以上问题和调研的结果,提出以下建议:

1. 加大宣传并深化理解农村土地政策

近年来,三农改革政策陆续以中央一号文件、意见等中央政策文件形式发布。诸如承包地“三权分置”、土地经营权和农民住房财产权抵押、“三块地”改革、宅基地“三权分置”等重要举措,其虽在理论研究与实践探索中逐步落地或逐渐深入,但向广大农民宣传的力度仍显不足,很多农民并不知晓这些改革举措。相较于过去大队广播担当普及农业政策之大任的时代,现今接受信息的渠道主要为网络,但网络信息鱼龙混杂,农民的分辨能力仍然有待提高。而且各地对农业政策的理解和实践有差异,对农地制度的认知也有偏差,尚未形成统一的认识并指导和应

---

[10] 2018年《农村土地承包法》第47条规定:“承包方可以用承包地的土地经营权向金融机构融资担保,并向发包方备案。受让方通过流转取得的土地经营权,经承包方书面同意并向发包方备案,可以向金融机构融资担保。”

[11] 参见《广东省农村集体产权制度改革国家试点取得阶段性成效 大力推进确保试点任务按时全面完成》,载广东省农业农村厅网:http://www.gdagri.gov.cn/zxpt/nyyw/201812/t20181211_629548.html,2018年12月20日最后访问。

用于实践。

《乡村振兴战略规划》特别提出"深入开展'法律进乡村'宣传教育活动,提高农民法治素养,引导干部群众尊法学法守法用法。增强基层干部法治观念、法治为民意识,把政府各项涉农工作纳入法治化轨道"。一方面,宣传不能仅停留于字面和政策条文上,要切实理解和宣传中央农村土地政策的真正含义和丰富内涵;另一方面,还要加强对广大基层干部的宣传,使其能准确理解改革政策并成为政策的可靠推广者。

2. 建立农村集体经济组织成员权制度

集体经济组织成员基于该身份取得土地承包经营权、宅基地使用权并分享集体收益。但因为成员得丧变更标准的缺乏,导致部分成员(如妇女)的成员权利得不到有效保障。尽管《物权法》对代表农民集体行使所有权的组织形态进行了规范,但对成员权的重视仍有不足。且该法仅以宣告的方式规定集体所有的财产(包括土地)为集体组织成员集体所有、集体事务集体管理以及集体利益集体分享,[12]但成员权的主体和内容等问题,并未在中央立法的层面上予以回应,而仅仅是在地方立法和实践经验中总结出了以户籍作为成员权取得的主要标准。如此在村规民约排除妇女享有成员权的情形下,成员权的救济缺乏上位法的支撑。

3. 完善宅基地使用权取得与退出制度

2004年《土地管理法》第62条规定:"农村村民一户只能拥有一处宅基地,其宅基地的面积不得超过省、自治区、直辖市规定的标准……"当前,以户作为宅基地使用权的取得单位已无疑问。但宅基地的面积标准分两种:一种是以户为单位进行面积限制,如《湖北省土地管理实施办法》《河北省土地管理条例》等;另一种是以人口为单位规定的人均宅基地面积标准,如《四川省土地管理实施办法》《重庆市土地管理规定》等。前者为现有宅基地面积管控的主要标准。但事实上,前一标准容易诱发成年子女积极分户以获得宅基地使用权取得资格,增加了宅基地的需求量;而已分户的成员会继续占有原有农房和宅基地的份额,因房屋的不可分割性又并未实际退出。反观后一标准,如果辅以宅基地退出和有偿使用制度,可减少"有户无地"的情况,进而降低宅基地的需求量。具体而言,以人均宅基地面积为限制,如成年子女分户后而原有宅基地的人均面积大于规定面积的,即便成年子女分户也不应再申请取得宅基地,除非其退出原有宅基地的份额;鉴于房屋的不可分性,分户者可通过缴纳原有份额的宅基地使用费来获取重新申请宅基地的权

---

〔12〕 参见陈小君:《我国农民集体成员权的立法抉择》,载《清华法学》2017年第2期。

利,切断分户必然分地的逻辑联系。

此外还应健全宅基地退出机制,促进闲置、多余宅基地主动退出。一方面,宅基地退出机制和宅基地有偿使用机制应配合发力,对于超出"一户一宅"而闲置的宅基地实行有偿使用,同时建立货币补偿和实物补偿等多元化的退出补偿机制。另一方面,建立宅基地强制收回制度。农房毁损灭失的,或宅基地空置两年而未建房的,在宅基地上违法扩建房屋的,应赋予村集体经济组织无偿强制收回的权力。

4. 加大农村金融扶持

尽管政策扶持性银行如农村商业银行推出了诸如"美丽乡村贷"之类的项目来扶持农村的发展,但此种贷款仅针对对原址修葺原有的古村(居民)建筑、发展休闲农业、增设休闲农家乐生态游乐设施、发展文化创意和特色餐饮产业、民宿升级改造等,无法解决农民融资进行规模化农业生产的需要。《农村土地承包法》虽基本消除了农地抵押贷款业务的法律障碍,但具体实施仍然基于人民银行出台的《农村承包土地的经营权抵押贷款试点暂行办法》,立法层级不够。而农房抵押贷款因缺乏司法处置的法律依据,农房流转和处置仍面临较大障碍,有待宅基地制度改革予以统筹考虑。

笔者建议:相关的政策性银行除积极践行法律规定外,还应创新金融扶持形式,推出以农业发展和农民安居为旨归的贷款项目,用于扶持农民开展农业生产和修建居所。

(责任编辑:张凇纶)

# 农地法律制度运行现状调研与启示

## ——以惠州市博罗县为考察对象*

刘洪华**

|摘　要|

对惠州市博罗县四镇四村农地法律制度,包括农村土地承包经营权、承包地流转、宅基地制度、征地制度、集体建设用地制度运行的现状、存在的问题和期望改革的方向等问题的调研显示:在我国城乡融合深度发展的背景下,农村人口向城市流动,经济不发达山区农民向经济开放区流动成为常态,承包地包袱问题日益普遍,农村土地的利用和管理成为需要重新审视的问题。土瓜围村、西田村和黄山洞村对土地利用的探索揭示我国农地制度改革应向农业专业化和农民职业化方向转型,国家在土地制度设计和政策供给上要在保障农民的土地财产权的基础上推进国家的土地管理权,使土地上的私权与公权相得益彰。

|关键词|

农地法律制度　运行现状　承包地流转　宅基地利用

|目　次|



作为农业大国,解决好"三农"问题是国家工作的重中之重。近年来,党中央

---

* 基金项目:广东外语外贸大学校级科研项目"我国城市化进程中农民权益保障问题研究"(231-X5217358)的阶段性成果。

** 刘洪华,广东外语外贸大学土地法制研究院副教授,法学博士。

推出了一系列农村改革政策,并通过改革试点的方式探索其实现形式。比较典型的改革试点当属2015年启动的在全国33个市县开展“农村土地征收、集体经营性建设用地入市、宅基地制度改革试点工作”(以下简称“三块地改革”)。如今试点市县的土地改革项目均已初见成效,总结试点经验,修订完善土地法律制度以固化改革成果的工作正稳步推进。为了更全面地掌握我国农村土地法律制度的运行现状,为相关法律法规的完善和农村土地制度改革的深化发展做好研究准备,广东外语外贸大学土地法制研究院“农地法律制度改革研究课题组”(以下简称课题组)于2017年8月至2018年1月,对作为中国改革前沿阵地的珠三角8市32个村的农地法律制度运行情况进行了实地考察。本文以课题组对惠州市博罗县农村的实地调研为基础,考察我国现行土地法律制度的运行现状,并结合被调研村的具体情况,对承包地流转模式和废弃宅基地的利用案例进行了特别关注。

## 一、研究区域概况与样本来源

惠州市位于广东省中南部,土地类型多样,气候温和,雨量充沛,阳光充足,适于农、林、牧、副、渔各业全面发展。惠州市博罗县属于典型的农业大县,具有珠三角最大的可连片开发的土地,是广东重要的农业生产基地。然而,博罗县的农业发展存在人多地少以及当地农民耕种积极性不高等情况。人口构成上,外来人口与当地户籍人口的比例为1∶1.45,其中具有博罗县户籍的人口80万人,外来人口40万人,海外侨胞和港澳台同胞15万人。当地年轻人多外出打工,土地由外来人员耕种者居多。

课题组选取了博罗县的圆洲镇土瓜围村、石湾镇西田村、福田镇马田村、石坝镇黄山洞村作为调研点。该四个镇分别位于博罗县的西部(圆洲镇和福田镇)、西南部(石湾镇)和北部(石坝镇)。圆洲镇和福田镇毗邻岭南第一山——罗浮山,分别与东莞和广州增城区接壤;石湾镇位于广州、惠州、东莞三市交界处,是典型的外来人口大镇,外来人口约为本地人口的2.3倍;石坝镇是广东省农牧业最发达的乡镇之一,交通便利,镇内通往各地的客运车多达200多辆,是远近闻名的“中巴镇”,但是本次调研的黄山洞村属于偏远山村,目前已成为“空心村”。

本次调研采用随机抽样的方法,以面对面访谈的形式进行。调查问卷的内容包括对当前农村土地法律制度运行中存在的问题、农村土地承包经营权、承包地流转、宅基地制度、征地制度、集体建设用地制度等的现状、存在的问题和期望改革的方向等进行考察,共回收有效问卷24份,访谈笔录12份。

## 二、土地法律制度运行情况考察与数据分析

### （一）土地法律制度运行基本情况考察

1. 农村土地法律制度运行中存在的主要问题

课题组对当地农民关于“农村土地法律制度运行中的主要问题是什么”进行了考察。在问卷提供的11个选项中，54.17%的受访者选择了“承包经营地无法抵押贷款”，50%的受访者选择了“承包地调整不及时或不能调整”，45.83%的受访者选择了“宅基地流转不畅”，37.5%的受访者选择了“土地征收补偿分配不合理”，33.33%的受访者选择了“土地规模经营不畅”，29.17%的受访者选择了“发包方（村集体）对承包方有不当干预”，20.83%的受访者选择了“土地权利登记中权属争议较多”，选择“妇女权益保护不力”“土地流转后村民身份和利益丧失”以及“其他”的分别为4.17%，没有受访者选择“村民股份配置不合理”。而在拓展农民收入增长渠道的政策法律供给方面，66.67%的受访者认为“应该允许宅基地自由流转、抵押融资，以增加农民的财产性收入”，62.5%的受访者认为“应该允许承包地自由流转、抵押融资，扩大生产”，50%的受访者认为“应该壮大集体经济，使集体成员共享集体经济发展成果，实现共同富裕”，45.83%的受访者认为“应该允许经营性集体建设用地入市，分享发展收益”，41.67%的受访者认为“应该由政策提供金融支持，放开合作金融管制，增加收入增长方式”，还有25%的受访者认为“应该加快农业产业化，提供服务智力，获取农业完整收益”。

可见，受访者对通过政策和法律拓展农民收入增长渠道有较高的期望，受访者对承包地和宅基地法律制度改革寄予厚望，期望拓宽承包地和宅基地的流转方式，理顺流转渠道，完善农村农业产业模式，完善集体经济组织形式，最终使农民真正富裕。

2. 承包地流转问题考察

课题组对农民对承包地流转的意愿、流转方式、流转中的障碍进行了考察。针对“您会在什么情况下将承包地流转出去？”62.5%的受访者表示“在流转收益比较高时”，45.83%的受访者选择“种田收益不是主要收入来源时”，37.5%的受访者选择“自己家里没人种时”，37.5%的受访者表示“集体要求流转时”，29.17%的受访者表示“土地太少，自己种不划算时”，4.17%的受访者表示“政府要求流转时”。

针对承包地的流转方式，“转包或出租”成为首选（79.17%），“入股”次之（45.83%），然后是“抵押”（41.67%）和“转让（买卖）”（41.67%），最后是“互换”（25%）。针对当前承包地流转存在的障碍问题，“法定流转方式较少”被认为是最主要的障碍（54.17%），“法律禁止抵押融资，流转受阻”次之（45.83%），此外，

16.67%的受访者选择“政府强行流转”,8.33%的受访者选择了“村集体强行流转”,另有20.83%的受访者选择“其他”,这些受访者有的指出村组无权流转是承包地流转的障碍。

对于承包地流转中的几个具体问题:其一,谁有权将承包地进行抵押。75%的受访者认为“应当允许土地承包权人以实际耕作的承包地进行抵押”,而关于“应否允许以转让取得的实际耕作的经营地进行抵押(贷款)”则颇具争议,54.17%的受访者持赞同意见,45.83%的受访者持否定意见。其二,承包地转让后,原承包人在新一轮承包中的承包权的问题。大部分受访者(87.5%)认为“承包地转让后,如果仍是本村村民的,在‘三轮’延包时还享有承包权”。

可见,受访者在承包地流转方面的意向首先是考虑增加财产收益问题,其次才考虑其他原因,其中较少人认同“政府对承包地流转与否进行直接干预”(仅4.17%的受访者选择了“政府要求流转时,愿意流转”),更相信和支持村集体在土地流转上的发言权(37.5%的受访者表示支持村集体对承包地流转的要求)。而在承包地流转方式上除了传统的转包或出租仍受青睐,入股、抵押和转让(买卖)受到欢迎,反映农民对多元化流转方式的期待,也反映我国农村经济的发展,农业与商业融合的趋势。相应地,在承包地流转的障碍问题上,法定流转方式太少被认为是主要障碍,受访者希望从立法上扩充流转方式(法律禁止抵押融资被认为是流转的障碍)和扩大流转主体范围(村组无权流转被认为是流转的障碍)。在承包地流转的主体问题上,受访者对“实际耕作土地的承包权人具有流转土地的权利”,并且,“土地流转出去后,如果该原承包权人具备村民资格,在村集体土地‘三轮’延包时,仍应具有承包土地的权利”,具有较一致的意见。而对于实际耕作承包地的受让人(非原始承包人)是否可以将经营地进行抵押(贷款)问题具有较大争议。

3. 农村土地权利制度考察

课题组对农村土地权利制度运行状况进行了考察。针对中央提出的农村“三权分置”重大改革,课题组对农民对该政策的了解程度进行了考察,在问及受访者是否知道当前农村土地政策中“三权分置”中的“三权”是什么时,87.5%的受访者表示“并不了解这个政策”,也不知道“三权”是什么。课题组进而对承包经营权和集体土地所有权制度运行情况进行了考察。对于承包经营权,各村重新登记并向农户颁发证书的工作进展不一,总体来看,“已经完成重新登记工作并颁发证书”的比例不高(12.5%),“已经完成登记但是还没有颁发证书”的占大多数(37.5%),多数村的“重新登记工作还正在进行中”(33.33%),也有少数受访者指出“本村未对承包经营地进行重新登记”(12.5%)。对于集体土地所有权、集体经济组织的资产的作用以及村民个人与集体的关系问题，多数受访者认为，坚持集体土地所有权应允许集体在土地的经营和利用等方面有一定的自主权，58.33%的受访者认为“应允许集体自主决定土地的利用方式”，45.83%的受访者认为“应该允许集体依法统一经营”，33.33%的受访者认为“集体可以依法收回承包地”；此外，受访者还认为应该允许集体在一些事项上收取一定的费用，37.5%的受访者认为“集体有权收取一定比例的建设用地使用权转让费”，认为“集体有权收取一定比例土地承包经营费”和“宅基地使用和转让费”的分别占29.17%。多数受访者期望集体经济组织的资产能在本村基础设施建设和村居环境建设方面发挥作用，“用以加强道路、水利、饮用水等公益事业建设”(83.33%)，“改善村文化、环境卫生设施”(66.7%)以及“保障农村社会稳定和减少社会治安纠纷”(33.33%)；受访者对于集体资产为村民的生存和发展提供保障表达了期待，50%的受访者“期望集体资产可以为成员(农民)提供社保经费补助”，45.83%的受访者“希望集体资产可以适当补贴失地、无地的村集体成员”，33.33%的受访者“希望集体资产可以投资村办企业”，25%的受访者认为“集体资产应在保障村集体干部和其他管理人员管理费发放方面发挥作用”。对于村民与集体组织之间的关系，91.67%的受访者认为“法律应该明确规定村集体成员(村民)资格取得、变更和丧失的条件”。

可见，经过多年的农村土地法律制度改革实践，农民对于“两权分离”制度具有明确的认识，对于新的“三权分置”政策和制度改革知之甚少，这与我国“三权分置”尚未有明确的制度表述和具体的实践模式有关。对于已经实行多年的“两权分离”制度，受访者明确表达了希望集体以及集体经济组织的资产在组织本村生产和经营，为本村村民生存和发展提供保障方面发挥积极作用，并希望法律明确规定村集体成员资格取得、变更和丧失的条件，以在当今人口流动较大的社会背景下，明确村集体成员的基本范围，便利村集体各项工作的开展。

(二)“三块地”制度存在的问题和农民对改革的期望

1. 对宅基地制度运行和改革期望的考察

课题组对当地宅基地使用中存在的突出问题进行了考察，被受访者认为“宅基地建房没有规划”(50%)和“新增人口无法分得宅基地”(45.83%)两个问题是最突出的问题，此外，“房屋闲置较普遍”(20.83%)和“一户多宅”较普遍(20.83%)也被一些受访者认为是具有一定严重性的问题。课题组对受访者关于宅基地运行中的一些问题的解决意向进行了考察。对于“将宅基地上的房屋卖给村外人或本村宅基地超标的农户时，村集体可否收取一定的宅基地使用费”问题，58.33%的受访者认为“应当收取”，41.67%的受访者认为“不应当收取”，可见，受访者对于这个问题还有些争议。对于“您认为村集体收回宅基地时，应否就宅基地本身给农户补偿?"90%以上的受访者认为"应该给予补偿",大多数受访者认为"在任何情况下都应该补偿"(70.83%),有一部分受访者(20.83%)表示"只有农户违法占地、超标占地或长期闲置时才能无偿收回,其他情况则应有偿收回"。对于收回的宅基地如何处理的问题,25%的受访者表示"本村并未收回过宅基地",45.83%的受访者表示"分配给需要宅基地的农户",16.67%的受访者表示"出卖给需要宅基地的农户"。对于"宅基地及其上面的房屋的流转如何处理较为合理",83.33%的受访者选择了"转让、租赁、抵押"的流转方式,其中选择"宅基地可以单独转让、租赁、抵押"的占58.33%,选择"宅基地及其上面的房屋一并转让、租赁、抵押"的占25%,另有16.67%的受访者选择"禁止宅基地转让"。

2. 集体建设用地现状考察

据课题组考察,由于地理位置、自然气候以及历史传统等原因,几个调研点集体建设用地相对固定,且主要集中于宅基地和公益性公共设施用地,经营性用地非常少。79.17%的受访者表示"本村没有经营性集体建设用地",另外,20.83%的认为"本村有经营性集体建设用地"的受访者指出,这些地均是上个世纪大办乡镇企业时期的历史遗留,当前多数比较破旧,用途集中于租给他人做仓储。对于经营性集体建设用地使用权入市,受访者认为其障碍主要在于:"没有增量建设用地指标"(66.67%)、"决策主体不明确"(58.33%)、"监督制约不到位"(45.83%)、"政策法规不细致"(37.5%)"收益分配不合理"(25%)。对于本村近10年来新增集体建设用地的来源问题,45.83%的受访者表示"本村近10年没有新增集体建设用地",50%的受访者指出"本村新增的集体建设用地来源于耕地(林地、草地等)",也有受访者指出新增集体建设用地来源、"宅基地"(12.5%)和"四荒地"(12.5%),另有4.17%的受访者指出"有新增地,这些新增地来源政府征收后的返还地"。对于集体建设用地的利用规划程序,受访者认为应该遵循下列程序:"经本集体成员(代表)2/3以上同意"(79.17%)、"征求本集体和集体土地使用权人意见"(50%)、"在当地依法公告并注明公告期限"(37.5%)。

3. 农村土地征收制度运行现状考察

据课题组调研了解,鉴于几个调研点的地理位置等缘故,该几个村庄的土地利用受城镇化发展的影响相对较小,土地征收频率低,被征收的土地数量少,被征地用途单一,主要用于公益用地。54.17%的受访者指出,"本村征地是由政府组织实施能源、交通、水利等基础设施建设的需要";33.33%的受访者指出,"本村征地是由政府组织实施科技、教育、文化公共等公共事业的需要"。而对于当前农村土地征收制度的主要问题,受访者认为主要是"征地补偿标准低"(58.33%)和"征地补偿款难以到位"(37.5%)。对于本村征地时,村民参与的征地程序,受访者表示主要有“确定征收土地用途是否符合公共利益”(50%),“确定征地补偿方案”(45.83%),“确定征地安置方案”(37.5%),另有25%的受访者表示“本村未被征收过土地,未参与过征地程序”。受访者对于承包地被征收后,征地补偿款如何分配问题存在很大争议,有的(29.17%)认为“全部归原承包人”,有的认为“全部留给集体使用”(12.5%),或“绝大部分归集体,其余归原承包人”(12.5%),或相反,“绝大部分归原承包人,其余归集体”(12.5%),也有受访者指出,“集体重新适当调整土地给原承包人后,归相关成员和集体”(16.67%)。受访者对于享有土地承包经营权的非本村村民是否应获得承包地被征收的补偿款也有较大争议,54.17%的受访者认为“不应当享有”,45.83%的受访者认为“应当享有”。

## 三、承包地流转模式与废弃宅基地利用模式考察

由于地处我国改革开放前沿阵地的广东省,博罗县农民城市化现象很普遍,本地农民在家务农的已经很少,针对村民承包农地积极性不高的情况,有些村子自发地采取了一些变通的办法,长期以来形成了各具特色的承包地流转惯例。同时,随着城市化的发展,村民多往城市以及城市近郊搬迁,空心村和宅基地利用问题日渐凸显,黄山洞村对废置村庄的利用进行了一些探索,下文笔者针对被调研村的一些具体做法对该两个问题予以特别探讨。

### (一)承包地流转模式

广东省改革开放先行一步,20世纪80年代末起经济总量跃升我国第一大省。相较于投入大收益低的农业耕作,广东的青壮年农民多数选择了弃农经商,或进厂打工或自办工厂,有不少村庄出现了农地无人愿意承包的情形,本次调研的园洲镇土瓜围村即是其中之一。据村小组长梁先生介绍,自20世纪90年代因村民外出务工,无暇经营承包地,诸多村民提出希望村委会代为流转土地给愿意种地的人耕种,随后逐步形成了村民委托村委会统一流转土地的模式。梁先生所在的村小组的具体做法是:本村小组的土地由村小组统一对外发包,本村村民或外来人员(外地来谋生的人员,一般都是在本地长期生活的,据了解在土瓜围村承包农地的外来人员中江西人居多)愿意耕作的均可以参与投标,中标者与村小组签订承包合同;村小组将所有的土地按照村小组成员每人5.5分地的份额计算,年终村民按照这个份额分取土地发包的收益,目前本村小组成员每年每亩地能分得人民币约1550元。如今,这种土地流转和分红模式已经在本村运作多年,村里每5年调一次地,主要是对本村新增人口分地,对因各种原因从本村迁出户口的人员减地。当前这种方式运作非常稳定,村里各种矛盾较少。调研中,据其他村村民反映,土瓜围村相较于相邻村庄是比较早富裕起来的一个村。

本次调研的另一个村石湾镇西田村也采取自成特色的农地流转模式。西田村将村集体的土地分为两部分:一部分为口粮田;另一部分为村集体保留地。口粮田由村集体按户发包给村民,村集体保留地由集体招标统一发包给本村愿意耕作的村民或外来人员。因诸多村民外出经商或打工,有些村民直接将自己的口粮田委托村集体流转,有些村民则转包给其他村民耕作。由于西田村的土地具备连片开发耕作的条件,村集体通常将村民委托流转和村集体的保留地统合起来按片对外发包,当前集体发包的土地租金一般能达到均价2000元每亩,也有地块相邻的村民将自己的口粮田与相邻地块村民的口粮田整合起来自行转包的。村集体保留地的发包收益按比例由本村村民分享。

据调研,土瓜围村和西田村集体对承包地流转采取的应对措施对于解决村民面临的"承包地包袱"问题发挥了积极作用,并使承包地为村民和村集体带来收入。与村集体未积极"干预"土地流转的村庄相比,其积极意义更加明显。本次调研的福田镇马田村则属于村集体对农地承包和流转不作"干预"的一个村。在广东省经济飞速发展过程中,马田村也面临青壮年劳动力纷纷外出打工或创业的局面,但是马田村自我国推行农业家庭联产承包责任制,村集体于1979年将本村的地按户分配后,至今没有对承包地进行过任何"干预",也未进行过土地调整。村民外出创业,土地或自行发包或由留守老人进行小规模的打理。因从事农业生产收益低微,加之村民按户能分得的土地面积不大,承包地的经营往往被忙于商业经营的村民所忽视,多数是迫于国家不允许耕地荒废的政策才采取一些应对措施。据了解,村民自行发包土地的年租金通常在500~800元每亩,相较于前述土瓜围村最高发包价2300元每亩是非常低的。

(二)废弃宅基地利用模式的案例

经济的发展在使农民从农业生产中获得更多解放的同时,也使大量农民迁往城镇或城市郊区,导致农村宅基地利用率低下,甚至"空心村""农村废弃宅基地"大量出现,造成严重的土地资源浪费。同时,农村人口在迁徙并新建住房时,由于缺乏对旧的宅基地的处分以及新的宅基地的人地比例和建房布局的规划,致使当前农村宅基地出现建房没有规划、房屋闲置、一户多宅以及新增人口无法分到宅基地等问题。恰如有学者所尖锐地指出的:"布局散、用地乱、环境差是当前农村宅基地的显著特点。"[1]这既与"长期以来,我国农村宅基地的建设基本处于自发状态,缺乏科学规划和有效的约束、监督与管理机制"[2]有关,也与我国农村农民所

〔1〕 韩霁昌、解建仓:《陕西农村废弃宅基地整治研究》,陕西科学技术出版社2010年版,第2页。

〔2〕 卢向虎、杨延梅、蒋宗杰:《农村宅基地土地整理的再思考》,载《农村经济》2005年第6期。

享有的宅基地使用权权能不完整有关。“禁止产权持有人转让其产权,则该产权注定不能在使用上充分发挥其潜能”,禁止农村宅基地使用权自由流转,“其最直接的后果就是严重减损农民对宅基地的投资激励,土地资源配置的低效率也就不可避免”。[3] 如何破解这一困局,尚需探索与研究。本次调研的黄山洞村即是城市化所造就的“空心村”,当前有当地在外创业的黄先生投资开发黄山洞村,创设了乡居园旅游点,在盘活黄山洞村闲置宅基地和农房,搞活当地经济方面发挥了积极作用。

黄山洞村曾是红极一时的革命老区,20 世纪六七十年代被树为全国人民活学活用毛泽东思想的“一面旗帜”,先后有 80 多万人次到此参观学习,社会上流传着“北有大寨、南有黄山洞”的说法。但由于位处偏远深山,在我国近 20 年的城镇化发展过程中,村民逐步搬离村庄,黄山洞村几近废弃。2014 年,在深圳创业的黄先生将打造乡村特色旅游的思路带到黄山洞村,经与村委会沟通,黄先生采取租赁模式,逐一与村民签订租赁合同,取得闲置房屋和农地的使用权,雇用本村村民回村工作,利用当地的革命老区背景和山水资源,开发了特色乡居园旅游项目。该项目取得很大成功,至今已形成拥有 30 间客房和 74 张床位的旅游点,并且在本村打造了一条农畜产品产销链,回村工作的农民根据乡居园对农产品的需求,种植各类主粮和蔬菜、饲养家畜直接供应旅游项目所需。乡居园项目使沉寂没落了几十年的黄山洞村变成充满活力的旅游新村:闲置房屋得到了修缮利用,闲置的农地被租用种植蔬菜粮食,多数留守村民得到了工作机会,黄山洞村开发为当地经济和农民收入带来了红利,在一定程度上实现了黄山洞村的振兴。

黄山洞村的乡居园开发,是一种由投资者推动的闲置宅基地利用模式,土地利用的确给村民带来了好处,但是这种具有被动性的利用可能存在与土地的整体规划利用不相符合的问题,闲置土地和空闲宅基地的优化利用是一个系统工程,从节约和集约用地角度出发,如何对土地利用进行系统规划尚需积极探索。

## 四、调研结论与启示

本次调研的几个村庄均具有较好的发展农业的自然环境,但是受外部经济环境的影响,当地农民并没有从事农业生产的积极性,农业生产以一家一户为基本耕作单位,生产效益不高,从事商业经营或外出打工成为当地农民收入的主要来源。综前所述调研数据分析可见,当地存在的土地法律制度运行方面的问题主要表现

---

[3] 曹泮天:《宅基地使用权流转法律问题研究》,法律出版社 2012 年版,第 34 页。

为:(1)承包地流转法律制度供给不足,一方面,法律规定的流转方式少;另一方面,法律对承包地流转中各方利益保障的规定不明确;(2)集体建设用地中经营性用地因规模非常小而并未成为当地土地利用中的突出问题,相较而言,宅基地问题比较突出,主要表现为,宅基地建房没有规划,新增人口无法分得宅基地,宅基地流转不畅,偏远村庄宅基地废置;(3)一家一户的土地承包经营形式受到挑战,承包地成为"农户的包袱"。分析产生这些农地制度运行问题的原因,不难看出其主要矛盾在于我国承包地和宅基地等基本农地法律制度与当前已经发生了很大改变的社会经济环境之间的矛盾。

我国农地基本经营制度——家庭联产承包责任制产生于20世纪70年代末,是在当时的人民公社体制下,人们生活难以为继,迫不得已而采取的一种做法。家庭联产承包责任制由于克服了人民公社体制下"平均主义"所产生的低效率,赋予农民独立的土地使用权,极大地调动了农民的生产积极性,解放了农村生产力,使农村经济发展取得了世人瞩目的成就。家庭联产承包责任制的成功在我国确立了农村土地集体所有、农户使用的两权分离的土地法律制度,农民对农地享有长期的经营权,对宅基地享有无限期的使用权,但是限于土地的生存保障功能,这些权利在土地的流转方面受到很大的限制。然而,经过几十年的发展,我国社会经济环境已经发生了很大的改变,以家庭为单位的农地经营模式致使土地细碎化分割,不利于规模化经营的现代农业的发展,过度分散的小农供给无法对接高度集中的城市规模需求,面积太小的家庭农场无法解决多余劳动力等,家庭联产承包责任制的弊端日渐显露。同时,土地承包经营制使农民获得了极大的经营自主和人身自由,为农民进入现代化社会奠定了基础,在我国商品经济和城市化发展过程中,农民离开土地和原住宅,进城打工、经商或者从事其他产业成为常态,而作为土地所有者的村集体在农地所有权和使用权分离的过程中,概念日益模糊,过去代表集体的组织涣散甚至解体,实践中诸多农村土地出现了使用者和所有者双重虚位的局面,农地利用效率低下。此外,农村实行家庭联产承包责任制以后,政府在放弃了对农村土地和其他资产的控制的同时,也放弃了对占中国人口70%左右的农村人口的社会保障,农村基础设施建设和一般公共品的供给等公共责任作为农民占有土地使用权的代价转移到土地上。[4] 我国以家庭联产承包责任制为主导的农地基本制度在其实施的早期,农民因为获得了对土地独立使用的支配权受到激励,促进了农村经济发展,然而,在我国社会现代化进程中,农村土地的利用和管理

---

〔4〕 参见崔文星:《中国农地物权制度论》,法律出版社2009年版,第65页。

成为一个需要重新审视的问题。

当前农村土地的利用要解决谁来用和如何用的问题,农村土地的管理则要解决如何和怎样让村集体和相关政府部门介入的问题。“谁来用”指的是土地的直接使用人的确定,这是针对当前普遍出现的农民离开自己的土地外出打工或从事其他产业情况而提出来的;“如何用”关涉土地经营模式的变革,是在当前农村生产力已经得到很大发展的前提下,如何改变土地的农户分散经营,实现适度规模经营和农业现代化的问题。我国农业和农村的现代化转型仅凭借分散的农民的力量不可能实现,需要集体和公权力机关发挥应有的作用。前述调研中土瓜围村为解决村民外出打工面临的“承包地包袱”问题,对“谁来用、如何用和村集体的作用”采取了一些不同于常规的做法,即打破一家一户的分散经营模式,将土地集中起来由村集体将土地发包给愿意种地且有能力耕种的人经营,这种做法保证了农地的正常利用,解除了村民外出工作的后顾之忧,村民依享有的土地份额分取土地经营的最终收益,还保证了村民的土地收益,相较于村集体对村民土地承包经营完全不进行干预的马田村,其效益是明显的。但是,土瓜围村对农地利用的自发探索,仅仅对前述问题做了粗浅的回应,村集体在其中发挥了一些组织作用,政府公共服务部门未有介入,改革力度非常有限。在我国城镇化过程中,有些地区对农地制度的改革进行了有规划的试点探索,上海市松江区的家庭农场的做法与土瓜围村的做法有相似之处,即农地统一流转到村集体组织,由村集体选拔种田能手经营土地,但是,在松江区的改革中,政府参与开展了大量工作,如政策的制定、提供农业发展基金、提供农机全程社会化服务等。松江区的做法取得了很大的成功,培养了一批职业农民,农民实现了现代化转型,从事粮食生产的农户的收入比外出打工的收入高一倍,实现了适度规模经营,实现了土地的高效利用。[5] 这些农村自发的和有计划的农地经营改革探索显示在我国两权分离的农地基本制度下,通过对农地流转模式、经营主体和经营模式的改革能够促进我国农业和农村的发展。

当前中央在农地制度改革上,适时提出了农地“三权分置”政策。该政策的提出是来自对实践中存在的新型农地经营模式探索的归纳总结,可以说前述土瓜围村、西田村以及上海松江做法均有三权分置的影子。农地三权分置的实质是在坚持农地两权分离制度的基础上,从制度上进一步细化对农地实际经营者的权利保障,从而形成了坚持集体土地所有权,将农民个体享有的土地承包经营权改造为土地承包权和土地经营权的三权模式,这种三权模式是农地两权分离制度在适应社

〔5〕 参见刘守英:《中国土地问题调查》,北京大学出版社 2018 年版,第 60~76 页。

会发展过程中进一步发展的结果。三权分置改革有利于解决城镇化背景下,农村人口流动大,人地分离状况普遍导致的农地由谁经营的问题,还有利于推动我国农业的规模化和专业化发展,可谓一举两得。三权分置的农地经营模式值得推荐,但是其实现需要国家法律和政策的引导。鉴于土地的资源性和财产性的双重属性,土地制度的设计要注重私权保护和公权介入上的平衡,国家应该在尊重农民私权的基础上,有规划地进行土地管理。因此,农地制度改革应避免两个极端,即国家对土地的经营完全放任,由农民自发处理或国家统得过多,管得过死。

土地是农民拥有的最大的财产,增加农民的财产性收入,振兴乡村经济,盘活农村的承包地和宅基地非常关键。增加农民财产性收入,需要不同领域、不同渠道相互配合来实现。其中,国家和政府所制定的法律法规应发挥引导作用,国家应当通过对法律的废、改、立来实现对农民财产权益的保护。农业和农村经济具有复杂性,因受自然环境和人文环境影响,每个村具有本村特有的情况,应该通过国家法律和政策的引导,并能及时提供农村发展所需要的制度供给,激发村民和村集体探索发展本村经济的积极性,以实现乡村振兴的目标。

(责任编辑:张保红)

# 外国法译评

# 土地权利与联合国千年发展目标

## ——法律赋能路径的重要意义*

[美]哈米德·拉希德　单平基** 译

| 摘　要 |

本文探讨了土地权利与联合国千年发展目标(MDGs)之间的关系,并阐释了对穷人进行法律赋能——被视为通过自下而上的方式提高穷人身份认同、发言权、选择权和参与度的一种系统改革的过程——何以能加快千年发展目标的实现。本文认为,要提高穷人获得土地的机会、增强穷人使用土地的保障,就必须表明消除农村贫困的政策立场,特别是在多达五亿人口——几乎是世界贫困人口的一半——没有土地或几乎没有土地的情况下。八个千年发展目标中的三个——减少饥饿和贫困、性别平等及环境可持续发展——主要取决于土地的获得及土地使用稳定性保障,这也会影响到另外两个发展目标,即普及初等教育和抗击艾滋病及其他疾病目标的实现。鉴于实现千年发展目标的最后期限即将截止,但其中许多目标尚未完成,本文认为参与式的土地治理方法将对促进和支撑这些目标的达成发挥重要作用。

| 关键词 |

土地权利　联合国千年发展目标　土地赋能

---

* 原文参见 Hamid Rashid, *Land Rights and the Millennium Development Goals: How the legal empowerment approach can make a difference*, in Stephen Golub edited, *Legal Empowerment: Practitioners' Perspectives*, International Development Law Organization Press, 2010, pp. 217-234。Aisha Weaver 为本文提供了优秀的研究协助,Timothy Dolan 提供了编辑支持,他们都在联合国开发计划署法律赋能组工作。作者在此向他们表示感谢。

基金项目:教育部哲学社会科学研究后期资助项目"农地'三权分置'权利构造:学说与规范"(18JHQ065),受东南大学至善青年学者项目资助。

** [美]哈米德·拉希德(Hamid Rashid),联合国开发计划署高级政策顾问;单平基,东南大学法学院副教授,法学博士。

|目 次|



## 引 言

千年发展目标最后期限即将截止,其中很多目标尚未实现,发展共同体正在寻求新的动力、策略和方式加快千年发展目标的完成。鉴于千年发展目标中有三个目标——减少饥饿,性别平等和环境可持续发展——直接且主要取决于土地的有效利用,所以,有关千年发展目标的话语体系中日益重视土地的作用(尽管有些姗姗来迟)就不足为奇了。而且,公平、有效的土地治理还可间接有利于千年发展目标中普及初等教育和降低艾滋病目标的实现。[1] 近年来,粮食能源价格的波动及随之而来的土地商业化压力的增大,也重新引发了公众对土地的兴趣。2008年,世界粮食首脑会议明确承认土地管理对于加强和维持全球粮食安全非常重要。由于世界上有75%的穷人居住在农村社区,[2]并以土地和农业为生,任何对于土地权利在达成千年发展目标上所起的作用的高度评价都是不过分的。

由于世界上11亿贫困人口中有1/4没有土地,所以,要想改善土地权利的享有和保护土地权利,就必须表明消除农村贫困的政策立场。另有2亿人口——几乎没有土地——因为没有获得足够的土地无法过上体面的生活。[3] 农村人口(包括穷人)的大部分收入来源农业生产,故而必须更加重视土地权利,才能充分实现生产性就业和人人(包括妇女和年轻人)享有体面的工作这一目标(千年发展目标,具体目标1B)。因此,保护穷人的土地权利以及促进公用资源[4](包括土地和水资源)的取得与控制的民主化,对提高生产性就业和消除贫困将是至关重

〔1〕 See International Land Coalition, *The Importance of Land and Resource Rights in Achieving the MDGs* (2007), Accessed January 11, 2010. http://www.landcoalition.org/pdf/MDG_05flyer.pdf.

〔2〕 See The World Bank, *World Development Report* 2008: *Agriculture for Development*(2007) 45.

〔3〕 See IFAD, Land Statistics, Rural Poverty Portal, Accessed January 11, 2010. http://www.ruralpoverty-portal.org/web/guest/topic/statistics/tags/land.

〔4〕 公用资源有两个特征:(ⅰ)将潜在的受益人排除在拥有和开发资源之外的代价非常高;(ⅱ)资源开发或利用表现了零和博弈,也就是说,资源利用并非是“非竞争性的”。它的第一个特征与公共物品相同,即排他性的成本;它的第二个特征与私人物品相同,即零和博弈及竞争性。

要的。

土地是生存之本,并为防止人们陷入绝对的贫困提供了安全防护网。土地权利的享有及土地使用的稳定性保障,是确保物质安全和人类尊严的基本保证。土地使用权的不稳定和不确定性损害了人们对土地进行长期投资的积极性,反过来会影响人们在其占有的土地上所获得的收入。只有存在清晰的土地权利时,对土地进行长期投资才具有可行性。唯有当小农和贫农认为其可以长久地拥有土地并能从相应的投资中获益时,他们才会对自己的土地进行投资。土地投资能够提高农业生产力水平,进而会增加收入并有助于降低贫困。

另外,并且也完全是在意料之中的是,2008 年的粮食危机已经导致许多发展中国家对农业用地的外国直接投资(FDI)急剧增长,进而使大量土地转移到外国投资者手中。对农业的外国直接投资能够增加农作物的总产量,而如果要求外国投资者在当地出售一定数量的农业产出,当地人民就能从中受益。通过新的农业知识和技术的传播,与土地有关的外国直接投资也会提高当地农民的生产力。〔5〕但是,对农业进行的资本密集型的外国投资可能降低当地的劳动力需求、增加农村失业率并降低家庭收入。折中地讲,对农业的外国投资能够提高接受国的粮食安全,只要该国政府能够尽力防止对小农的边缘化并重新分配生产力。〔6〕考虑到许多发展中国家缺乏粮食而且往往是纯粹的粮食进口国或接受应急粮食援助的国家,〔7〕这些接受外国直接投资的国家的政府必须保证当地人口可以获取外国投资者生产的粮食,特别是在粮食危机期间。

有效的土地管理是应对缓解和适应气候变化的挑战的关键所在。根据《联合国气候变化框架公约》,全球超过 20% 的二氧化碳的排放源于森林砍伐、森林退化和土地利用的改变;而据世界银行估计,非法采伐每年给政府造成 150 亿美元的损失。〔8〕一项运作良好、便于适用的土地治理制度能够保证土地和自然资源的可持续利用,并有助于采取减缓和适应气候变化的最佳应对措施。保护土地权利是解

---

〔5〕 See UNCTAD, *World Investment Report* 2009: *Transnational Corporations, Agricultural Production and Development*(2009) 160.

〔6〕 See J Elster, *Land and Peace*, PRIO Policy Brief(2009).

〔7〕 See S Daniel and A Mittal, *The Great Land Grab*(2009) 16.

〔8〕 See A Contreras - Hermosilla, R Doornbosch and M Lodge, *The Economics of Illegal Logging and Associated Trade*(相关背景材料为 2007 年 1 月 8 日至 9 日巴黎经济合作与发展组织可持续发展圆桌会议相关论文); D Brack, *Illegal Logging*, Briefing Paper(2007).

决环境和气候变化焦点问题的一项基本策略,这一点已经得到广泛认同。[9] 对于个人和族群而言,安全、有效地拥有土地资源能够激励使用者进行可持续的土地经营。[10] 对获得土地资源的保障还有利于减少滥用或过度开采公用资源。

有效的土地治理能够保障关于土地所有权和使用权的校正和再分配正义。校正正义通过修复由于非法征收和非法驱逐造成的损害,有助于防止不信任、不满和冲突。正如埃尔斯特(Elster)所言,如果一个国家不予追究违法犯罪者的责任,将会丧失其合法性并导致极端主义运动的增加。对土地进行重新分配确保人们能够更平等地获得土地,由此可以应对许多发展中国家由于财富和收入分配严重不平衡所带来的挑战。[11] 斯蒂格利茨(Stiglitz)认为,在发展中国家中土地是主要的财产,如果缺乏同步的财产重新分配过程,则无法维持高经济增长率。[12] 公平合理地获取、利用土地,对于增加实现众多发展目标(包括千年发展目标)的动力具有重要意义。

建立能够保障穷人获得土地并确保使用期限的、合理、便于适用、负责任的土地治理制度,是实现消除贫困(千年发展目标1)的重要举措。[13] 在土地使用期稳定且可预期的环境下,人们能够产生一种信赖,即土地或住宅归属于个人并且不能被随意剥夺;而由此产生更高的家庭收入将有利于消除饥饿和贫穷、就业、教育、健

---

〔9〕 See Sida, *Natural Resource Tenure: A Position Paper* (2007); DFID, *Land: Better Access and Secure Rights for Poor People* (2007); K Deininger, *Land Policies for Growth and Poverty Reduction: Key Issues and Challenges Ahead* (2004). Accessed Janary 12, 2010. http://www.fig.net/pub/mexico/paper s_eng/ts2_deininger_eng.pdf; G Thomas, "Land: Better Access and Secure Rights for Poor People"(2007年7月19日,在DFID Policy Paper创刊时发表的同名演讲), Accessed January 12, 2010. http://www.dfid.gov.uk/Media-Room/Speeches-and-articles/2007-to-do/Speech-Land-Better-accessand-secure-rights-for-poor-people-/.

〔10〕 See UNDP, *Land Degradation and ownership of or access to Land*, Environment and Energy, Accessed January 12, 2010. http://www.undp.org/drylands/govltenure-more.html#ldegradation.

〔11〕 See J Putzel, "Managing Land and the Prevention of Violent Conflict"(2007年11月10日,在非洲"冲突预防与合作发展"研讨会上所作的报告), Accessed January 12, 2010. http://www.humansecurity-gateway.info/documents/WILTONPARK_ManagingLand_PreventionViolentConflict.pdf. 作者认为:"了解取得土地的模式、土地如何利用的制度及土地生产模式,在任何旨在防止暴力冲突爆发的外来援助发展计划中都应当是中心任务。"

〔12〕 See E Teófilo, *Economic Theory, Land and Development* (2004), Accessed January 12, 2010. http://www.landcoalition.org/events/05aom/teofilo.pdf.

〔13〕 See R Prosterman et al, *Secure Land Rights as a Foundation for Broad-Based Rural Development in China: Results and Recommendations from a Seventeen-Province Survey*, NBR Special Report 18 (2009). 作者认为,中国的穷人在大多数经济和社会措施上之所以处于落后地位,很大程度上是由于中国大多数农民的土地权利得不到保障。

康、抗击艾滋病、性别平等和环境可持续发展这些千年发展目标的实现。随着家庭收入的增加,靠童工维持家庭生计的需求将减弱。这将增加参加初等教育的儿童的人数(千年发展目标2,具体目标1)。同样,农业收入的提高也将增加女童参加小学教育和中等教育的概率(千年发展目标3,具体目标1),因为她们通常是被迫辍学的。如果落实有效的土地治理,对农业的外国投资将有助于推动农业生产力的提高,并使饥饿人口减半(千年发展目标1,具体目标3)。明确界定私有和公有土地权利,确立所有权、激励措施和责任,能够防止非法的、破坏性的土地开发并增强环境的可持续发展(千年发展目标7,具体目标1)。

千年发展目标具有广泛的吸引力,因为其提出了可测量、可报告、可验证的具体目标。但是可以理解的是,千年发展目标并未明确提出适用于地方的目标激励以及保证其及时、自下而上地实现目标的具体步骤。千年发展目标也没有规定,在2015年之后这些目标(假如届时可以实现)如何维持。千年发展目标未必重点关注社区层面的参与、赋能、实体自由及人自身的能力,但这些因素对于实现和维持千年发展目标而言极为重要。在大量借鉴阿马蒂亚·森[14]关于人类能力和正义的奠基之作以及埃莉诺·奥斯特罗姆[15]关于公共资源的具有启发意义的实地考察研究的基础上,本文认为,立足于社区的、社区主导型的、参与性的土地治理路径——确保穷人的发言权、选择权及法律赋能[16]以实现其土地权利——对促进千年发展目标的实现具有重要意义。

论文第一部分介绍了财产权、经济发展与降低贫困之间的关系方面的理论与实践论据,确定土地权利是人类的基本权利,并强调了保障土地使用权稳定的重要性。第二部分指出享有土地权利所面临的几项关键挑战及这些挑战将如何影响千年发展目标的实现。第三部分运用社区管理公用资源的实例,提出公平的土地治理的赋能架构,这将有助于保护、改善穷人的土地权利并为千年发展目标的实现创造更加有利的环境。

## 一、财产权、土地权利与降低贫困

就世界上大多数人而言,财产权实际上并不能得到保障。[17] 然而,财产权却

---

〔14〕 阿马蒂亚·森,哈佛大学教授,1998年诺贝尔经济学奖获得者。

〔15〕 埃莉诺·奥斯特罗姆,印第安纳大学教授,2009年诺贝尔经济学奖获得者。

〔16〕 对贫民进行法律赋能,在本章上下文中,是指增强贫民的身份、发言权、选择权和参与权以充分实现其经济和社会权利的系统性改革过程和自下而上的路径。

〔17〕 See Commission on Legal Empowerment of the Poor, *Making the Law Work for Everyone*: *Vol.* 2 (2008) 64.

是一项基本权利。[18] 它是尊严、物质安全、社会关系与公民身份的基础。财产权(有形或无形资产的所有权)能培养令人尊敬的品质。更重要的是,通过财产权体系所建立的权利与责任的相互认同构成了社会凝聚力和社会财富的基础。

贫穷人口法律赋能委员会认为,财产所有权,包括单独所有或共同所有,是一项人权。委员会的最终报告[19]强调了如下内容:

一个运转正常的财产制度包括四部分:一是组定义人与财产之间的权利和义务,反映世界资产体系多样性和多元性的规则体系;二是治理体系;三是功能完善的资产交易市场;四是社会政策工具。这四个部分中的每一部分都有可能会运转不正常从而对穷人不利。

但是,什么才是精确的财产权概念？对康德以及许多社会契约论的支持者而言,[20]财产权并非一项天赋的自然权利,而是公众相互都能接受的一种社会创造。这是一种能够获得普遍认可的财产权的分配。[21] 尽管社会契约论路径下的财产权支持了一个强大的制度中心,但同时它也承认了个人及社区在财产权的相互承认和相互尊重方面的作用。

财产权实际上是一个"权利束"(bundle of rights)。法律规定了该权利束所具有的具体特征及所包含的权利。财产权可以是制定法所规定的任何一种权利。例如,原住民关于草药的知识可以被定义为财产权,假如法律中有此规定。实践中,"财产权"(property right)这一术语指的是一套非常广泛的"使用权"(use rights),即权利人可将财产用于消费及/或使其产生收益。财产权也可包括"转让权利"(transfer rights),即将权利出让、捐赠或放弃。财产权的权利人还可将其出租、为他人使用或享有而进行抵押或质押。

财产权通常意味着财产的私人所有,能排除他人对财产的享有。通过这种强制的排他性,财产权能够调节权利保护和投资的激励措施。经济学家指出了财产权促使经济效益提高的三种渠道。有效的财产权能够:[22]

---

[18] See F Cheneval, "*Property Rights as Human Rights*" in de Soto and Cheneval, *Realizing Property Rights* (2006) 11-17.

[19] See Commission on Legal Empowerment of the Poor, *Making the Law Work for Everyone*: *Vol.* 1 (2008).

[20] 这种学派建立以社会契约理论为前提。

[21] P Guyer, "Kant, Immanuel", *Routledge Encyclopedia of Philosophy* (2004), Accessed January 12, 2010. http://www.rep.routledge.com/article/DB047SECT10.

[22] T Besley and M Ghatak, "*Property Rights and Economic Development*" in Rodrik and Rosenzweig (eds.), *Handbook of Development Economics* (2009), Accessed January 12, 2010. http://econ.lse.ac.uk/staff/tbesley/papers/pred.pdf.

- 消除或降低“征收风险”(expropriation risk),增加对使用权稳定性的保障,认可个人切实地享有其投入或付出所获得的成果,并有助于提高经济效益。
- 降低个人在保护财产上必然发生但不产生经济收益的“交易成本”(transaction costs)。
- 提供可替代性资产,以促进交易、贸易及获得信贷。

不难理解,穷人和弱势人群在保护财产权利过程中,通常会面临更高的征收风险和的交易成本。一项能够消除征收风险、提高合同安全并减少交易成本(这些风险都可能使穷人更加贫穷)的财产权制度,对促进经济增长和减少饥饿贫困具有重要作用。

(一)财产权与降低贫困:实证证据

有效的财产权对激励土地使用人投资的效果显著。菲德尔(Feder,2002)[23]研究发现,如果土地使用权的稳定性能够得到保障,对土地投资会增加一倍,而土地价值将会增长30%至80%。非农业经济的发展及农村人口向城市迁移,导致较低生产能力与较高生产能力的土地使用者之间进行土地交易,而具有法律强制力的财产权通过允许该种交易提高了土地的可转让性。[24] 更加稳定的土地权利也有助于减少资源需求,包括个人在保护其土地权利上所花费的时间,这样可以让他们更加有效地投资这些资源。另外,大量研究已经发现,只要具有有效的信贷需求,具有法律强制力的财产权就能便于信贷的获取并改善金融市场的功能。[25] 贝斯利和吉哈塔克(Besley and Ghatak)从172个国家的数据中发现,总体而言,财产登记(每个国家成绩的总排名涵盖三个指标:登记成本、程序量和花费的时间)与人均收入之间具有显著的负相关关系。[26]

世界银行的“财产权与规则治理”(Property Rights and Rule-based Governance)

---

〔23〕 G Feder,“*The Intricacies of Land Markets:Why the World Bank Succeeds in Economic Reform through Land Registration and Tenure Security*”(2002年4月19日至26日,在华盛顿国际调查员联合会会议上发表的论文).

〔24〕 See K Deininger,T Yamano and D Ayalew,*Legal knowledge and economic development :the case of land rights inUganda*,Word Bank Policy Research Working Paper No. 3868 (2003).

〔25〕 参见 K Deininger, Land Policies for Growth and Poverty Reduction: Key Issues and Challenges Ahead (2004). Accessed January 12, 2010. http://www. fig. net/pub/mexico/paper s_eng/ts2_deininger_eng. pdf。

〔26〕 参见 T Besley and M Ghatak, “Property Rights and Economic Development” in Rodrik and Rosenzweig (eds.), Handbook of Development Economics (2009), Accessed January 12, 2010. http://econ. lse. ac. uk/staff/tbesley/papers/pred. pdf。

指标[27]评估了有效法律制度对私人经济活动的促进作用的程度——从等级1(非常差)到等级6(优秀);在这个有效的法律制度中,财产权利与合同权利均得到实际尊重和有效施行。通过分析我们发现,贫困总人口数的净减少[28]与68个[29]中低收入水平国家的财产权指数之间呈显著负相关。相关系数(+.368)与趋势线的倾斜度印证了财产权与降低贫困之间的这种关系。即使不对财产权与降低贫困的因果关系作任何假设,[30]这种相关关系仍显示财产权与降低贫困能够结合起来并互相强化。

财产权与贫困人数之间的关系(见图1)。

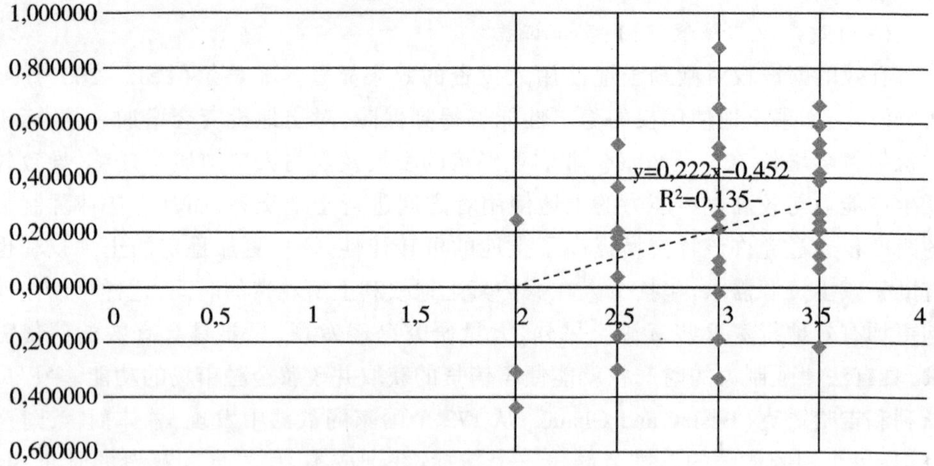


**图1　财产权与规则治理**

注:作者测算的财产权与贫困人数之间的相互关系。数据源自世界银行2009年度世界发展指标。

---

〔27〕 世界银行"国家政策和制度评估(CPIA)财产权和基于规则的治理评级(1=低至6=高)", Accessed Janury 12,2010. https://data.worldbank.org.cn/indicator/IQ.CPA.PROP.XQ.

〔28〕 贫困人口总数[在购买力评价(PPP)指标之下每天平均低于1.25美元]在两个报告年度(1990年及2007年)的净变化。

〔29〕 财产权与规则治理评级(由低而高,分别从1到6)数据可参见世界银行关于68个国家的国家政策与制度分析系列数据(世界发展指标,2009)。

〔30〕 控制国内生产总值增长率及其他工具变量的还原分析法,也承认财产权与规则治理在降低贫困上的重要性。

### (二)作为基本人权的土地权利

就世界多数人口而言,土地是食物和生产要素的最主要来源。[31] 然而,其重要意义远不止于一种经济投入。土地为个体、集体和整个社会提供了空间和庇护。身份、归属感、包容性及人的尊严都与土地所有权有着根本的联系。并且,土地将人与人联系起来,成为其互相依赖、共生共存的基础。政治权利也与土地休戚相关。在许多国家,选举权和政治参与权取决于拥有实际居住地,而实际居住地反过来又与土地的所有或占有权相关。在已建立的治理体制中,土地是界定个人与群体之间的权力关系的巨大政治资源。[32]

没有土地、少地和土地使用权缺乏稳定性的那些人常常构成了农村和城市社会中最贫穷和处于社会最边缘的群体。[33] 在很多发展中国家,从自给自足的农场到城市贫民窟的棚户区,对其称之为家园的土地,绝大多数人都无法享有法律上认可的相应权利。没有对其家园的产权证明,这些家庭经常遭受政府官员的驱逐或暴力团伙侵犯的威胁。[34] 另外,不断增加的土地需求和土地的升值正促使许多发展中国家的政府实施大规模强制驱逐和对临时居住点的强制搬迁。虽然这些家庭没有对土地的合法所有权,他们理应拥有对土地使用期限的基本诉求。

尽管土地使用权稳定性的保障和公平地获得土地对于降低贫困而言极为重要,但它们常常是发展过程中被忽略的方面。[35] 对土地使用权稳定性的保障创造了安全稳定性,同时能提升投资、获取服务和发展商业的能力——这是降低贫困的所有关键要素。在有限的、缺乏安全保障的土地权利下,穷人摆脱贫困即使可能,也是很困难的。即便是某人持有对土地的合法产权证明,也并不意味着其对土地的占有是安全的。土地使用权稳定性的保障需要法律和惯例明确的规定。土地占有规则决定谁可以使用何种土地资源,使用期限以及使用的条件。[36] 然而,即使具备强有力的与土地权利相关的法律,土地权利的实际享有仍常常取决于当地的条件及地方权力关系。

土地权利是与土地有关的财产权利。由于土地是有限的资源,且财产权通常

---

〔31〕 例如,可参见 M Rugadya,E Obaikol and K Herbert,*Critical Pastoral Issues and Policy Statements For the National Land Policy in Uganda* (2005)。作者认为,在乌干达的乡村社区,土地是谋生的唯一重要资源。

〔32〕 See International Land Coalition,*Land and Vulnerable People in a World of Change*(2008).

〔33〕 同上注。

〔34〕 See M Robinson,*Property Rights are Human Rights*(2007).

〔35〕 参见 International Land Coalition 文,前注〔32〕。

〔36〕 See International Land Coalition,*Land Tenure:Voluntary Guidelines*,Accessed Dctober 25,2009 http://www.fao.org/nr/tenure/volunt ary-guildelines/en/,2009. 10. 25.

包括排他的权利,所以土地权利也是具有排他性的。土地权利也可被视为对社会规则和惯例的一种实践——其规范了如何分配使用某块土地所产生的收益。[37] 从这个角度看,土地权利能够超出个体财产权和所有权而涵盖公共资源财产,公共资源本质上是不具有排他性而是带有竞争性的。还可以在如下权利背景下考察土地权利:例如,拥有基本住房的权利、保障使用期限的权利、追求良好居住条件的权利以及拥有一个家的权利等。这些权利中的每一种权利向权利拥有者提供的具体利益和保护措施都各不相同。

联合国文件——宪章、人权文书和决议——几乎均未涉及土地权利。然而,正如《世界人权宣言》第 17 条的宣告,土地权利应当与更宽泛的财产权概念相联系。由于土地权利的各方面并非通过具体的法律文件调整,土地权利可被概括地归入经济和社会权利的范畴。《经济、社会、文化权利国际公约》序言"社会和文化权利"表明经济和社会权利源自人类与生俱来的尊严。[38] 它认为,经济和社会权利,即所谓的"第二代权利"(second generation rights)或生存权,包含生存和生活的基本需求,并且对于避免物质上的不安全感十分重要。关注生存权是合情合理的,理由在于,生存权的保护及提高能够显著改善贫困人口的公民、政治和文化权利。对于居所的土地使用期限的保障,拥有及使用有形和无形财产的权利以谋求经济和社会福祉、体面的收入、工作保障、择业机会和自由(包括自谋职业和创业)是基本的生存权,也是实现所有基本人权的必要条件(sine qua non)。

法律纯粹主义者认为,那些没有得到认同且未被具有强制执行力的法律契据所明确规定的权利,就仅仅是诉求而已:一项诉求必须具有法律效力才能够成为权利。所以说,土地权利未必能够成为被法律保护的权利。在将更宽泛的社会和经济权利作为基本人权这一点上,森(Sen)向权利必须经制度化以形成法律义务的观点发起了挑战。他认为,一项权利(如土地权利)即使没有相对应的被明确阐述的义务或责任,依然不失为法律权利和基本人权。还有一些人则倾向于认为土地权利不具有可行性,他们认为即使尽最大努力,让所有人都拥有土地权利也是不现实的。森(sen)驳斥了以下两方面的观点:

基于不具备充分的可行性从而否定人权的矛盾之处在于,从救济行为上看未充分实现的权利依然是权利。未被实现本身不会导致所主张的权利变为非权利。恰恰

---

〔37〕 See K Deininger, *Land Policies for Growth and Poverty Reduction: Key Issues and Challenges Ahead* (2004). Accessed Janary 12, 2010. http://www. fig. net/pub/mexico/paper s_eng/ts2_deininger_eng. pdf.

〔38〕 See International Land Coalition, *Land and Vulnerable People in a World of Change* (2008).

相反,它还推动了更深远的社会行动。将所有经济和社会权利排除在人权的圣殿之外,而仅为自由和其他第一代权利保留空间,无异于在沙地上作画而难以持久。[39]

承认土地权利作为一项基本人权,对于土地权利充分、有效的实现和消除贫困、发展基本自由和人类能力意义重大。致力于改善土地权利的享有和提高土地使用权稳定性保障的有效的土地治理制度,必须将土地权利提升为基本人权。仅关注土地权利的法律文本和制度或许是必要的,但这并非是享有土地权利和保障土地使用权稳定性的充分条件。从超越这种狭隘的视角看,土地治理必须确保贫困人口的土地权利在社区层面也能获得认可和尊重。穷人所需要的不仅是法律对他们土地权利的承认,也需要社会和社区层面对他们的土地权利予以接纳和尊重。在保护和改善穷人的土地权利上,社区(并不一定是作为法律制度)必定扮演着重要的角色。土地治理也必须保障穷人能够自由结社,确立政治公民身份,并能参与决策程序、影响相关新增和现有法律,以实现其土地权利。

有效的土地治理必须同时考虑到在地方背景之下土地权利的复杂性,认可习惯法和原住民社区集体权利的地位和作用,同时,改善正式财产权利体系的运作以确保不同制度下的财产和土地权利能够共存。研究表明,那些实行成功的财产权改革的土地治理制度承认现有财产环境的复杂性和独特性,并提出不同的、有针对性的干预措施。[40] 成功的改革还注重创设灵活、弹性的土地权利制度,而非法律和社会契约的静态架构,以便适应交易成本、科技和社会环境的变化。[41]

## 二、充分实现和享有土地权利所面临的挑战

在发达国家,财产和土地权利常被认为是理所当然的。它们是有保障的、不可侵犯的,除非出于国家安全或国家征用需要。但在许多发展中国家,情况就大不相同了。在那里,土地权利是临时性的、暂时性的、不稳定的。土地的公平享有能促进经济增长,改善集体福祉;而不公平的土地权利则将导致许多人处于长久的不安和不确定状态。在许多发展中国家,充分享有土地权利所面临的关键问题包括继承纠纷、登记和产权、划界、对土地价值的低估以及日益增长的土地商业化和投资的压力,每个问题都会破坏土地权利的稳定性并影响穷人的生计,最终会直接或间接地阻碍诸多千年发展目标的实现。

---

[39] See International Land Coalition, *Land and Vulnerable People in a World of Change*(2008).

[40] See K Boudreaux and P D Aligica, *Paths to Property: Approaches to Institutional Change in International Development*, Institute of Economic Affairs Monographs Hobart Paper No. 162(2007)15.

[41] 对贫民进行法律赋能,在本章上下文中,是指增强贫民的身份、发言权、选择权和参与权以充分实现其经济和社会权利的系统性改革过程和自下而上的路径。

(一)继承纠纷

习惯法和正式司法制度(法律及其适用)之间的矛盾是导致继承纠纷最常见的原因。这些纠纷通常根源于社区的文化、传统习惯及其传统首领的解释。女性更多地遭受到土地所有权习俗和传统的歧视。全世界1亿多名拥有较差居住条件的人口中,女性占大多数。在撒哈拉以南非洲的十个国家[42]和中东北非地区(MENA)的八个国家,“居住权及(反)驱逐中心”(COHRE)开展了对有关女性继承权法律和司法实践的调查,发现其在剥夺女性继承权的原因及方法上存在惊人的相似。

继承权纠纷以及通常对继承权的剥夺,会对女性产生非常严重的后果。当她们无法拥有、控制或继承财产时,她们基本上无法获得财富。[43] 女性及其家属(包括孩子和老人)随时都可能无家可归、丧失生计、缺少庇护所或者陷入贫穷。这种潜在的家庭单元完整性的缺失妨碍了许多千年发展目标的实现。没有丈夫或男性监护人的女性常常遭受歧视,这使性别不平等(千年发展目标3)长久存在。无法安定甚至流离失所可能会导致她们不能享受到母婴健康服务(千年发展目标4和5),同时,不断加剧的财产不安全性也妨碍了儿童正常就学(千年发展目标2)。

女性不能平等地拥有土地还导致艾滋病蔓延,并降低了她们应付这种致命传染病所带来的后果的能力。对女性而言,根深蒂固且普遍的土地使用权的不稳定(常因被驱逐和失去土地而更加恶化)会严重影响她们生产和享有食物的能力,进而迫使她们依靠性交易维持生存,而这又会引发艾滋病的传播。[44] 不平等的继承权所导致的对男性的依赖还会增加女性对艾滋病毒的易感染性,因为她们没有足够的能力与男性顾客展开安全性行为的谈判。[45] 强化女性继承权的经济的措施将有助于抑制艾滋病的传播(千年发展目标6)。

就继承方面的习惯法及其如何与正式法律产生联系进行社区层面的对话,可能是确保穷人和边缘化群体有效表达他们所关注的问题及其在遭遇社区继承纠纷时获得低成本解决方法的关键因素。尽管这样的对话是必需的、有益的,但肯定不

[42] See COHRE, *Bringing Equality Home: Promoting and Protecting the Inheritance Rights of Women* (2004).

[43] See COHRE, *In Search of Equality: A Survey of Law and Practice Related to Women's Inheritance Rights in the MENA Region* (2006).

[44] See A Knox and R Giovarelli, *Land Tenure, Property Rights, and HIV/AIDS*, USAID Property Rights and Resource Governance Program Report (2008).

[45] See COHRE, *In Search of Equality: A Survey of Law and Practice Related to Women's Inheritance Rights in the MENA Region* (2006).

足以保护弱势的女性和穷人的继承权。提高社区组织对穷人提供法律援助的能力,加强非传统首领(包括村里的长者、教师和赤脚医生)对调解、司法解决程序的参与,将确保穷人获得更公平的结果。地方层面的发展工作应当支持这样的机制,即根据习惯法所作出的决定进行同行互查和合作者之间的审查,以阻止伤害穷人的判决。同时,还应该规定奖金或非现金激励制度,培训习惯法领袖,以鼓励他们作出保护包括弱势妇女和儿童在内的穷人的继承权的判决。

(二)土地登记与产权纠纷

不合理的土地登记和复杂的确权程序常常导致土地纠纷,后者会大大减少穷人在生产活动上所花费的时间。许多国家制定了大量关于如何登记财产的法律,造成了土地权益的相互重叠和冲突。而在那些拥有强有力的土地权利习惯法制度的国家,广泛实施正式的土地产权登记常常在政治和经济上不具有可行性。实践中,关于土地权利的习惯法常被优先适用,而正式的司法制度仅承认正式产权,这就增加了争议解决的矛盾性和复杂性。

许多因素阻碍人们获得土地的正式产权凭证。登记和土地产权确认在程序和经济上常常成本高昂,尤其是对于穷人而言。在某些国内法律制度仅在正规法庭所确认产权的情况下,对那些并不愿意将土地权利登记交由成文法裁判程序的人而言,土地的产权登记并不具有任何吸引力。土地产权登记还可能因未来的征税、土地征收以及因申请信用贷款办理抵押导致丧失所有权而降低对民众的吸引力。

能准确反映土地利益,可及的并且为大众所接受的土地登记对增强土地使用的稳定性至关重要。清晰的土地登记的缺位将增加不确定性,因为在这种情况下,那些有意购买土地的人无法确定谁才是既有利益的拥有者,而那些试图转移土地的行为可能被其他正当或不正当的土地使用权人所禁止。为能长久地保护土地权利的安全,通过登记程序提供土地契据往往是不够的——通过契据所赋予的土地权利,必须能够防止相互冲突的权利主张。为有效地维护穷人的土地权利,必须考虑事后交易(ex post transaction)成本和穷人承担这些成本的能力。

最大限度地减少与土地产权相关的纠纷会产生一系列积极的结果。无可争议的土地产权可为防止土地征收、确保可转让性、扩大抵押机会、改善居住质量和提高农业生产效率提供保障,从而有助于保护居所、利用土地以及鼓励投资。这也可以促使人们投入生产型企业工作,而不是待在家中或赶去法庭保护他们的土地和家园(千年发展目标1,具体目标2)。土地产权契据还能通过确保土地使用权的稳定,促进土地的可持续利用(千年发展目标7)。值得信赖和与时俱进的土地登记部门应保持开放、透明、简易和可承受的特性,从而其也可用来追踪污染源,防止环境污染(千年发展目标7)。

(三)边界纠纷

当土地所有权不受契据或勘查记录的保护时,边界纠纷便会产生,当事人的土地权利因此会遭到损害。正式土地契据的正确性和有效性也取决于相互之间以及集体内部对土地边界的认可。准确的土地划界需要土地登记部门进行准确的测量调查,并建立土地占有权人、所有权人信息的保管处,这一活动需要社区层面的参与和协助。争议双方不对称的权力关系常常决定了边界纠纷争议处理结果的不公正,在社区进行公开对话有助于增加谈判能力的平衡性。解决边界争议的好处类似于解决土地登记纠纷,原因在于其奠定了稳定土地使用期限的基础,而土地使用权稳定对于减少贫困、增加就业、普及教育和环境可持续发展(千年发展目标1、2、7)而言至关重要。

社区亟须对土地边界进行系统性的划分和判定。通常社区中有权势的人,可能从维持土地争议的现状中获益;当对所有土地的边界进行系统性划分、所有争议得到和平解决所产生的集体利益大于部分社区权贵的利益,对土地边界进行系统性的划分和判定才可能实现。

着重对正式土地契据和地籍簿予以规范的制度路径未必能够解决一切土地边界和产权纠纷。正式的土地契据成本普遍高昂且不具有可行性,而习惯法上的所有权证明及其他半正式的契据却能降低边界纠纷发生概率,并有助于增强地权稳定而无须穷人支付昂贵的维持成本。假如土地契据的有效性取决于对个人土地边界的相互认可及集体认可,那么,确保进行社区层面的开放和包容的土地边界纠纷对话将十分关键。这样的对话不仅能矫正不对称的权力关系,而且有助于确认对土地边界进行系统划分、解决土地边界纠纷的成本和收益。有效的土地治理必须包括为边界和产权纠纷解决提供现金、非现金或其他形式的物质鼓励,尤其是当人们认为和平划界的社会效益是负面的时候。同时,还必须增强社区层面的土地勘查和地图识别的知识,确保穷人能够理解土地登记并正确维护他们的土地权利。

(四)土地价值低估

无论土地是通过协商还是通过强行驱逐而转移,无家可归的个人和群体都有权获得丧失土地权利的损害赔偿。从"充分和公平补偿"(full and fair compensation)[46]到"公平和公正"(just and fair),[47]补偿标准不尽相同,但这些标准的适用可能是

〔46〕 See United Nations, Basic Principles and Guidelines on Development-based Evictions and Displacement, A/HRC/4/18, para 21.

〔47〕 See ILO Convention No. 169 Concerning Indigenous and Tribal Peoples in Independent Countries (1989).

主观化的。补偿金的计算无疑体现了土地自身的价值。然而,由于土地估价方法的多样性,估值争议的存在比较普遍。最常见的估值方式是意向买家和意向卖家模式,在这一模式下,市场价值就是买家在提供多种选择的公开市场中愿意支付的价值。其他被采用的估值方式包括成本替代法和税收估值法;在一些国家,交易数据记录是登记程序的组成部分,被作为土地估值的基础。〔48〕 从卖方的角度看,这些估值方法都倾向于低估土地价值,未能考虑主观的土地权益。土地的卖方或那些遭遇强制征收的人,常常是贫穷和资金极度紧张的人。如能获得现金,他们常常同意以最低的价格放弃土地所有权。

所谓净现值(NPV),即当日新增收益值与当日新增成本值的差额。净现值很少被用于土地估值,然而,它却能提供更加准确的土地估价,因为它能体现社会资本的价值。社会网络创造了一个人际关系网和合作行动,这能够给地理意义上的社区带来重大的经济和社会福利。〔49〕 所以,当个人或群体的土地转移至其他所有权人,无论是否出于自愿,其都伴随着社会资本的流失。如果土地估值中未考虑这一损失,穷人一定是最大的输家。

精确的土地估值,尽管成本较高,却能减少估值所产生的纠纷并给予穷人公平合理的补偿(千年发展目标 1)。更加精确的土地估值还为获得信贷创造便利条件,并有助于带来农业收入和非农收入。有了更多的收入,人们才可能开始经商创业(千年发展目标 1),送他们的孩子到学校接受教育(千年发展目标 2),或者仅仅是拥有足够的物质保障以免于从事可能导致他们感染艾滋病的危险行为(千年发展目标 6)。

(五)土地的商业化和投资压力

社区正日益面临外来企业的侵占和强制征收土地的威胁,这样的行为时常会得到地方或中央政府的赞助。这些交易的特点是严重缺乏透明性,极少进行社区磋商,谈判过程中更多遭遇政府的介入。〔50〕 在许多国家,土地征收的规模、期限和速度已经激起人们的反对。〔51〕 这些交易常常损害了穷人和被边缘化的社区的权益,未能给他们带来预期的利益。因此,意在获取大片土地的投资者正日益卷入与

---

〔48〕 See FAO, *Compulsory Acquisition of Land and Compensation*, FAO Land Tenure Studies 10(2008)28-29.

〔49〕 See D Halpern, *Social Capital*(2004)1-9.

〔50〕 See M Taylor and T Bending, *Increasing Commercial Pressure on Land: Building a Coordinated Response*, ILC Discussion Paper(2009)9.

〔51〕 See J von Braun and R Meinzen-Dick, "*Land Grabbing*" *by Foreign Investors in Developing Countries: Risks and Opportunities*, IFPRI Policy Brief(2009)1.

当地民众的直接冲突当中。在此情况下,土地使用权的不稳定已经加剧了贫困的土地使用人无家可归和更趋脆弱的态势;失去家园和生活保障还可能导致穷人被边缘化,因为土地往往是他们维系与社区联系的基础……

确保实施使穷人土地权利得到保护的投资协议能够提高粮食安全,增加就业机会、减少贫困并改善环境的可持续性(千年发展目标1、7)。社区层面全体成员(包括穷人)的有效参与、给不同估值方式及投资的净收益排出优劣次序的公开协商有利于保护穷人的土地权利。有效的土地治理应当致力于提高能够代表穷人利益的社区组织和非政府组织的能力,这样他们才能理解不同的估值方法,并能参与补偿和投资协议的谈判。拓宽穷人的信息基础,增强他们的谈判能力使其获得更实惠的交易,一直都是保证大量的土地投资能真正促使穷人致富的关键。

**三、改善土地权利的法律赋能**

以基本自由的概念为基础的法律赋能,致力于提高穷人保护其身份、参与权、发言权的能力以及实现其个人和社会选择的能力。它还试图做到确保个人(富人和穷人)都有在纷繁散乱的程序中作出选择的能力。法律赋能尽量避免狭隘的制度焦点,其将目标定位在保障个人和社区对影响其生活的程序拥有更大的控制权上,制度能够有效地满足个人和社区的需求并能在必要时得以改进。法律赋能将重点放在个体和制度之间以最佳方式推进穷人权利的互动上,而不是寻求建立一套完美的制度。

对穷人进行法律赋能,不支持财产权的正统观念——因其忽视公平的重要性,并假定交易成本为零。同样,法律赋能并不假定所有经济行为人都拥有完整的信息和理想的议价能力,也不认为财产权的有效实现会使所有人获得有效率的经济结果。[52] 相反,法律赋能路径承认,若没有功能完善、反应迅速、负责任的土地治理制度以确保个人和社区通过不同的决策程序进行有效参与,高效、公平的财产权制度就无法实现。

法律赋能的最终目标在于提升人类的能力、增加人们实现其权利的选择。通过关注实质自由——身份、发言权、参与权、免于恐惧和饥饿的自由,法律赋能路径还能够使人们不再仅仅关心自身权利,而且也关心他人的权利。它有利于社区认识到权利的相互依赖性,以及如果想保护和改善自身权利,个体必须尊重他人的权利,从而超越个体效用最大化准则。

---

〔52〕 关于财产权的科斯定理,归功于1991年诺贝尔经济学奖获得者美国芝加哥法学院的罗纳德·科斯。

提高人类的能力是保护和改善穷人的土地权利的必备条件。一旦穷人拥有了身份权、知情权和发言权,他们就拥有了有效参与决策程序和选择最有利的方案的条件。在协商程序中,穷人能够在习惯法或成文法的土地占有制度、个体或集体产权,以及不同投资和补偿的选择之间表达自己的喜好,并对不同的选择进行偏好排序,这使得个人的偏好和社会的偏好保持一致。社会选择路径体现了由所有人参与和决策的集体偏好,其可以向具有社会性的公平结果让步,以确保穷人土地权利的充分实现。这并非表明涉及土地权利的决定必须总是以多数决策或一致同意为基础。实际上,多数决策的方法产生的结果反而使得穷人更加贫穷。法律赋能路径能够确保穷人所关心的问题被纳入决策程序,并为他们提供合理的选择。正如森(Sen)所主张的,开诚布公的参与公共理性对于实现穷人的正义极为重要,〔53〕它能够促进森所说的"理性的进步"(reasoned progress)。

要让穷人有效地参与谈判过程,必须让他们拥有充分的知情权并理解各种选择产生的后果。他们必须清楚孰胜孰负、输赢的程度以及他们所享有的不同选择可能产生的影响。没有充分的知情权,他们不可能做出理性的社会选择。在任何一场谈判中,不可能每个人对所提出的选择都有相同的成本和收益预期。有些可能扣除全部成本后得到收益,有些却可能仅得到净损失。因此,最终的社会选择会得到部分人的赞成、部分人的反对,但如果程序是包容性的、透明的,这一决定就会获得集体的拥护。法律赋能路径能够确保穷人成为确定最佳社会决定程序的参与者,而这样的社会决定对其土地权利影响重大。

(一)公用资源与公地悲剧:实践中的法律赋能路径

加勒特·哈丁(Garrett Hardin)首次使用了"公地悲剧"(the tragedy of the commons)的概念,意在解释使用公用资源时导致资源过度使用和生态崩溃等协调失灵问题。在他 1968 年发表的文章中,他描写了这样一种情况,在开放的牧场中,每个牧民都不断增加放牧的动物获取即时的个人利益。但由于过度放牧,牧场很快就不再适合继续放牧,牧民集体遭受了延迟成本损失。哈丁总结道:

> 这里存在一个悲剧。每个人都陷入一种体系,迫使他无限制地增加其牧群而无法自拔,而实际上机会是有限的。在一个信奉公地自由的社会里,如果每个人都追求自己的最大利益,那么结局便是所有人都走向灭亡。〔54〕

奥斯特罗姆(Ostrom)通过理论研究和大量的实地调研表明,社区能够做出有效的安排去管理他们的公用资源。这样的安排常常体现出集体决策的程序和社会

---

〔53〕 See A K Sen, *Development as Freedom*(1999).

〔54〕 See G Hardin, *The Tragedy of the Commons*(1968).

选择的实现。她指出如下保障公用资源得以稳定和公平管理的因素：

- 公用资源边界必须界定清晰,且应当有效排除外部无资格的使用人。
- 公用资源的使用规则必须与当地的具体情况相适应,并且应当被资源使用者普遍接受。
- 社会选择规则必须确保资源使用者能够有效参与决策程序。
- 对资源使用的有效监督必须到位,监督体系应当由资源使用者掌握或者对其负责。
- 冲突解决机制必须简单、低成本。

奥斯特罗姆表示,社区将采纳新的规则和程序,并做出管理其资源的最佳社会选择,假如这些选择所产生的净收益对至少部分人而言是有益的。每一个资源使用者,无论其是否从新的制度中获益,都需要评估以下三种类型的成本：

- 设计新规则并对该规则达成一致的前期时间成本与准备工作。
- 采用新的资源分配策略的短期成本。
- 监督和维持自治制度的长期成本。

对于全部资源使用者而言,如果上述全部预期成本超过了一项新的安排所产生的收益,那么,没有任何使用者会花费时间和物力去创建一个新的治理制度。任何一种社会选择规则——例如,一致同意或多数决策——要想起作用,必须有同意采用新规则的使用者的最小同盟。如果最小获胜同盟发现净收益没有超过总成本,人们就不会采用新的操作规则。[55]

奥斯特罗姆的研究,不仅在利用公用资源的情形中,还在保障穷人充分享有其土地权利及解决与继承、边界、估值和/或投资相关纠纷的情形中,都与改善穷人的土地权利密切相关。当资源使用者之间互相疏远或者无法彼此有效沟通时,公地悲剧就不可避免。当穷人无法就他们作为或不作为的后果进行信息共享,或者无法参与具有包容性的决策程序以处理继承权纠纷、边界纠纷、土地权属纠纷、土地估值纠纷、与土地补偿和投资有关的挑战等问题时,则另一种公地悲剧就可能会产生。在公地悲剧中穷人会卷入代价高昂的土地纠纷,无法充分实现其土地权利,而形成理性的社会选择所必需的身份、发言权和参与权,则是避免此类公地悲剧的关键。

### (二)保障穷人土地权利的土地治理

如果只拥有有限的或缺乏保障的土地权利,穷人就不能从所掌握的土地利益

---

〔55〕 See H Nagendra and E Ostrom, "Governing the Commons in the New Millennium: a Diversity of Institutions for Natural Resource Management" in C J Cleveland(ed.), *Encyclopedia of Earth*(2007).

中获得许多回报,这就使他们长久处于易受侵犯、饥饿、贫穷的状态之中。如果土地治理目的在于保护和改善穷人的土地权利,其必须是自下而上、以需求为导向的。这对于减少饥饿和贫困具有重要作用。法律赋能一方面考虑到各种限制条件,包括需求和供给;另一方面理解不同行为人的动机和促使他们积极回应的激励措施,进而能够保障土地治理的系统性和参与性。具体而言,土地治理的法律赋能路径能够保障:

- 穷人拥有身份、发言权并能有组织地主张和实现其土地权利;
- 法律和行政机构,包括法院系统、当地政府部门等,有相应的能力和激励措施去维护穷人的土地权利,并且支持他们参与社区商议程序以确保商议程序的开放和包容性;
- 土地政策产生于包容性的商议程序并以实现穷人的土地权利为导向。

完善的、有效的土地治理具有无可辩驳的公平和效率论据。一个便于适用的土地治理制度能够使土地更易于获得;保障土地权利其中的校正正义和再分配的正义的充分实现;保障土地使用权稳定;防止任意的土地征收、驱逐、拆迁和相关冲突,并支持可持续的土地管理。确保土地的享有并增强土地使用权的稳定是一个完善的土地治理制度的决定性基础。[56]

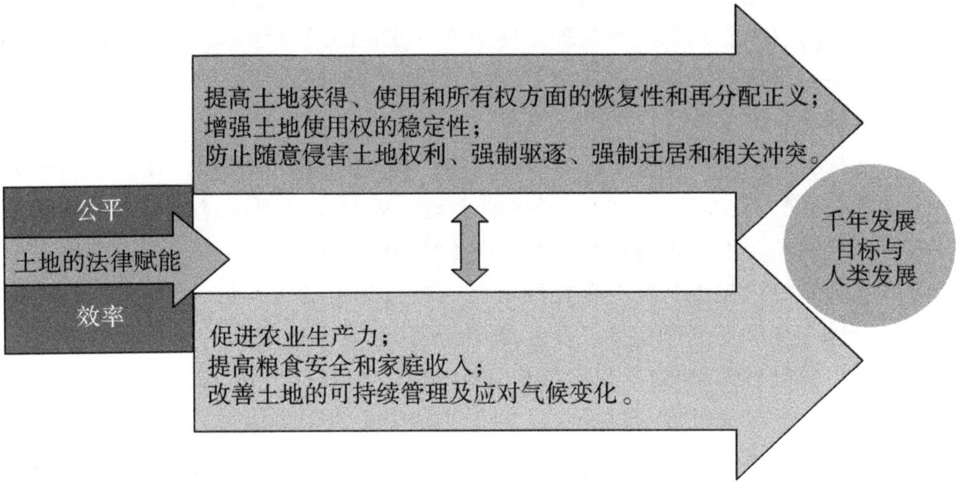


除了实现公平的目标,有效的土地治理还能够增加农业生产、提高粮食安全、改善家庭收入,提升环境的可持续发展、应对气候变化。完善的土地治理制度之内

〔56〕 See *Land Governance and Security of Tenure in Developing Countries*, French Development Cooperation White Paper(2008).

清晰、具有法律效力的土地利益对于有效地持续利用土地至关重要。

缺少负责任的、便于适用的土地治理制度,人们就可能在没有正当理由、未获得适当补偿的情况下被宣布丧失土地,并陷入贫困之中而无法改善他们的生活条件。据居住权和反驱逐中心(COHRE)记载,强迫迁居往往具有暴力、缺乏法律和司法救济、缺少补偿、使穷人和多数被边缘的人群丧失生计等特征。[57] 除非土地治理制度承认和保护土地权利,或者政府对人民负责任,否则随意征收、强制驱逐、强迫迁居就会导致那些本已易受侵犯的人无家可归。[58]

贫穷部分是由于缺少可用资本,而土地无疑是穷人最具价值的资产。没有有效的土地使用权稳定性的保障,穷人利用土地资产去获取其他资源的能力就常常会被剥夺。[59] 一个负责任的土地治理制度也会帮助个人获得信贷并促使其对土地进行更多的实质投资。公认的、具有法律效力的土地权利能够使穷人增加收入,从而更加自给自足,更好地抓住新机遇。

一项公平的土地治理制度必须为社区层面的、包容性的对话建立平台,以确保穷人的有效参与,并增强穷人的发言权。它还必须能够确保现有的及新增的土地政策能够考虑公平、环境、经济、冲突预防等维度,以及不同政策选择之间的平衡和机会成本。土地治理制度还必须确保低成本的仲裁、判决和争端解决机制,以实现对穷人提供公平且能够照顾其收入水平的救济。为此,维护穷人土地权利的社区组织和非政府组织必须是土地治理制度中不可或缺的组成部分。来自内部和外部的发展支持应当致力于增强这些组织的能力,如此,他们才能有效地代表和维护穷人的土地权利。

土地权利的实现在根本上必须以正义为前提,努力降低(如果不能消除)损害穷人的不公平的、破坏性的行为。公平的土地治理制度必须通过重视穷人的意见及其所遭遇的长期不公正的影响,致力于保护和促进穷人的土地权利。穷人土地权利的实现不能以完美制度的存在和所有人在行为上的完全服从为先决条件,这在真实世界中几乎是不存在的。在发展中国家,穷人土地权利的保护和改善必须依靠社区层面的对话和参与,以确保包容性、透明性和最优的社会选择。

鉴于土地在对抗饥饿、避免冲突、防止气候变化方面的重要作用,有效的土地治理必须对穷人进行赋能,并确保其享有参与权、发言权和选择权。土地权利有利

---

〔57〕 See COHRE, *Causes of Forced Evictions*, Accessed January 12, 2010. http://www.cohre.org/view_page.php? page_id=100.

〔58〕 See CESCR, General Comment No. 7(1997) paras. 16-17(禁止驱逐无家可归之人)。

〔59〕 See ILC, *Turning Assets in LDCs into Useable Capital to Enhance Resources to Achieve the MDGs*, Issue Paper for ECOSOC(2004).

于基本人权的实现,并能够维护和促进人的身份、社会融入度、尊严和能力。促进以权利为基础的发展路径,认可应当尊重的义务,保护并充分实现土地权利,这样的土地治理制度必将为千年发展目标的加速实现创造有利的环境。

(责任编辑:张凇纶)

# 评论综述

# 中国土地法制与乡村振兴战略会议联盟第三届学术研讨会暨“新时代中国特色土地管理法修改”研讨会综述*

陈越鹏**

**|摘　要|**

2019年4月20日，中国土地法制与乡村振兴战略会议联盟第三届学术研讨会暨“新时代中国特色土地管理法修改”研讨会在广东省佛山市顺利举行。本次会议由中国土地法制与乡村振兴战略会议联盟、中国法学会民法学研究会主办，国家社科基金重大项目（18ZDA151）课题组、“乡村振兴战略法治保障研究”科研创新团队、广外土地法制研究院、广外法学院、广外华南国际知识产权研究院承办。来自全国40余家高等院校、科研院所和实务部门的70多位专家学者参加了本次盛会。参会代表围绕会议主题进行了深入研讨，并对部分问题达成共识。在本次会议上，有五家单位成功加入中国土地法制与乡村振兴战略会议联盟。

**|关键词|**

土地管理法　土地利用规划　土地征收　集体建设用地入市　宅基地管理

**|目　次|**



* 基金项目：国家哲学社会科学基金重大项目“新时代中国特色土地管理法律制度完善研究”（18ZDA151）。

** 陈越鹏，广东外语外贸大学土地法制研究院助理研究员、法学博士，云山青年学者。

2019年4月20日,中国土地法制与乡村振兴战略会议联盟第三届学术研讨会暨“新时代中国特色土地管理法修改”研讨会在广东省佛山市顺利举行。本次会议由中国土地法制与乡村振兴战略会议联盟、中国法学会民法学研究会主办,国家社科基金重大项目(18ZDA151)课题组、“乡村振兴战略法治保障研究”科研创新团队、广东外语外贸大学土地法制研究院、广东外语外贸大学法学院、广东外语外贸大学华南国际知识产权研究院承办。来自中国人民大学、吉林大学、广东外语外贸大学、华东政法大学、烟台大学、武汉大学、浙江大学、中国政法大学、中南财经政法大学、西南政法大学、西北政法大学等40余家高等院校、科研院所和实务部门的70多位专家学者参加了本次盛会。本次研讨会共分六个单元进行主题研讨,现根据专家的现场发言,对本次研讨会综述如下。

## 一、土地管理立法完善的新时代需求与现实考察

### (一)土地管理法完善的新时代需求

吉林大学法学院房绍坤教授提出,适应新时代的现实需求应当做到“三新”:第一,贯彻新理念,包括土地财产、土地发展与人文关怀理念。具体而言,应进一步放开对宅基地使用权、集体建设用地使用权的限制,使权利的财产属性得到更充分的释放;树立土地发展的理念,特别是要确立土地发展权制度;修法草案已在一定程度上体现人文关怀的理念,但仍有待改进。第二,回应新要求,即在修法过程中应当对土地改革中的主要问题予以回应。在改革方面,国家出台了新的制度、政策,这些都需要在土地管理法中进行回应,通过修法以反映到法律规范上。第三,体现新作为,对新制度加以规定、对遗漏的问题有所补充以及对错误规定进行修正等。

广东外语外贸大学土地法制研究院陈小君教授围绕新时代对土地管理法的需求和主要存在问题的方向进行发言。第一,其提出研究土地管理法的完善问题有三个前提:其一,修法活动并非单一、孤立,而是必然与乡村振兴战略、区域协调发展战略、民法典物权编、新土地承包法等有着共同的价值;其二,本阶段土地管理法的完善最重要的对象不是城市,而是乡村;其三,不应拘泥于当下土地管理法的修法活动,要跳出本次修法起草的内容等。第二,关于新时代需求和问题所在,一方面,应当充分认识新时代中国特色社会主义思想的法治意义和实现路径,加强对这个时代下土地管理法中政策、法治意义的系统体认和解读;另一方面,新时代中国特色社会主义思想体系化的价值实现,不仅要注重研究具体制度的实现,还应注意土地制度的耦合和协调。第三,新时代背景下土地管理法的主要问题之方向包括

政府与市场的定位、作用,权利与权力的界限,城乡融合中土地制度发展和土地管理法的完善,国家所有权和国家监管权的关系,新发展理念和推进乡村振兴战略实施在土地管理法的体现等方面。

华东政法大学法律学院高富平教授同样对土地管理法修改的新需求发表意见。改革开放是一个还权于民、解放财产的过程,对于土地而言就是要规范土地利用,而土地管理法的作用就在于此。在当前的新需求下,土地管理法应有新的定位,其最终目标是架构一个合理的产权制度,规范产权的利用,以实现土地的合理利用和可持续发展。当然,产权问题是否为土地管理法的目标有待商榷,但基于立法现状的考量,很可能还是需要通过土地管理法进行最基础的土地权利设计。在具体制度方面,目前土地管理法最核心的是解决统一问题,以实现同地同权、同地同管。一方面,乡村振兴战略的提出就是要在农村地区贯彻市场经济,使农村土地能够与市场经济接轨;另一方面,还要实现同地同管、同地同规划、同地同管理,农村土地的混乱源于管理被忽略,本次修法应当贯彻统一管理。

华南农业大学人文与法学学院王权典教授认为新发展理念实际上就是过去谈的五大发展理念——创新、协调、绿色、开放、共享,我们应当反思在修法过程中反映了哪些理念。例如,城乡能否做到共享?只有城乡一体化、市场一体化才能实现共享,而同地同权是基本前提。土地管理法修改与房地产管理法修改应当一并进行:一是去掉“管理”二字,两部法本身就是既调整纵向关系也调整横向关系,应进一步落实物权法基本精神,使土地权利能够得到体现;二是把“城市”去掉,房地产管理法不需要“城市”两个字,城乡规划法已经不使用“城市”,应当迈开一大步在整个调整体系和调整理念上进行创新。此外,现有修正草案中对生态保护用地仍未引起足够重视。

对于新时代需求还包括哪些具体内容,嘉兴学院文法学院向勇教授认为先要判断土地城镇化的任务是否已经完成,人的城镇化是否已经成为新的任务?在此背景下,新时代需求可能包括广大农民工群体对城市土地进行平均地权的需求、对城市建设用地使用权进行必要限制的需求、对农村地权进行赋能的需求等。

### (二)现行土地管理法的价值审视与法理反思

#### 1. 土地征收制度的价值理念

对于土地征收制度背后的价值理念问题,苏州大学王健法学院程雪阳副教授与广东外语外贸大学土地法制研究院陈小君教授展开了讨论。程雪阳副教授结合新时代需求对土地征收制度的完善进行发言。目前的《土地管理法修正案》(草案)中的征收制度分为基于具体建设项目与基于成片开发两种类型。在修改讨论过程中,对于是否保留成片开发征收的争议非常大。其提出,是否保留应当取决于我们对目前所处时代的判断:如认为当前我国大规模的工业化和城镇化已完成,则可以取消这种征收制度,如认为尚未完成则有必要保留。在《土地管理法修正案》(草案)中立法者认为成片开发征收应当保留,并把"成片开发"的界定标准交给自然资源部制定,这种做法符合我们所处时代的要求,具有合理性。学术界应当抓紧时间研究"成片开发"的具体含义,为行政机关提供理论支持。

对此,陈小君教授有不同看法:一方面,成片开发是否属于公共利益。无论进行何种条件限制,成片开发都不符合公共利益的内涵。征收必须基于公共利益的需要,这是宪法的明文规定。另一方面,成片开发可以通过土地储备进行。新时代下,我国追求有序发展、可持续发展、高质量发展。在这种情况下,国家应该走土地储备这条路。政府不得与民争利,应当做好协调人的角色,协调居民、农民、开发商之间的利益。

2. 同地同权的法理检讨

关于同地同权,西南政法大学民商法学院张力教授从所有制的角度进行探讨。一方面,同地主要谈的是建设用地使用权,无论是城市还是农村的建设用地使用权,土地用途皆为建设即为同地。另一方面,这些土地分别属于国家所有权、集体所有权客体的位置上,背后所代表的是全民所有制和集体所有制。只有全民所有制下的土地,在利益扩散理论上可以扩散到全民。因此,同地的背后,由于分别体现了宪法上公有制的不同类型,扩散力的能力不一样,因而从资源的角度看又是不同的地。

在张力教授观点的基础上,烟台大学法学院王洪平教授提出一个值得反思的问题,即国家所有与集体所有是否为性质相同的公有。集体所有和国家所有虽然都以公有制为外壳,但性质完全不同,在法律上应进行不同定性。只有认清这一点,对集体土地的赋权、确权、控权、管理才能形成一个正确的意识形态基础和立法基础。现在的土地改革仍然是将集体所有作为国家整体发展的土地储备,是在任意取而不是予的立场上进行修法。

苏州大学王健法学院程雪阳副教授提出在新时代下需要对"国家所有"和"集体所有"进行重新思考和研究。2018年《宪法》修改后,第1条第2款表明"只有中国共产党领导是中国特色社会主义最本质的特征""公有制"不再是社会主义最本质的特征,而是社会主义的重要组成部分,而且在新时代也应该重新理解和解释。例如,新时代下"集体所有"和集体经济组织只能在市场经济的框架里面来理解和解释,将其发展和完善成为一个可以进入市场的经济组织,而不能将其依然理解为传统的以村组为单位的,自给自足的,“政经合一”的社会保障形态。

3. 其他论题

在立法理念上,浙江大学中国农村发展研究院丁关良教授从与世界先进制度接轨的角度出发,认为本次修法涉及规范对象的调整问题,规范的对象到底是土地、国土空间还是自然资源？这三者间有所重叠,但也存在明显差别。制定自然资源法的难度较大,条件尚不成熟,而关于国土空间法已有很多学科在研究,国家在这方面也有所推动,法学界应该对此加以重视。

中国政法大学民商经济法学院李蕊教授探讨了约束公权问题。通过保护私权来约束公权力是一个途径,需要不断完备、丰富私权体系,以私权对抗公权。还有一个途径,从公权的层面,如土地管理权主要是行政机关的权力,能否通过立法权或者司法权对其进行约束。同时,其还强调了应当重视在土地管理过程中,集体经济组织的角色、地位。

上海大学法学院李凤章教授指出,应超越意识形态,站在历史发展、国家构建的大背景下认识土地管理的问题。人民公社消灭了中国土地财产权,改革开放后我国以使用权重建土地财产权制度,同时也是国家和社会结构的重建。这个过程中,可能是走到英美法的形态。这有两个原因:一是农村是经验主义的路径,其实就是英美法的途径;二是国有土地的出让是整体性移植了香港特别行政区土地批租制度,并在发展过程中在国有土地上建立非常大的权利体系。从土地财政到税收财政的转变,其实就是从中世纪的封建私人性国家——土地是我的,我经营土地——到现代民主国家的转变。这次土地管理法修改允许集体土地使用权出让,但这样就会导致土地财政在集体土地上也会出现,未来会导致财政的联邦主义,也会打开地方私法自治的窗口。

中国农业大学人文与发展学院肖鹏副教授以土地补偿费为例讨论了自治与强制之间的关系问题。《土地管理法实施条例》明确土地补偿费归农村集体经济组织所有,调研中有的集体组织建议能否给集体留一部分,尤其是当前国家政策鼓励发展集体经济组织、推进集体产权制度改革,中央也有明确的时间节点。如法律上对此不进行规定,完全交由集体自治解决可能会导致老百姓要求完全分配给成员,这个问题非常现实。自治和强制的界限在哪,完全通过自治解决是否合适？

(三)现行土地管理法运行实践中的障碍及其根源

广东外语外贸大学法学院和土地法制研究院耿卓教授认为现行土地管理法运行实践中存在三大问题:第一,立法价值的冲突。生产与生态之间,经济发展和生态环境保护之间应当如何排序？第二,体系的冲突。土地管理法是一个行政法,但其中包含大量的私法内容。同时,管理的功能是通过管理要达到某些目标,属于中间性、工具性的手段。目前土地管理法的定位,实际上是把中间性的手段当成最终的目标。第三,主体的身份冲突。对于国家所有的土地,国家既是所有者权益的代表,同时又是监管的代表,两者间存在身份冲突。

广东外语外贸大学土地法制研究院张保红教授着重分析了《城市房地产管理法》第9条与《宪法》第10条第1款的关系。按照原来土地管理法的规定只有通过征用实现城市土地的国家所有,这种方式在1982年《宪法》制定时具有计划经济时代下的合理性。1988年《宪法》修订后允许土地使用权依照规定进行出让,此时土地价值凸显,如再按照原方式进行国有化对被征用人不公平。2004年宪法修正案把“征用”改成“征收”,并且规定给予补偿。这实际上是对市场经济下土地使用权自由交易的承认,并反映了对价的概念,这是对个体权利的承认。基于此,《宪法》第10条第1款应解释为将一块集体土地纳入城市规划区,该土地自动转为国有土地,农民的土地承包经营权也应自动转化为国有土地使用权,这是农民拥有土地的一种形式,实质上并不改变农民拥有土地的事实。农民的国有土地使用权吸收了原土地承包经营权、宅基地使用权等内容,与原来的权利状态类似,这样对农民利益并没有实质损害。因此,这种制度安排既在形式上符合《宪法》第10条第1款的规定,由原来征收所有权,变成征收现在的使用权,这样也符合农民利益。

中国农业大学人文与发展学院肖鹏副教授认为《土地管理法修正案》(草案)与相关法律的衔接存在问题。第一,虽然农地三权分置已写入《农村土地承包法》,但目前《土地管理法修正案》(草案)中对此规定不够明确,包括土地经营权人的权利能否得到保护,其他方式承包中具体的文字表述是否要修正等。第二,《土地管理法修正案》(草案)删除了对弃耕抛荒土地可以收回的规定,与《基本农田保护条例》的相关规定存在冲突,是否删除该款应当考虑制度的统一、协调的问题。第三,宅基地制度。一方面,宅基地的收回,2015年宅基地制度改革试点开始后,在现实中已经有明确的做法。这次草案里面没有涉及,且原有规定也无法满足当前宅基地收回的需要;另一方面,宅基地的有偿退出,草案中的鼓励意义不明,进城落户能否作为退出的必要条件也存有疑问。

武汉大学法学院孟勤国教授认为土地管理法最根本的问题是两个“管理”,即用途管理与是规划管理。这两个问题不解决,其他问题也很难解决,而恰恰在这两个问题上,土地管理法没有明显进步。中国的土地流转、产权制度、征收制度,所有乱象都是出在公权力不受管理上。

## 二、土地利用规划与土地用途管制法制完善

### (一)土地利用规划与土地用途管制制度的价值定位

浙江大学中国农村发展研究院丁关良教授围绕土地利用总体规划与国土空间规划之间的区别进行阐述。第一,两种规划的价值定位。土地利用总体规划是对土地的开发、利用、治理、保护作出总体安排和布局,其价值主要体现在严格限制农用地转为建设用地,控制建设用地总量,对耕地实行特殊保护;国土空间规划的价值定位不同于土地利用总体规划,其以三条控制线(生态保护红线、永久基本农田、城镇开发边界)为准绳,从过去单一的耕地保护到耕地保护、林地生态空间保护、牧草地保护、海洋保护、水域保护、历史文化遗产保护等多元保护并进、总体协调布局,关系空间正义、经济社会发展效率。第二,土地用途管制、国土空间用途管制的价值定位。前者主要是从耕地保护出发,目标较为单一;后者的价值定位从单一保护向多重目标演变,从注重单一的耕地保护价值目标向注重经济社会生态效益的统一转变,特别注重城镇空间、农业空间、生态空间的统筹协调。第三,单一的土地利用规划和土地用途管制所存在的问题已经充分暴露,而两种规划、管制并存同样也会产生大量问题,如因内容要求不一致导致实施操作难度大、治理结构复杂化等。对于国土空间规划中公权与私权关系的处理,应当在平等的前提下,同时以限制公权为基调的权力法定的前提下行使规制。

华东政法大学法律学院高富平教授指出,土地总体利用规划和空间规划的价值定位应为约束政府这只手,规划应当是约束政府未来经济发展的制度性框架。改革开放40年规划没有很好地落实,没有起到应有的作用。土地利用规划和空间规划如何约束政府这只手是非常重要的。规划到了权力机构是不是就能够约束政府,现在政府对规划层层审批还是很严格的。怎样强化权力机构对政府的约束,这个问题如果不解决还是目前的发展模式。

安徽财经大学法学院高海教授从法律规定的角度进行分析。《土地管理法》第1条规定了集约利用用地,保护耕地,维护粮食安全,实现土地资源的合理利用。可以看出,土地管理法的功能定位主要是实现社会公共利益最大化。基于此,土地管理法的价值定位体现在三个方面:一是实现公平正义,包括同时代不同土地利用人间的代内公平,以及代际之间的公平,即土地利用要实现可持续发展、协调发展;二是体现在社会秩序上;三是体现在资源利用效率的价值追求上。

山东财经大学法学院韩清怀教授提出,在价值定位方面,做规划的时候,把林业用地划归为基本农田的依据是什么?一旦被划归为基本农田,土地就会增值。类似的问题现在是通过财政转移支付解决。但财政转移支付的钱是从哪里来?税

收能不能保证对基本农田保护的财政转移支付,对偏远地区农民,以耕地为生的农民的权益如何保障?修改土地管理法应该要有大的视野。中国土地制度牵一发而动全身,如城市郊区的土地经征收转变为建设用地,理据何在?又如同地同权能否实现,城市郊区的土地价格明显更高。有学者建议对农民征地按市场价补偿,但此类财政转移支付的钱从哪里来?

浙江大学公共管理学院李林林助理研究员认为,土地利用规划与土地用途管制都是实现资源管理和土地治理目标的重要工具,以促进资源有序开发和可持续利用为目的。从两者的关系分析,用途管制是实现规划目标的重要手段,是规划制定重要的内容、环节,更多涉及规划实施方面。从国际比较视野来看,我国的规划主要以实施为目的,规划的制定是政府为了积极主动完成开发的目标;在国外,程雪阳老师指出国外规划更多的是一种具有指导意义的规范,而不是为了开发而制定规划,是为了防止土地权利人作其他用途,从事不合法的开发。

### (二)土地利用规划与土地用途管制现有修正、完善的方案之检讨

#### 1.建设用地指标问题

西南政法大学民商法学院黄忠教授针对土地用途管制和土地利用规划的具体改革方式进行探讨。我国土地用途管制、利用规划中,主要通过分区指标实现管制上的目标,因而指标控制在土地管理法中非常重要,我们需要对指标的管理模式进行反思。当前指标管理以刚性模式为主,存在预见性不足等欠妥之处。经济发达地区的指标不够用,而中西部地区受到指标分配的科学性、无偿性、发展地方经济等原因的影响,指标同样也不足。通过指标进行总量控制在耕地保护、环境保护等方面具有积极意义,但当前的指标管理模式应当在引入市场机制的基础上进行调整。一方面,在初始分配上,不宜完全采取无偿方式,至于价格的确定、市场化程度、如何结合地方实际等需要进一步研究,以增加分配的科学性。另一方面,在二次分配中建立指标的交易流通机制,如允许中西部地区将指标出售给东部地区等。当然,指标的交易可能会涉及几代人的利益,因而交易前的影响评估、交易价格的形成机制、长期利益疏导机制等问题都应当得到解决。此外,是否完全按照市场规则交易、如何克服待价而沽等问题同样需要在制度设计中予以考量。

西南政法大学经济法学院刘俊教授指出,指标问题实际上是中国非常特殊的问题,只有中国才能够做到这点,如果把中国建设用地指标制度产生的来龙去脉梳理清楚,就会发现这是形成精细化耕地保护和硬约束力非常有效的措施,是否予以废除主要是看其效果,遥感卫星监控技术使指标控制在中国成为可能。

武汉大学法学院孟勤国教授认为如果没有用地指标,那大家都去占地。农民一户一宅就是指标,没有这个指标,承包地都可能会成为宅基地、建设用地。问题

在于需要什么样的指标体系,土地管理法如何避免制定出来的指标不仅不利于国家社会经济发展,还成为权力寻租的空间。行政法要研究权力的自我约束,这与民法学者要求扩张私权利是同一个道理。土地利用规划和用途管制必须成为土地管理法修改的重点,这两方面问题都没有解决,需要进一步研究。

烟台大学法学院王洪平教授同样也对指标问题发表意见。在土地管理法修正中,对于人均土地少,不能满足一户一宅的地区,当地政府应当采取措施进行协调。但是,这个问题与常识不符,因为农村土地是非常广大的,满足一户一宅应该完全足够。这其实是指标思维下的产物,是理性禁锢了发展需要,理性应该顺应发展才是正确的。

苏州大学王健法学院程雪阳副教授认为应当废除年度建设用地指标。在现有体系下,今年指标用不完就浪费了,如明年出现用地需求量猛增但指标可能还是会和今年一致。现在中央对地方经济发展的控制,除了建设用地指标制度之外,其还有税收、财政、金融、信贷等各种各样的现代化的手段。对此,自然资源部城市土地资源监测与仿真重点实验室杜茎深高级工程师指出,按照一些专家的观点,取消计划指标分配将会导致中央失去对地方控制,这种做法并不可取。观察中国土地问题的视角是多样的,政治视角考虑的是安全,经济视角考虑的是效率,还有法律和管理等视角。

2. 其他方面的检讨

在现有方案的完善方面,安徽财经大学法学院高海教授认为在规划编制过程中应加强公众参与,这实际上也是对公权进行规制的一种形式。未来的规划应当从参与主体、参与方式等方面进行完善。同时,在规划的审批机关中增加权力机构,可以在一定程度上弥补和强化公众参与的不足。

广东省土地调查规划院周玉高级工程师认为,土地管理中的征地问题、集体建设用地问题、土地利用低效问题等都与公共利益存在关联。造成城镇土地利用低效的原因主要有两个:一是扩张快;二是结构失衡。新的产业要进来但落不了地,这就要扩张,其中涉及征地、土地收回、土地使用权到期等,这些都与公共利益关系紧密。在实务界,公共利益是按照城市规划来把握,而城市规划具有前瞻性、裁量标准不稳定等特点。对于城市规划能否作为公共利益的衡量标准,如果不能的话,是否需要通过人大来审议?事实上,从现有架构来说,人大的自由裁量权反而会更大一些,在政治因素的影响下,审批的科学性、公益性是否可能会受到挑战。

自然资源部城市土地资源监测与仿真重点实验室杜茎深高级工程师发表了以下观点:第一,规划权的运作问题。在西方,规划权会导致土地价格暴利暴损,是一种准征收。在西方国家有发展权制度,这实际上是市场手段对规划结果的一种矫正。中国同样存在确立发展权的现实需求,但把英美法系的发展权制度移植过来可能需要范式转换。第二,管理手段问题。管制作为利益控制方式,实际上与发展权、市场手段是同一途径。目前管理手段需要创新,以更好地发挥政府与市场的作用。发展权作为一个准市场,是关于市场和政府关系的一个表述。第三,现在国土资源部变更为自然资源部,土地是否应当在自然资源的范畴内统一考虑制度安排。土地管理法与森林法、草原法之间的关系等问题需要重新思考。第四,国土空间规划法与国土空间开发保护法实际上是对整个规划体系进行重构。计划指标是按照行政等级层层分配,作为最低层级的县、乡镇一级,在指标分配中处于不利地位。是否可以进行规划体系创新,实行县域内的土地规划自主统筹利用,包括实现宅基地的市场联动改革等。

广东外语外贸大学土地法制研究院孙聪聪博士后认为,我国多规并立、异常繁杂,但目前关于实行多规合一的理论和实践还处于探索阶段,城乡规划和国土资源部门合属的行政制度改革也正在进行当中。以多规合一为实质内容的国土空间规划立法不可避免具有阶段性特征,表现在《土地管理法修正案》(草案)一审稿第19条:一是增加一项,落实国土空间开发保护要求,严格土地用途管制;二是将提高土地的利用率,修改为提高土地的节约集约利用水平;三是把统筹安排各类各区域用地,修改为统筹安排城乡生产、生活、生态用地;四是把占用耕地和开发复垦耕地相平衡,修改为数量平衡,质量相当。总体而言,短期内多规合一的实现,长期内国土空间规划体系的构建,不是目前城乡规划和国土资源部门合属就可以实现的。而且农村土地中的宅基地管理划归农业农村部门,这也会造成很多现实问题。目前,现行的土地利用规划、将来的国土空间规划,其中的公众参与、行政机关或者说权力机关的规划权、市场主体的土地开发权或土地发展权、空间权之间的关系及其协调,在《土地管理法》修正中仍没有明确,需要进一步研究。

苏州大学王健法学院程雪阳副教授探讨了国土空间规划与国民经济发展规划的关系问题。国民经济和社会发展规划是5年制定一次,土地利用总体规划、国土空间规划一般在15~20年之内有效。一个15年有效的规划以另一个5年规划为基础,是没办法落实的,而且两者的性质也不一样。"多规合一"改革很有必要,但并不意味着要将所有的规划全部放在一个规划图中。规划有两种:一种是经济发展类规划,这种规划应当落实到具体地块,而且可以根据产业以及社会经济发展的需要进行及时更新,不可能一下子就把15年或20年的产业用途就定下来;另一种是空间管制规划是负面清单式的、框架性的管制方式,所以其可以规划15年、20年。因此,国土空间规划应当是国民经济社会发展规划的基础。

华南农业大学人文与法学学院王权典教授提出以下完善方案:第一,改变指标控制土地利用总体规划的内容,不再是各种指标的汇编,这种指标要提供土地利用的指引作用,特别是对公共设施用地和生态保护用地要起引领作用。第二,改变原来土地管理法的市县土地总体规划中每一块都由上级机关管制的做法,要权力下放,由县级对具体用途进行统筹安排。第三,改变用地审批制度,特别是集体建设用地入市,将审批制改为备案制,这符合简政放权的需要。第四,现在土地管理法的修改都是一次性的开发,指标调控规划都是一次开发。今后随着城镇化的发展,二次土地开发利用是重头戏。此次土地管理法修改,必须要把“三旧”改造、二次开发利用纳入管理,而且要重视空间开发利用、立体化开发利用。

(三)土地利用规划与土地用途管制之完善及其与土地私权的关系

对于私权的保障,烟台大学法学院王洪平教授认为,土地管理法需要建立管制性征收,因为规划而造成财产权价值的损失,是应当给予补偿的。实际上关于发展权的问题也涉及土地,不只因所有权的剥夺会造成土地权属的丧失,而直接造成财产的损失,规划能够让财产大幅升值,也能让财产一文不值,这跟私权保障关系非常密切。对于类似的问题,西南政法大学经济法学院刘俊教授主张建立土地发展权制度,其提出为了构建一个土地资源市场配置模式,我们应当研究规划和用途保护造成土地私权价值暴跌暴涨的普遍性问题。如果是反向征收,仅仅是解决暴跌的问题,且暴跌在中国是非常个别的现象,反之是大量的暴涨现象。这个问题如何来调整?应当通过引入土地发展权制度系统性解决规划和用途管制当中公法和私法的关系问题。

安徽财经大学法学院高海教授指出,一方面,土地利用规划和用途管制可以促进私权的发展,如指标交易充分体现市场条件下私权要素的发展。另一方面,私权的发展也会要求进一步完善土地规划和土地管制。例如,对于宅基地管理中放活使用权,有的学者建议通过设立建设用地使用权实现,而建设用地的用途包括工业和经营性用地,这里面就会涉及土地用途和规划的调整。同时,当建设用地私权的变化和发展倒逼规划和用途改变、修正时,又涉及规划程序、公众参与,乃至相应的救济方式,这反映了私权与公权间的互动。在公权与私权的关系上,武汉大学法学院孟勤国教授指出,私权利永远难以战胜公权力,这是一个基本原理。土地管理法最重要的问题是如何约束公权力的任性。土地规划和用途管制必须立足于限制公权力的行为边界,控制公权力的任性冲动,追究公权力的违法责任,否则土地管理法必定是越管越乱。

广东省社会科学院周联合研究员认为对公权力的控制,除了构建完善发达的私权体系之外,权力内部的控制确实很重要。总体上来讲,如何发挥立法机关、司法机关的作用是一个方向。基本的制度建构不想清楚,具体问题很难解决。例如,指标问题确实具有现实性,初始分配和市场交易的改革如果不到位,反而可能未受其利先受其害,而且害处非常之大,所以建议废除指标体系的主张也有一定道理。

## 三、耕地保护与土地整治法律制度完善

### (一)耕地保护治理法治化的中国路径

广东外语外贸大学法学院和土地法制研究院耿卓教授以“耕地保护治理法治化”为题展开论述。第一,耿教授对耕地的法律属性、与相关概念的联系与区别等进行分析,进而从耕地保护政策、治理情况、法治化情况等角度解析命题。其次,关于耕地保护治理现状,虽然我国耕地保护取得了很大的成就,数量基本稳定在红线上,但实践中耕地流失非常严重。在耕地保护过程中,农民的利益也随之流失。从耕地保护法治化的现状看,耕地保护治理表现出压力传导性的压制型法的特点,治理主体、治理思想、治理目标、治理主体、治理手段等方面都存在不足,具体表现为市场观念、法治观念贯彻程度不够,出现以政策治理、文件治理为主,单向治理、多重治理、碎片化治理等问题。第二,耕地保护治理的法治化可通过不同路径实现,如以目标导向立法、将依法治国的“新十六字方针”具体化到耕地保护治理实践中等。就法律部门的视角而言,可以在公、私法划分的基础上进行制度设计实现对相关主体的激励与约束;从主体和责任的角度,应当综合运用民事责任、行政责任与刑事责任。第三,耿卓教授梳理、评析了耕地保护的立法状况,并对耕地保护法律体系的构造发表意见。例如,《关于加强耕地保护和改进占补平衡的意见》在耕地保护责任、调节耕地利益主体等方面都存在不足,对农民的利益考虑不够,因而难以激发农民的积极性等。当前我国虽然有《基本农田保护条例》,但缺乏配套规定,如何将其上升层级以更好地提高耕地保护的实效值得深思。

西南政法大学经济法学院刘俊教授认为我国非常重视耕地保护问题,但效果不够理想,原因之一在于土地管理法的基本理念与管理模式落后于时代的发展。《土地管理法》于1986年出台,当时土地有偿使用制度尚未完全建立,在此背景下起草的以耕地保护为核心的《土地管理法》,实际上是以计划经济为基础,以行政主导方式为基本手段,进而对耕地采取一系列的保护措施和制度设计。如今有偿使用制度早已建立并深入民心,《土地管理法》的前提和基础已发生根本性转变,土地管理特别是耕地保护的制度设计、规范内容需要进行理念和管理模式的创新。因此,应当建立关于耕地保护的经济激励机制,综合运用行政手段和经济激励来共同实现耕地保护的目标,如在全国范围内建立粮食安全全社会共同分担成本的制度等。

中南财经政法大学法学院陆剑副教授谈了三方面的意见。第一,耕地保护涉及与其他制度的联动,其实这就是从计划往市场转变的过程。集体建设用地现在主要是在存量用地上做文章,指标跟城市国有建设用地不连通。在这种情况下,单纯强调耕地保护无论是从发展权还是集体经济发展的角度,这种硬约束、强制性压制的效果都需要反思。尽管市场化的过程面临很多约束条件,但还是应当往这个方向走,否则单纯搞耕地保护难以实现。第二,从刚性管制变成柔性的激励,特别是注重采取补偿的方式。例如,宅基地联动的问题。宅基地本身应为建设用地,如果承认这一点,宅基地与集体建设用地之间是否还需要转化,宅基地能否入市是否应当放在集体建设用地这个项下来讨论?又如,土地复垦、土地整治,现在发展成生态修复。如果之前的用地性质是建设用地,修复完之后用地性质变成农用地,这两者之间存在转换,应当如何补偿?这里面也涉及土地发展权、管制性征收,补偿问题不解决的话会遭到抵抗。第三,农村的土地政策代替法制问题严重。在大棚房整治过程中,农业规模经营中农业基础设施、配套设施是不可或缺的,如果把一些临时的居住和临时办公的设施认定为大棚房并要求拆除,这种做法不符合现代经营的规律和方式,没有适应规模化经营的新形势。通过政策路径来实施大棚房整治面临很多问题,运动式的治理不可取,应当把法制化治理落实到位。

沈阳师范大学法学院杜换涛副教授认为:第一,农村地区存在大量的闲置宅基地,这些土地可以发展成耕地以增加耕地数量。建立农村拆旧复垦工作制度有必要,目前已有试点,取得经验之后可向全国推广。第二,土地征收是耕地数量减少的重要原因和威胁,实际上很多老百姓希望自己的土地被征收,法律上应有所回应,贯彻协调、共享的发展理念。第三,法律责任问题。目前一些农民占用耕地盖房,应当如何制定规则予以防范、复垦?第四,耕地保护资金补偿制度。很多地方有这样的制度,实施效果也比较好。补偿金应大部分用于集体公共农用基础建设,少部分分给农民个人支配。

烟台大学法学院王洪平教授指出,我国土地立法中出现很多非常绝对的用语,例如,永久基本农田、土地承包经营权长久不变等。这种用词及其立法理念与现实相对立,违反了唯物主义辩证法。如果不破除口号式的立法方式,立法的科学性永远都不会有保障。在法律中使用描述性的话语和理念性、抽象性的概念,违反了立法所要求的最基本规范性,更多的只是反映出宣誓意义。这个问题没有解决,我们就没有科学规范的立法,也就没有良法,也很难产生善治。

中国农业大学人文与发展学院肖鹏副教授提出,在耕地保护问题上应当增加村集体的话语权。经验表明,村与村之间在农地确权时做法不太一致,对实测的理解差异导致具体操作方式存在差别。某种层面上,现实中是由村集体确定农地的数量与用途。因此,在修改土地管理法的时候,在耕地保护领域应增强村集体的话语和力量,或者说给予其相应的地位,而不能全部指望基层政府。

(二)耕地保护与土地整治法制的现实考量

西南大学法学院赵谦教授发言的题目为“土地复垦监管行为的合作治理范式检视”。第一,其提出土地复垦监管行为在行为客体、行为人、行为观点与合作治理的践行领域、利害关系、意愿三者之间有一定的耦合,应当探究该范式在该类行为领域展开运用的可行性、现实性与期许性,进而尝试在所涉行为规范维度来印证、具象“新兴活动方式型式化、行动内部体系严密化、形式选择相对自由化”之行政行为法理论发展任务命题,最终就土地复垦监管行为实现“规范标准的依法制定、执行和发展”,以期在相应监管制定层面达致治理型行为规范建构。第二,在可行性检视上,其主要分析型式化行为活动,型式化行为活动面向,在合作治理所设立的可行性解释;通过考察行为体系构造状况,其对现实性问题进行论证,包括行为人的协作组织结构与参与素质结构;在进行期许性检视时,其着重探讨了行为形式选择的具体依据,分为利益导向依据与践行载体依据两方面。第三,其印证在行政行为法本身三类发展任务的命题,为后续所设的行为规范结构指明方向;从现实指引来说,既有的土地复垦监管更多的是属于一种长期的命令性、服从性、单向性、强制性的模式,所涉行为规范设定有必要在行政行为法理论指引下引入合作治理范式,以有效凸显合作理念。

淮阴师范学院法律政治与公共管理学院郭继教授认为,耕地保护主要包括数量保护和质量保护。一方面,数量保护主要是依靠土地利用规划和土地用途管制,还有土地节约利用制度,只有提高利用效率才会减少对土地需求的冲动。认为集体建设用地直接入市可以抑制政府征地冲动的观点有失偏颇,客观上集体建设用地数量不多,在程序不完善的情况下,农民集体也可能会以卖地换取利益,甚至违规将耕地变成集体建设用地。另一方面,耕地保护还应注重质量保护,集体建设用地入市需要配套相应的环保措施,否则容易造成土地污染。

沈阳师范大学法学院杜换涛副教授提出,应对资本下乡保持高度的警惕,要提高门槛,加强监管和明确法律责任,如土地的生产管理、修复费用的缴纳问题。自然资源部城市土地资源监测与仿真重点实验室杜茎深高级工程师同意耕地流转中对资本保持警惕的观点。耕地流转以后,可能会对耕地造成问题,甚至导致耕地质量降低,因为投资者可能采取短期化的、机会主义的做法,目前对耕地的监管也不到位。同时,耕地流转可能会对农村社会治理产生不确定性变化。对于社会治理而言,土地只是一个方面,耕地问题需要纳入整个社会经济中与改革进程中来考虑。吉林大学法学院李国强教授认为不是警惕资本下乡,而是在资本下乡时如何进行有效管制的问题。如果没有资本下乡，现代农业、集约化生产难以发展。耕地在小农方式耕作的农户手中至少不是有效利用，很可能是一个落后的生产方式。东北地区很多中青年农民不愿意种地，由老年人进行耕作不是有效的生产方式。在这种情况下，耕地保护政策应当是鼓励资本下乡并对其进行有效规制，对破坏性的生产和对耕地造成不良影响的方式进行监管。

吉林大学法学院房绍坤教授提出，“增人不增地，减人不减地”存在一定问题，有些农村地区愿意种地的人少，农户想退也退不了；有的农户中只剩下不能种地的老人，土地没办法收回，有的农户有很多孩子，也没办法分地。

广东省社会科学院周联合研究员认为，部分地区耕地撂荒严重，虽然很多农民进城生活，但也没有退地的意愿。在征地方面，有的农民比较支持，但有的可能会觉得征地补偿不高，不如自己利用土地进行发展。总之，耕地保护问题背后有一个很重要的因素，就是产权设计问题，而构建制度过程中要充分考虑人性。

## 四、土地管理法修改中土地征收制度完善

### （一）土地征收制度公共利益条款问题

#### 1. 公共利益的界定

武汉大学法学院孟勤国教授认为，应当通过严格限制公共利益的内涵以达到缩小征地范围的目的。现阶段我国应实行最严厉、最严格的土地征收政策，因为中国经济已由数量型经济转向质量型经济，而质量型经济并不需要那么多土地。在以往经济发展模式下，我们不得扩大对公共利益的解释进行土地征收，新时代下我国已经进入应当严格限制土地征收的阶段。基于此，应当对公共利益进行严格限定。公共利益应为不特定的公众基于基本的生存和发展需要而享受的机会性的利益，主要有三个要件：一是公共利益的主体是不特定的利益主体，所谓的旧城改造、安居工程都不属于公共利益，这些是属于特定群体利益。二是必须是基于基本生存和发展需要，如水、电、煤气、道路、通信、义务教育、公共教育、医疗等基本生活需要，不包括经济发展需要。因此，各种各样的开发区、工业区都不应属于公共利益。三是既然公共利益是为了满足不特定公众基于生存发展的需要，那一定是赔钱的买卖。因此，判断是否为公共利益一个重要考虑因素是，这个项目本身有无得到政府补贴，没有政府补贴的项目一律不能算是公共利益。

山东财经大学法学院韩清怀教授也发表了自己的观点。他指出，公共利益条款主要解决什么问题，应当起到何种作用、功能？是通过公共利益条款限制公权力的任意性，还是达到尽可能保护农民利益的目的，抑或是还有其他目的？长期以来，土地征收制度遭到各种批判，但如果要废除土地征收，那必须找到替代制度，其

中一种可能性是采取市场化路径。党的十八届三中全会决定提出,让市场在资源配置中起决定性作用。这个论断应该有一定的适用领域。土地市场中,市场能不能起决定性作用,这个问题需要理性思考、反复论证。土地征收制度需要的是改进,而不是完全废除。主张用市场取代土地征收的观点至少是比较遥远的,在现实中也有许多阻力。土地征收制度的改进,一方面,可以从程序上入手,如完善行政诉讼制度;另一方面,可以进一步提高补偿标准。此外,公共利益在现实中往往很难判断,有的综合性建设项目,既涉及较为明显的公共利益,但同时也有房地产开发的成分。

山东政法学院民商法学院管洪彦副教授提出,土地征收中公共利益条款的规范表达,其目的是尽量降低、避免公共利益界定的不确定性,防止公权力的滥用和侵犯弱势群体的利益。同时,公共利益的规范表达应建立在"两个敢于承认"的基础之上:一是敢于承认私法规范在界定公共利益方面存在不足,立法和实践中应多借鉴公法方面的研究成果。无论是公共利益认定的实质标准,还是程序规范,本质上都属于公法范畴。二是敢于承认成文法的不足,案例指导和判例在界定公共利益中的作用值得关注,因为公共利益内涵模糊,单纯依靠立法难以解决这个问题。当然,立法仍应坚持"宜细不宜粗"的原则,严格遵循反面排除的规范表达模式,并且要特别注意案例指导制度和判例制度在公共利益的类型化和公共利益的具体认定方面所可能发挥的作用。

中共中央党校(国家行政学院)政治和法律教研部宋志红教授认为,严格界定公共利益的目的之一在于缩小征地范围,目前的国情下有两个制度可作为外在推力促使这个目的的实现。其一是通过集体建设用地入市进行倒逼,足够发达的入市制度可对政府的征收权形成强有力的制约;其二是建立协议购买制度,政府能与农民达成协议就不需要走征收程序,此时的报批只是用途审批,而不是征收审批。如不能达成协议且又符合严格的征收条件的,那就可以走征收程序。

对于公益性的认定,自然资源部城市土地资源监测与仿真重点实验室杜茎深高级工程师通过美国的两个案例指出,公共利益会随着时间和空间的变化而变化,因此公共利益的界定需要先回答新时代下我们的需求到底是什么。对于公共利益具有时空性的观点,苏州大学王健法学院程雪阳副教授表示赞同,并认为公共利益在实体上难以界定,主要是通过程序来控制。

为了克服公共利益的界定难题,西南政法大学民商法学院黄忠教授提出将土地征收的范围限定在划拨用地目录当中,因为划拨用地目录中的内容已经较为明确,因此,这种方式可以将公共利益的界定问题简单化。华东政法大学法律学院高富平教授对此表示赞同,其认为如征收后的土地使用权限定只能作为划拨地的土地使用权,不能用于商业目的,这种处理方式逻辑清晰,可以有效约束政府。

2.“成片开发”征地

《土地管理法修正案》(草案)第45条第5项规定,政府组织实施成片开发建设可以依法征收农民集体所有土地。对此,烟台大学法学院王洪平教授认为,成片开发概念不明,不具有规范意义,实践中构成“成片”的标准难以把握。同时,成片开发与公共利益的内涵相去甚远,不应作为启动征地程序的事由,其应属于商业征收。《国有土地上房屋征收与补偿条例》第8条规定了征收范围,其中并不涉及成片开发,就此而言,《土地管理法修正案》(草案)规定的征收范围更为宽泛。当然,该条例第8条第5项规定了基于旧城区改建的需要可以征收房屋,因而属于“对危房集中、基础设施落后等地段进行旧城区改建”的成片开发,将这种情形作为征地事由可以接受。目前,《土地管理法修正案》(草案)没有对成片开发进行必要的限定,这一情形应如何表述、如何转化为立法值得思考。

(二)土地征收程序的反思与建构

在土地征收程序方面,烟台大学法学院王洪平教授提出了四点意见:第一,征收需要全体被征收人同意的做法可能会导致“少数人的暴政”出现。这种操作方式在一些地方已被强势推进,如果没有全体被征收人签字,上级部门就不会接受报批,从而造成很多项目被搁浅或未批先用。在《土地管理法修正案》(草案)中,这个问题没有得到充分重视。第二,当部分被征收人不同意征收时应如何处理。按照《土地管理法修正案》(草案)第47条规定,有关部门应当先与被征收人签订补偿协议再提报,有不同意征收的应在提报时如实说明。这一规定的法律效果并不明确。如部分被征收人不同意将会导致整个项目无法推进,那审批部门到底是批还是不批?第三,先签协议后审批是否合理。按照民法原理,补偿协议需要等立项及征地批准手续全部齐备后才发生法律效力。如最终征地未获批准,老百姓可能难以理解,认为自己受到欺骗等。第四,软化征收程序中的强制性。在某些层面上,强制征收不如软性激励,现实当中有的地方会采取协议征收的形式,烟台也在推进这样的项目。协议征收实际上不是强制征收,而是协议购买,这在现实当中具有可行性,但这次修法也没有吸收这样的做法。

武汉大学法学院孟勤国教授强调了程序在土地征收制度中的作用,认为应当要树立程序错一切都错的观念,否则将无法控制政府。如征地程序发生错误,应当一定要追究政府责任。例如,规定违反征地程序的,相应的责任人轻则“双开”,重则依法承担刑事责任等。

山东政法学院民商法学院管洪彦副教授指出,土地征收程序本质上更多属于公法的问题,无论是实体性规范还是程序性规范,都需要特别强调征收过程中公权力如何规范行使的问题。他赞同孟勤国教授的观点,认为一定要重视土地征收过程中的程序性规范,而且尽可能进行细化,因为程序越是细化,那公权力走偏的可能性就越小。具体而言,应建构起土地征收过程中事前、事中、事后的程序规则,特别要强调完善农民集体成员的参与规则。

苏州大学王健法学院程雪阳副教授提出,当前征地程序中存在征地主体不明确的问题。到底是哪级行政机关、哪个行政主体在征收土地往往较为模糊,导致村集体、农民提起相关诉讼时难以确定被告。法律确立了一个土地征收需要取得省级政府或国务院批准的程序,这种批准程序属于何种法律性质?例如,在国务院批准征收的情形下,是否意味着是国务院在征收?又或者,《土地管理法修正案》(草案)规定,省级政府或国务院依法批准征收后,由县级以上地方人民政府予以公告并组织实施,具体的公告、实施主体是否即为征地主体?总之,如何在政府内部合理分配征收权应当予以解决。

(三)土地征收补偿中的私权保护制度构建

1.总体思路

西北政法大学民商法学院袁震教授主要围绕农民个人土地权利的补偿问题进行发言。第一,补偿范围方面,我国农村地权结构中主要存在集体土地所有权、土地承包经营权、土地经营权等权利,在建设类用地上可能存在宅基地使用权或者建设用地使用权。因此,补偿时应同时补偿集体土地所有权、土地承包经营权、宅基地使用权、建设用地使用权。第二,补偿费分配形式,《土地管理法实施条例》规定土地补偿费都支付给农村集体经济组织,对于个人土地补偿款,应当把其中大部分或者是70%以上直接支付给土地承包经营权人。因为集体土地的具体利用可能需要通过土地承包经营权、宅基地使用权等权利来实现,这些权利也具有类似于所有权的效果。第三,为了保护农民的土地权利,能否尝试将支付土地补偿款作为土地征收权利变动的条件?或者说,建立一种在土地补偿款完全支付后,土地权利才发生变动的征收制度。还有一种方案是,土地权利变动后,土地补偿款在一定期限之内没有按时支付的,即否定征收的效力,土地权利重新向原权利主体恢复。第四,土地被征收后通常会用于特定的公共用途,如这个土地没有用于特定用途的,能否重新给被征地的农民设定相应权利。第五,在土地储备制度、土地征收制度衔接方面,能否采取允许土地储备机构和农村集体、土地权利人进行协商,通过购买土地使用权甚至是协商获得土地所有权的方式,提前进行土地储备。在这个基础上,可以基于特定情况为土地储备机构设置一定的优先权。如这样都无法获得特定的土地,再基于公共利益进行征收。

山东政法学院民商法学院管洪彦副教授认为,在整个土地征收过程中,一方面要规范公权力的行使，保证公权力在正常轨道运行；另一方面要建构起完善的私权体系，通过私法权利形成对公权力的有效制约机制。在土地征收过程中，要注意建构起以农村集体经济组织成员为中心的综合治理体系，把集体经济组织成员的赋权、权利行使规则、保障规则进行完整的建构。通过私法上的权利体系建构，形成对公权力的制约，以保障土地征收补偿程序依法有序进行。

2. 补偿客体

对于征收补偿问题，烟台大学法学院王洪平教授指出，虽然本次修法提到对村民住宅进行补偿，但仍远远不够。集体土地的征收与国有土地上的房屋征收不同，后者只征房不征地，因而标的物相对较为单一，集体土地征收涉及土地和地上房屋的征收。2011 年《国有土地上房屋征收与补偿条例》出台之后，国家也曾尝试制定调整集体土地上房屋征收与补偿等问题的法律法规。也就是说，它本来是属于一个单独的立法项目，现在合并在征地制度当中。如果缺少对集体土地上房屋征收补偿的详细设计，土地管理法有关征收的制度设计就很难成功。这是关于征地和征房两者关系的区别与协调问题。

西南政法大学经济法学院刘俊教授提出，应以使用权为中心构建土地征收制度。第一，我国实行公有制，进入市场最基本的物权是使用权，给市场主体带来直接利益的也是使用权。第二，物权法中已经把使用权作为一个独立权利主体确立下来。第三，国有土地使用权的二级市场受到严格限制，很多地方政府会通过收储的方式限制国有土地使用权在市场上流转，收储后政府可将其列为行政性质，从而大大降低补偿标准。据此，刘教授认为：一方面，土地征收制度不仅限于集体土地所有权，如集体土地上有使用权人的，应以使用权为中心，并且征收补偿中需要制订标准以明确补偿金的分配规则。另一方面，征收范围应当扩展到国有土地上具有独立物权属性的使用权。

对此，华东政法大学法律学院高富平教授认为，《物权法》第 42 条关于单位、个人的房屋及其他不动产的征收问题，实际上是对土地使用权的征收，因为征收后即把建筑物、构筑物等拆除就是为了拿地。同理，《物权法》第 148 条也可以界定为征收。问题的关键在于政府是否承认土地使用权属于私有财产，包括集体土地征收时所涉及的成员补偿问题也是如此，法律上应当予以明确。

西北民族大学法学院王天雁副教授从改革的必要性与可接受性两方面进行分析，并对征收补偿制度提出改革建议。低成本的工业化建设、城市化建设是目前征收制度形成的动因，而工业化建设向资本、技术密集型转型，以及赋予农村更多的财产性权利成为改革征收制度的大背景。改革的可接受性需要考虑城市化问题、工业结构转型问题、土地财政问题，现阶段仍无法完全抑制政府的征地行动，土地财政政策也没有比较好的替代方案,因而纯粹以公共利益为目的进行征地难以推行。在征地补偿改革方面,可以直接以土地承包经营权人为补偿对象进行补偿,以土地承包经营权为补偿客体进行补偿,改间接补偿为直接补偿。对于安置补助费,不能完全以货币补偿,而是采用其他补偿方式为主,货币补偿为辅的方案。

3. 补偿标准

华东政法大学法律学院刘竞元讲师认为补偿标准问题的症结在于农地对于农民的定位,即究竟是福利性社会保障,还是农民的财产权利。在人民公社化最初时期,集体土地来源农民,随着人民公社化的发展,集体依托于土地以保障成员的基本生存权,这时成员依据自身劳动获取财产利益。实行土地承包经营以后,农村地区一次性按人口平均分配土地,这体现了集体对农民的保障,自此农民不再依赖集体,而是依靠土地使用权。这时土地使用权是农民最原始的权利来源,也是农民谋生的资本和财产,只不过在社会保障无法覆盖农村时,其同时体现出社会保障功能,但更重要的是土地使用权具有财产属性。如将农村土地视为农民的福利性社会保障,在此前提下对土地征收进行补偿,那补偿的定位相对较低;如将农村土地看成是农民的财产权利,则补偿市场化也不为过。当前的"三块地"改革中,也是逐步推进、释放土地的财产性、市场性,不断增加农民的财产性收入和强化农民的财产权利。在《土地管理法修正案》(草案)中,补偿标准主要是通过区片综合地价确定,即参考土地的原用途、资源条件、土地产值等予以制定,并不涉及土地的新增价值。如征收补偿能同时考虑土地的现有价值和将来增加的价值,即便是出于公共利益的目的,征收也更为容易推进。

对于农村土地的属性是否由福利性质向财产性质过渡,西南政法大学民商法学院张力教授认为需论证这种过渡的正当性,农民对土地增值的贡献程度可能是其获得增值补偿的重要基础。同时,要注意补偿的平衡问题,在一定历史时期内物质资料、财产是守恒的,对部分农民进行补偿,意味着同样的利益在同一时期内对未接受补偿的偏远地区农民和不能分享土地利益的某些城市无地者而言,相当于剥夺了他们的利益。

苏州大学王健法学院程雪阳副教授认为,土地征收必然与公平补偿联系在一起,即按照市场价格进行补偿,如法律明确这一点,政府的征地冲动就会受到很大抑制,能起到节约土地资源的效果。在现代法治国家的法律制度中,应当是通过税收而不是通过"低征高卖"来调节土地增值收益的分配。上海松江的入市试点实践中,集体经营性建设用地入市是按照市场价格进行,而土地征收是以区片综合地价进行补偿,两者标准不一,导致入市改革遇到很大的现实阻力。因此,两种制度的改革要予以衔接,以体系思维推动改革。这里的衔接既包括哪些地应当征收、哪些可以直接入市,也包括征收和入市之后的价格计算方式、土地增值收益分配机制要保持一致。此外,《国有土地上房屋征收与补偿条例》没有涉及征收补偿款的征税问题,因此产生了大量问题。

## 五、土地管理法修改中集体建设用地入市制度完善

### (一)集体建设用地入市制度与法律法规之衔接

中南财经政法大学法学院李俊副教授就入市制度与法律法规间的协调发表意见。《宪法》第 10 条、《物权法》第 151 条涉及集体经营性建设用地及其入市问题。依照《宪法》第 10 条,集体建设用地要进入市场的话,是没有障碍的;《物权法》第 151 条规定,建设用地使用权作为一种物权性权利可以用于其他的经营活动。后续的土地管理法,实际上也逐渐在宪法的基础上进行突破,并且在物权法的基础上进一步阐释集体建设用地使用权流转的范围。除此之外,对于行政法规、部门规章在这方面上的用语,如说转让方式,出让、出租性质亟待厘清。

中南财经政法大学法学院陆剑副教授提出:第一,集体建设用地入市的目的除了增加农民、集体收入外,更深层次的目的可能是城镇化道路选择的问题。入市制度为农民自主的城镇化提供了制度基础,突破了原本只能依靠城市占领农村的单向轨道。第二,从立法路径来看,民法典物权编草案与《土地管理法修正案》(草案)的规定落后于实践发展的需要。民法典物权编关于建设用地使用权的规定没有明显变化,而土地管理法修订草案关于集体建设用地的规定,在出让、二级市场等环节存在问题,确立了一些与国有建设用地使用权不同的规则,如登记制度等。至于宅基地问题,宅基地本身就是建设用地,入市制度即使限制在存量土地也应囊括宅基地,这样可为中国特色的城镇化道路提供另外的选项。

中国人民大学法学院高圣平教授谈了《土地管理法修正案》(草案)第 63 条与第 64 条的立法背景信息,认为这两条改变了只有城市建设用地才可以入市的规定。第一,第 63 条旨在为日后的实践提供基础,其并没有限制为存量土地。这里面提到依法登记的集体建设用地,应解释为既然要在集体所有的土地上设立一个集体建设用地使用权,那集体土地所有权就要先登记。只要达到这个条件、符合相关规划,就可以进入土地一级市场。在一级市场方面,原来物权法和土地管理法都是采用出让的方式,当前实践中基于租赁方式也可以设定建设用地使用权,这是为了打破供应模式的批租制,可视情况采用灵活供给的方法,租金也不需要一次性支付。第二,第 64 条涉及的是二级市场,集体经营性建设用地使用权是土地使用权的一种特殊类型,其权利行使上的限制需要结合土地管理法的规定予以分析。对于土地用途,现在土地管理法只说是经营性用途,并未扩及别的用地。但是,土地

管理法也规定了公益性的建设用地使用权,如乡村道路、农村公益设施,这些都是典型的非经营性用途。

(二)集体建设用地入市制度对土地征收制度的影响

西北政法大学民商法学院韩松研究员认为,集体建设用地入市制度对土地征收制度的影响主要表现为:第一,对征地范围的影响。以前建设用地供给只能通过征收,为了给集体经营性建设用地入市留下空间,需缩小征收的适用范围,实现方式主要是限定公共利益,否则入市改革就难以落实。第二,对征地价格的影响。集体经营性建设用地入市的价格可以作为参照物,农民会将征地补偿款与直接入市的价格进行比较。如征地也是按市场价格进行补偿,对农民而言征地还是直接入市可能影响不大。目前土地征收没有采用按市价补偿的迹象,这个问题必须予以考虑,否则政府可能出于政策目的更倾向于征地。第三,对供给方式选择的影响。两种制度并存的前提下,对于直接入市还是征收,农民和政府都会面临选择问题。在公共利益界定不清时,政府认为属于公共利益,而农民认为不属于,如征地补偿标准较低而直接入市价格较高的情况下,会造成很大的矛盾与冲突。

中国人民大学法学院吴昭军博士后阐述了两种制度的联动问题。第一,在适用对象上,土地征收只能限于公共利益,集体建设用地入市不限于公共利益。第二,在市场价格的形成上,如土地征收以市场价格作为补偿标准的话,需要背后有市场价格来作为指导,而入市的市场价格可以作为土地征收补偿标准的参考。第三,土地增值收益分配机制的衔接。首先,土地征收与建设用地入市,初次分配都应该坚持以市场调节为基准。土地征收只不过是政府强制购买,仍应以市场价格作为标准进行补偿。其次,再分配环节应当以税收方式调节。在入市征税上,应区分首次入市和再流转入市。在首次入市环节,现行税种难以直接适用,应当设立集体土地入市所得税,将其定为地方税和所得税;在转让环节,对转让建设用地使用权增值额征收土地增值税,以便与国有建设用地进行对接。

吉林大学法学院房绍坤教授也对集体建设用地入市与征收的关系发表见解。缩小征地范围是修改土地管理法的重要目标,但当前情况表明这个目标很难实现,原因在于成片开发列入了征地范围与集体建设用地入市制度受到严格限制。成片开发的内涵很难界定,地方政府拥有很大的话语权;集体建设用地入市限定在规划范围内的存量土地,范围太窄。

(三)集体建设用地入市制度构建的保障及克服

中共中央党校(国家行政学院)政治和法律教研部宋志红教授围绕集体经营性建设用地入市的实践考察进行发言。从33个试点地方的做法来看,在促进同权方面取得四个方面成效:权能拓展、规则设计层面基本实现同地同权、市场认可度逐步提高以及入市主体自主意识和能力得到锻炼提高。国有建设用地和集体建设用地在权能实现方面,存在两个层面九个差异性因素。第一个层面是规则层面的差异性因素,包括入市范围、入市用途、抵押方面、产权登记、税费体系等。第二个层面是具体实施层面,主要有入市方式的偏好、对集体主体契约能力的担心、市场认可程度以及市场发育方面。基于此,宋志红教授提出几点促进同地同权的建议:首先,进一步完善入市规则体系,消除不平等的规则,具体为增量入市方面应当逐步放开,圈内入市也要留下空间,构建住宅开发制度,以及构建统一的产权管理制度等。其次,在制度构建上要回应集体土地的特殊要求。集体土地在所有权主体、区位、功能实现上是存在区别的,因而入市主体和组织形式、税费体系、监管方式等方面也应有所不同。最后,在立法方面要完善目前土地管理法关于入市的规定,包括政府监管、税费问题等。具体规则最低应在行政法规层面予以规定,土地管理法上要以物权债权为基础厘清相关权利的性质与形式规则,民法典要确立出让方式设立的集体经营性建设用地使用权的用益物权地位。

关于集体经营性建设用地同等入市,中南财经政法大学法学院温世扬教授提出四点意见:第一,功能定位。入市和征收是集体建设用地的两个并行利用方式,区分界限是经营性和公益性。凡公益性,才能适用征收;属于经营性的,必须采取非征收手段,即入市制度。第二,客体范围。依据《土地管理法修正案》(草案)的规定,客体应为规划确定为经营性用途的集体建设用地。区分存量与增量的意义不大,关键在于规划,只有在现有规划确定为集体经营性建设用地的,才能够允许入市流转。第三,入市方式。按照同等入市标准来考量,集体经营性建设用地入市同样存在物权性方式与债权性方式。《土地管理法修正案》(草案)规定,土地所有权人可以通过出让、出租等方式将符合条件的集体建设用地交由单位或者个人使用,这里面出让是物权性的,而出租是债权性的。按照该条规定,通过租赁方式也能取得集体建设用地使用权,这在法理上存在问题。第四,一级市场、二级市场。国有建设用地有一级市场,一般采取出让的方式,特定情况是划拨方式。现在看来,集体建设用地不存在划拨,因为划拨是针对公益建设用地,土地管理法仅限于出让,这点在土地管理法较为明确。

广东外语外贸大学土地法制研究院于凤瑞副教授探讨了集体经营性建设用地入市的确权问题、规划问题与土地储备制度。第一,确权问题。在实践当中有很多历史遗留问题,包括征地返还地、征收留用地的确权等问题。例如,征地时返还用地各项标准不统一,征地时虽然有关部门已有明确安排但并未落实,或是土地已征收但政府还未接管。这些土地还没有纳入到国有建设用地管理的范围内,仍然是由集体或农民实际使用。这类土地使用权的性质、主体应当如何界定。第二,规划先行。集体建设用地入市也要遵守规划先行的前提,普遍认为我国规划权具有非常强的行政属性。在入市制度尚未完整构建的情况下,规划具有预征收的性质,实际上构成对集体土地财产权的限制,因而需要研究如何规制规划权的行使,如符合比例原则等。第三,土地储备制度。《土地储备管理办法》对集体土地的收储,实际上还是以征收的方式来进行,即先征收再收储。为了厘清土地征收、土地收储与集体建设用地入市之间的关系,实践当中可以探索建立一种类似于土地储备的制度形式,专门适用于集体建设用地入市。

中南财经政法大学法学院李俊副教授认为,入市具体制度包括:第一,建设用地使用权性质的界定。如果按照物权法来说建设用地使用权是用益物权的话,最重要的问题就在于进行确权,在此基础上才可以将建设用地使用权进一步纳入市场体制进行规范。在这个过程中,势必会存在一级市场流转和二级市场流转,尤其是在二级市场流转过程中,需要对这个所谓的租赁权性质的使用权如何进行保护作进一步研究。第二,入市的适用范围,集体建设用地使用权入市和征收制度两者相互配套。征收有两种,即狭隘的征收与非商业性征收。对于后者,有的专家过去认为属于土地储备范畴。土地储备范畴和集体经营性建设用地入市之间,如何从经济上进行协调,从而反馈到具体的法律上面,存在在法律上如何落实的问题。至于如城乡土地市场一体化、租赁市场一体化建设、市场与公权的关系等其他的问题,应当都是将经济指标转化成制度的问题。

浙江大学中国农村发展研究院丁关良教授提出了三个问题。第一,非经营性建设用地如何转化为经营性建设用地?第二,宅基地如何处理?宅基地是广义的建设用地,其承担的功能已发生变化,在部分地区体现出一定的经营性。第三,假设征收只限于公共利益,在城郊、城中村农民市民化的过程中就会面临一个问题,即非公益性目的无法实行征收,那宅基地就无法转性。

中南财经政法大学法学院张红教授提出了三方面的问题:第一,规划问题。集体建设用地入市和政府财政存在一定冲突,现在很多地方政府的债务负担非常重,卖地收入对地方政府很重要,因而政府很有可能利用规划权让集体建设用地入市名存实亡。第二,在集体建设用地入市中,“集体”难以作为卖方参加谈判。在这个过程当中,政府的监管可能会缺位,这与国有建设用地一级市场通过招拍挂、竞争性方式进行出让存在差别。第三,如果政府预算不够,会导致在建设、施工、后续管理过程当中发生很多问题。例如,房地产、工业、商业,甚至是使用划拨用地的学校、医院、体育赛事场馆,如果这些项目用集体建设用地来建的话,政府可能很难监管。

中国政法大学民商经济法学院李蕊教授认为,集体经营性建设用地入市如果着眼于存量土地,在佛山等沿海发达地区早已有入市实践。值得思考的是,现在仍未入市的存量集体经营性建设用地为什么没有入市?很多可能是因为不具备入市条件,如缺乏配套基础设施等。如果扩大到增量土地的话,《土地管理法》第60条与第63条应如何衔接?例如,第60条规定,如集体要兴办企业,在符合规划、经过审批等手续,可以使用建设用地。这样的话,对于集体经营性建设用地放大增量,将来这个洞有没有可能成为一道门。

广东外语外贸大学法学院王荣珍教授谈了四点意见:第一,从物权法来说,农村集体经营性建设用地使用权还不是完整意义上的物权。物权法规定,关于农村建设用地使用权要依照土地管理法的规定处理。土地管理法涉及农村集体建设用地使用权入市时,首先面对的是权利构造的问题。第二,入市存在一系列问题,如入市主体是谁,是否是农村集体组织、村委会?国家要不要介入、介入的方式是什么?第三,入市与规划的关系。集体经营性建设用地入市肯定要符合规划,但这个规划由政府来做,政府可能会用规划来剥夺集体的入市权利。第四,入市的流转方式。集体建设用地一级市场上,通过什么方式进行流转,是否包括出让与划拨?二级市场的流转让方式也需要梳理。

北京市社会科学院法学所罗瑞芳副研究员指出,一方面,在建立城乡统一建设用地市场的前提下,可以通过比照国有建设用地市场来构建集体建设用地市场。在集体建设用地市场的构建当中,需要明确国家的角色定位。另一方面,需要明确集体土地所有权的主体。农村土地归集体所有,但集体所有权的主体究竟是谁,学界也做了很多探讨仍没有达成共识。集体建设用地流转会带来对价的产生,涉及收益的归属与分配问题,应当留给集体还是归于农民个人?

天津大学法学院杨雅婷副教授分析了土地供应中政府的作用问题。在实际中政府需要制订土地供应计划,当集体建设用地入市之后,土地供应从垄断型市场结构,变为多重主体介入市场供应的竞争型市场结构。整个市场结构发生变化之后,在供应计划监管手段当中政府应该起到什么样的作用,土地管理法中应当何如明确政府的监管手段等。

## 六、土地管理法修改中宅基地法律制度完善

### (一)宅基地"三权分置"政策入法之障碍

对于宅基地"三权分置"的法律表达问题,中国人民大学法学院高圣平教授指出,原本立法机关并不准备把宅基地"三权分置"写进《土地管理法修正案》(草案)中,因为这项试点改革启动比较晚,且试点期间各个地方所采取的方案又不一致。但是,不写宅基地"三权分置"也存在问题,主要争议是宅基地使用权的转

让——是不是仅限于本集体组织内部转让,还是根据部分地区试点的做法扩大到县域范围内的集体组织成员之间也可以转让?宅基地使用权的外部转让是不是需要新增一个类似于土地经营权的新权利?

上海大学法学院李凤章教授围绕"三权分置"下的宅基地流转问题进行发言。宅基地使用权本身不允许转让,如允许宅基地使用权设定次级用益物权将产生如下弊端:第一,形成一种纵向交易结构,刺激权利人不断往下分封,这样会形成新的食利阶层,不利于经济的发展。第二,这种结构解决不了宅基地使用权的身份性问题,影响后面的制度设计。第三,无法解释实践中集体为何可以向次级用益物权人收取一定费用。第四,承包地"三权分置"的结构无法适用于宅基地,因为土地承包经营权可以依法转让,土地承包经营权人当然也可以设定用益物权。

浙江德清和义乌试点改革的实质就是把国有土地划拨转出让制度移植到集体土地上。具体而言,集体把宅基地使用权收回来,再和第三人签订一个有期限的建设用地使用权,从而实现自由流转。这种做法也存在理论困境:第一,出让和转让的区别。出让本身是一个公共权力机构的赋权问题,只有赋权后才有市场交易。第二,集体的性质问题。集体为何可以像国家一样出让土地使用权?在我国把集体界定为公共主体更有合理性。第三,采用划拨转出让的理由。这是路径依赖的问题,是对国有土地使用权制度的借鉴。同时,国有土地财政的优缺点必然会反映到集体土地财政上。物权法规定住宅建设用地使用权自动续期,也就意味着将来集体出让的住宅建设用地使用权也会自动续期,这样土地出让金制度最终会被物业税所代替。如果物业税能覆盖全国的国有土地和集体土地,所有权就被淡化,从而建立起城乡并轨统一下的使用权体系。

针对李凤章教授的发言,安徽财经大学法学院高海教授提出三点疑问:第一,李教授提出农民把宅基地上的房屋卖了以后,由集体收回宅基地,这种收回是有偿还是无偿?集体又把收回的宅基地出让给第三人,收取的土地收益调节金是否等于集体建设用地使用权出让金?如果不相等,这个差额又应该如何理解?或者说在实践当中让集体提高收益调节金,使其等同于出让金。第二,李教授认为,第三人出让的集体建设用地使用权到期后,原宅基地使用权人将恢复占有。这里恢复占有的法律依据与法理基础仍需论证。第三,原宅基地使用权人恢复占有是否需要符合相应条件。例如,原占地使用权人是否还需要具备本集体成员资格、具备申请宅基地的条件?如果这两个条件都不具备的话,还能不能恢复占有?

天津大学法学院杨雅婷副教授从宅基地"三权分置"政策的角度分析所有权、资格权、使用权之间的关系。现行法律上的土地所有权和宅基地使用权的分置,已经可以实现"三权分置"的政策目的。宅基地使用权不允许转让,但可以适度流转。当前的制度障碍就在于流转,没有必要在法律上搞出"三权"徒增复杂,用现有制度即可解决。例如,对宅基地使用权进行权能上的重构,让农民享有宅基地的收益权,在这种情况下适当赋予其一定处分权,主要体现在不允许转让,但可以出租,出租分为约定出租和法定出租,以解决在不允许转让情况下的财产利用障碍。

(二)宅基地管理制度与民法典物权编之衔接

中国人民大学法学院高圣平教授分析了宅基地制度的立法进路与宅基地使用权的收益权能问题。一方面,对于如何规定宅基地制度,应当在民法典和土地管理法之间进行立法分工。民法典物权编草案中,宅基地使用权部分变动不大。宅基地使用权作为一种基本的民事权利,应当在民法典里面明确其权利内容、物权变动的模式及权利行使的主要限制等。至于宅基地审批、宅基地管理中的规划控制、宅基地保障功能的实现等规则可以放在土地管理法中。另一方面,宅基地使用权的定性法条里只写了占有和使用两种权能,没有写收益。宅基地制度改革涉及增加农民财产收入,保障宅基地的用益物权权能。实际上,收益部分已经明确写到了政策文件里,学界也一直建议应把收益权写进民法典中,但民法典物权编二审稿并没有写。究竟如何看待宅基地制度改革,学界的观点并不一致。对于新土地制度改革,法律的修改可能有一个基本前提,即它是一个间接性改革,不可能进行强制性的制度变迁,民法典中对用益物权权利行使的限制要逐渐放开。基于社会稳定的考虑,一旦把权利行使的限制完全放开,完全市场化的方式可能会引发一些社会问题,因而试点经验不可能全部都能在立法上得到反映。

烟台大学法学院张洪波教授提出了四个方面的见解:第一,法律制度设计上如何规范。大概有三个层次的法律:一是民法典,二是土地管理法,三是制定专门的宅基地条例。这三个层次法律中,越高位阶的法律建议作一般的规定,审批、收益、退出补偿等问题尽量不要写到民法典中,以免后面遇到问题不好修改。第二,收益权能的入法问题。宅基地使用权的收益权能应当写入法律,因为在广义上使用与收益联系紧密,权利人可以出租、有限地流转宅基地,也会有一定的收益。写上收益权能之后,并不意味着完全放开宅基地的流转。第三,宅基地退出补偿问题。退出补偿,由谁来补偿?现有法律规定是集体经济组织补偿。郊区的集体经济组织资金较为充裕,但在更广大的偏远地区,集体经济组织财力不足,补偿款可能最终还是要落到政府身上。第四,宅基地使用权市场化要慎重对待。虽然宅基地使用权的财产属性没有土地承包经营权强,但其所牵涉的问题比土地承包经营权更多,而且两者存在联动关系。例如,进城农民有偿退出宅基地,万一进城农民将来回到农村没有地方住怎么处理?在土地承包经营权没有市场化之前,宅基地改革的步子还是不要迈得太大。

(三)土地管理法修订中宅基地制度完善的基本思路

中国人民大学法学院高圣平教授谈到了宅基地审批制度改革问题。改革试点中,存量宅基地部分由乡镇政府审批,新增部分由县人民政府审批。《土地管理法修正案》(草案)规定,除了存量部分由乡镇人民政府审批,新增部分如涉及农用地转用的,按照第44条的规定应由省级人民政府审批,这一规定与试点做法不一样。其实,法律上没有办法精准反映试点政策中所有情况。譬如说,关于宅基地退出制度的补偿问题是否应当在法律上予以明确?如何借由相应的制度设计,使进城落户的农村村民有退出宅基地的意愿?初步的想法是将其规定在宅基地管理条例中。此外,宅基地使用权的物权变动部分,在民法典中作一些原则性规定,其他部分放到宅基地管理条例中。

广东外语外贸大学土地法制研究院曹益凤助理研究员针对宅基地财产化的问题发表看法。第一,宅基地财产化的方式。除了放开宅基地流转外,在初始取得阶段,对宅基地使用权进行有偿分配也是宅基地财产化的方式。耿卓教授在一篇文章中提出一种有偿取得模式,即选取一个时间节点,如以宅基地“三权分置”政策提出时间节点来划分,这个节点之后的初始取得采取有偿方式,使用费的交纳间接解决了宅基地使用权流转问题。第二,宅基地财产化的权利基础。一种方案是明确宅基地使用权的收益权能,另一方案是以其他财产权利实现宅基地财产价值,由此也产生了学界对宅基地“三权分置”结构的不同理解和构造。第三,宅基地财产价值的归属。无偿配置时,集体享有宅基地财产利益,但成员有偿取得宅基地之后,宅基地财产利益应由使用权人享有。如仍然坚持宅基地由集体成员无偿取得,在宅基地财产价值实现时,财产利益应由所有权人和使用权人一起享有;在利益分配问题上,使用权人只能获得房屋的对价和宅基地的区位价格,但宅基地本身的价值还是归集体所有。第四,宅基地财产价值发挥与农民居住保障之间如何协调,宅基地财产价值化会不会带来损害其他集体成员利益的风险?应由集体经济组织引导宅基地有偿退出和村内有偿流转,以及对外转让之间设置优先顺序和在管理上区别对待。

成都大学法学院陶钟太朗副研究员分析了宅基地使用权的权利客体问题。现有土地管理法及其下位的地方性法规对宅基地使用权的权利客体的描述是以面积来描述的。从社会事实来看,对宅基地的利用已经呈现空间性。实际上,宅基地使用权的权利客体不是一个平面,而是一个空间。现行土地管理法仍有新增人口宅基地申请制度,如将宅基地使用权视为空间权范畴,在该农户宅基地上进行空间性拓展同样可实现居住利益的保障。还原宅基地使用权的空间权属性可以把增量的农村住房显性化,而这种显性化会降低新增人口宅基地申请制度的价值。在这种语境下再看农村住房或宅基地的流转问题,可以有一种方案:宅基地上建了三层、四层住房,法律强制要求保留一层,剩余部分可用于流转,这种方案跳出了房地一体主义;同时,这次民法典草案中设置了居住权制度,因而可在其他层为房屋受让人设立居住权,以解决宅基地无法流转的问题。

嘉兴学院文法学院向勇教授讨论了宅基地立法的制度根基问题,提出了双重根基说,既要依据试点经验立法,也要承认自发秩序在立法中的作用。一方面,试点经验作为立法的制度根基毋庸置疑,重点在于哪些可复制的、可推广的试点经验应当入法。根据试点经验,应建立集体统一利用制度,对存量宅基地、闲置宅基地,集体统一规划、统一开发、统一分配、统一流转,既可实现宅基地使用权的适度流转,又能兜底农民的居住安全问题。另一方面,自发秩序成为立法根基的理由在于,人类的法律制度主要还是自发秩序长期演变过来的,制定法后来才存在。举例而言,调整城中村违章建筑的相关规则可以考虑写入法律,最典型的是深圳的城中村。

浙江省安吉县政协社会和法制委员会周雪逵副主任认为,宅基地应有偿取得、自由交易。宅基地是一种十分稀缺的资源,对它的配置应该通过市场来进行,申请宅基地的农户应该支付一定的对价。农户支付的款项由审批机构在审批时代收,作为住宅保障基金,为集体所有。合法的宅基地可以自由转让,在办理权证变更时,由办证机构代收一定的款项,也作为住宅保障基金。这种制度安排不会影响土地公有制基础,在宅基地流转过程中村集体经济就会壮大,而且住宅保障基金可用于对新增人口进行货币安置,能确保居者有其屋。与此同时,需要完善三个配套制度,包括土地用途管制、成员资格的取得和消灭制度与宅基地申请制度。

烟台大学法学院王洪平教授对宅基地改革问题有一个初步的设想:对于农村社区的改造可以参照城市建筑物区分所有权,通过业主、业委会,人随房走、人随地走,通过这种财产性身份的置换来界定集体成员权,实现集体经济组织合理的结构改造。

(责任编辑:耿卓)

# 稿　约

为繁荣土地法制研究，广东外语外贸大学土地法制研究院特创办《土地法制科学》，拟每年出版1~2卷。为深入反映土地法制研究中的新观念、新动向，夯实土地法制理论基础；为全面解析土地法治实践中的新问题、新情况，助推城乡土地制度转型；为大兴社会调查之风，加强实证研究运用；为广泛参考发达国家和地区的有益经验，博采众长，评介外国法理论和制度，每卷将设置“理论纵横”“城乡中国”“田野采风”“外国法译评”等栏目，并根据情况设置相应栏目。

为更好地繁荣土地法制研究、扩大影响，经双方友好协商，主办方已由广东外语外贸大学土地法制研究院转为中国土地法制与乡村振兴战略会议联盟，由会议联盟成员轮流承办并指派专家担任执行主编，《土地法制科学》编辑部固定设在广东外语外贸大学土地法制研究院。

我们热诚欢迎专家学者赐稿，尤其欢迎就以下专题撰写的佳作：

1. 我国土地法制基础理论问题，包括对土地法制发展趋势的前瞻性研究，特别是公法与私法、实体法与程序法的法学科内的交叉研究以及法学与管理学、经济学、政治学、社会学等的跨学科研究；

2. 我国土地立法的理论和实务问题；

3. 对外国重要土地立法经验、判例学说和基础理论学说的评介；

4. 以学术沙龙或笔谈形式就土地法制展开的专题对话；对土地法制领域某一专题或作品展开的研究评述。

为提高审稿效率，来稿应符合下列要求：

1. 作者简介应包含姓名、所在单位详细名称、联系方式和通信地址等信息。

2. 基金项目成果应保留项目名称及编号。

3. 文章题目应附英文翻译。

4. 摘要应能明确、客观地反映文章的主要内容与观点，文句连贯，长度以300字左右为宜，请勿写成文章结构介绍、自我评价或文章引言，不要出现“本人”“本文”及类似表述。

5. 来稿应在正文前列出详细目次。

6. 来稿注释应采用自动生成的脚注形式，每页重新编号。

7. 注释要完整规范，至少包括作者（编者）、译者及其国别，文献题目，出版单位(及期刊名称)、出版时间(及杂志出版期号);引用书籍、文集及集刊等文献时,应标注页码;引用期刊文献时,无须标注页码;引用报纸文献时,无须标注具体的版。中文文献题名应使用书名号;出版时间仅须标明年份,无须标注"第×版""修订版"等。前后注释相同的,请完整标注,无须使用"同前(上)注[x]"之类的标注方式;引用以必要为限,自引时请勿使用"拙著(文)"等类似表述,应完整写出相关信息;应尽量减少自引。外文注释从其原有体例;引文出自互联网的,请注明详细网址及访问时间,提倡引用正式出版物。示例如下:

(1)王利明:《物权法研究》(上卷),中国人民大学出版社 2007 年版,第 534~535 页。

(2)[美]H. W. 埃尔曼:《比较法律文化》,贺卫方、高鸿钧译,清华大学出版社 2002 年版,第 177 页。

(3)陈小君:《我国农村土地法律制度变革的思路与框架》,载《法学研究》2014 年第 4 期。

(4)韩俊:《准确把握土地流转需要坚持的基本原则》,载《农民日报》2014 年 10 月 22 日。

(5)江平:《土地立法与农民权益》,载吴敬琏、江平主编:《洪范评论》(第 3 卷),中国政法大学出版社 2006 年版,第 8 页。

(6)Steven L. Emanuel, *Torts*, CITIC Publishing House, 2003, p. 149.

(7)Henry Hanuman, Ernie Karmas, "The Numerous Clauses Problem and Divisibility of Rights", *Journal of Legal Studies*, June 2002, pp. 45-46.

(8)中国土地勘测规划院:《2016 年第二季度全国主要城市地价监测报告》,载中国城市地价动态监测网:http://www. landvalue. com. cn/TheContent. aspx? ContentID = 21951&Menu_ID = 13, 2016 年 12 月 9 日最后访问。

在期盼您赐稿的同时,我们也真诚感谢您对本系列图书的支持与帮助!我们的联系方式如下:

通信地址:广东省广州市白云区白云大道北 2 号广东外语外贸大学土地法制研究院《土地法制科学》编辑部(邮编:510420)

电子邮箱:ps0103@ sina. com

电话(/传真):020-36641655

《土地法制科学》编辑部

# 更正声明

在稿件处理时因沟通问题，将《土地法制科学》第2卷（法律出版社2018年出版）刊载的《农民“带地入城”的合宪性分析》一文的作者遗漏，马允（苏州大学法学院宪法与行政法专业硕士生）应为该文第一作者，特此声明。

《土地法制科学》编辑部

2019年3月10日

**图书在版编目(CIP)数据**

土地法制科学. 第3卷 / 耿卓主编. -- 北京 : 法律出版社, 2019
ISBN 978-7-5197-3956-0

Ⅰ. ①土… Ⅱ. ①耿… Ⅲ. ①土地管理法－研究－中国 Ⅳ. ①D922.304

中国版本图书馆CIP数据核字(2019)第216634号

**土地法制科学(第3卷)**
**TUDI FAZHI KEXUE (DI-SAN JUAN)**

耿　卓　主编

责任编辑　郑怡萍
装帧设计　马　帅

**出版** 法律出版社
**总发行** 中国法律图书有限公司
**经销** 新华书店
**印刷** 北京虎彩文化传播有限公司
**责任校对** 王菊萍
**责任印制** 胡晓雅

**编辑统筹** 教育出版分社
**开本** 710毫米×1000毫米　1/16
**印张** 18.75
**字数** 334千
**版本** 2019年11月第1版
**印次** 2019年11月第1次印刷

法律出版社 / 北京市丰台区莲花池西里7号(100073)
网址 / www.lawpress.com.cn
投稿邮箱 / info@lawpress.com.cn
举报维权邮箱 / jbwq@lawpress.com.cn
销售热线 / 400-660-8393
咨询电话 / 010-63939796

中国法律图书有限公司 / 北京市丰台区莲花池西里7号(100073)
全国各地中法图分、子公司销售电话:
统一销售客服 / 400-660-8393/6393
第一法律书店 / 010-83938432/8433　西安分公司 / 029-85330678　重庆分公司 / 023-67453036
上海分公司 / 021-62071639/1636　深圳分公司 / 0755-83072995

**书号**:ISBN 978-7-5197-3956-0
**定价**:45.00元